Béatrice Ottersbach, Thomas Schadt, Nina Haun (Hg.)
Schauspieler-Bekenntnisse

Béatrice Ottersbach, Thomas Schadt,
Nina Haun (Hg.)

Schauspieler-Bekenntnisse

UVK Verlagsgesellschaft mbH

Praxis Film
Band 34

Herausgegeben von Béatrice Ottersbach

Veröffentlicht in Zusammenarbeit mit der
Filmakademie Baden-Württemberg, Ludwigsburg

Bibliografische Information der Deutschen Nationalbibliothek
Die Deutsche Nationalbibliothek verzeichnet diese Publikation in der Deutschen Nationalbibliografie; detaillierte bibliografische Daten sind im Internet über http://dnb.d-nb.de abrufbar.

ISSN 1617-951X
ISBN 978-3-89669-685-4

Das Werk einschließlich aller seiner Teile ist urheberrechtlich geschützt. Jede Verwertung außerhalb der engen Grenzen des Urheberrechtsgesetzes ist ohne Zustimmung des Verlages unzulässig und strafbar. Das gilt insbesondere für Vervielfältigungen, Übersetzungen, Mikroverfilmungen und die Einspeicherung und Verarbeitung in elektronischen Systemen.

© UVK Verlagsgesellschaft mbH, Konstanz 2007

Einbandgestaltung: Susanne Weiß, Konstanz
Coverfoto: © siehe Einzelbeiträge
Printed in Germany

UVK Verlagsgesellschaft mbH
Schützenstr. 24 · D-78462 Konstanz
Tel.: 07531-9053-0 · Fax: 07531-9053-98
www.uvk.de

Inhalt

Vorwort 7

Marie Bäumer: »Sehnsuchtsträger« 10

Christian Berkel: »Die Kindheit in der Tasche« 20

Daniel Brühl im Gespräch mit Béatrice Ottersbach: »Pilzglück« 32

Sylvester Groth im Gespräch mit Béatrice Ottersbach:
»Ich will den Alltag nicht« 54

Hannah Herzsprung: »Ich bin immer mein größter Kritiker« 76

Paula Kalenberg: »Teilzeitprodukt und Produktionsfläche?« 80

Ulrike Kriener im Gespräch mit Béatrice Ottersbach:
»Die Offenheit ist entscheidend« 92

Maren Kroymann im Gespräch mit Nora Binder:
»Sehen Lernen« 104

Ulrich Matthes im Gespräch mit Oliver Schütte: »Die Reduktion auf den nackten Gedanken, die nackte Empfindung, das pure Gefühl, die Intuition des Moments« 126

19 Fragen an **Anna Maria Mühe**: »Die Rolle muss mich weiterbringen« . 146

Christiane Paul im Gespräch mit Oliver Schütte:
»Ich habe immer irgendetwas gelernt« 152

Axel Prahl im Gespräch mit Gunnar Leue:
»Wer gut lügen kann, taugt gut zum Schauspieler« 184

Max Riemelt: »Man muss lernen, sein Selbstwertgefühl nicht über die Schauspielerei zu definieren« 200

Inhalt

Udo Samel: »Den Menschen tiefer sehen« 206
»Dem Fremden und Intimen, einem Freund zum Sechzigsten« 211
Udo Samel im Gespräch mit Hans-Dieter Schütt:
»Aber wunderschön ist sie, die Traurigkeit«. 213

Andrea Sawatzki im Gespräch mit Andreas Lebert:
»Schauspieler: Ein Gespräch«. 222

Matthias Schweighöfer im Gespräch mit Béatrice Ottersbach:
»Die Seele muss etwas zu erzählen haben«. 236

Edgar Selge im Gespräch mit Nina Haun: »Spielen ist Glück« 262

Robert Stadlober im Gespräch mit Béatrice Ottersbach:
»Ich folge meinem Instinkt« 278

Katharina Wackernagel: »Der Murmel Beulen geben« 308

Felicitas Woll: »Zufall oder Schicksal…« 324

Rosel Zech im Gespräch mit Katharina Blum:
»Man muss wissen, dass man nicht vollendet ist«. 334

Eine kleine Bibliografie
Zusammengestellt von Schauspiel-Coach Frank Betzelt 348

Dank 349

Vorwort

»Jedes kleine Mädchen will doch Schauspielerin, Sängerin oder Tänzerin werden«, schreibt Anna Maria Mühe. Andrea Sawatzki, ein anderes kleines Mädchen, das später auch Schauspielerin wurde, entdeckte als Kind, dass man sich hinter einer Rolle ebenso gut verstecken und auch schützen kann – während Matthias Schweighöfer, wie andere Kollegen, die aus Schauspielerfamilien stammen, schon in sehr jungen Jahren wie Obelix in den Zaubertrank fiel. Andere wiederum wollten nur eine Freundin zur Schauspielschule begleiten, haben schon immer die »Rampensau« in sich gefühlt – oder träumten nichts ahnend von einem Beruf, in dem man spät aufstehen (!) und viel Geld verdienen kann.

Nachdem uns Regisseure für die *Regiebekenntnisse* berichtet hatten, warum sie diesen Beruf gewählt haben, war uns klar, dass wir auch von Schauspielern erfahren wollten, warum sie sich für ein Leben vor der Kamera und auf der Bühne entschieden haben. Unsere Anfrage lautete lapidar: »Wir möchten wissen, warum und wie Sie geworden sind, was Sie sind.«

21 SchauspielerInnen bekennen sich in diesem Buch. Acht unter ihnen sind unserer Einladung mit einem eigenen Textes gefolgt. Christian Berkel, der schon seit frühester Kindheit weiß, dass es sich lohnt, Menschen auch von hinten zu beobachten; Felicitas Woll, die sich eines Tages von einer Düsseldorfer Disco auf einem Drehset in China wieder fand und heute noch darüber staunt; Hannah Herzsprung, die aus den Wänden einer Vollzugsanstalt zu lesen versucht; Katharina Wackernagel, die mit neun Jahren schon ihre Rollen auszusuchen wusste; Paula Kalenberg, die »die Vorstellung, wildfremde Menschen emotional zu berühren … gruselig und reizvoll zugleich« findet, während es Udo Samel »weniger um die Erklärung der Welt, als vielmehr um die Verteidigung der Menschenwürde« geht. Marie Bäumer begegnet einer Gruppe Jungschauspieler mit poetischer Distanz, und Max Riemelt stellt unaufgeregt fest, dass er »noch nicht fertig« sei.

Eine Geschichte vor der Kamera zu erzählen, ist jedoch ein gänzlich anderer Beruf, als die eigene Geschichte zu Papier zu bringen. Die Sorge, eitel oder gar »falsch« zu klingen – die größte Sünde für einen Schauspieler –, ein eng gesteckter Zeitplan aufgrund bevorstehender Dreharbeiten oder Bühnenengagements oder die Überzeugung, dass eine Gesprächsform einem mehr entspricht, haben zu einer Vielzahl sehr unterschiedlicher Interviews geführt. Wir haben diverse

Vorwort

Journalisten, eine Jungschauspielerin und einen Drehbuchtheoretiker für diese Gespräche gewinnen können.

In diesem Buch erzählen deutschsprachige Schauspieler von ihrem Weg zu diesem Beruf und wie sie mit dem Beruf leben – Udo Samel hat sich gleich für drei verschiedene Textformen entschieden. Manche Texte sind kurz, andere länger; die einen bebildert, die anderen nicht. Wir haben uns bewusst nicht um Vereinheitlichung bemüht. Man trifft mitunter auch auf entscheidende Schauspieler-Rollen-Begegnungen: Daniel Brühl und *Good-bye, Lenin!*, Hannah Herzsprung und *Vier Minuten*, Ulrike Kriener und *Männer*, Axel Prahl und *Willenbrock*, Robert Stadlober und *Crazy*, Rosel Zech und *Die Sehnsucht der Veronika Voss* – um nur ein paar zu nennen. Die befragten Schauspieler arbeiten viel und spielen große Rollen im Theater, Fernsehen und im Kino. Sie repräsentieren nicht den Alltag Tausender von Schauspielern, die derzeit in Deutschland arbeiten – oder auch nicht immer die Möglichkeit dazu haben. Wer kann schon wie Robert Stadlober mit 24 Jahren sagen: »Ich drehe schon mein halbes Leben lang Filme«? Wir haben aber Gesichter und Charaktere gewinnen können, die uns vertraut sind und die eine große Vielfalt an Persönlichkeit, an Arbeitsmethoden und -vorstellungen aufzeigen. Wir wollten Lebenswege und individuelle Herangehensweisen kennen lernen. Jeder Schauspieler in diesem Buch hat eine andere Erwartung an den Beruf, an die Zusammenarbeit mit dem Regisseur, jeder hat sein eigenes Rezept, um sich auf Rollen einzulassen, um in diesem Beruf authentisch zu bleiben. »Es gibt schließlich nie nur einen richtigen Weg, sondern viele Varianten für eine Situation«, so Axel Prahl. Der Begriff »Authentizität« kommt in fast jedem Beitrag vor – ebenso wie »Angst«. Die Angst zu versagen, die Angst zu scheitern, die Angst zu langweilen. Hierfür findet Rosel Zech jedoch tröstende Worte: »Man muss wissen, dass man nicht vollendet ist.«

Kaum ein Beruf wird derart häufig in Verbindung mit Glamour, Eitelkeit und wilden Berlinale-Nächten gebracht, und doch erfordert kaum ein Beruf eine solche Bereitschaft, sich der Blöße und dem möglichen Scheitern auszusetzen. Sylvester Groth hält fest: »Es ist kein Beruf wie jeder andere... Kein Handwerker muss seine Seele in die Steckdose packen.« Und kaum ein Beruf speist sich so gnadenlos aus dem eigenen Lebensfundus: – Schauspieler erzählen Geschichten und sind mitunter gleichzeitig im Film dem Blick der Kamera und dem Schnitt ausgeliefert. Wir haben in diesem Buch den Schnitt als großen und unberechenbaren Rivalen der Schauspieler erkannt. Gleichzeitig wird der Beruf als lebendig und bereichernd erlebt – »Spielen ist Glück«, wie es Edgar Selge in seinem Interview beschreibt.

Schubladendenken macht vielen Schauspielern zu schaffen. Fragen Sie zum Beispiel Ulrich Matthes, was er davon hält, immer wieder als der intellektuelle Vorzeigeschauspieler für schwierige Rollen angefragt zu werden oder Daniel Brühl, wie es sich als ewiger Sympathieträger lebt... Ohne Leidenschaft und vor allem ohne Neugierde lässt sich der Beruf des Schauspielers nicht ausüben, das machen diese Beiträge deutlich – Andrea Sawatzki beschreibt es im Kleinen: »Schauspieler, die nicht U-Bahn fahren, sind keine Schauspieler.«

Wir wünschen Ihnen viel Vergnügen bei der Lektüre dieses Buches.

Béatrice Ottersbach   Nina Haun   Prof. Thomas Schadt

© Mathias Bothor / Photoselection

Marie Bäumer wird in Düsseldorf geboren. Sie absolviert ihr Schauspielstudium bei Jutta Hoffmann an der Hochschule für darstellende Kunst in Hamburg. Ihr Kinodebüt gibt sie in *Männerpension* (Detlev Buck, 1995), gefolgt von *Sieben Monde* (Peter Fratzscher, 1996) und der Rolle der Barsängerin Uschi in *Der Schuh des Manitu* (2001). Für ihre Hauptrolle in *Der alte Affe Angst* (Oskar Roehler) wird sie mit dem Bayerischen Filmpreis und dem Preis der Filmkritik 2003 geehrt. 2004 spielt sie in Jan Georg Schüttes *Swinger Club* und 2006 in den Dramen *Die Fälscher* (Stephan Ruzowitzky) und *Armin* (Ognjen Svilicic). 2007 dreht sie *Der Lotse* (Nicolai Rohde). Marie Bäumer hat sich auch mit zahlreichen TV-Produktionen einen Namen gemacht. U.a. spielt sie 2001 in dem internationalen Mehrteiler *Napoleon* und in der Tolstoi-Verfilmung *Die Auferstehung*. Es folgen *Wellen* (Vivian Naefe), *Ein toter Bruder* (Stefan Krohmer), *Nachtschicht – Tod im Supermarkt* (Lars Becker), *Muttis Liebling* (Xaver Schwarzenberger,) und *Alte Freunde* (Friedemann Fromm).
Seit ihrem Karrierestart spielte Marie Bäumer immer wieder Theater u.a. in der Hamburger Kampnagel Fabrik, in den Kammerspielen Hamburg. Im Sommer 2007 übernimmt sie bei den Salzburger Festspielen die Rolle der Buhlschaft in Christian Stückls revidierter Wiederaufnahme des *Jedermann* von Hugo von Hofmannsthal.
Marie Bäumer lebt in Hamburg und in Südfrankreich.
www.beyondcommunication.de

»Sehnsuchtsträger«

Von Marie Bäumer

»Hast du keine Angst, dass dich die Schüler nicht ernst nehmen könnten?«, fragte mich ein Freund, kurz bevor ich zu meinem ersten Unterrichtstag fuhr, »Du siehst doch aus, als wärst du eine von ihnen!« Und ich fragte mich, warum ich sie nicht hatte, diese Angst. Die Antwort kam im Unterricht: Ich war überzeugt davon, dass die Studenten und ich gemeinsam etwas erforschen könnten und der Glaube und die Bereitschaft, den Weg dahin zu finden, waren so stark, dass sie für Angst keinen Platz ließen. Ich sollte nun also lehren, weitergeben, vermitteln... – eine Gruppe von ca. 15 Jugendlichen im Alter zwischen 17 und 27, mit Hoffnungen, Plänen, Fantasien und Ängsten. Und ich, noch den Schlag der letzten Klappe im Ohr, schaue in diese gespannten Gesichter und frage mich, »WAS GENAU ist hier meine Aufgabe...?«

Ich habe eine Woche Zeit, täglich fünf Stunden, und wieder einmal kämpfe ich mit meiner Ungeduld, viel, schnell, zu wenig Zeit. Ich stelle die drei Koffer Übergepäck auf den Flur und öffne nur den handlichen Rucksack: ein Gedicht, ein leeres Din-A4-Blatt (das eine selbst geschriebene Kurzgeschichte füllen wird), ein Kopfstand, ein Buch zum Lesen üben...

Beim ersten Kopfstand bin ich entsetzt, wie wenig Spannung in den jugendlichen Körpern steckt. Kaum ein Po oder Bauch will mitarbeiten. Der Kopfstand setzt keine akrobatische Perfektion voraus, er ist eine simple Übung für Spannung und Gleichgewicht. Es ist außerdem nicht verkehrt, sich die Welt ab und zu aus einer anderen Perspektive zu betrachten. Immerhin standen am Ende der Woche für ein Gruppenphoto alle einmal kurz Kopf.

Bei der Arbeit am Gedicht fiel mir meine eigene Ausbildungszeit wieder ein; dieses Gefangensein in Form und Versmaß, der Wunsch etwas »gut und richtig« zu machen war meist stärker als das Vertrauen in die eigene Fantasie. Mit Freude, fast Zärtlichkeit konnte ich beobachten, wie die Schüler sich immer weiter einließen auf diesen Weg, und jeder am Ende SEINE ganz eigene Geschichte mit den SELBEN Worten erzählte.

Jeder schrieb seine Kurzgeschichte, eine Seite, und las sie vor. Da ging mit einem Donnerschlag das Tor der Erkenntnis auf: »Wieso«, fragte ich, »das Eigene, das selbst Erlebte oder Erfundene lesen wie eine Gebrauchsanleitung?! Das, was uns doch am meisten am Herzen liegt?! Also noch mal von vorn und Satz für Satz. Anfang, Höhepunkt und Ende ernst nehmen, dran glauben: und bitte!« Das

Lesenüben wurde zu einer Lieblingsübung und als Erstes bot ich den Schülern eine Auswahl an Kinderliteratur.

Mich hat der menschliche Körper immer schon fasziniert, die Anstrengung, den schweren Kopf so weit oben zu tragen, die Balance, auf zwei verhältnismäßig kleinen Flächen den ganzen Apparat zu koordinieren. Ist nicht der Kopf zu weit vom Fuß entfernt? Wie dem auch sei, jeder trägt seinen Anteil an Schrauben mit sich herum, und die gilt es zu finden und je nach Bedarf bewusst zu lösen. Wenn man soweit ist, sie selbst lösen und schließen zu können, ist das Basishandwerk erlernt. An dieser Stelle wurde mir bewusst, dass ich selbst bereits etwas gelernt hatte: Die Studenten bewegten sich durch den Raum, und ich konnte SEHEN, wo jeder Einzelne sich blockierte, festhielt... Nach kurzer Zeit waren die größten Schrauben gelöst, und die ganze Gruppe für jeden weiteren Schritt offen...

Als Nächstes wurde ein Gedanke formuliert, eine Situation erfunden, Ort und Raum bestimmt und die Geschichte konnte erzählt werden. Wir waren uns schnell einig, dass es um alles geht oder nichts. Dazwischen befindet sich der so genannte »Halbarsch«, und der fliegt raus. Nun musste ausgelotet werden, wo »alles« anfängt. Viele waren überrascht, welche Dimension »alles« hat.

Jeder bringt hierbei eine unterschiedliche Bereitschaft zu Forschen mit: Wie transportiere ich Gefühle, wie geht der Weg von innen nach außen? Ich suchte ein Gerüst, an dem sich die Schüler orientieren konnten: So entstand eine Skizze: der Gedanke (oben), das Gefühl (darunter), es folgen Situation plus Handlung. Dies »gebündelt durchs Nadelöhr«, ergibt einen »schauspielerischen Vorgang«. Wir haben »von unten« aufgebaut, erst das Gefühl freilegen, der Kraft des Gedankens vertrauen, Atmen nicht vergessen »und: bitte!«

Nun ging es ins »Labor« der »Menschenforscher«... Erst einmal alles »eins zu eins« als Übung, das heißt auf dem Gerüst »Gefühl-Gedanke-Handlung« loslaufen. Das Vertrauen auf die Gefühle, in die Fantasie ist noch nicht da, die Sorge, etwas falsch zu machen groß, aber der Vorgang ist verinnerlicht und kann geübt werden. Ich erkläre den Schülern, dass die wirkliche Arbeit jetzt erst auf uns zukommt. Sich befreien von den Vorgaben, das Gerüst abbauen und den Mut entdecken, frei zu schweben (ein Vorgang, der oft erst nach Beendigung der Ausbildungszeit einsetzt) und vor allem die so genannte Gegenspannung zu entwickeln: das Bewusstsein der Widersprüche, der Gedanken, die Worte konträr zur Körpersprache, das Hintergründige, die Zwischenräume. Da beginnt die Kunst, die Magie, das Überraschende, Unverhoffte.

In unserer Zeit, die der Banalität ein großes Forum bietet, und gerade in diesem Beruf, der so viel Raum lässt für Trittbrettfahrer, sehe ich es als eine der wichtigsten Aufgaben an, das Bewusstsein für das Wesentliche in seiner ganzen Tiefe und Breite zu erkennen und aufzuzeigen. Wird Handwerk noch gefordert? Erkannt?

Von Marie Bäumer

Steht eine Idee im Vordergrund? Das kommerzielle Kriterium scheint häufig vor der künstlerischen, inhaltlichen Frage zu stehen. Wenn ich weiter in dieses Thema hineintauche, überkommt mich jedes Mal eine solche Frustration, dass ich Gefahr laufe, den Sinn und Zweck dieses Berufes in Frage zu stellen… Aus der Starre, die mich dann zu befallen droht, rette ich mich meist damit, etwas zu tun, eine simple Aufgabe, ein Gedicht lernen, etwas schreiben… das Herz wieder in Bewegung bringen.

»Der Mensch lernt am Widerstand.« hat ein mir ein nahe stehender Mensch mit auf dem Weg gegeben, als wir über Kindererziehung sprachen. Die Konfrontation mit den eigenen Ängsten und Ungereimtheiten lehrt am meisten, und so elend diese Erkenntnis sein mag, so sehr bewahrheitet sie sich immer wieder. Die Kräfte, die sich freisetzen, wenn man in den eigenen Keller hinab gestiegen ist, um dort ein wenig Ordnung zu schaffen, sind der Lohn für die Überwindung, die es gekostet hat (vor allem wenn auch noch das Licht kaputt war!) Der Weg »nach außen«, entspricht gleichermaßen dem Weg »nach innen«, der Suche nach dem Kern, nach dem Wahrhaftigen. Und weil wir uns ständig verändern, indem wir älter werden, befinden wir uns jederzeit in einem spannenden Prozess. Die Beobachtung, die Spielweise, die Umsetzung der Figurengestaltung entwickeln sich immer weiter. Der Schauspieler, der sich im Zeitfluss befindet, erlebt den Luxus des immer wieder Neuen: Jedes Mal hat man eine neue Chance, sich in etwas hineinzubegeben!

Dazu fällt mir ein Erlebnis während des Unterrichts ein: An einem Morgen kam ein Student mit angeschlagener Miene in den Kurs, er habe daran gedacht, dem Unterricht fernzubleiben, die Geschehnissen des Vortages hätten ihn verwirrt. – Ich hatte ihm nach intensiver Arbeit erklärt, dass er eine geringe Bereitschaft besäße, die gestellten Aufgaben mit Ernsthaftigkeit zu erfüllen, dass es um Wahrhaftigkeit ginge, nicht um Illustration. Es schien, als würde er sich hinter einer »Gutmenschmaske« tarnen, und mir war es ein Anliegen, ihm klar zu machen, dass sich diese Haltung sehr schnell erschöpfen würde. Offensichtlich hatte es ihn einige Überwindung gekostet, mit meiner Kritik im Gepäck zu erscheinen. Daraufhin erwiderte ich, dass ich an dieser Schule (ich war dort selbst ein Jahr Schülerin gewesen) genau das gelernt hatte: Jeder Tag ist neu. In dem Moment, in dem du dein Arbeitsfeld verlässt, geht die Tür zu, und du lässt alle Eindrücke des Tages dort. Am nächsten Tag kommst du mit neuer Haltung und klarem Kopf wieder und ergreifst die neue Chance. Das kann man üben, wie Vokabeln. Es hat mir so oft geholfen, dieses Training.

Man läuft ständig Gefahr, in emotionalen Zuständen »hängen zu bleiben«, besonders wenn sie unangenehm sind, und schon hat man sich den nächsten Schritt

»Sehnsuchtsträger«

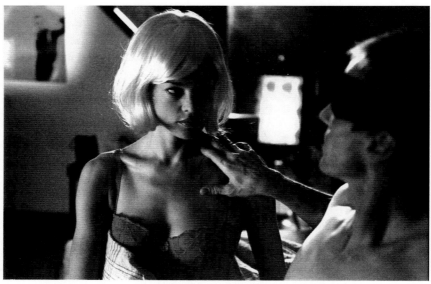

Marie Bäumer und André Hennicke in *Der alte Affe Angst* © X-Verleih AG

erschwert oder womöglich verbaut. Es ist aber eine derart ausschließliche Arbeit, eine ständige Forderung, alles aus sich herauszuschöpfen – und liegen die Emotionen frei, ist man angreifbar. Es ist nicht leicht als Schauspieler, du hast kein Instrument oder Bild, das du in die Ecke stellen kannst. Immer ist jeder Schritt ganz und gar mit deiner Person verbunden, und gerade deshalb wollte ich den Schülern Mut machen, dieses »Hinausschlüpfen« zu trainieren.

Ich schlug ihm vor rauszugehen, die Treppe runter, bis vor die Schultür, und den Weg ins Studio noch einmal zu gehen mit dem Satz »Heute ist ein neuer Tag, und ich komme ohne gestern«. Er hat die Chance ergriffen und hat seinen Ballast vor der Tür gelassen. Am Ende der Woche verabschiedete ich einen Schüler mit einem klaren ernsthaften Ausdruck im Gesicht.

»Der Mensch lernt am Widerstand«, immer wieder kommt dieser Satz mir in den Sinn.

Für die Schüler mit Spielwut, Risikobereitschaft, Improvisationstalent ist es nicht schwierig, einen Rahmen, Aufgaben zu finden, aber die Ängstlichen, Verschlüsselten, die, denen man vielleicht nicht viel zutraut, wenig Talent zuspricht (wie oft haben mich Studenten überrascht, die ich ein Jahr später wieder sah!), an denen lerne ich. Lerne ich, erfinderisch zu sein und geduldig so schwer es auch fällt, meine Fantasie einzusetzen und nach neuen Strategien zu forschen. Lerne ich, mich zu erinnern, an die unterschiedlichsten Momente auf den drei Schulen, die ich besucht habe, an die Ängste, die die Atmung blockierten, an die wertvollen, tragenden Momente, an oft einfache Sätze, Bilder, die Dozenten erfanden, die mich bis heute über Hürden tragen.

Ein Bild ist das der »großen Kühle«: Eine halbe Stunde vor unserer staatlichen Prüfung gingen meine Dozentin Jutta Hoffmann, ein Kommilitone und ich in ein Café den »Henkersschluck« trinken. Ich bemerkte, wie aufgeregt ich sei, woraufhin meine strenge Lehrerin trocken erwiderte, Aufregung brächte gar nichts. Damit mache man sich alles kaputt. Todesmutig konterte ich, dass mir diese Aussage nun auch nicht weiterhelfen würde, und bevor ich mich vor Schreck ob meiner Kühnheit an meinem Karokaffee verschluckte, brachte ich gerade noch die Frage heraus, wie sie denn mit ihrer Aufregung umgehe... (obwohl ich mich fragte, ob so eine starke Schauspielerpersönlichkeit nicht verschont bliebe von derart normalsterblichen Tücken). Nach einer gesetzten Pause erzählte sie mir von »der großen Kühle«, die über sie käme, sobald sie die Bühne beträte. Vor meinen Augen entstand das Bild eines hauchzarten Schleiers, eines Netzes aus winzigen, kühlen Tropfen, das von oben auf mich herunterfiel. Ich ließ den Schleier über mich fallen und bestand die Prüfung.

Es gibt viele verschiedene Ansätze, die Welt zu begreifen. Mein Ansatz war wohl immer sehr bildhaft, farb- und formorientiert und eher instinktiv als analytisch. Je länger ich diesen Beruf ausübe, umso mehr entdecke ich die wissenschaftliche Seite daran. Mit dem Aufzeigen menschlicher Abgründe und Ungereimtheiten (ob komisch oder tragisch) zeigen sich einem vielfache Möglichkeiten des Forschens, der Frage: »Was steckt dahinter?« Man kann sich lösen von der eindimensionalen Sichtweise »so ist das, oder der oder die« und mit dem Betrachten, dass unterschiedlichste Einflüsse eine Rolle spielen bei der Intention eines Menschen, wird einem der Horizont der Möglichkeiten bewusst. Das ist überwältigend und grausam zugleich, es gilt nun die Figur »einzukreisen«, ihre Biografie zu bestimmen, sich von den vielen Ideen zu verabschieden, um einer zu folgen, und sie damit sozusagen körperlich zu machen.

Über das Unterrichten wurde ich herausgefordert, schauspielerische Vorgänge in Worte zu fassen und zu vermitteln. Ich wollte den Studenten zum Beispiel erklären können, was »die große Kühle« mit uns macht, dass die Imagination einen unmittelbaren Einfluss auf unseren Körper und elementar auf die Atmung hat. Dass sich bei Aufregung der Körper verspannt und die Atmung flach wird, d.h. nur im oberen Teil des Brustkorbes stattfindet. Lässt man jedoch »die große Kühle« über sich kommen, senkt sich der Atem, und die Anspannung löst sich. Man ist bereit für den ersten Schritt.

»Sehnsuchtsträger«

Ich sitze im Café, und es überkommt mich wieder einmal diese unbändige Lust, etwas auf die Spitze zu treiben; wenn ich jetzt dem Kellner das Tablett, voll mit Besteck und Gläsern, einfach abnehme, ganz gezielt, sehr freundlich, mit einem kleinen Nicken, bräuchte er vielleicht ein, zwei Sekunden, die mir reichten, das Lokal zu verlassen... Oder in eine Umkleidekabine schleichen, in fremde Sachen schlüpfen, und ab damit... aber vorher noch einen ganz lieben Gruß an die Umstehenden, man möchte das neue Glück selbstredend teilen! So entsteht immer mal wieder eine Figur in meinem Kopf, eine Frau, die voller Charme und Unbefangenheit mit Verve ihre Umwelt brüskiert.

Das Herrliche an unserem Beruf ist, dass ALLES möglich ist. Im Grunde gilt es, der eigenen Fantasie vertrauen zu lernen und zu folgen .Wenn ich unterrichte, taucht dieser Punkt immer wieder auf: Wie lehre ich dieses Vertrauen... vielmehr, wie wecke ich es?»Schlüsselsuche« müsste dieses Kapitel heißen...

Kommt der Moment des Wartens, die Zeit ohne Engagement, die dritte Absage, was auch immer, überfällt einen die »große Starre«. Dann denke ich an meinen Vater, der einmal in so einer Situation zu mir sagte, »Es ist nicht wichtig, WAS du tust, sondern erst einmal DASS du etwas tust.« Und wieder ist es ein simpler Vorgang: Aus der Konzentration auf eine noch so gering erscheinende Sache, löst sich etwas, kommt in BEWEGUNG, und man kann sich der Ohnmacht ein Stück weit entledigen.

Trotz der Freude ein gewisses »Material« angesammelt zu haben, zu formen, etwas daraus entstehen zu lassen, ist es mir im Laufe der Zeit bewusster geworden, gebunden zu sein, »beschränkt« auf meinen Part. Ich versuche immer, mich »in den Dienst der Sache« zu stellen, mich in diese Position zu fügen. Und zumeist funktioniert das auch. Nur manchmal, da tanzt der Teufel der Unabhängigkeit, der ureigenen Bilder und will die Geschichte ganz anders erzählen. So gesehen beneide ich hin und wieder Regisseure um ihre Freiheit... und um ihren Mut.

Dazu fällt mir Folgendes ein: Ich sitze in einem alten, gestreiften Liegestuhl auf der Terrasse, irgendwo im Osten Deutschlands und schaue auf einen See, an dessen Ufer die Abschlussszene eines Kinofilms gedreht wird. In wenigen Minuten bin ich dran mit meinem letzten Bild. Ich kämpfe mit meinem Unverständnis für das Ende der Geschichte, ich finde die Motivation für meine, mir bis dahin sehr schlüssige Figur nicht. Ich höre die Musik, die Musik des Abschlussthemas, betrachte die Szenerie und plötzlich löst sich etwas in mir. Der Schluss des Filmes findet seine Antwort in der Sehnsucht seines Erzählers, des Regisseurs. Es ist SEINE ureigene Sehnsucht, es ist eine von hunderten Möglichkeiten, und diese hat er nun gewählt! Und ich bin somit sein »Sehnsuchtsträger«. Ich konnte durch diesen Blick auf das Ganze seinen Weg besser verstehen und mich ohne größere Widerstände von meinem Liegestuhl verabschieden.

Es ist sicher wichtig, sich selbst immer wieder mal sehr nahe zu sein, über ein Maß an Selbsteinschätzung zu verfügen. Ehrlich und konsequent mit sich sein... und dann alles auch mal wieder vergessen. Wenn man sich nicht ein Stück weit über den Rand wagt, schwimmt man wie ein Goldfisch in der Suppentellermitte herum, sicher, aber doch lauwarm.

Eine Frage, die mich oft beschäftigt, ist, wie ein Volk durch seine Geschichte geprägt wird und welche Auswirkung dies auf den kulturellen Ausdruck hat? Aus welchen Quellen nährt er sich? Über die wiederholten Fragen der Journalisten zum »deutschen Film«, seiner Problematik der Konkurrenzfähigkeit auf dem europäischen und auf dem Weltmarkt (wobei die Deutschen wohl als Allerletzte begreifen wollen, dass es ihnen längst viel besser geht, als sie immer behaupten...) habe ich mich diesem Thema intensiver gewidmet. Wieso tun wir uns in Deutschland so schwer, UNSERE Geschichten zu erzählen? Es ist zum Beispiel zu beobachten, dass der Großteil der europäischen Nationen ihre unterschiedlichen Gesellschaftsschichten darstellt, jede auf ihre landestypische Weise. Der deutsche Film arbeitet daran, aber er tut sich schwer mit der Authentizität – es ist noch kein Abstand zu sich selbst da, der einen Humor, auch im Tragischen erlauben würde. Eine Folge des zweiten Weltkrieges ist sicher der Verlust unserer Identität, oder vielleicht ist sie auch nur zugeschüttet. Das ist wohl unsere große Aufgabe, das Ureigene wieder freizulegen, nicht zu tarnen hinter behaupteten Abziehbildern oder durchschaubaren Kopien.

Mich hat bei einem Aufenthalt in Bosnien 2006, beim Filmfestival in Sarajevo, die Kraft und Lebensfreude, die die Menschen so kurze Zeit nach einem traumatischen Krieg ausstrahlten, sehr beeindruckt. Sie steckten noch drin in diesem Schrecken, aber sie lebten mit ihm und erzählten ihre Geschichten. Wie oft habe ich auf meinen Reisen Menschen um ihren Nationalstolz beneidet! »So«, dachte ich, »wirst du nie empfinden«. Es ist ein langer Weg und ich glaube, er wird noch die Enkelkinder meines Sohnes beschäftigen, wir müssen uns in kleinen Etappen behutsam aus den Tarnmänteln herausschälen, und neben der Vergangenheitsbewältigung nach neuen Räumen forschen. Ich wünsche mir im Bereich Film mehr Herzblut, die großen Zusammenhänge in der Welt, weniger »halbprivate Befindlichkeiten«. Dafür ist Film doch so ein wunderbares Medium!

Im Grunde ist die Sehnsucht des Spielenden die gleiche Sehnsucht wie die des Betrachtenden: das erste Kinoerlebnis, im ortsansässigen kleinen Programmkino, der Heldin mit überirdischen Kräften, echtem Pferd und wildrotem Haar so nahe zu sein wie möglich. Mein Zimmer im Kino war der Vorführraum, der Filmvorfüh-

»Sehnsuchtsträger«

Marie Bäumer und Jürgen Vogel in *Alte Freunde*
© a.pictures film & tv.production.gmbh, Foto: Georges Pauly

rer musste ein wenig nach hinten ausweichen, denn mein Bett mit der blau-weißkarierten Bettwäsche, die von meinen Großeltern väterlicherseits, weich geliebt, war groß. Lieblingsstofftiere, nur sieben mit schwerem Herzen aus den bis dahin etwa vierzig gesammelten Konkurrenten, ausgewählt, nun noch der Lieblingsschlafanzug, Frottee-Overall, blau-weiß-orange gestreift, und der Umzug war getan. Film gucken, einschlafen, gleich da sein, wenn's wieder losgeht!

Bei all den Veränderungen im Leben hat es etwas Beruhigendes, dass da etwas ist, das gleich bleibt, das fortwährt, das jede gesellschaftliche Entwicklung, jeden Fortschritt überleben wird: die Sehnsucht, berührt zu werden! Ein enger Freund sagte neulich, er wäre zu dem Schluss gekommen, dass ein Film, in dem er nicht mindestens einmal weinen müsste, nichts taugen würde... Es ist zu schön, wenn man in der Arbeit dazu aufgefordert wird, in die seelischen Höhen und Tiefen hinauf und hinab zu steigen, und ich bin, wenn es mir gelungen ist (Extreme auszuloten und Menschen zu berühren), immer wieder verblüfft über die Frage, wie ich »so etwas denn verkrafte«, ob »das denn ein Teil meines Lebens oder gar von mir selber sei« Ich glaube, es ist eine unserer Aufgaben, den Menschen das Staunen zu erhalten; oder es ihnen wieder zu schenken. Auch dem emotional distanzierten Betrachter die Chance zu geben, sich wie ein Kind im Zirkus hineinsaugen und hoch wirbeln zu lassen in diese sinnliche Zauberwelt. Ihm keine moralischen Drohgebärden zeigen, sondern ihn Anteil haben zu lassen an seelischen Konflikten. Und so gilt es auch zu forschen, wo diese Kraft in einem entsteht, was einen selbst berührt. Im Grunde ist es bei mir immer wieder die Natur. Ich laufe mit Kind und Hund in den Wald, wir sammeln Steine, um Beete einzufrieden und Äste für das Dach der Höhle im Garten, und plötzlich stehen wir auf einer Lichtung und schauen in die Ebene... Die Sonne bricht durch die Wolken und es strahlt ein riesiger doppelter Regenbogen vor einer schiefergrauen Wolkenwand. Das Gespräch über Harry Potter und das letzte Tor von Klose stockt und bricht ab. Da stehen wir und staunen. Das Kind, der Hund und ich. Nur weiß der Hund nicht warum. Egal, er muss die Magie gespürt haben.

Ich komme nicht aus einer Schauspielerfamilie, meine Eltern leben bis heute ohne Fernseher (was ich ihnen hoch anrechne!), in meiner Kindheit gab es seltene Kinobesuche, meist mit meiner Schwester...wir haben nachgespielt, nicht analysiert. Ich habe weder *Denver* noch *Dallas* ernsthaft verfolgen können, an mir liefen die gängigen Serien vorbei und auch die meisten Filmklassiker. Keiner hat mich beraten oder vorgewarnt. Unwissend, naiv, unbedarft bin ich in den Beruf hineingesegelt, die Fahne der Kunst hochgezogen und los.

Bei einigen Projekten hat es Enttäuschungen gegeben, die nüchterne Erkenntnis, dass sich in diesem Metier vieles ums Geld dreht. Und dass diese Macht viele Menschen antreibt, und sie häufig stärker ist als das moralische Gewissen, als der Antrieb, Inhalten nachzugehen, die eigene Sicht auf die Geschehnisse bis aufs Blut zu verteidigen. Aber auch da gilt es, in Bewegung zu bleiben, die persönlichen Kräfte zu mobilisieren; sich lieber mit Gleichgesinnten austauschen als mit Leidensgenossen im Elend baden. Auf der Suche bleiben, offenen Herzens und mit Freude die nächste Herausforderung annehmen. Es ist ein Geschenk, auf jemanden zu treffen, den die gleiche Sehnsucht antreibt und der dich einlädt auf die Reise, gemeinsam eine Geschichte mit ihm zu erzählen!

Jeden kleinen Schritt, der sich mir bot, bin ich gegangen. Durch meine Unerfahrenheit brauchte ich einige Zeit, um mir ein Bild machen zu können, Kunst von Kommerz unterscheiden zu lernen, um auf diesen abenteuerlichen und manchmal auch unangenehmen Etappen trittfester zu werden. Immer mehr kristallisierten sich meine Grundintentionen heraus, erst intuitiv, dann konnte ich sie formulieren. Es ist die unbeirrbare Suche nach der Wahrheit. Nach den ursprünglichsten Gefühlen, die den Menschen antreiben... Groß ins leere Fass hinabzuschauen, die Augen gewöhnen sich langsam an die Dunkelheit, und starren gebannt auf die Bilder, die dort am Grund Gestalt annehmen.

© Christian Schoppe / defd

Christian Berkel wird 1957 in Berlin geboren und zieht als Jugendlicher nach Paris, wo er neben der Schule Schauspielunterricht bei Jean-Louis Barrault und Pierre Bertin nimmt. Mit 19 Jahren spielt er in Ingmar Bergmans Film *Das Schlangenei*. Von 1977 bis 1993 ist er an renommierten deutschsprachigen Bühnen engagiert und arbeitet u.a. mit Claus Peymann, Rudolf Noelte und Alexander Lang zusammen. Dem Filmpublikum ist er aus zahlreichen Filmproduktionen bekannt, sein Repertoire ist vielfältig. Für seine Rolle als depressiv-psychopathischer Familienvater im Tatort *Schwarzer Advent* (Jobst Oetzmann) erhält er 1998 den Goldenen Gong. Er spielt u.a. in Dominik Grafs *Deine besten Jahre*, in Dieter Wedels Mehrteilern *Der König von St. Pauli* und *Die Affäre Semmeling*, in *Die Sturmflut* (Jorgu Papavassiliou) oder im Zweiteiler *Helen, Fred und Ted* (Sherry Hormann – Goldene Kamera-Nominierung 2007 gemeinsam mit seiner Partnerin Andrea Sawartzki).
Im Kino ist er Häftling Nr. 38 in *Das Experiment* (Oliver Hirschbiegel, 2000), als schwuler Fußballer in *Männer wie wir* (Sherry Hormann, 2003) und als Profiler in *Lautlos* (Mennan Yapo, 2004) zu sehen. Mit Bertrand Tavernier dreht er im französischen Kriegsdrama *Laissez-Passer* (2002). 2004 wird er für Oliver Hirschbiegels Oscar-nominierten Kinoerfolg *Der Untergang* mit dem Bambi ausgezeichnet. 2005 dreht er unter der Regie von Paul Verhoeven die internationale Produktion *Black Book* und mit Aleksandr Buravsky das Drama *Leningrad, 2006* spielt er im Kinofilm *Der Junge* (Volker Einrauch), 2007 in der dänischen Produktion *Flammen og Citronen* (Ole Christian Madsen).
Seit 2007 steht er für die ZDF-Krimireihe als *Der Kriminalist* vor der Kamera.
Christian Berkel lebt in Berlin.
www.studlar.de

»Die Kindheit in der Tasche«

Von Christian Berkel

Im Kindergarten wurde *Schneewittchen und die sieben Zwerge* geprobt. Unsere Werkzeuge hatten wir selbst gebastelt: Mein Zwerg hatte eine silberne Spitzhacke mit grünem Schaft. Zwei Tage vor der »Premiere« stieg meine Temperatur über 40 Grad. Ein anderer Junge übernahm meine Rolle und, was mir unvorstellbar erschien, mein selbst gebasteltes Werkzeug. Mit fünf Jahren hatte ich gelernt, dass ich ersetzbar war. Früh. Schmerzhaft. Wahr.

Ein Jahr später saß ich in den Berliner Kammerspielen, gespielt wurde: *Die Abenteuer von Tom Sawyer und Huckleberry Finn*. Nach der Vorstellung wollte ich Schauspieler werden. Immer wieder besuchte ich die Aufführung. Eines Tages, auf dem Weg ins Theater, sah ich Huckleberry Finn auf der Straße. Er redete mit einem anderen Jungen. Halt. Nein. Es war nicht Huck Finn. Er sah Huck zum Verwechseln ähnlich, aber es war nicht Hucki.

Im Theater guckte ich zum ersten Mal ins Programmheft und las zwei Namen nebeneinander: Huckleberry Finn – Joachim Tennstedt. Mir dämmerte, es könnte sich um ein und dieselbe Person handeln. Blieb die Frage, war Huck Finn Joachim Tennstedt, oder Joachim Tennstedt Huck Finn? Wer mir die Frage befriedigend beantworten kann, mit dem werde ich eine gute Flasche Rotwein leeren. Ich hatte ungewollt hinter die Kulissen geschaut, und die Welt verlor ihren Zauber nicht, eher ahnte ich, worin er bestand: Auf diesen Brettern konnte man ein Anderer sein.

Früh aufzustehen fiel mir schon als Kind schwer. Um mir den Übergang von einer Welt in die andere zu erleichtern, weckte meine Mutter mich jeden Morgen mit Musik oder Theaterplatten. *Faust, Die Räuber, Don Carlos, Kabale und Liebe, Minna von Barnhelm, Prinz Friedrich von Homburg, König Ottokars Glück und Ende, Ein Bericht für eine Akademie*... meine ersten Lehrer waren Martin Benrath, Helmut Griem, Bruno Ganz, Ewald Balser, Gustaf Gründgens, Paul Hartmann, Will Quadflieg, Oskar Werner, Ernst Ginsberg, Rolf Henniger, Walter Franck, Erich Schellow und der unvergleichliche Klaus Kammer.

Mit 14 Jahren ging ich nach Paris. *Les enfants du Paradis* war mein Lieblingsfilm, also schrieb ich Jean-Louis Barrault einen langen Brief und bat ihn um Rat. Ich wollte unbedingt Schauspieler werden. Er traf sich tatsächlich mit mir. »Lernen Sie tanzen und möglichst auch ein Instrument«, nie werde ich seinen durchschauenden, röntgenhaften Blick vergessen. Durch seine Unterstützung bekam ich zweimal wöchentlich Schauspielunterricht bei seinem langjährigen Weggefährten Pierre Bertin. Der Unterricht fand dienstags und freitags in seiner Garderobe statt, während er sich schminkte und ankleidete. Bertin brachte mir bei, wie man Alexandriner spricht, was ein Gedicht ist und immer wieder Molière. In Frankreich lernt man die Regeln, bevor man sie bricht. Deswegen haben die Franzosen eine Revolution zustande gebracht und wir nicht. Bei einem Opernsänger nahm ich Atemunterricht.

Später, als Anfänger in Augsburg, fuhr ich viermal die Woche zwischen den Proben nach München zu Margret Langen. Von ihr lernte ich atmen.

Atmen heißt leben. Auf alle Vorgänge des Lebens reagieren wir mit unserem Atem, also können wir auch alle Schattierungen, insbesondere die unterschiedlichsten Gefühlslagen durch den Atem – ich benutze bewusst das gefährliche und viel geschmähte Wort »herstellen«. Wer nichts herstellen kann, lebt vom Zufall und wird in diesem Beruf ebenso zufällig verschwinden, wie er aufgetaucht ist. »Herstellen« ist das hässliche Wort, »erschaffen« klingt natürlich schmeichelhafter. Man kann es drehen und wenden wie man will, ohne Handwerk, ohne Technik, tritt der Ausdruck auf der Stelle. Die besten Bilder und Ideen nutzen wenig, wenn einem die Mittel zur Umsetzung fehlen.

Gute Technik kann aber auch zu oberflächlichem, eitlem Spiel verleiten. Blendend spielt man sich ins Zentrum der Aufmerksamkeit. Der Schauspieler haut dem Zuschauer seine Brillanz um die Ohren, lässt ihn bewundern, aber nicht erleben oder erkennen. Er lenkt die Aufmerksamkeit von der Figur auf sich. Menschendarstellung funktioniert umgekehrt. Zu diesem Zweck muss die Technik verinnerlicht werden, ihren Platz im Nervensystem finden, um reflexhaft die Tür zum Unbewussten, zum Gefühl, zum Instinkt zu öffnen.

Proust unterscheidet zwischen »mémoire volontaire« und »mémoire involontaire«, zwischen absichtlicher und unabsichtlicher Erinnerung. Die nicht willentlich erzeugte Erinnerung ist für ihn Grundlage jeder künstlerischen Schöpfung. Über viertausend Seiten sucht er nach ihrem Ursprung. Francis Bacon sagt in einem Gespräch mit David Sylvester, er habe lange darüber nachdenken müssen, wie man malt, ohne zu denken. Beide nutzen ihre schier unbegrenzten Möglichkeiten, um tiefer zu gehen, nicht um zu verblüffen.

Zurück aus Paris nahm ich weiter Unterricht neben der Schule. Zunächst bei Jürgen von Alten. Er ließ mich einfach spielen. Die Klassiker rauf und runter. Nicht viel denken, nicht viel reden, nur spielen, spielen, spielen. Er unterstützte und ermutigte mich in allem, was aus mir selbst kam. Keine französische Disziplin, nur Spiellust. Zum Programm das Gegenprogramm. So mache ich es heute noch: immer den Gegenpol suchen, in mir selbst oder in der Zusammenarbeit. Zum Ernst die Lust, zur Disziplin das Chaos.

Dann kam das Abitur, das baccalauréat, und meine Abschlussprüfung vor der Deutschen Bühnengenossenschaft. Erste Filme und noch ein Jahr Unterricht bei Stefan Wigger. Von Stefan lernte ich ein paar der wichtigsten Dinge: Hinschauen, Zuhören und, dass man oft nicht lauter reden, sondern nur lauter denken oder fühlen muss. Der innere Schrei aus einem stillen Gesicht lässt den Atem stocken, während wir uns beim atemlosen Gebrüll nur peinlich berührt abwenden.

Stefan machte mir die Schizophrenie dieses Berufs bewusst. Wenn man an einem Grab steht und die eigene sowie die fremde Trauer auf ihre Verwendbarkeit für spätere Rollen abklopft. Da wird`s gefährlich und doch muss man da hin.

Atem. Stille. Rhythmus. Tempo. Timing. Musikalität. Schamlosigkeit. Hysterie. Bescheidenheit. Größenwahn. Spannung. Entspannung. Wahrnehmung. Beobachtung. Verwandlung.

Am Anfang steht der Spieltrieb. Der Anfänger weiß nichts und bezieht daraus, wenn er Talent hat, seine Sicherheit. »Talent ist der Glaube an sich selbst, an die eigene Kraft«, hat Gorki gesagt. Wo Glaube ist, ist bekanntlich auch Zweifel. Die Art, mit Misserfolg und Scheitern umzugehen, weist dem Talent die Richtung. Ohne Krise, ohne dunkle Zeiten, ohne Leidensfähigkeit keine Entwicklung. Vom Erfolg kann man nicht lernen. Pawlow fand heraus, dass intelligente Ratten dieselbe Anzahl von Versuchen bei der Lösung einer Aufgabe benötigen wie dumme Ratten. Sie brauchen nur weniger Zeit. Die Frustration wird schneller überwunden. Wer hinfällt, muss gleich wieder aufstehen.

Irgendwann vernimmt der schlafwandelnde Anfänger laut oder leise eine Stimme, die fragt: »Was war das? Wie geht das?« Dann wacht er unsanft auf und weiß nicht mehr, wie er einen Fuß vor den andern setzen soll. Die Vertreibung aus dem Paradies hat begonnen, er erkennt seine Nacktheit und schämt sich. Nun wird`s anstrengend. Man gewinnt Einsichten, meistens zu schnell, gefolgt von Gewissheiten, die kurz darauf wieder wegbrechen und schließlich formuliert man Absichten, man nimmt sich etwas vor, man hat sich etwas für die Probe zurechtgelegt und das Gesicht des Regisseurs wird grau und grauer. Wenn`s ganz schlimm kommt, überlegt man sich noch etwas für die anderen, die sich bitte so oder so verhalten sollen, damit der Selbstentwurf nicht zusammenbricht. Es sind die ersten Leibesübungen auf dem Weg zum voll durchtrainierten Egozentriker. Lebendig ist was anderes.

Ich war 18 Jahre, als ich einen Drehtag bei Ingmar Bergman hatte. Ich kannte alle Bergmanfilme und bewunderte ihn. Bergman sah einen hochaufgeregten, zu allem viel zu bereiten 18-Jährigen vor sich, verzog sich erst einmal mit mir in eine Studioecke, ließ einen Kaffee holen, bot mir eine Zigarette an und streckte mir die Hand entgegen: »Ich bin Ingmar.« Es war, als hätte mir der liebe Gott das »DU« angeboten. Ich wusste gar nicht, wie ich aus dieser Schieflage wieder herauskommen sollte. Ich wollte von dem großen Seelenmeister alles über meine Figur erfahren. Ich war bereit, den heiligen Geist von seinen Lippen auf meine Schultern flattern zu sehen. So kam es auch, aber ganz anders.

Bergman erzählte still und schmunzelnd, wie schwierig die Vorbereitung auf diesen Film gewesen war. Er bestellte noch einen Kaffee, dazu ein Wasser, lächelte mich an und fragte: »Warum bist Du Schauspieler geworden?« Eine Stunde unterhielt er sich mit mir, hörte zu, fragte nach, lenkte von sich ab, wollte alles Mögliche über mich wissen. Er gab einem Achtzehnjährigen, der eine kleine Rolle spielte, das Gefühl, das Zentrum seines Films zu sein. Und an diesem Tag war ich es wohl auch.

Kein Wort über die Rolle. Kein Wort über den Film. Keine Erleuchtung. Eine Begegnung.

Dann schlug er vor, gemeinsam die Szene zu betreten. »Ich sag Dir mal, was ich mir vorgestellt habe.« Es folgten lediglich szenische Anweisungen, wann ich wo sitzen sollte, wann ich aufstehen sollte, wann gegen die Wände rennen, wann ich mit dem Kopf gegen die Glasscheibe schlagen sollte. Nie warum. Kein Wort dazu, was in der Figur vor sich geht, oder gar was sie fühlt. Nur Choreografie. Aber wie er es sagte, wie er mich dabei anschaute, mir die Hand auf die Schulter legte, beantwortete alle meine Fragen, ich saugte alles auf und wusste, dass ich es spielen konnte, obwohl ich noch gar nichts geprobt hatte.

Wieder Pause. Kaffee, Zigarette, Wasser. Dann schickte er alle aus dem Studio, sogar Sven Nykvist. »Willst Du`s mal probieren? Ganz technisch.« Ich wusste zwar nicht was er mit »technisch« meinte, wollte aber nur noch eins: spielen.

Nach der Probe lächelte er. »Ruh Dich aus, ich hol jetzt die anderen wieder rein.« Dann ließ er mich allein in meiner Ecke. Alles ging schnell und leise. Keine Hektik, kein wichtiges Getue, wie ich es später immer wieder beim Drehen erleben sollte.

Ich war versunken in meiner eigenen und zugleich fremden Welt und dabei, das Erlebte zu ordnen, als er plötzlich vor mir stand: »Komm.«

Als ich die Szene betrat, sagte er beiläufig: » Vergiss die Kamera. Es ist eine Totale, wie auf der Bühne, die Kamera sieht den ganzen Raum. Es ist Film im Film, ich hole mir die Großaufnahmen später über eine Lupe am Projektor. Vergiss, was ich Dir gesagt habe. Du bist frei. Überrasch mich.«

Ganz nebenbei hatte er mir damit die wichtigste und schwerste Regel im Umgang mit der Kamera gesagt: »Vergiss die Kamera.« Man sollte sich beim Spielen von der Kamera zuschauen lassen, nicht für sie oder mit ihr spielen.

Wir drehten die Szene einmal. Ich weiß nicht, ob er »Ton ab«, »Kamera ab« und »Bitte« gesagt hat. Ich war unbekümmert und sah den freundlichen Charles Regnier auf mich zukommen und mir eine Spritze geben. Ich glaube, ich bin dann Bergmans Choreografie gefolgt, weiß es aber nicht genau. Er war zufrieden. »Nur noch eine zur Sicherheit.« Ich fühlte mich so sicher, dass ich im entscheidenden Augenblick durch die bruchsichere Glasscheibe raste und im Krankenhaus landete. Ich hatte ihn überrascht. Und mich auch. Es war wundervoll. Ich hatte nichts verstanden und alles gewusst. Ich hatte nicht gespielt – es hatte gespielt.

Einer Anekdote zufolge standen zwei Schauspieler während einer Probe auf der Bühne, als der eine den anderen bat: »Geh doch mal runter und guck, ob ich in der Mitte stehe.« Der andere tat es, blieb unten und wurde Regisseur.

Ich idealisiere, ich bewundere, ich verliebe mich und ich vertraue. Das alles und die entsprechende Bewegung von der anderen Seite brauche ich, um mich zu öffnen. Was da stattfindet ist erotisch, libidinös und zutiefst ödipal. Wie in der Liebe die Frau, ist der Regisseur, oder die Regisseurin in der Arbeit die andere Hälfte, nach der ich suche, um ein Ganzes zu werden. Ich brauche seinen Zuspruch wie seinen Widerspruch, ich brauche sein Vertrauen und seine Kritik; ist sie grundsätzlich wohlwollend, kann sie in der Sache hart sein. Bei den ersten Schritten, die ein Schauspieler in seiner Figur geht, kann viel zerstört werden. Das falsche Wort zum falschen Zeitpunkt, positiv oder negativ, kann ebenso verheerend wirken, wie das richtige Wort im entscheidenden Moment alle Türen aufstößt.

Ob Helmut Dietl, oder Oliver Hirschbiegel, Dominik Graf oder Sherry Hormann, Douglas Sirk oder Bertrand Tavernier, denen ich das Glück hatte zu begegnen, sie wussten um diese Magie. So verschieden sie sind, so sehr haben sie eines gemeinsam: Sie gucken hin, sie hören zu, sie wissen, wann man proben, und wann man drehen muss, und sie erklären nichts. Geräuschlos öffnen sie Türen. Reingehen muss man selbst. Durch sie habe ich erfahren, wie entlastend es ist, die Kontrolle abzugeben. Sie machen den Film. Ich spiele meine Rolle.

Ganz egal, wer mir gegenübersteht, jeder Regisseur hat ein Recht darauf, seine Vorstellungen umgesetzt zu sehen, egal, ob es mir einleuchtet oder nicht. Jeder. Und es ist mein Recht und meine Pflicht, ihm so viele Angebote zu machen, wie ich brauche, ohne eine Sekunde darüber nachzudenken, ob meine Vorschläge gut oder schlecht, albern, unpassend, sinnvoll, oder peinlich sind. Keine innere Zensur. Wenn es unehrlich abläuft, wird es zum Machtkampf, wenn es ehrlich ist, nennt man es Probe.

Manchmal geht man mit einem Regisseur ein Stück Weg gemeinsam. Über mehrere Filme. Ich wünsche es jedem Schauspieler. Man wird für gewisse Zeit Projektionsfläche fremder, immer vertrauter werdender Fantasien und vermischt sie mit den eigenen. Bei mir sind es Oliver Hirschbiegel und Sherry Hormann. Bei Oliver waren es ein Tornadopilot von der Bundeswehr und ein Arzt im Dritten Reich, beides in sich ruhende, starke Figuren. Bei Sherry ein Harley fahrender, lederschwuler Amateurkicker, der die Beziehung zu seinem kleinen Sohn wiederbelebt, ein alternativer, einfühlsamer Psychocoach und ein lakonischer, straighter Polizist. Das Erkunden unterschiedlichster Lebensbereiche hat mein Leben bereichert.

Mein Vater holte mich von der Schule ab. Wir fuhren durch die Stadt. An einer beliebigen Stelle hielt er an. »Schau Dir die Menschen von hinten an und sag mir, was Dir zu ihnen einfällt.« Gemeinsam entwarfen wir Menschenbilder. »Kein Mensch weiß, wie er von hinten aussieht, also kann er dieses Bild auch nicht steuern. Alles, was er von vorne zu verbergen trachtet, zeigt er Dir von hinten.« Dann fuhr er los, überholte die Menschen, und wir schauten ihnen ins Gesicht. Die Diskrepanz war frappierend und nicht frei von Komik.

Einstellungsgespräche für seine Praxis führte meistens meine Mutter. Er kam erst am Schluss hinzu, um die Bewerberinnen zu verabschieden, dabei geleitete er sie zur Tür, um sie auf dem Weg von der Haustür zum Gartentor zu beobachten – von hinten. Dann traf er seine Entscheidung. Er kam aus sehr einfachen Verhältnissen, hatte sich hochgearbeitet und blieb in der bürgerlichen Gesellschaft immer fremd, so wie sie ihm fremd blieb. Fremdheit schärft den Blick.

In jeder Rolle zieht mich das Fremde vor dem Vertrauten an und hilft mir auch bei der Begegnung mit dem Fremden in mir.

Noch heute kann ich stundenlang in Cafés oder auf der Straße sitzen und Menschen beobachten. Ziellos, planlos, dann überkommt mich die pure Nachahmungslust. Kein Verständnis geht so tief wie das körperliche, wenn ich mich wie ein anderer bewege, spüre ich auch, wie er fühlt. Die Umkehrung funktioniert auch: Wenn ich weiß, was jemanden bewegt, dann weiß ich auch, wie er sich bewegt. Das ist mein Spieltrieb. Ich sehe Menschen, und mein innerer Motor geht von alleine los... dann läuft`s, und dann laufe ich.

»Das Geheimnis der Langeweile besteht darin, alles zu sagen« (Voltaire), aber »verschlossene Schränke können auch leer sein« (Jean Giono). Dazwischen spielt es sich ab. Nichts von einer Figur preiszugeben, kann auch bedeuten, dass nichts da ist. Sie mit allem auszustatten, was die Küche hergibt, ist ebenso fatal. Wir wissen verdammt wenig über uns selbst, wenn Schauspieler behaupten, alles über ihre Figur zu wissen, werde ich misstrauisch oder schlafe ein.

Man ist immer ein wenig der Sklave der Figur, die man gerade spielt. Zumindest mir geht es so, oft ohne es zu merken. Wenn ich ein neues Drehbuch bekomme, lese ich es mehrmals, zu unterschiedlichen Tageszeiten. Ich versuche, ein Gefühl für die Geschichte zu entwickeln, bevor ich mich an meine Rolle herantaste.

Von Boy Gobert erzählt man, er habe sich bei der ersten Lektüre alles, was ihm spontan zu seiner Rolle einfiel, notiert, um es nicht zu spielen. Die ersten Einfälle kommen oft aus der Klischeekiste. Ich würde sie nicht unbedingt verwerfen, begegne ihnen aber mit Vorsicht. Man sollte nie vergessen, dass schwarze Pferde in ihrem Fell auch rote Haare haben und Schimmel schwarze.

Der Text ist das Brot des Schauspielers. Ein guter Schauspieler verstärkt das, was da ist. Er kann nicht anders, er macht schlechte Texte als solche kenntlich und bringt Gute zum fliegen. Ein vielschichtiger Text lernt sich leichter als ein simpler, nicht gearbeiteter. Wenn es die Situation und die aus der Situation heraus gesprochenen Worte sind, die in die Verwandlung treiben, dann ist das stärkere, verdichtendere Wort auch das stärkere Virus. Die Inkubationszeit ist kürzer, die Verwandlung geschieht leichter und heftiger.

Bei wiederholter Lektüre wächst die Beziehung zur Figur ganz natürlich.

Irgendwann ertappe ich mich dabei, wie ich eine Situation in Gedanken spiele. Bewegungen fallen mir ein, Erinnerungen werden wach, Gerüche, Farben tauchen auf, Musik. Nichts davon versuche ich bewusst festzuhalten, es sind die Aufwärmübungen des Unbewussten. Der Schauspieler ist ein »Gefühlsathlet« (Antonin Artaud).

Dann suche ich nach allem, was ich aus meinem eigenen Erfahrungsbereich für die Rolle nutzen kann und was mir fehlt. Geht es um Berufliches, lese ich alles, was ich zu dem Thema in die Finger kriegen kann. Als Nächstes lerne ich Menschen kennen, die diesen Beruf ausüben. Was sie mir manchmal geben, steht in keinem Buch. Manchmal ist es viel, manchmal nur eine Geste, aber die kann entscheidend sein. Ich sauge alles auf wie ein Schwamm, ohne zu sortieren, ohne nach der Verwertbarkeit zu fragen. Ich fülle meinen Rucksack, bevor die Reise losgeht. »Wer viel im Laden hat, kann es sich leisten, wenig im Schaufenster zu zeigen.« (Botho Strauß). Wenn das geschehen ist, gibt es keinen Moment mehr bis zum letzten Drehtag, an dem meine Antennen nicht auf Empfang geschaltet sind. Ich laufe durch die Gegend, offen wie ein Scheunentor. Ich bemühe mich um einen Zustand, in dem ich nicht suche, sondern bereit bin, den richtigen Augenblick wahrzunehmen. Eine tolle Zeit.

Ich spielte einen psychopathischen Vater und musste mehr als einmal in den eigenen Abgrund schauen. Das ist nicht nur furchtbar, es macht auch Spaß. In einer Szene erzählte die Figur ein Schlüsselerlebnis aus der Kindheit, eine Situation, in der sich Todesangst und Vernichtungswille mischten. Sehr extrem, nicht ungefährlich, weil teilweise sehr theatralisch. Ich hatte dem Autor eine Geschichte aus meiner eigenen Kindheit erzählt, und er hatte Teile davon verwendet, was das Spiel nicht einfacher machte.

Die Arbeit ging gut voran, aber ich hatte nicht die geringste Idee, wie ich diese Szene spielen könnte. Die Figur beschreibt eine Situation, in der sie vom Vater beinahe ertränkt wird (keine Angst, hat mein Vater nicht getan) und sagt: »Ich weine.« Fast brechtisch. Was sollte ich tun? Es einfach sagen? Könnte in dem Moment, in dem er es ausspricht die Erinnerungen ganz real werden, aus der Vergangenheit in die Gegenwart rutschen? Und dann? Weinen? Wie weint diese Figur? Wie weint sie in dieser Situation? Wie kriege ich die Theatralik aus der Szene raus? Ich kam nicht weiter, und der Drehtag rückte immer näher. Bis ich an einem Nachmittag auf einem U-Bahnsteig hinter mir einen merkwürdigen Ton vernahm. Um mich herum wurde laut geredet und gelacht. Ich konnte den Ton nicht richtig einordnen. Da war er wieder. Eine Kinderstimme. Ein lang gezogener Laut, kein Weinen, eher ein Klagen... Ich war elektrisiert, das war es, danach hatte ich gesucht: ein kindlicher Klagelaut. Ich drehte mich nicht um. Die Wirklichkeit konnte nicht annähernd so passend sein, wie das durch den Klagelaut entstandene Bild in meinem Kopf. Ich ließ es in mich hineinsickern. Mein Adrenalinpegel schoss hoch. Was ich erlebte, war pures Glück.

Dann kommen die letzten Tage vor Drehbeginn. Damals, im Kindergarten wurde ich krank. Mit 18 fuhr ich drei Tage vor der Premiere einer Schulaufführung den Wagen meines Vaters zu Schrott. In den ersten Theaterjahren bekam ich vor jeder Premiere hohes Fieber. In meinem häufigsten Premierentraum stehe ich neben dem Inspizienten und sehe mit Schrecken, dass ich von den Schauspielern auf der Bühne niemanden kenne, sie tragen andere Kostüme und spielen ein fremdes Stück. Ich will gerade protestieren, da schubst mich der Inspizient auf die Bühne, und ich wache auf.

So ist es tatsächlich. Der erste Drehtag ist immer anders. Ich habe keinen Plan. Ich vergesse alles, was ich gesammelt habe. Ich schlafe kaum. Ich würde mir Sorgen machen, wenn ich es nicht mehr so erleben würde. Alles, worauf ich mich vorbereitet habe, beginnt nun zu leben. Das bedeutet Veränderung.

Die ersten Gespräche mit dem Regisseur haben stattgefunden. Die Kostümprobe, einer der ersten, wichtigsten Augenblicke, in denen die Figur physisch wird, liegt hinter mir. Immer mehr Menschen kommen dazu, wirbeln alles durcheinander.

Das Geheimnis erfolgreicher Zusammenarbeit aller Abteilungen besteht darin, den Standpunkt des andern zu verstehen. Man muss ihn nicht akzeptieren, aber man sollte sich bemühen, ihn zu verstehen. Manchmal wird einem beim Zuhören die eigene Position klarer als beim Schwadronieren.

Wenn Schauspieler zuviel reden, sind sie entweder schlecht vorbereitet, oder sie müssen sich von inneren, oft gedanklichen Verkrampfungen befreien, vielleicht auch von Klischees, oder sie haben Angst und wollen sich sowie ihr gesamtes Umfeld zwanghaft kontrollieren.

Sich gegenseitig die Figuren zu erklären, ist tödlich. Es riecht nach Absicherung und birgt die Gefahr, dass sich alle in fröhlichem Einvernehmen auf die Schulter klopfen, ohne zu wissen, ob sie das Gesehene nur aufgrund der vorangegangenen Erklärung erkannt haben, oder ob es tatsächlich stattgefunden hat.

Wenn mir Schauspieler erklären, was »in« ihrer Figur passiert, ziehe ich mich zurück, denn sie nehmen mir die Möglichkeit, unmittelbar auf sie zu reagieren, mit ihnen zu spielen.

Überhaupt finde ich es angenehmer, wenn am Set alles möglichst unaufgeregt abläuft. Ohne Selbstbeweihräucherung und Aufschreie. Wie im Alltag. Man steht ja morgens auch nicht auf, reißt die Badezimmertür auf und schreit: »Ah! Eine Dusche!«

Jeder Schauspieler sollte wissen, welches Instrument er im Orchester spielt. Es ist zwecklos, die Geige spielen zu wollen, wenn man eine Posaune in den Händen hält. Wer es dennoch versucht, stört den Gesamtklang und ist am Ende auch noch ein schlechter Posaunist. Ich verstehe jeden Schauspieler, der im Zentrum stehen will, die Hauptrolle spielen will. Er soll unbedingt darum kämpfen, aber bitte nicht in dem Film, in dem er gerade eine kleinere Rolle angenommen hat. Kleine Rollen sind nicht zu unterschätzen. Wenn man von drei Szenen eine vergeigt, war`s ein Drittel der Rolle. Die Figur muss im ersten Augenblick da sein, kann sich meistens nicht langsam entpuppen und soll trotzdem nicht überzeichnet sein. Es gibt große Künstler in diesem Bereich, die manchen »Hauptdarsteller« blass aussehen lassen. Das funktioniert nicht, wenn einem auf der Stirn geschrieben steht »eigentlich bin ich Protagonist«.

Im Casting hatte ich die Rolle des Major Steinhoff in *Das Experiment* bekommen. Alles war wunderbar. In zwei Monaten sollte es losgehen. »Wir müssen noch ein bisschen am Buch arbeiten«, sagte mir Oliver Hirschbiegel. Zwei Wochen vor Start kam die Drehfassung. Das Buch hatte einen großen Sprung gemacht. – Aber was war mit meiner wunderbaren Rolle passiert? In einer der ersten Szenen lag Steinhoff auf der Pritsche und starrte an die Decke. Ich blätterte weiter. »Steinhoff liegt auf der Pritsche und starrt an die Decke.« Weiter. »Steinhoff liegt auf der Pritsche und starrt an die Decke.« Fast jede Szene begann mit diesem Satz. Mein Mund wurde trocken. Ich rief Norbert Preuss und Oliver Hirschbiegel an. Sie waren nicht überrascht: »Ja, die Figur ist uns beim Umschreiben etwas verrutscht. Mach Dir keine Sorgen, schreib Dir alles auf, was Dir einfällt, ich arbeite auch weiter dran«, versuchte Oliver mich zu beruhigen. Ich schrieb mir seitenweise Dialoge auf. Gott sei Dank wurde keiner gedreht. 14 Tage schaute ich den andern schweigend zu, wie sie eine schöne Dialogszene nach der andern drehten. Es war eine Qual. Oliver kam aus den Mustervorführungen und baute mich auf: »Mach dir keine Sorgen, es funktioniert.« Ich sollte eine souveräne Figur spielen und schiss mir vor Angst fast in die Hosen. Langsam übertrug sich Olivers Ruhe auf mich. Ich konnte wieder atmen und lernte eine meiner wichtigsten Lektionen: Schweigen ist ein aktiver Vorgang. Im Film ist Schweigen ein Geschenk – wenn der Regisseur es zeigt.

Es gibt ICH-Schauspieler und ER-Schauspieler, so wie es Schriftsteller gibt, die in der ersten und andere, die in der dritten Person ihre Geschichten erzählen. Es ist der Unterschied zwischen dem Charakterschauspieler und dem Star. Selten ist es in Personalunion zu haben (Brando, De Niro, Pacino, Gabin, George). Es ist auch kein Qualitätsunterschied. Es ist anders. Man kann es sich nicht aussuchen, man kann es nur erkennen.

Jeder muss seinen eigenen Ton, seinen eigenen Gestus finden, das was ihn unverwechselbar macht. Jeder braucht sein Geheimnis. Was er dem Zuschauer zeigt, sollte nur die Spitze des Eisbergs sein.

Ich bin immer wieder überrascht, wie wenig sich Schauspieler dabei mit den Großen ihres Fachs auseinander setzen. Kein Musiker, kein Tänzer, kein Maler, kein Schriftsteller könnte es sich leisten, derart selbstgefällig seine Vorgeschichte zu ignorieren. Regisseure tun es auch nicht.

Thomas Bernhard erzählte in einem Interview, er habe jeden Tag vor dem Schreiben, mit der Lektüre seiner Meister begonnen, Schopenhauer, Kant etc. Danach sei es unendlich schwer gewesen, die ersten Sätze zu Papier zu bringen. Eine gnadenlose Form der Selbstdisziplin.

Man muss ja nicht jeden Morgen vor Drehbeginn Brando oder Cary Grant gucken, aber sich gar nicht damit auseinander zu setzen, ist dann doch ein bisschen wenig.

Es gibt keinen Beruf, in dem sich persönliche und berufliche Entwicklung so stark bedingen wie in der Schauspielerei. Vielleicht, weil das Instrument die eigene Person ist. Alles was wir tun oder versäumen, spiegelt sich in unserer Arbeit. Jeder Mensch, dem wir begegnen, jedes Buch, das wir lesen, jedes Bild, jeder Film, den wir sehen, jede Musik, die wir hören – all das verändert uns, und wenn wir es zulassen, auch den Blick auf unsern Beruf.

Lachen, oder weinen? Zu Beidem möchten wir den Zuschauer bewegen. Der Unterschied liegt in der Haltung, die wir zu einem Vorgang einnehmen.

Ein Mensch rutscht auf einer Bananenschale aus. Ist es jemand, den wir lieben, sind wir mit dem Herzen bei ihm, und er wird sich unseres Mitgefühls nicht erwehren können. Kennen wir ihn nicht, oder bedeutet er uns wenig, betrachten wir eher den Vorgang in seiner Mechanik und lachen. »Lachen ist momentane

Anästhesie des Herzens« (Henri Bergson), es führt direkt in den Kopf. Lachen bedeutet Erkenntnis. Es ist die Königsdisziplin und unterscheidet uns zusammen mit der Fähigkeit zu lügen vom Tier. Wir lügen, nicht weil wir Schauspieler sind, sondern weil wir Menschen sind. Nur wer ein klares Bild von der Wahrheit hat, kann lügen. Wer bescheißen will, muss wissen, was ehrlich ist.

Was ist ein Schauspieler? Was ist spielen?

Wie machen es Kinder? Spielen ist ihre Wesensart. Spielend erkunden sie ihre Umgebung, fassen sie an, wenden sie hin und her, »begreifen« sie, dabei ausschließlich im Hier und Jetzt. Gesicht und Körper sind entspannt. Von heiterem Ernst. Beseelt.

Das Kind verfügt über die tägliche Jungfräulichkeit. Jeden Morgen scheint es alles vergessen zu haben und das Leben zum ersten Mal zu empfinden.

Je begabter das Kind, desto deutlicher spürt es die Erwartungen, durch deren bedingungslose Erfüllung es Zuneigung, Anerkennung und Liebe gewinnt.

Schauspieler stehen vor einem ähnlichen Problem: schnelle Anerkennung durch Anpassung, indem man die eigene Stimme verleugnet oder sich auf unbekanntes Terrain wagen, den inneren und äußeren Widerstand als Herausforderung begreifen und sich selbst eine Chance geben.

Der Schauspieler, wenn er gut ist, trägt seine Kindheit in der Tasche. Hier wurden seine emotionalen Möglichkeiten geprägt. Im Guten wie im Schlechten, beides brauchen wir. Der Rest ist Erinnerung.

© Nadja Klier

Daniel Brühl wird 1978 in Barcelona geboren. Er ist Autodidakt und sammelt erste Fernseherfahrungen während der Schulzeit. Seit seinem 20. Lebensjahr spielt er Hauptrollen. Für das Fernsehen dreht er u.a. *Hin und Weg* (Hanno Brühl, 1999), *Ein mörderischer Plan* (Matti Geschonneck, 2000). Mit *Nichts bereuen* (Benjamin Quabeck – erhielt er den Deutschen Filmpreis 2002 für darstellerische Leistung) und etabliert sich auf der Kinoleinwand.
Für seine Rolle eines Schizophrenen in *Das weiße Rauschen* (Hans Weingartner) wird er 2002 mit dem Bayerischen Filmpreis als bester Nachwuchsdarsteller geehrt, erhält den »Deutschen Filmpreis« und den »Preis der Deutschen Filmkritik«.
Die melancholische Komödie *Good-bye, Lenin!* (Wolfgang Becker) avanciert 2003 zum internationalen Kassenschlager und Daniel Brühl wird mit dem »Deutschen Filmpreis« und dem »Europäischen Filmpreis« als bester europäischer Schauspieler ausgezeichnet. 2003 entsteht Achim von Borries' Drama *Was nützt die Liebe in Gedanken*. 2004 dreht er die Dramen *Farland* (Michael Klier) und *Die fetten Jahre sind vorbei* (erneut Hans Weingartner) und 2005 die Komödie *Ein Freund von mir* (Sebastian Schipper) mit Jürgen Vogel als Partner. Seinen ersten internationalen Auftritt hat er 2005 in *Der Duft von Lavendel* (Charles Dance), gefolgt von der internationalen Koproduktion *Merry Christmas* (Christian Carion). Für seine Rolle eines Franco-Gegners in der spanischen Produktion *Salvador* (Manuel Huerga) wird er für den Goya 2007 nominiert. Derzeit spielt er »Tonda« in Marco Kreutzpainters Romanadaption *Krabat* von Otfried Preußler.
Daniel Brühl lebt in Berlin.
www.players.de

»Pilzglück«

Daniel Brühl im Gespräch mit Béatrice Ottersbach

BO: Einen Ihrer ersten Filme haben Sie mit Ihrem Vater gedreht. Wie kam es dazu?
— DB: Dass ich auf diesen Beruf gekommen bin, hat wahrscheinlich etwas mit meinem Vater zu tun. Als Kind findet man das, was der Vater macht, spannend. Vor allem, wenn er so etwas »Besonderes« macht. Ich weiß noch, dass ich in der Grundschule, als wir mit ca. sechs Jahren aufschreiben mussten, welchen Beruf der Vater ausübt, ich nicht wusste, wie man Regisseur richtig schreibt. Aber ich fand es immer spannend, wenn er von Filmarbeiten erzählte. Er hat hauptsächlich Dokumentarfilme gemacht und dann immer wieder Fernsehfilme für den WDR. Hinzu kam, dass ich als Kind schon wahnsinnig gerne gespielt habe. Mein erstes »Opfer« war natürlich meine Familie. Ich habe immer Geschichten erfunden, ich hatte eine sehr lebhafte Fantasie. Zum ersten Mal in eine andere Rollen geschlüpft bin ich mit acht Jahren: Über meinen Onkel, der beim WDR-Hörfunk fest angestellt war, konnte ich mein erstes Hörspiel sprechen. Die Familie war schon immer so ein »kölscher Klüngel«. Dann habe ich ziemlich lange diese Radiogeschichten gemacht und synchronisiert – und mit 15 oder 16 erstmals für das Fernsehen gedreht. (*Sein Handy klingelt: Es ist sein Vater. Er lacht über diesen Zufall.*)

BO: Sie verdanken also Ihre Karriere ursprünglich dem »kölschen Klüngel«?
— DB: In meiner Familie ist keiner Kölner, aber es hat trotzdem etwas davon, und diese Berufswahl war schon eine Familiensache. In einer anderen Familie wäre ich nicht unbedingt darauf gekommen, mich das wirklich zu trauen. Mein Vater hat mich immer schon sehr geprägt und unterstützt – aber auch gewarnt. Er hat mir von Anfang an die Risiken des Berufs genannt und hat mich zur Vorsicht ermahnt. Aber irgendwann war es klar, dass ich diesen Beruf machen will und auch ein gewisses Talent dazu habe. Dann hat sich der Wunsch, miteinander zu arbeiten, auf beiden Seiten gezeigt. Ich weiß aber noch, dass ich eine Woche vor unseren ersten Dreharbeiten eine Panikattacke bekommen habe und dachte: »Das geht nicht! Er kann jetzt nicht plötzlich mein Regisseur sein. Wie soll das gehen?« Ich habe mir das so krampfig vorgestellt, dass ich schon fast absagen wollte. Es war ein großes Drama. Ich bin sehr froh, es doch gemacht zu haben, weil es erstaunlich harmonisch abgelaufen ist. Ich glaube, dass ich meinem Vater in vielen

Dingen sehr ähnlich bin. Meine Mutter hat mir das schon immer gesagt, und mit den Jahren wird mir das immer bewusster. Bei diesem ersten gemeinsamen Dreh hatten wir eine sehr gute Sprache und ein sehr gutes Gefühl zueinander. Ich war damals 19 Jahre alt. Dank dieses Films habe ich den Führerschein endlich gemacht. Ich musste ihn machen, da ich in dem Film Autofahren musste. Ich war davor zu faul gewesen, mich darum zu kümmern. An dem Tag, an dem ich vor der Kamera am Steuer sitzen musste, habe ich die Führerscheinprüfung bestanden. Das war ein ziemlicher Druck, und ich habe dem Fahrlehrer gesagt: »Sie müssen mich da durchbringen!« (Er gehört zum kölschen Klüngel!)

BO: Wie ist das, wenn der Regisseur der eigene Vater ist?
— DB: Er ist dann eine doppelte Autoritätsperson: a) ist er der Vater und b) der Regisseur. Aber wir konnten das ganz gut trennen, das hat mein Vater sehr gut gemacht. Der Ton wurde nie privat, wir haben bei der Arbeit nur über die Arbeit gesprochen und sind dann nach Drehschluss nach Hause gefahren zum Abendessen. Da war er wieder mein Vater, und wir waren wieder eine Familie. Am Set hat er mich nicht anders behandelt als die anderen Schauspieler; er hat mich nicht bevorzugt, war aber auch nicht kritischer als mit den anderen. Weil wir uns so gut kennen, hat er Kleinigkeiten an mir gemerkt und gesehen, die andere vielleicht länger gebraucht hätten zu erkennen. Ich wusste genau, was er mir sagen will. Wenn er etwas mit seinem Mundwinkel macht oder auf eine bestimmte Art und Weise guckt, dann weiß ich genau, was los ist. Das war ganz angenehm, wir brauchten nicht viele Worte, um zu wissen, was wir voneinander wollen. Das ist dann natürlich der Vorteil, wenn man sich so lange kennt. Hinzu kam, dass Katharina Schüttler – eine tolle Schauspielerin aus Köln, die schon seit immer meine beste Freundin ist – meine große Liebe in diesem Film spielte. Der einzige wirklich unangenehme Drehtag war, als wir eine Liebesszene drehen mussten. Ich spielte diese Szene mit meiner besten Freundin, was eh schon komisch ist, und dann noch mit dem Vater am Monitor! Mein Vater hat aber dafür gesorgt, dass die Szene nicht so oft gedreht wurde. Er sagte schnell: »Ja, Ja. Cut! Alles gut. Nächste Szene!«

BO: Hat diese Erfahrung Ihr weiteres Verhältnis in der Zusammenarbeit mit Regisseuren geprägt?
— DB: Ich mag es gerne, wenn Regisseure diese Sensibilität, diesen Blick oder dieses Gespür haben. Ich mag es, nicht alles tot zu quatschen, wenn es nicht unbedingt nötig ist. Wenn man auch anders als mit Worten kommunizieren kann, bringt mir das immer mehr. Es lässt Freiräume zu, wenn nicht alles so genau benannt, durcherklärt und -dekliniert ist. Ich finde das immer angenehm, wenn Regisseure durch ein Wort, durch einen Satz oder einen Blick eine Inspiration

vermitteln können. Es ist wie ein Anstoß, und dann guckt man, was man daraus macht. Es kommt natürlich auch immer auf die Geschichte und auf den Film an, inwieweit ein Freiraum da o.k. ist. Diese Arbeitsweise ist mir jedoch prinzipiell lieber, als mit einem Regisseur zu drehen, der alles von A bis Z beschreibt, wie er was gerne hätte. Bis jetzt habe ich einige Regisseure getroffen, die so arbeiten. So war es z.B. mit Wolfgang Becker bei *Good-bye, Lenin!*: Bei den Proben haben wir viel gesprochen, aber als es dann darum ging zu arbeiten, da verlief es mit wenigen Worten, wenn ich mich recht entsinne.

BO: Diese Art der Kommunikation setzt aber nicht unbedingt voraus, dass man sich gut kennt, oder?
— DB: Man muss meinen, sich gut zu kennen. Es ist schon angenehm, wenn man eine solche Beziehung eingeht, zu merken, dass die Wellenlängen sich decken, dass man einen Draht zueinander hat. Das ist nicht unbedingt zwingend notwendig, ich glaube auch nicht, dass es letzten Endes für die Qualität des Endproduktes nötig ist, aber wenn sich das so ergibt, dass im Idealfall – wie zum Beispiel zwischen Wolfgang und mir – sich eine Freundschaft daraus ergibt, dann ist das nur von Vorteil. Ich bin ja oft als Alter Ego von Regisseuren besetzt worden, vor allem von Jüngeren. Beim Lesen der Drehbücher, gerade wenn diese Regisseure sie selbst geschrieben hatten, habe ich festgestellt, wie viel von ihnen darin steckt – ich habe aber auch erkannt, dass sie Sachen von mir übernommen haben. Dann geht man eine Symbiose ein und wird ein bisschen eins. Meistens werde ich als Sympathieträger besetzt, als der Typ, der der rote Faden in der Geschichte ist: Ich bin die Identifikationsfigur des Publikums. Das ist die Rolle, die ich meistens bekomme. Ich glaube, Hans Weingartner hat mich als Alter Ego gesehen, bei Benjamin Quabeck und *Nichts bereuen* war das vielleicht am deutlichsten: Es war seine eigene Geschichte kombiniert mit meiner. Ich habe wirklich Glück gehabt, mit 70 bis 80 % der Regisseure, mit denen ich gearbeitet habe, hat sich ein toller Kontakt entwickelt, der sich bis heute hält, und mit fast allen eine Freundschaft.

BO: Sie haben über 30 Filme gedreht. Haben Sie dann so viele Freunde?
— DB: Auch wenn ich mit älteren Regisseuren gedreht habe, habe ich oft in Debütfilmen oder mit ganz jungen Regisseuren gearbeitet. Altersmäßig gab es keine großen Unterschiede, und man hatte gemeinsame Interessen. Letzten Sommer habe ich zum Beispiel täglich Hans Weingartner, den Regisseur von *Das weiße Rauschen* und *Die fetten Jahre sind vorbei*, getroffen. Mit Sebastian Schipper, dem Regisseur von *Ein Freund von Mir* oder mit Achim von Borries (*Was nützt die Liebe in Gedanken*) bin ich sehr gut befreundet. Das ist mein soziales Umfeld hier in Berlin. Es war auch mit ein Grund, warum ich von Köln nach Berlin gezogen

bin. Arbeitsmäßig war es hier für mich interessanter, aber auch privat, weil das in der Tat alles Freunde sind. Mit Schauspielern geht es mir ähnlich. Es gibt mittlerweile einen Kern von Kollegen, die ich wirklich meine Freunde nennen kann: August Diehl, Tom Schilling oder Fabian Busch oder auch junge Kolleginnen wie Anna Maria Mühe und Julia Jentsch. Das ist toll, weil diese Menschen einen auch ermutigen, weiterhin hier zu arbeiten. Im Moment arbeiten August Diehl und ich zum Beispiel daran, Geschichten voran zu bringen. Normalerweise sitzen wir Schauspieler zu Hause und warten auf tolle Drehbücher. Jetzt wollen mir uns mal selbst darum kümmern.

BO: In welcher Form?
— DB: Letztes Jahr hatte ich endlich eine Idee, die ich schon seit zwei, drei Jahren mit mir herumtrage, in Drehbuchform gepackt. Ich habe das Drehbuch geschrieben, bin damit zu Achim von Borries gegangen. Nun entwickeln wir es gemeinsam weiter. August Diehl mag das Buch auch, und wir überlegen, welchen Film wir in welcher Konstellation machen wollen. Ob ich da selbst Regie führe, ob ich mir das jetzt schon zutrauen würde – es ist ja schon lange mein Traum und irgendwann in näherer oder fernerer Zukunft werde ich es tun –, oder ob Achim von Borries Regie führt und wir spielen, wie auch immer. Wir wollen selbst kreativ ein Stück weiter eingespannt sein, und es ist natürlich von Vorteil, wenn man einige Filme gedreht hat und schon ein paar Jahre dabei ist. Man kennt viele Leute, weiß, auf wen man zugehen kann, und wie man an Produzenten herankommt. Das sehe ich schon als einen Riesenvorteil an.

BO: Sie setzen also Ihren Namen für die Sache ein?
— DB: Ja, aber mit dem Ziel, auch irgendwann selbst Regie zu führen. Zu Produzieren würde mich später vielleicht auch interessieren, obwohl nur bedingt. Ich kann nicht besonders gut mit Geld umgehen. Aber kreativer Teilhaber in einer Produktionsfirma zu werden, könnte ich mir schon vorstellen.

BO: Das heißt, Sie wollen Ihre Karriere aktiver in die Hand nehmen?
— DB: Ich sehe mich nach wie vor eher als Schauspieler. Ich glaube, dass ich diesen Beruf immer ausüben wollen werde. Aber wenn man das länger macht, ist der Wunsch nahe – ich vermute, dass es vielen Schauspielern so ergeht – seine eigenen Geschichten erzählen zu wollen und dabei aktiver involviert zu sein. Gerade als Filmschauspieler ist man von so vielen Prozessen ausgeschlossen, was einen auch wahnsinnig machen kann. Man überlässt sich und seine Arbeit ja irgendwelchen Leuten. Der Schnittprozess ist zum Beispiel so eine abstrakte Größe. Eines Tages sieht man die erste Fassung, den Rohschnitt des Films, oder wenn man die noch nicht mal zu sehen kriegt, dann sitzt man bei der Premiere

und entdeckt den Film und denkt: »So haben die das gemacht. Das ist also aus dem, was ich gespielt habe, geworden.« Das möchte ich eines Tages schon gerne selbst in die Hand nehmen und den Film von Anfang bis Ende, vom Drehbuch bis zum Schnitt selbst begleiten.

BO: Sie wollen die Geschichten mehr selbst bestimmen?
— DB: Ja, es geht mir ja hauptsächlich darum, eine Geschichte zu erzählen. Ich habe auch angefangen, selbst zu schreiben. Komischerweise sehe ich mich nie selbst in diesen Geschichten. Es geht mir also nicht darum, mir selbst die Rolle meines Lebens zu schreiben. Das mache ich dann vielleicht, wenn irgendwann gar keine Angebote mehr kommen. Ich denke beim Schreiben an andere Schauspieler, an ältere Figuren.

BO: Sind das Adaptionen oder originäre Geschichten? Welchen Schwerpunkt haben sie?
— DB: Es sind eigene Stoffe. Familie ist ein großes Thema für mich. Das hat mich schon immer interessiert, meine eigene Familie und Familien generell, psychologische Geschichten, innerhalb einer Familie, der Gesellschaft, unter Freunden... universelle Themen, aber keine politischen Themen oder keine historischen Stoffe, keine Filme im großen Kontext. Bis jetzt zumindest noch nicht. Es gibt zwar immer wieder Romane, von denen ich denke, dass sie für das Kino adaptiert werden sollten. Mich hat aber noch keine Geschichte derart angefixt, dass ich mir eine Adaption zutrauen würde. Mich reizen kleine Beobachtungen, weil ich ein ziemlicher Menschenfan und ein leidenschaftlicher Beobachter von Menschen, von Verhaltensmustern bin. Meistens sind es ganz kleine Vorfälle, die mich dazu inspirieren, eine Geschichte zu spinnen. Momentan sitze ich an einer Geschichte, die ursprünglich von zwei englischen Pärchen, Mitte 40, die auf einer spanischen Insel Strandurlaub machen, handelt. Ich habe eine bestimmte Situation beobachtet, und dann hörte ich nicht mehr auf, darüber nachzudenken. Daraufhin hat sich die Geschichte komplett gewandelt, und die Protagonisten sind keine englischen Urlauber in Spanien mehr. Ein Detail kann ein großer Auslöser werden.

BO: Wann schreiben Sie denn, wenn Sie so viel arbeiten?
— DB: Das klingt immer so dramatisch. Ich höre immer, dass ich nur arbeite, das stimmt so nicht. Es gibt freie Zeiträume zwischen den Projekten. Dieses Drehbuch habe ich zum Beispiel innerhalb von zehn Tagen herunter geschrieben, weil die Geschichte sich schon so lange in mir angestaut hatte. Ich habe dann jeden Tag acht Stunden geschrieben. Das war letztes Jahr während eines Ägypten-Urlaubs.

BO: Sie haben keine Schauspielausbildung? Keine Lust? Keine Zeit?
— DB: Weil ich es nicht wollte. Und ein bisschen, auch wenn es vielleicht merkwürdig klingt, weil mein Vater meinte, dass ich das selbst entscheiden muss. Dabei würden die meisten Väter einem sicher raten, alles ganz ordentlich zu machen. Ich habe so früh angefangen zu arbeiten, Erfahrungen zu sammeln und bin schon so jung mit so vielen Schauspielern in Kontakt gekommen, dass ich das Gefühl hatte, den Beruf nicht in einer Schule lernen zu müssen. Ich hatte auch gehört, dass die Lehrer nicht besonders scharf auf Schüler sind, die schon gedreht haben und meinen, Erfahrungen zu haben. Ich hatte auch ein bisschen Panik vor dem »Theatralischen« und davor, von Lehrern in einem schleichenden Prozess indoktriniert zu werden. Ich wollte nicht, dass fremde Menschen mich so »erziehen«, wie sie es denn gerne hätten – genauso wenig wollte ich auch plötzlich ganz deutlich sprechen, das kann ich eh. Außerdem wollte ich, nachdem ich 13 Jahre lang die Schulbank gedrückt hatte, nicht noch vier Jahre brav in eine Schule gehen. Auf der einen Seite habe ich mich erfahren gefühlt, auf der anderen Seite war ich noch sehr unsicher: Ich hatte Angst, durch fremde Lehrer mein Spiel und meine Authentizität zu gefährden. Es gibt bestimmt Sachen, die ich dadurch verpasst habe, technische Feinheiten, die ich vielleicht nicht beherrsche. Aber ich habe so ein gesundes Selbstbewusstsein, dass ich meine, es mir noch aneignen zu können – oder gar es mir angeeignet zu haben. Natürlich muss man immer dazu lernen. Mein Traum war schon immer, von einem Schauspieler, der eine Idolfunktion hat, den ich sehr schätze, unter die Fittiche genommen zu werden. Privatunterricht bei einem seiner Lieblingsschauspieler, das wäre doch was! Aber dazu ist es leider nie gekommen.

BO: Haben Sie diese Person noch nicht getroffen, oder wissen Sie nicht, wer diese Person sein könnte?
— DB: Ich habe sie noch nicht getroffen. Es gibt genug Schauspieler, mit denen ich das gern machen würde: Jack Nicholson finde ich großartig, aber das ist ein bisschen illusorisch; Javier Bardem finde ich wunderbar; in Frankreich finde ich Michel Serrault super… Es könnte eine lange Liste werden.

BO: Und bei denen hätten Sie keine Angst, dass sie zu viel Einfluss auf Sie ausüben?
— DB: Bei denen könnte das natürlich schnell passieren, aber da würde es mir nichts ausmachen.

BO: Einige Ihrer jungen Kollegen haben ebenfalls auf eine Schauspielschule verzichtet: Hannah Herzsprung, Robert Stadlober, Matthias Schweighöfer… Könnte es nicht den Eindruck vermitteln, dass Schauspielschulen nutzlos sind?

— DB: Es kommt immer darauf an, was man machen will. Beim Schauspielern ist es anders als bei vielen Berufen, in denen man ein konkretes Handwerk lernt. Schauspiel ist natürlich auch ein Handwerk, aber nicht so konkret wie Brötchenbacken. Es gibt so unterschiedliche Rollen und verschiedene Arten des Schauspielens, allein schon ob man sich für Theater oder Film entscheidet. Jeder hat andere Ansprüche. Es gibt unzählige Herangehensweisen. Man muss für sich entscheiden, was das Beste für einen selbst ist. Da gibt es kein »Richtig« oder »Falsch«.. Mir persönlich gefallen Schauspieler, die in der Lage sind, echt zu sein und Authentizität zu vermitteln. Mich fragen manchmal junge Leute, die Schauspieler werden wollen, was sie machen sollen. Ich antworte immer »Mein Weg ist nicht unbedingt ein Weg, den ich Dir empfehlen kann.« Es ist ein spezieller Weg, der durch meine Familie und das Glück, das ich gehabt habe, bedingt ist. Der normale Weg ist schon, auf die Schule zu gehen. Das kann ja in vielen Fällen auch toll sein. Einige meiner Kollegen möchten diese Zeit um keinen Preis missen, für die war es eine Superzeit. Leider gibt auch Fälle, und das haben mir einige bestätigt, von frustrierten Lehrern, die selbst nicht erreicht haben, was sie wollten, dann Lehrer geworden sind – und dann hat man mit diesem Ego-Scheiß zu tun. Das ist bei den Schauspielern sowieso schon anstrengend genug! Es gibt gewisse Anlässe, wie z.B. die Berlinale, an denen viele Schauspieler auf einmal zusammenkommen. Ich finde das immer sehr anstrengend.

BO: Ihre Mutter ist Spanierin, Sie sprechen fließend spanisch. Sie sind in Köln aufgewachsen und beschreiben sich oft als »kölsche Frohnatur«. Kommt diese Prägung zweier Kulturen Ihrem Beruf zugute?
— DB: Total! Ich bin so froh, dass meine Eltern sich kennen gelernt haben und dass meine beiden Onkel zwei Französinnen geheiratet haben und wir als Kinder in einem Potpourri von Sprachen und Kulturen zwischen Spanien, Frankreich und Deutschland groß geworden sind. Das ist uns sehr zugute gekommen. Mir hat es die Möglichkeit geboten – und das geht jetzt gerade erst so richtig los –, Teil einer anderen Filmkultur zu sein, von der spanischen Filmkultur in dem Fall. So konnte ich an völlig andere Geschichten geraten, die aber auch ein Teil von mir sind. Es ist der wenig Gelebtere, aber es sind Geschichten, die mich interessieren und auch etwas mit mir zu tun haben. Meine Mutter und meine Familie haben immer großen Wert drauf gelegt, dass sowohl die spanische Sprache, als auch die Traditionen bei uns nicht zu kurz kommen. Heute profitiere ich sehr davon, weil ich fließend und akzentfrei Spanisch spreche. In Spanien werde ich schon nach dem ersten Film, den ich dort gedreht habe, als spanischer – oder sogar als katalanischer – Schauspieler gesehen. In der spanischen Presse wird der deutsche Teil, der wesentlich stärker ist, komplett außen vor gelassen. So sind die Spanier!

BO: Spüren Sie manchmal aufgrund der verschiedenen Kulturen, die Sie geprägt haben, auch eine gewisse Zerrissenheit?
— DB: Zerrissenheit verspüre ich nur bei der Fußballweltmeisterschaft, wenn Deutschland gegen Spanien spielt. Ansonsten habe ich das nie als etwas Schwieriges empfunden, eher als ein Geschenk. Ich finde aber, dass Vermissen auch etwas sehr Schönes ist. Das, was man weniger gelebt hat, vermisst man umso mehr. Das kehrt man umso mehr heraus. So trage ich z.b. bei der Weltmeisterschaft das spanische Trikot. Es gab Zeiten, in denen ich sehr viel spanische Musik gehört habe. Und mein Herz geht heute noch auf, wenn ich in Berlin-Mitte beim spanischen Großhandel all die Sachen sehe und rieche, die ich sonst in Spanien kaufe. Aber ich habe mich nie zwischen den Kulturen empfunden. Ich habe mich immer als Europäer gesehen, und im Prinzip bin ich überall zu Hause. Oder anders gesagt: Ich könnte heute gar nicht mehr genau sagen, wo ich zu Hause bin. Fairerweise müsste ich Köln sagen, weil ich dort groß geworden bin. Dann kommen Berlin und Barcelona gleichermaßen.

BO: Sie haben letztes Jahr Ihren ersten spanischen Kinofilm gedreht und sind für die Rolle des Franco-Gegners *Salvador* für den begehrten Goya-Preis nominiert worden. Was bedeutet das für Sie?
— DB: Im Prinzip würde ich mich als europäischer Schauspieler sehen. Es ist wunderbar, diese zwei Heimaten zu haben, diesen Luxus werde ich natürlich nur in Spanien und Deutschland haben. Wenn ich z.B. in Frankreich drehe, bin ich natürlich »von draußen«. Aber in Spanien Teil dieser Filmkultur zu werden, als »einer von denen«, bedeutet mir schon viel, weil es ja diese Unterschiedlichkeiten zwischen diesen Länder gibt und ich beide in mir trage. Deshalb will ich mich dort auch als vollwertiger spanischer Schauspieler etablieren. Den Goya-Preis hat ein älterer, sehr sympathischer Schauspieler bekommen. Die Leute von der Filmakademie haben mir gesagt, dass sie es mir gegönnt hätten, dass ich aber »noch ein bisschen brauche«. »Du bist schon einer von uns, aber Du kommst schon von draußen.« Das dauert noch ein Weilchen, aber der Anfang ist jetzt getan.

BO: Unterscheidet sich das Drehen mit einem spanischen Team sehr von den Dreharbeiten hierzulande?
— DB: Wenn es zur eigentlichen Filmarbeit geht, sind die Abläufe überall ziemlich gleich. Die Art, mit dem Kameramann oder mit dem Regisseur zu kommunizieren, unterscheidet sich nicht. Unterschiede gibt es eher beim Thema des Films und an der Herangehensweise des Regisseurs. Meine Erfahrung ist, dass spanische Regisseure oder auch der französische Regisseur von *Merry Christmas* weniger Probleme mit expliziten Emotionen haben, dass sie vielleicht ein bisschen emotionaler sind als der eine oder andere deutsche Regisseur, der immer ein

bisschen Angst hat vor zu klaren Emotionen. Natürlich zählt auch die Zeit, die man neben den Dreharbeiten miteinander verbringt. Die andere Umgebung gibt einem schon auch etwas anderes mit, auch wenn die Drehorte sich nicht wesentlich unterscheiden. Ein ganz besonderer Vorteil, wenn man in Spanien oder in Frankreich dreht, ist, dass man in der Mittagspause eine Flasche Rotwein trinken darf, und dass die Teammitglieder einfach lockerer an den Drehtag herangehen. In Spanien gelten sowieso andere Zeitregeln, da dauert alles länger, nach der Mittagspause wird noch ein Carajillo getrunken – Kaffee mit Schnäpschen – und irgendwann fängt man dann wieder an zu drehen. Diese Lässigkeit finde ich sehr sympathisch. In deutschen Verträgen steht ja immer, dass kein Alkohol am Set getrunken werden darf. Aber bei den Spaniern und Franzosen nicht.

BO: Haben Sie eine Agentur in Spanien?
— DB: Ja, die von Penelope und Konsorten. Jetzt kommen auch mehr Anfragen aus Spanien, und das macht mich sehr glücklich. Es ist mein Traum, in beiden Ländern meinen Fokus zu haben.

BO: Sie haben sich mit *Good-bye, Lenin,!* ein deutscher Film zu einer nun wirklich sehr deutschen Problematik, als internationaler Schauspieler etabliert. Hätten Sie das für möglich gehalten?
— DB: Überhaupt nicht. Wir haben das alle nicht für möglich gehalten, auch Wolfgang Becker nicht. Als ich das Drehbuch bekommen habe, wusste ich sofort, dass ich die Rolle unbedingt spielen muss, weil diese Geschichte für mich total aufging. Es war eines dieser wenigen perfekt geschriebenen Bücher. Ich hatte meinen eigenen Film im Kopf und wusste, dass es für Deutschland eine tolle Geschichte ist. An einen Erfolg in Deutschland habe ich schon geglaubt, aber nicht, dass es international so knallen würde. Das hat schon gezeigt, dass es ein Thema von internationaler Relevanz ist, dass dieses Land mit dieser Vorgeschichte des Zweiten Weltkrieges, mit dieser 40-jährigen Teilung, wenn man von Korea absieht, schon einzigartig ist. Und dass eine geteilte Stadt wie Berlin eine große Faszination ausübt. Die schlaue Entscheidung war, dieses deutsche Thema sehr universell zu erzählen, durch eine Beziehung zwischen Mutter und Sohn. Das konnte auch international prima verstanden werden. Unser erstes Screening außerhalb Deutschlands fand in Rom statt, die ganzen italienischen Mamas haben geflennt und kamen nachher zu mir und sagten »Ah, Bambino!« Da haben wir gemerkt, dass auch wenn sie nicht jedes Detail verstehen, verstehen sie das große Ganze. Dann kamen diese lustigen Nachrichten von Wolfgang, der mich immer anrief und meinte: »Die Franzosen und die Engländer sind völlig durchgedreht, die Welt verändert sich.« Wir haben 1,3 Millionen Zuschauer in Frankreich gehabt – und wir fragten uns: »Was ist den plötzlich mit den Franzosen los?« Oder den

»Pilzglück«

Good-bye, Lenin! – Copyright: X-Verleih AG

Engländern, als im »Guardian« stand: »Die Deutschen sind lustig!« Das war natürlich ein enorm wichtiger Film für mich – immer noch. Ich werde immer noch darauf angesprochen. Jetzt geht es noch, aber in ein paar Jahren könnte mich das nerven. Man möchte dann irgendwann auf andere Rollen angesprochen werden. Das werde ich auch mittlerweile.

BO: Sie sprachen vorhin die Rolle des Sympathieträgers an, die ja Ihre Rolle ist. Das hat es doch bestimmt noch ein ganzes Stück weiter verstärkt...
— DB: Ja klar, natürlich. Deshalb kann ich auch ganz gut damit leben und Kritiken, die klagen: »Ja Gott, spielt er wieder einen sympathischen Kerl«, sind mir eigentlich egal. Ich glaube, dass jeder Schauspieler einen bestimmten Radius hat, und man muss dann gucken, dass man möglichst weit in die verschiedenen Richtungen ausweicht. Aber man ist schon allein durch seine Physiognomie und durch seine Herkunft vorgeprägt, und es gibt einfach Rollen, die zu einem passen und andere halt nicht. Es ist toll, wenn man die Möglichkeit hat, kreative Regisseure und auch Caster zu treffen, die einem etwas komplett anderes zutrauen. Das würde ich auch immer ausprobieren wollen, aber ich lebe gut mit der Schublade, in der ich bin. Und ich habe nichts gegen diese Sympathieträgerrolle, wenn sie Fleisch hat und ausreichend widersprüchlich ist. Meistens sind diese Figuren mit einer Hauptrolle verbunden, und da hat man genug Zeit, unterschiedliche Facetten innerhalb dieser Rolle unterzubringen, und wenn es am Ende des Tages der Sympathieträger ist, warum nicht?! Gibt Schlimmeres. Viele sagen, Bösewichte

sind immer interessanter – das kann auch durchaus so sein – und das ist auch etwas, was ich jetzt gerne mal ausprobieren würde. In einem *James Bond*-Film zum Beispiel würde ich auf jeden Fall gern der Bösewicht sein wollen und nicht der Sympathieträger. Das Böse, das Hinterhältige oder das Intrigante ist auch ein Teil von mir, aber das wissen nur die Leute, die mich besser oder sehr gut kennen. Da muss ich einfach darauf warten, dass Entscheidungsträger es in mir erkennen und mir andere Rollen anbieten.

BO: Hat es Sie denn erstaunt, dass man diesen Sympathieträger in Ihnen sieht?
— DB: (lange Pause)... Ach nee, eigentlich nicht. Das ist schon auch ein Teil von mir. Ich würde mich schon im Großen und Ganzen als sympathischen Kerl bezeichnen (lacht). Das Aussehen spielt da auch eine entscheidende Rolle oder besser gesagt, wie man, wenn man abgefilmt oder fotografiert wird, aussieht. Es gibt zum Beispiel viele Einstellungen von mir, die in eine introvertierte, melancholische Richtung gehen. Das ist bestimmt auch ein Teil von mir. Allerdings halte ich mich persönlich auch für sehr lustig oder sogar witzig. Es ist zwar blöd, das von sich selbst zu behaupten, aber ich würde mir wünschen, dass man es in mir auch sieht und mir entsprechende Rollen anbietet.

BO: Sie haben in zahlreichen internationalen Produktionen gespielt: *Ladies in Lavender, Merry Christmas, Zwei Tage in Paris...* **Matthias Schweighöfer sagte mir in einem Gespräch, dass Großproduktionen sehr reizvoll sein können, weil alles darauf ausgerichtet ist, das Beste aus dem Film zu machen – und nicht, sich mit dem Möglichen zu arrangieren. Können Sie das nachvollziehen?**
— DB: (lange Pause)... Ich widerspreche ungern, aber ich würde das eher anders sehen. Ich denke, der finanzielle Druck ist nirgendwo so groß wie bei großen internationalen Produktionen – es sei denn, man ist ein großer amerikanischer Regisseur, der sich alles herausnehmen kann – aber ansonsten muss man schon auf zahlreiche Formeln achten, die dann an der Kasse funktionieren, um das Geld reinzukriegen. Das bedeutet viele Kompromisse, die den künstlerischen Freiraum des Regisseurs und der Schauspieler eingrenzt. Wer hat in den USA schon einen »Final Cut«?! Kaum einer. Deshalb bin ich meistens von den großen internationalen Produktionen – bis auf Ausnahmen – eher enttäuscht. Was nicht bedeutet, dass es nicht totalen Spaß macht als Schauspieler, weil bestimmte Geschichten nur in einem großen Rahmen erzählt werden können, gerade bei historischen Stoffen. Da hat man als Schauspieler ein gutes Gefühl, weil man weiß, dass Kohle da ist, um die Geschichte zu erzählen. Und wenn man 15 Kutschen braucht oder 500 Komparsen, dann müssen die halt auch da sein. Es macht einfach Spaß, bei so einem großen Ding mit dabei zu sein. Aber vom künstlerischen Standpunkt

her, hat man die viel größere Narrenfreiheit bei ganz kleineren Projekten, deren finanzielle Situation viel mehr Unabhängigkeit bedeutet. Wenn man sich zum Beispiel die Filme von Scorcese anschaut: Die Filme aus den 70er-Jahren haben immer noch eine eigene Qualität. Ich habe neulich *The Departed* gesehen und fand ihn super. Er ragt aber für mich nicht an *Taxi Driver* oder *Raging Bull heran*. Nicht alle können so drehen wie Kubrick, der es wirklich immer geschafft hat, großartige Filme zu machen, egal wie das Budget war. Gerade hier in Europa bei Großproduktionen, die in diesem Euro-Pudding-Charakter zu sehen sind, müssen viele Konventionen eingehalten werden, damit man das Geld bekommt, um so aufwändig drehen zu können – bei einer dieser Großproduktion war ich dabei, weil ich das Drehbuch toll fand, wobei mir manche Elemente nicht gefallen –, dennoch stehe ich hinter dieser Arbeit.

BO: Sie sprechen *Merry Christmas* von Christian Carion an. Sie haben die französische Fassung Ihrer Rolle selbst synchronisiert. Sie machen deutlich, dass Film ein geeignetes Medium ist, um Grenzen fallen zu lassen...
— DB: Klar. Es ist gerade in Europa sehr wichtig. Es wird zwar viel darüber geredet, aber es müsste noch mehr in die Praxis umgesetzt werden. Es gibt zum Beispiel ein sehr gutes Programm von der European Filmpromotion. Es ist eine sehr aktive Einrichtung, die auch jährlich den Shooting Star-Preis an europäische Schauspieler verleiht und so auch Kontakte ermöglicht. Sie starten jetzt ein neues Programm, damit europäische Filme, die keinen Verleih gefunden haben, trotzdem gezeigt werden können. So etwas müsste in Zukunft intensiviert werden. Gerade zwischen Ländern wie Deutschland und Frankreich, die so viel miteinander zu tun haben. Es würde dafür sorgen, dass man mehr vom europäischen Kino sieht als immer wieder die Filme von den drei/vier bekannten Regisseuren, die man hier so kennt. Was kommt hier vom spanischen Kino an? Das ist ja nicht besonders viel...

BO: Sie waren letztes Jahr in der Jury der Filmfestspiele in Cannes. Entspricht das einem Verantwortungsbewusstsein für Ihre Zunft?
— DB: Schon. Ich sehe mich jedoch nicht in Positionen, in denen ich politisch etwas voranbringen könnte, aber schon im Rahmen dessen, was ich als Schauspieler Daniel Brühl tun kann. Das ist ja mein Beruf, und da profitiere ich selbst von. Es ist doch ein ganz natürlicher Wunsch, es voranzubringen.

BO: In einer weiteren internationalen Koproduktion, *Ladies in Lavender* (*Der Duft von Lavendel*), haben Sie mit Judy Dench und Maggie Smith gedreht, zwei Schauspielerinnen von denen manch einer bereit wäre, sich das Telefonbuch von Manchester vorlesen zu lassen....

— DB: Bei dem allerersten Treffen war ich sehr nervös und aufgeregt, weil ich ihr größter Fan bin, aber das hat sich relativ schnell gelegt. Die beiden sind so herzlich, und sie sind so »normal« geblieben. Maggie Smith ist schon ein bisschen spezieller, man muss vor allem morgens etwas vorsichtiger sein, bevor sie ihren ersten Tee getrunken hat. Sie ist auch sehr spitz in ihrem englischen Humor. Aber Judy Dench ist wie eine Mutter gewesen. Am letzten Drehtag kam ein Lieferwagen voller Geschenke für alle Teammitglieder. Sie hat jedem einzelnen – also von den Schauspielern bis zum Catering – ein Geschenk gemacht. Das ist Grandezza. Sie hat sich auch in der Arbeit nie beschwert, mit ihren 70 plus war sie oft fitter als ich. Sie hat dem Regisseur, der mit uns seinen Debütfilm drehte, immer unter die Arme gegriffen und war auch mit mir sehr respektvoll und entzückend.

BO: Von ihr würden Sie sich nicht gerne coachen lassen?
— DB: Ich weiß nicht, ob ich von einer Frau gecoacht werden sollte? Obwohl, warum eigentlich nicht? Das stimmt. Also gegen Judy Dench hätte ich natürlich gar nichts, aber die macht so etwas, glaube ich, nicht. Bei den gemeinsamen Dreharbeiten habe ich oft zwischen den Takes einfach dagesessen und zugehört, wenn die beiden Damen sich über die Arbeit unterhalten haben, über das, was sie gemacht haben oder machen wollen. Besonders ermutigend und motivierend fand ich, dass beide nach diesen langen Karrieren, die sie vorweisen können, sich diese Frische und Echtheit als Menschen bewahrt haben. Da war nichts an Routine zu spüren der verkopften Künstlerhaftigkeit. Ganz im Gegenteil: Neben der großen Kunst, die sie leisten, sind sie ganz tolle Menschen. Sie haben sich diese Transparenz erhalten, sie lassen in sich reinschauen. Sie sind auch neugierig, sie erzählen gern und können zuhören. Sie sind ein großes leuchtendes Vorbild für einen jungen Kollegen.

BO: Sind Transparenz und Frische besondere Qualitäten für Schauspieler?
— DB: Ja. Unter anderem. Eine Haltung zu haben ist auch ganz wichtig. Als Schauspieler ist man sehr korrumpierbar, verführbar. Haltung und Stil sind mir schon immer sehr wichtig in dem Beruf, gerade auch im Umgang mit den Kollegen. Es fällt schon sehr positiv auf, wenn Leute nicht alles mitnehmen, was da so kommt. Man muss sich da immer wieder selbst prüfen, man darf kein Opportunist werden, andererseits muss man aber auch mit Kompromissen umgehen können. Man muss geschickt sein, aber man muss eine Haltung bewahren.

BO: In einigen Interviews zu *Ein Freund von mir* berichten Sie, dass es Ihnen schwer gefallen ist, nackt aus dem Porsche auszusteigen. Sie seien »prüder« als Jürgen Vogel. Ist es nicht ein Hindernis als Schauspieler? Der Beruf des Schauspielers erfordert doch, dass man sich immer wieder völlig bloßstellt, sich »nackig macht«, oder?

»Pilzglück«

Ein Freund von mir – Copyright: X-Verleih AG

— DB: Ich hatte jetzt kein Problem damit, aber ich bin auch nicht wie Jürgen Vogel, der solche Szenen regelrecht sucht. Das wollte ich damit sagen. Jürgen hat das »Umgekehrte« als ein Problem damit, er hat einfach eine große Freude daran, sich auszuziehen. Das kann ich jetzt von mir nicht sagen. Zwar habe ich nicht ein so bemerkenswertes Sixpack wie Jürgen, dennoch bin ich nicht komplexbehaftet. Ich gehe regelmäßig in die Sauna und werde von Leuten erkannt und habe kein Problem damit, nackt zu sein. Aber im Film hinterfrage ich das gern, weil ich selbst häufig von Sexszenen so gelangweilt bin, wenn ich nicht das Gefühl habe, die erzählen mir jetzt etwas Besonderes oder haben eine Notwendigkeit. Häufig ist die Nacktheit auch eine Ingredienz, die dazu gehört. Da muss es jetzt einen Toten geben, und hier muss es jetzt Sex sein. Es ist oft so uninspiriert. Es gibt wenige gute Sexszenen, es ist auch eine Kunst, eine gute leidenschaftliche Szene zu drehen. Meine Lieblingsliebesszene ist immer noch in *Wenn die Gondeln Trauer tragen*, das ist eine wirklich tolle Liebesszene...

BO: Seit den 70er-Jahren hält sich auch das hartnäckige Gerücht, Julie Christie und Donald Sutherland hätten da gar nicht gespielt...
— DB: Wenn sich das so ergibt, ist es natürlich das Beste für einen selbst und auch für den Film. Aber ich bin trotzdem kein totaler Fan von dieser expliziten Nacktheit. Meine Ambitionen, Pornodarsteller zu werden sind jetzt auch nicht so groß.

Wenn Sie darauf hinaus wollen, dass es generell als Schauspieler darum geht, sich mit seinen Emotionen nackt zu stellen, damit habe ich überhaupt kein Problem. Nein. Das ist ja das Spannende. Man hat ja immer wieder die Reißleine, dass man eine Rolle spielt. Das ist ja ein fließender Übergang, aber meistens nerven mich diese Schauspieler – auch wenn man das natürlich nicht so über einen Kamm scheren kann – die immer davon reden, die Schauspielerei sei wie eine Therapie für sie, so ein Selbstfindungsding. Das ist mir meistens zu kokett, zu falsch, vielen glaube ich das nicht. Mich nervt diese Attitüde. Schauspielern ist natürlich ein Prozess, der einem in Vielem helfen kann, aber ich trenne das immer für mich. Wenn ich mich in einer Situation seelisch entblöße oder emotional aufmache, dann schöpfe natürlich aus meinem eigenen Leben, meinen eigenen Wünschen, Sehnsüchten, Ängsten, wie auch immer. Natürlich gebe ich da vieles aus mir – aber es bleibt eine Figur, eine Rolle. Ich muss und will das trennen. Ich kann sagen, dass jede Rolle, die ich gespielt habe, mir etwas mitgegeben hat, etwas, das mich dauerhaft begleiten wird, oder das ich nicht vergessen werde. Ich könnte aber von keinem Film sagen, dass er mein Leben komplett verändert hätte, oder dass ich die Schauspielerei jetzt unbedingt brauche, um meinen Seelenfrieden zu haben. Das sehe ich nicht so.

BO: Wann lohnt der Beruf?
— DB: Der lohnt – egoistisch gesehen, da es Zeit meines Lebens ist – für die Zeit, die ich erlebe, für Geschichten und Menschen, die mich begleiten, für das, was ich lerne. Ich verdiene für meine Verhältnisse viel Geld und führe ein extrem angenehmes Leben. Den größten Sinn sehe ich aber darin, Menschen zu erreichen, sie vielleicht dazu zu bringen, sich für eine Geschichte zu ereifern, etwas daraus zu ziehen, was sie anregt oder Fragen aufgreift – im allerbesten Fall vielleicht sogar etwas in ihrem Leben zu ändern oder wie auch immer. Und diese Reaktionen zu spüren, ist das Beste, was mir als Schauspieler passieren kann. Deshalb nervt mich diese Arthouse-Attitüde von Schauspielern, die sagen: »Ich mache die Filme nur für mich und für die paar Leute, die das interessiert.« Ich habe schon immer den Anspruch, selbst mit schwierigen Geschichten möglichst viele Menschen zu erreichen. Ich finde es großartig, wenn sich eine Million Zuschauer einen Film anschauen und man sie also mit guten Geschichten oder solchen, die man als solche erachtet, erreicht. Das ist meine Motivation oder mein Anspruch an den Beruf. Ich möchte das Gefühl haben, dazu beizutragen, eine wichtige Geschichte zu erzählen.

BO: Sie sagten vorhin, Sie seien »Fan von Menschen«.
— DB: Ja, ich bin Philanthrop. Das ist aber eine Hassliebe, ich finde auch vieles ganz hässlich und unschön an Menschen. Das ist auch das Grundthema meines ersten Drehbuches: Es handelt von Neid; etwas, womit ich auch durch den Beruf verstärkt zu tun bekommen habe. Das ist zum Beispiel ein Zug, der dem Mensch eigen ist, den ich ganz widerlich finde, aber auch faszinierend. Vielleicht hängt

dieses Interesse damit zusammen, weil ich von anderen Sachen auch zu wenig verstehe, weil ich naturwissenschaftlich so blöde bin und Dimensionen wie das All zu wenig verstehe. Vielleicht limitiere ich mich auf das, was ich kann. Ich glaube z.b., ein relativ gutes Gefühl für Menschen und so eine gewisse psychologische Kompetenz zu haben. Ich kann Leute relativ gut einschätzen und vertue mich selten. Es fasziniert mich, Menschen »auseinander zu nehmen«.

BO: Ich habe mehrmals gelesen, dass Sie sich als »Bauchschauspieler« bezeichnen. Was ist das?
— DB: Das ist so eine Bezeichnung, um es einfach zu machen. Im Endeffekt ist das ja auch Käse, weil es ja immer beides ist. Wo fängt der Bauch an, und wo bleibt der Kopf? Wenn man es vereinfachen möchte, dann gibt es schon die Trennung zwischen verkopfteren, technischeren Schauspielern, die alles durch Technik erreichen, und dann gibt es die Schauspieler, die sich erst mal an Gefühle herantasten müssen, es wirklich fühlen müssen, um dann zu agieren. Das hat viel mit Intuition zu tun, und ich würde mich zu den Letzteren zählen – allein schon deswegen, weil ich, wie gesagt, keine klare technische Ausbildung habe. Ich finde es auch spannend, an emotionale Grenzen zu kommen. Wenn ich heule, will ich nicht das Gefühl haben, es technisch erzeugt zu haben, um dann im nächsten Moment wieder ganz klar zu sein. Man kann auch echt in die Scheiße reingehen, so wirklich. Wenn die Rolle Leid erfordert, dann will ich für den Moment auch leiden. Den Kick will ich haben.

BO: Gibt es Grenzüberschreitungen, denen Sie sich nicht aussetzen wollten?
— DB: Erst mal nicht. Es gibt Rollen, die mir bis jetzt nicht angeboten wurden, und es gibt sicherlich auch Rollen, die ich mir nicht vorstellen könnte zu spielen. Und es gibt Situationen, denen man streng genommen nur versuchen kann, möglichst nahe zu kommen. Zum Beispiel bei meiner *Salvador*-Rolle kann ich mich nicht 100-prozentig in die Lage eines jungen Mannes versetzen, der in der nächsten Sekunde mit der Garotte exekutiert wird. Es bleibt immer etwas Gespieltes. Man kommt sich manchmal auch ein bisschen komisch dabei vor, so etwas »nur« zu spielen. Schlechtes Gewissen wäre übertrieben, aber da ist schon so ein merkwürdiges Gefühl dabei. Die Herausforderung bleibt jedoch zu sehen, wie weit ich mich dem Ganzen nähern kann, wie weit ich mir selbst erlaube, darüber nachzudenken, wie es wäre, wenn ich jetzt gleich sterben würde. Den Mut zu haben, konkret in der Sekunde an den eigenen Tod zu denken, in diese Verzweiflung hineinzugeraten. Als ich *Das weiße Rauschen* drehte, habe ich mich immer wieder gefragt, wie es wäre, schizophren zu sein. Das ist eine so komplexe, für einen gesunden Menschen unvorstellbar komplizierte Krankheit, wenn der Kopf verrückt spielt und eine andere Realität und Wahrnehmung vorspukt, das kann

Das weiße Rauschen – Copyright: X-Verleih AG

man sich nicht vorstellen. Es ist ein mühseliger Vorbereitungsprozess, da muss man mit den Mitteln, die man hat, mit dem eigenen Wahnsinn, den man so ein bisschen in sich hat, arbeiten, man gerät dann auch an Grenzen. Aber die Rollen sind natürlich immer auch ein Geschenk, weil sie auch spannend sind. Rollen, die man auf einer Pobacke abdrücken kann, sind doch langweilig.

BO: Und ab wann ist etwas für Sie unter Niveau?
— DB: Es steht und fällt mit dem Drehbuch. Wobei ich da mal streng und mal weniger streng bin. Wenn eine Idee großartig und stark ist und ich denke, dass sie über gewisse Schwächen im Drehbuch hinweg funktioniert, dann lasse ich mich auch auf ein Drehbuch ein, das nicht perfekt ist. Ich muss an die Idee glauben. Die Geschichte muss gut, die Rolle muss interessant sein, egal ob sie nah dran ist oder wie eben gesagt ganz weit weg von mir und ganz schwierig ist. Das ist mir erst einmal egal. Das Genre ist mir auch zunächst egal, aber es muss schon halbwegs intelligent sein. In einer blöden Komödie, wie sie in Deutschland immer wieder gerne gemacht werden, würde ich mich jetzt nicht sehen und auch nicht in einem stupiden Actionfilm, in dem Sätze gesagt werden wie: »Bleib stehen oder ich puste Dein verdammtes Gehirn aus Deinem verdammten Kopf raus.«

BO: Sie haben in Filmen gedreht, deren Drehbücher Sie nicht wirklich überzeugt haben?
— DB: Es gibt Filme, deren Drehbücher durch zeitliche Zwänge noch nicht komplett ausgereift waren, als wir anfangen mussten zu drehen. Die Themen, die

Atmosphäre des Films und einzelne Situationen haben mich trotzdem überzeugt und konnten gewisse Probleme wettmachen. Da sind die Beobachtungsgabe des Regisseurs und sein Gespür für Situationen, Schauspieler und für Atmosphäre ganz entscheidend. Sie können dann über Holprigkeiten im Plot hinweghelfen. Das kann passieren.

BO: Hat sich Ihre Herangehensweise an Drehbücher durch das eigene Schreiben geändert?
— DB: Es hat meinen Respekt vor dem Drehbuchschreiben verstärkt. Man versteht mehr davon, erkennt vielleicht schneller Probleme. Ich finde aber immer noch, dass es eine Kunst ist, ein Drehbuch richtig zu lesen. Es gibt heute noch Sachen, die ich erst beim zweiten oder dritten Lesen erkenne. Aber auch hier setzt bei mir das Bauchgefühl oder die Intuition ein. Alle Filme, die ich bis heute gedreht habe – bis auf ein oder zwei Ausnahmen – waren Drehbücher, die ich in einem durchgelesen habe. Es ist wie wenn man einen Roman nicht mehr aus den Händen legen will. Das ist ein sehr verlässliches Gefühl, wenn sofort etwas in mir passiert und diese Geschichte sich schon in meinem Inneren abspielt.

BO: Wie viele Drehbuchangebote bekommen Sie im Monat oder Jahr?
— DB: Im letzten Monat waren es bestimmt 20. Manche lese ich ganz, bei anderen höre ich nach zehn oder sogar nach einer Seite auf.

BO: Werden diese 20 Anfragen nicht von Ihren Agenturen gefiltert?
— DB: Doch, es gibt Anfragen, die ich erst gar nicht zu lesen bekomme. Ich habe insgesamt vier Agenturen: in Deutschland, in den USA, in England und in Spanien. Da kommt einiges zusammen, und ich muss mich auf gute Agenten verlassen, die sich ihrerseits vorbereiten und mir schon etwas zu den Projekten sagen können. Vieles kann man natürlich relativ schnell ausschließen, weil die Geschichte oder die Rolle einen nicht interessieren, oder weil man den Regisseur nicht sooo spannend findet. Es gibt verschiedene Kriterien. Wichtig ist, dass man dann zu seinen Entscheidungen steht und nachher nicht lamentiert, wenn man einen Film abgesagt hat, der dann ganz toll wird. Daran darf man nicht kaputt gehen. Zum Glück ist es aber meistens andersrum und man denkt: «Zum Glück habe ich den nicht gemacht!» Es ist so schwer, gute, runde Filme zu machen. Ich könnte an jedem Film, an dem ich mitgewirkt habe, etwas aussetzen...

Am Anfang meiner Karriere war ich beim Casting für *23* von Hans-Christian Schmidt. Den hätte ich sehr gerne gemacht, den hat aber August Diehl bekommen, und er war der Richtige.

BO: Sie gehören einer Generation von jungen Schauspielern an, die viel Beachtung und Anerkennung erfährt. Würden Sie sagen, dass es gut um das deutsche Kino steht?
— DB: Prinzipiell erst mal ja. Ich bin froh, dieser Generation von jungen Schauspielern anzugehören, weil ich das Gefühl habe, dass sich in den letzten Jahren sehr viel getan hat. Das sieht man an den Reaktionen aus dem Ausland. Nach der Flaute der 80er-/90er-Jahre genießt der deutsche Film immer mehr Anerkennung. Es gibt auch eine große Vielfalt an jungen Regisseuren, die sehr unterschiedliche Ansätze und Ideen haben. Sie trauen sich an andere Geschichten als immer nur das Dritte Reich. Deutschland ist ein wahnsinnig interessantes Land, das so viele Geschichten zu erzählen hat. Man muss sich trauen und davon wegkommen ins Ausland zu schielen und zu versuchen, einen Stil zu kopieren, der im Ausland gerade angesagt ist. Ich bin mit der Kulturquote der Franzosen, die gesetzlich vorschreibt, wie viel Musik aus dem eigenen Land gespielt werden muss, wie viele Produktionen aus dem eigenen Land im Kino laufen müssen, einverstanden. Deshalb haben die Franzosen auch richtige Stars. Da hinken wir schon ein bisschen hinterher. Keiner von uns Schauspielern, nicht Til Schweiger, nicht Franka Potente, nicht Moritz Bleibtreu und auch ich nicht sind ein Garant dafür, dass ein Film gut läuft. Das Gleiche gilt für Regisseure. Insofern gibt es schon Nachholbedarf. Ich finde es aber spannend, wie sich gerade bei jungen Leuten ein neues Gefühl für die Identität der Deutschen entwickelt. Es entsteht ein anderes Selbstbewusstsein, das zeigt sich allein daran, dass immer mehr Bands wieder anfangen, auf Deutsch zu singen.

BO: Sie drehen gerade mit einigen jungen Kollegen einen Klassiker der deutschen Jugendliteratur, *Krabat*.
— DB: *Krabat* ist eine wunderbare Geschichte. Einer meiner Lieblingsromane, wenn nicht das Lieblingsbuch, als ich so zwölf/dreizehn war. Diese Geschichte musste unbedingt ins Kino kommen. Ich habe hohe Erwartungen an diesen Film und hoffe, dass er viele Kinder – ab zwölf würde ich sagen, denn das ist schon ziemlich gruselig – erreicht.

BO: Wie sind Sie an dieses Projekt gekommen?
— DB: Ich wollte schon immer mit Clausen + Wöbke + Putz zusammen arbeiten und die mit mir. Es gab aber nie ein passendes Projekt – und plötzlich ging es ratz fatz. Als ich *Krabat* hörte und wusste, dass Marco Kreutzpaintner Regie macht, habe ich blind zugesagt – ohne das Drehbuch gelesen zu haben. Es ist toll, wenn man sich mit zwölf diese Mühle in seiner Fantasie vorgestellt hat und 16 Jahre später dann einer von den Müllerburschen sein darf. Ich habe also nicht lange gefackelt und habe dafür eine große, sehr gut bezahlte Rolle in einem eng-

Daniel Brühl als »Tonda« in *Krabat* – Copyright: Claussen+Wöbke+Putz, Filmproduktion im Verleih der 20th Century Fox of Germany, Foto: Marco Nagel

lisch-spanischem Projekt von Alex de la Iglesia mit John Hurt abgesagt. Das so zum Thema Entscheidung....

BO: Hat Ihr spanischer Agent nicht geschluckt?
— DB: Schon, aber zum Glück sind das alles gute Leute, die auf mein Urteil vertrauen und meine Entscheidungen respektieren. Sie verstehen auch, dass ich meine Hauptbasis hier in Deutschland habe und dass es wichtig ist, im eigenen Land zu bleiben, um auch im Ausland weiterhin erfolgreich zu sein. Letzten Endes hat Elijah Wood »meine« Rolle gespielt. Das ist doch eine coole Sache: Ich sage einen Film ab und dann übernimmt der Hobbit aus *Der Herr der Ringe* die Rolle. Das macht mich auf eine gewisse Weise auch stolz. Kürzlich habe ich Alex

de la Iglesia getroffen und ihm gesagt: »Eigentlich wünsche ich mir, dass Euer Film in die Hose geht.«

BO: Das meinen Sie also, wenn Sie sagen, Sie seien nicht immer nett!
— DB: (schmunzelt)

BO: Wie stellen Sie sich die kommenden zehn Jahre vor?
— DB: Ich denke nie zu weit in die Zukunft. Das kann man in diesem Beruf nicht... Man kann ja noch nicht einmal das laufende Jahr genau vorausplanen. Ich habe mir keine Ziele gesetzt, die ich unbedingt erreichen muss. Der Wunsch ist schon, weiterhin das Glück und das Privileg zu haben, in verschiedenen Ländern arbeiten zu dürfen, den Luxus zu genießen, mir Rollen frei von finanziellen oder wie auch immer gearteten Gründen auszusuchen. Ich bin frei von existenziellen Ängsten. Dafür bin ich zu sehr Optimist und auch zu sehr, meine Mutter sagt immer »Pilzglück« statt Glückspilz. Ich bin jetzt in einer einfachen Situation, weil es gut läuft, weil ich auch keine Familie habe, die ich ernähren muss. Mir ist aber bewusst, dass diese Glückssträhne nicht ewig andauern wird, dass irgendwann ein Einknicker kommt. Man muss also eine eigene Balance haben. Ich will mich nicht zu sehr über diesen Beruf definieren und mich nicht zu sehr davon abhängig machen; wichtiger bleibt, dass andere Sachen im Leben stimmen, die der eigentliche Motor sind. Und wenn die funktionieren, wird man auch als Schauspieler besser. Das Leben, das echte Leben, was man führt, Beziehungen, Liebe, Leute die man liebt, von denen man geliebt wird, das ist das Wichtigste, auch für den Beruf. Ich will nicht einer von diesen Schauspielern sein, die nur noch für diesen Beruf leben, nur noch mit Arbeit glücklich werden können oder vermeintlich glücklich und dann irgendwann frustriert an der Bar rumhängen....

BO: Als glücklicher Mensch ist man ein besserer Schauspieler?
— DB: Was mich betrifft – ja. Auch wenn Krisen einen auch weiter bringen... Unglück hat auch immer eine Kraft, mit der es sich gut arbeiten lässt. Den Abgrund mal gesehen zu haben, ist sehr wichtig, das gehört ja für mich zu einem erfüllten, glücklichen Leben dazu. Aber so ein dauerhaftes Frustriertsein oder eine Gleichgültigkeit dem Leben gegenüber, wenn es auch egal ist, was man dreht, Hauptsache die Kohle stimmt, ist nicht meins.

BO: Lieber Daniel Brühl, vielen Dank für dieses Gespräch!

Das Gespräch fand im März 2007 in Berlin statt.

© Janine Guldener / Archiv Sylvester Groth

Sylvester Groth wird 1958 in Jerichow (Sachsen-Anhalt) geboren. Er absolviert die Schauspielschule Berlin und wird 1982 in der DDR bekannt durch seine Darstellung des Mark Niebuhr in Frank Beyers *Der Aufenthalt*. Von den Münchner Kammerspielen über die Berliner Schaubühne bis zu den Salzburger Festspielen und dem Wiener Burgtheater spielt Groth an den wesentlichen deutsprachigen Theatern unter den renommiertesten Regisseuren, zu denen Peter Zadek, Klaus-Michael Grüber, Robert Wilson gehören. Er steht auf den Bühnen u.a. als Don Karlos, Trofimow, Zucco, Tempelherr, Hamlet und Richard II.
Zu seinen wesentlichen Fernseharbeiten zählen *Reise nach Weimar* (Dominik Graf), *Romeo* (Hermine Huntgeburth), *Jenseits* (Max Färberböck), *Der Verleger* (Bernd Böhlich), *Oswalt Kolle* (Susanne Zanke). Groth ist in der Filmadaption *Kätchens Traum* von Jürgen Flimm zu sehen, als Dr. Schön steht er in Uwe Jansons Verfilmung von Wedekinds *Lulu* vor der Kamera. In *Mein Führer*, dem neuen Kinofilm von Dani Levy, spielt Groth Hitlers Propagandastrategen Josef Goebbels.
Sylvester Groth hegt eine besondere Leidenschaft für Hörbuch- und Hörspielproduktionen. 2006 spricht er Karl May und Kara Ben Nemsi in der WDR-Hörbuchfassung des *Orient-Zyklus* von Karl May, 2007 liest er *Verbrechen und Strafe* von Fjodor M. Dostojewski. Sylvester Groth lebt in Berlin.
www.film-pr.de
www.players.de

»Ich will den Alltag nicht«

Sylvester Groth im Gespräch mit Béatrice Ottersbach

BO: Warum bist Du Schauspieler geworden?
— SG: Das ist eine gute Frage. Das hat sich einfach so ergeben. Ich habe als Kind schon viel gespielt und habe insbesondere viele Hörspiele gemacht. Das hat sich zwangsläufig so entwickelt. Ich fand das schön. Mir gefiel das Spielerische und die Vorstellung, damit Geld zu verdienen. Ich sah, wie Schauspieler spät aufstehen konnten, spät anfingen zu arbeiten und damit Geld verdienten. Das wollte ich dann auch und konnte mir schon früh gar nichts anderes vorstellen. Also habe ich beschlossen: »Ich werde auch Schauspieler.«

BO: Schon als Kind?
— SG: Mit 11 Jahren ging es los. Ich habe zwar dann vorher noch einen »vernünftigen« Beruf gelernt – Elektriker – weil meine Mutter es so wollte. Ich habe diese Ausbildung auch abgeschlossen und bin anschließend zur Schauspielschule gegangen.

BO: Du datierst diesen Berufswunsch auf Dein 11. Lebensjahr. Gab es da einen besonderen Auslöser?
— SG: Nein, mir ist nur in dem Alter klar geworden, dass es gut ankommt, wenn ich spiele, dass die Leute es mögen.

BO: Und weil die Vorstellung vom Leben eines Schauspielers Dir gefiel?
— SG: Ja, aber das war natürlich eine völlig falsche Vorstellung. Dass es harte Arbeit ist, habe ich damals nicht gewusst. Ich dachte, es bleibt so spielerisch und nett. Genau das versucht man sich dann wieder zu erarbeiten, wenn man älter wird und diesen Beruf ausübt: dass es etwas Spielerisches hat, die Leichtigkeit und den Charme behält. Was nicht immer leicht ist, weil man manchmal in haarige Situationen gerät, wenn das Drehbuch nicht so gut ist, man sich mit dem Regisseur nicht versteht oder die Zusammenarbeit mit den Kollegen nicht so funktioniert, wie man es sich vorgestellt hat. Dann muss man ja auf ein Handwerk zurückgreifen.

BO: Aber was hat Dich als Kind zu diesem Beruf geführt? Hast Du Situationen nachgespielt, viel gelesen, Geschichten erfunden?
— SG: Nein, ich habe keine Geschichten erfunden. So fantasiebegabt bin ich nicht. Es ging über die Sprache. Und Sprache beschäftigt mich heute noch. Ich fand es immer interessant, Sprache lebendig, »gestisch« zu machen, zu schauen »Was sagt der Satz, was ist die Aussage des Satzes?« »Wo zielt der Satz hin?« Das sind ja zwei Sachen, die miteinander zu tun haben. Ich kann es auch nicht anders erklären. Ich bin nicht der Schauspieler der sagt, »Ich muss mit brennendem Herzen zur Bühne, weil ich mich darstellen muss.« Natürlich hat es auch mit Selbstdarstellung, Eitelkeit und Geliebt-werden-Wollen zu tun, aber ich habe die Entwicklung nicht forciert. Es hat sich einfach ergeben. Wirklich.

BO: Also hast Du eines Tages zu Deinen Eltern gesagt: »Ich werde Schauspieler«?
— SG: Ja, meiner Mutter; und sie ist beinahe in Ohnmacht gefallen. Sie fand es furchtbar, für sie war das ein unseriöser Beruf. Deshalb musste ich erst etwas »Vernünftiges« lernen, bevor ich »dieses Zeug« machte. Später hat sie es dann akzeptiert, als sie mich auf der Bühne und in Filmen gesehen hat, und gemerkt hat, dass man damit einerseits Geld verdienen und andererseits Erfolg haben kann – also respektiert wird. Das war ihr damals nicht klar.

BO: Du bist dann in Berlin an die Schauspielschule Ernst Busch gegangen?
— SG: Damals hieß sie nicht so, sondern einfach »Schauspielschule Berlin«. Heute heißt sie »Hochschule für Schauspielkunst Ernst Busch«, weil es eine Hochschule ist und die armen Studenten ein Jahr länger studieren müssen, bloß damit sie ein Diplom haben – was ich völlig schwachsinnig finde. Ich habe mich also dort vorgestellt und musste einen Aufnahmetest machen. Wir mussten drei unterschiedliche Rollen und ein Lied lernen. Improvisation war auch sehr gefragt und wichtig. Ich habe diese Prüfung einfach so gemacht, weil es mir Spaß machte und nicht, weil ich unbedingt angenommen werden wollte. Eine von den drei Rollen konnte ich gar nicht, ich hatte den Text nicht gelernt und blieb ständig hängen. Es war auch eine furchtbare Rolle «Haimon in Antigone«. Dann brachen die Juroren es ab und sagten: »Danke schön! Und was können Sie sonst noch?«

BO: Wie alt warst Du?
— SG: Ich war noch in der Berufsausbildung: 17 oder 18. Den Studienplatz habe ich aber trotzdem bekommen. Das Problem war aber, dass man in der DDR vorher bei der Armee gewesen sein musste, was ich nicht war und auch nicht vorhatte. Mit ärztlichen Attesten und mit der Unterstützung des Fernsehens bin ich aber immer wieder zurückgestellt worden. Als ich den *Schimmelreiter* drehte,

haben sie z.B. damit argumentiert, es sei ein sehr wichtiges Projekt für das Fernsehen der DDR, und ich sei unentbehrlich. Also habe ich Schwein gehabt – und bin um die Armee herumgekommen. Als ich dann bei den Salzburger Festspielen gastiert habe, hat sich das sowieso erledigt: Wenn man einmal im westlichen Ausland war, konnte man nicht mehr eingezogen werden. Danach wurde man als renitent eingestuft, man brachte ja Erfahrungen vom Klassenfeind mit. Leider hat aber meine Elektriker-Ausbildung länger gedauert, weil meine schriftliche Hausarbeit schlecht war. Sie mochten mich dort nicht und wollten mich nicht studieren lassen. Die Schweine haben dann den Termin für die Nachprüfung so gelegt, dass das Studienjahr an der Schauspielschule schon angefangen hatte. Dadurch konnte ich nicht anfangen und hatte ein Jahr frei. Ich hatte aber vorher schon in Altenburg Theater gespielt, und ich habe dort gefragt, ob sie nicht einen Job für mich hätten, um das Jahr zu überbrücken. Daraufhin bin ich als Regieassistent eingestellt worden – ich habe aber de facto in dieser Zeit alle möglichen Aufgaben übernommen und bin durch alle Abteilungen gereicht worden. Das war eine sehr wichtige und schöne Zeit für mich. Ich habe Tag und Nacht im Theater gehangen und habe auch hier und da gespielt. Wenn ein Schauspieler fehlte, bin ich eingesprungen. Ich kannte von der Regieassistenz die Stücke und alle Texte. Allerdings habe ich sehr schlecht gespielt – aber so etwas übt.

BO: Das also alles noch vor der Ausbildung?
— SG: Ja, 1977 fing ich an zu studieren und die Ausbildung hat drei Jahre gedauert. In den ersten zwei Jahren war es eine reguläre Ausbildung und am Anfang des dritten Jahres gab es das »Intendanten-Vorspiel«. Dann wurde man verteilt, an Theater »verkauft« oder man hat sich selbst darum gekümmert. So habe ich es getan.

BO: War es eine gute Ausbildung?
— SG: Ja, ich glaube schon. Es ist heute noch eine gute Ausbildung. Ich habe vor kurzem dort mit einem Studenten an einem Monolog gearbeitet. Viele Lehrer, die mich unterrichtet haben, sind noch da. Die Qualität des Unterrichts ist wirklich bemerkenswert, vor allem was die technische Ausbildung betrifft: Bewegen, Sprechen, Singen. Mehr kann so eine Schule auch nicht leisten. Talent kann man einem nicht beibringen, sondern nur mit dem Talent umzugehen – »hier fehlt noch ein bisschen das«, »probiere mal dies oder das«. Das kann man sich abholen. Dafür ist eine Schule gut. Im Gegensatz zu den privaten Schulen, wie ich so höre, hast du dort auch genug Kommilitonen, mit denen du spielen kannst oder an denen du dich reiben und so Erfahrungen sammeln kannst. Und vor allem kann man auch schon an Berliner Theatern mitspielen, weil man die Leute kennt, und auch weil Theater, die junge Schauspieler suchen, sich dort umschauen.

So kommst du in die Praxis. Dafür ist die Schauspielschule eine wichtige Organisation. Das sollte man auf keinen Fall abschaffen. Aber natürlich ist es keine Gewähr, dass da gute Schauspieler herauskommen, vielleicht gute Handwerker bestenfalls. Das andere musst du schon selber mitbringen.

BO: Was wolltest Du nach dieser Ausbildung machen: Theater oder Film?
— SG: Ich habe gar nicht drüber nachgedacht. Theater war die Grundlage. Der normale Weg war, ein Theaterengagement zu bekommen und später zum Film zu gehen. Das ging auch in der DDR, weil die Produktionen nicht so rigide waren, wie es heute der Fall ist: Wenn du heute eine Vorstellung in der Drehzeit hast, kannst du einen ganzen Film nicht machen. Die spinnen ja, die wollen sich derart absichern, das ist ja alles so ein Mittelmaß geworden. Es ist gar nicht möglich, sich zu arrangieren. Da heißt es nur noch »Wir, wir, wir... Wenn du den Film machen willst, musst du alles andere weglassen.« Es ist wirklich sehr schwer geworden. Deshalb entscheiden sich viele Schauspieler, vom Theater wegzugehen oder nur Gastauftritte zu machen, um das besser beeinflussen zu können. Das ist ja das Fatale. Allerdings hat es auch als positive Begleiterscheinung, dass sich die festen Ensembles auflösen.

BO: Positiv, weil feste Ensembles die Schauspieler zu sehr einschränken?
— SG: Ja genau. Für junge Leute halte ich das Theater für sehr wichtig. Ich würde jedem angehenden Schauspieler dringend empfehlen, mindestens drei Jahre an ein Theater zu gehen – oder auch an zwei Häuser, man kann ja auch wechseln – und zu spielen, zu spielen und zu spielen. Weil du da locker wirst, mit deinem Handwerk arbeiten und dir darüber klar werden kannst, was du überhaupt machen willst. Einfach »blind spielen« und auch schlechte Erfahrungen machen. Die habe ich auch gemacht. Ich habe rückblickend gesehen am Anfang ganz schreckliche Sachen gespielt, aber dazwischen auch gute. Ich denke aber, dass man beim Theater unbedingt darauf achten muss, das Haus zu wechseln, spätestens alle drei Jahre, weil du sonst in eine Gewohnheit gerätst und bequem wirst, weil alles doch so gut läuft. Man muss in dem Beruf immer in Bewegung bleiben. Du verlierst sonst die Distanz, den Abstand, um die Dinge zu beurteilen. Ich habe das immer präventiv gemacht. Nach drei Jahren. Zack. Beendet. Auch wenn es mir gut ging. In Dresden ging es mir ja blendend, das war die erfolgreichste Theaterzeit meines Lebens.

BO: Wie bist Du nach Dresden gekommen?
— SG: Nach dem Studium bin ich nach Schwerin gezogen und habe dort eineinhalb Jahr gespielt. Dann wurde mir in Dresden, wo ich viele Leute kannte, den »Karlos« als Antrittsrolle angeboten. Also bin ich natürlich nach Dresden gegan-

Sylvester Groth und Dagmar Manzel in *Don Karlos* – Copyright: Hans Ludwig Böhme

gen. Dresden war und ist heute noch etwas Besonderes. Die Dresdner sind sehr eigen, sehr kulturbeflissen, sehr gebildet, aber auch am Rande der Borniertheit, weil sie Neues schwer zulassen. In Dresden muss man sich erst durchkämpfen. Wenn du das aber geschafft hast und die Dresdner dich akzeptieren, dann lieben sie dich bis an dein Lebensende. Das ist toll. Das habe so nur noch in Wien erlebt. Die Wiener lieben ihre Schauspieler – wenn sie sie einmal akzeptiert haben. Ebenso lieben die Dresdner ihr Theater und ihre Kunst. Sie setzen sich mit neuen Stücken auseinander, sie finden sie vielleicht schrecklich, kritisieren, wenn man aber standhaft bleibt und sie merken, dass ein starker Wille dahinter steht, können sie Feuer und Flamme werden. Richard Strauss ist der beste Beweis. Er

»Ich will den Alltag nicht«

Der Aufenthalt

Sylvester Groth als Mark Niebuhr in einem neuen Film von Frank Beyer und Wolfgang Kohlhaase

Sylvester Groth in *Der Aufenthalt* (Regie Frank Beyer) – Copyright: Progress Film-Verleih – Privatarchiv: Peter Schulze

ist zunächst mit der Oper Salomé in Dresden gescheitert, sie haben ihn fertig gemacht und später als einen Sohn ihrer Stadt geliebt. So ist es Vielen ergangen. Der Kampf, um in Dresden akzeptiert zu werden, war sehr spannend – es war wirklich ein Kampf. Doch danach hatte ich das Gefühl, gehen zu müssen. Ich habe Kollegen, die schon länger etabliert waren, beobachtet. Sie hatten alle ihr Haus auf dem weißen Hirsch oder im Elbtal, alles lief gut. Aber irgendwann lässt das Wollen, das Brennen für den Beruf nach. Und dann ist es höchste Zeit zu gehen.

BO: 1980 hast Du angefangen, für den Film zu arbeiten. Deine erste große Filmrolle war Mark Niebuhr in *Der Aufenthalt*. Frank Beyer, der damals in Westdeutschland war, hat berichtet, dass er wieder in die DDR gekommen ist, weil er diesen Film unbedingt drehen wollte. Wie kamst Du an diese Hauptrolle?

— SG: Frank Beyer hatte das Buch von Wolfgang Kohlhaase, der aus dem Hermann Kant-Roman eine Novelle herausgelöst hatte. Und da ging es an die Besetzung. Alle wollten die Rolle haben und sind durch das Casting gegangen, wie ich später erfahren habe. Ich hatte damals keine Ahnung von solchen Vorsprechen und spielte am Staatstheater Schwerin »Das siebte Kreuz« von Anna Seghers, und wir gastierten damit an der Berliner Volksbühne. Frank Beyer saß in einer dieser Vorstellungen. Er hat mich dann angerufen und nach Babelsberg zum Vorsprechen eingeladen. Ich bekam eine Szene aus dem besten Drehbuch, das ich je gelesen habe, zugeschickt. Ein perfektes Drehbuch. Ich habe nie wieder ein so gutes Drehbuch gelesen. Da stand alles drin. Die wussten schon vorher, wie der Film aussieht. Es war so professionell, so toll. Ich kenne keine amerikanischen Drehbücher. Ich stelle es mir ähnlich vor – zumindest bei den guten.

BO: Und das hast Du in Deinen jungen Jahren sofort als herausragendes Buch erkannt?
— SG: Das war meine erste Drehbucherfahrung. Ich habe es gelesen, und es hat mich gepackt. Da dachte ich, es kann nur gut sein. So naiv bin ich da herangegangen. Kurz davor hatte ich mit einem Studenten, Bernd Böhlich, der auch ein toller Regisseur geworden ist, einen 30-Minuten-Film gedreht. Das war, glaube ich, sein Diplomfilm an der Babelsberger Filmhochschule. Es war ein Zwei-Personenstück, in dem kein Wort gewechselt wird, und meine Partnerin war Dagmar Manzel: *Fronturlaub*. Es spielt auf einem Bauernhof, der Mann kommt von der Front, das Paar spricht kein Wort miteinander, und am Ende erhängt sich der Mann im Stall. Alles ging über das Gesicht. Das ist mein Lieblingsfilm, weil ich da so viel über Film gelernt habe. Wir waren ja alle Studenten, Dagmar und ich waren im letzten Studienjahr. Peter Ziesche hat Kamera geführt. Das war eine kleine Familienarbeit. Wir haben über Silvester in einem Haus von einem Freund gedreht.

BO: Und dann Frank Beyer...
— SG: Ja, zunächst das Casting, bei dem man mit vielen Kollegen spielte. Wir hörten dann: »Vielen Dank. Wir sagen Bescheid.« So das Übliche. Bis ich ein Telegramm bekam: »Herzlichen Glückwunsch, Sie haben die Rolle«. Das schrieb mir der Produktionsleiter, Herbert Ehler – ein toller Mann, den ich heute ab und zu noch treffe. Ich war natürlich überaus glücklich, denn die Rolle hätte jeder spielen können. Jeder anders natürlich, aber das Buch hat alles klar determiniert, was zu spielen war. Du warst absolut frei.

BO: Das verstehe ich nicht: Das Buch determiniert alles, und das macht Dich frei?

— SG: Ja, es stand alles drin. Du musstest dir nichts ausdenken, jede Szene war gut. Du dachtest nie, dass etwas nicht klar oder schwierig ist und du dir etwas ausdenken musst, um die Szene gut rüberzubringen. Die Zusammenarbeit mit Frank Beyer war wie im Traum. Es wurde nicht viel geredet. Alles war klar. Wir mussten uns nur in die Situation hineinbegeben. Die Aufgabe der Rolle des Mark Niebuhr ist ja: zu reagieren auf das, was passiert, was mit ihm passiert. Es bedarf weniger Erklärungen, bis auf die Szene in der Zelle mit den deutschen Offizieren, wo er Fragen stellt. Die Figur begreift ja nicht, was passiert, sie ahnt es vielleicht, aber wirklich begreifen kann sie es nicht.

BO: Es waren also einfache Dreharbeiten? Von außen betrachtet, würde man meinen, dass es eine schwierige Rolle ist/war.
— SG: Ja, es war herrlich! Heute würde ich auch sagen, dass es eine schwierige Rolle ist, aber damals war es noch ein so jungfräuliches Spielen, alles so unangestrengt. Es war so unschuldig. Das hat man einmal im Leben und da will man immer wieder hin. Kleist sagt das so schön: »Durch die Hintertür wieder ins Paradies zu kommen.«

BO: Hattest Du damals das Gefühl, einen außergewöhnlichen Film zu drehen?
— SG: Nein. Das weiß man nie. Da kann man sich schwer täuschen. Man macht es natürlich gern, und man macht es, damit es etwas wird.

BO: Der Film ist mit zahlreichen Preisen ausgezeichnet worden. Er sollte 1983 auf der Berlinale gezeigt werden...
— SG: ...wurde er aber nicht, weil ein Idiot von der polnischen Botschaft meinte, die Polen kämen da schlecht weg und die Aufführung verhindert hat. Nun war es auch die Zeit des Kriegsrechts, was auf der anderen Seite auch unser Glück war, weil wir die besten Schauspieler Polens bekommen konnten. Sie waren froh, raus zu kommen und Geld zu verdienen. Es ging ihnen ja schlecht in der Jaruzelski-Zeit. Es sind unglaublich tolle Schauspieler. Für mich sowieso die besten Schauspieler der Welt. Die Franzosen auch. Die gehen anders mit dem Beruf um: einerseits leichtfertiger und andererseits gründlicher mit den Rollen. Sie gehen da rein, sie beschreiben nicht ihre Rollen, sie spielen sie. Bei uns werden die Rollen meistens beschrieben, es bleibt oft bei dem ersten Angebot. Und wenn ich mir Filme anschaue, finde ich das erste Angebot ganz schön, denke aber: »Jetzt wollen wir die Rolle mal spielen.« Ich nehme mich da auch gar nicht aus. Man ist da zu bequem, zu reich, zu satt. Es geht einem zu gut. Bei den polnischen Schauspielern brannte es, das Bedürfnis sich mitzuteilen war stärker und trotzdem nicht ehrgeizig: »So ist meine Rolle!« Die Behauptung ist größer und sie

stehen zu der Behauptung. Ob sie besoffen waren oder nicht, war egal. Sie haben heftig gepichelt, aber das hat sie mir so angenehm gemacht, weil sie so entspannt waren. Sie waren froh, Geld zu verdienen und haben ihren Job 100-prozentig gemacht. Das hat mich sehr beeindruckt. Später habe ich das noch einmal erlebt, als ich in Polen den *Schimmelreiter* für das Fernsehen der DDR gedreht habe. Da wurde anders gearbeitet. Wenn etwas nicht klappt, wird es klappend gemacht. Egal, was es kostet. Das ist für den Film, und das muss stimmen. Die sind da bedingungslos.

BO: Du meinst also, dass Bequemlichkeit die hiesige Filmproduktion – vorsichtig gesagt – beeinflusst?
— SG: Ja, absolut. Ich habe vor kurzem *Deutschland – Ein Sommermärchen*, den WM-Film von Sönke Wortmann, gesehen. Da sagt Jürgen Klinsmann einen bedeutenden Satz, den ich sofort unterschreiben würde. Sinngemäß heißt es: Wenn du in Deutschland mit großem Einsatz einen bestimmten Punkt erreicht hast und willst das nächste Ziel erreichen, sind die Deutschen nicht bereit, den gleichen Einsatz zu geben, um weiter zu kommen, sondern sie bleiben auf dem Level. Das finde ich sehr genau beobachtet: Man gibt sich Mühe, um etwas zu erreichen, und wenn man es erreicht hat, dann bleibt man dabei. Das geht ja auch. Es wird ja akzeptiert.

BO: Du hast vorhin gesagt, Du würdest Dich davon nicht freisprechen wollen…
— SG: Ich kann mich da nicht ausnehmen, ich bin ja Deutscher – obwohl ich halb Pole bin. Nein, im Ernst, man ist natürlich gefährdet. Man denkt: »Ach, das geht doch schon« oder »ich weiß nicht« oder »jetzt habe ich Angst«. Alles, was einen Menschen so bestimmt. Dafür sind die Umstände bei Dreharbeiten ganz wichtig, und das ist beim Film noch etwas anders als beim Fernsehen. Dort ist es eine Katastrophe, da geht es nicht um Schauspieler, es geht nicht um den Film. Es geht um irgendetwas anderes, frag mich aber nicht, worum es geht. Zeitplan, Geld, Selbstdarstellung, irgendetwas… Die Schauspieler stehen meist an allerletzter Stelle, mit Ausnahmen. Deswegen kann es in Deutschland auch nichts werden. Man sagt immer, das deutsche Fernsehen hätte ein hohes Niveau. Ja, im Mittelmaß. Im Mittelmaß hat es ein ganz hohes Niveau. Es ist oft anschaubar, manchmal ist es furchtbar, aber es ist o.k. Man kann es senden. Wenn es schlecht ist, versendet es sich ja auch. Ein furchtbarer, aber sehr gebräuchlicher Begriff. Deshalb haben mich dieser Satz von Klinsmann und auch der Film sehr berührt. Fußballer sind ja Leistungssportler, der Film hat mir aber noch mal verdeutlicht, was es bedeutet, etwas zu machen und dazu zu stehen – ob man ausgebuht oder gefeiert wird. Das ist ja ein schmaler Grat, besonders in Deutschland, da geht es

schnell von hier nach da. Und das lässt sich auf alle Bereiche der Gesellschaft anwenden, also auch auf mein Metier. Wenn man Kollegen beobachtet und bedenkt, wie gut sie gespielt haben und dadurch in diesem kleinen Deutschland berühmt geworden sind, und dann werden sie dick oder schlecht oder kitschig oder selbstzufrieden beim Spielen. Das kann man genau beobachten, aber es läuft ja dann. Es ist das Gleiche wie mit Dresden, davor habe ich eine panische Angst. Es läuft ja, du wirst aufgefangen, du behältst deine Existenz. Dir wird die Existenzgrundlage nicht entzogen, wenn du versagst. Was einerseits schön und wichtig ist, dass man aufgefangen wird, aber andererseits sollte die Forderung nicht nachlassen oder verstummen. Sonst begibt man sich ins Mittelmaß.

BO: Wie umgehst Du das?
— SG: Wenn man eine Rolle spielt, muss man sich aufmachen und sagen: »Hier bin ich, hier ist meine Seele, greift rein.« Alles für den Film. Aber wenn das Drumherum nicht funktioniert, wenn du von der Produktion nicht aufgefangen wirst, du dich schlecht behandelt oder ausgenutzt fühlst, wirst du gezwungen, wieder zuzumachen, erlöscht die Bereitschaft, alles herzugeben. Man will ja geliebt werden für das, was man macht. Christian Görlitz und Richard Huber[1] zählen für mich zu den wenigen Regisseuren, die es sehr gut verstehen, so eine Atmosphäre zu schaffen. Sie können das, und für sie mache ich das. Das passiert zu selten, dass man aufgefangen wird, ruhig ist, weil man geliebt wird und alles geben kann.

BO: Mir ist nicht ganz klar, was Du konkret mit schlecht behandelt meinst – aber hat es nicht mit immer engeren Produktionsbedingungen zu tun?
— SG: Natürlich hat das mit Zwängen zu tun, aber diese Zwänge auf Schauspieler abzuwälzen, ist ein fataler Fehler. Ein Schauspieler hat damit nichts zu tun. Er muss seine Arbeit in Ruhe machen können. Es werden z.B. Hospitanten für hochprofessionelle Aufgaben eingesetzt, die nicht wissen, wie man mit Schauspielern umgeht. Man kann nicht einen Schauspieler schon am Morgen flapsig rumschubsen. Da machst du zu, dann ist es aus, der Tag ist gelaufen! Der gegenseitige Respekt fehlt oft. Das vermisse ich so! Und dann muss du in der Tat eitel, zickig werden und je nachdem rumschreien und nein sagen, um dich zu wehren, um dich zu behaupten. Kein Schauspieler ist von sich aus zickig. Es hat immer mit den Umständen zu tun. Ich verstehe jeden, der so ist. Wenn du deinen Beruf ausüben willst, musst du dich in der Art und Weise wehren: »Stopp! Hier bin ich.« Ein Schauspieler ist jemand, der mit seinen Gefühlen und seiner Seele arbeitet. Er ist kein Bäcker, der morgens schlecht gelaunt zur Arbeit kommt und trotzdem gute Brötchen backen kann. Es ist kein Beruf wie jeder anderer. Das ist eine verlogene Anbiederung beim Publikum: »Nein, ich bin ja nur ein Handwer-

---

[1] 2002 haben sie gemeinsam den Tatort *Stiller Tod* gedreht

ker.« Quatsch! Kein Handwerker muss seine Seele in die Steckdose packen. Ein Schauspieler muss Umwege gehen, und die haben etwas mir dir und deiner Seele zu tun. Und wenn man dich die Umwege nicht gehen lässt, dann gibt es keine Umwege, dann ist es einfach so »irgendwie«.

BO: Hast Du lernen müssen, Dich zu wehren, oder konntest Du das schon immer?
— SG: Ich habe mühsam gelernt, dass man sich wehren muss. Ich gehe, wenn es wieder so weit ist, spielerisch damit um und beschließe: »O.k., jetzt mach ich mal die Arschloch-Nummer.« Diese innere Ironie brauche ich, um zu dem zu kommen, was ich eigentlich möchte. Ich kann mich ja nicht immer aufregen.

BO: Du hast in den vergangenen Jahren auf nahezu allen bedeutenden deutschsprachigen Bühnen – Schaubühne Berlin, Münchener Kammerspiele, Wiener Burgtheater, Schauspielhaus Zürich etc. – gespielt. Fühlst Du Dich am Theater besser behandelt?
— SG: Ja, bis auf Ausnahmen natürlich. Es ist anders, weil der Apparat im Theater ein abstraktes Gebilde ist, das funktioniert und ich wenig damit konfrontiert werde. Deshalb ist ein Agent beim Film wichtig, weil man immer auf ihn verweisen kann und er Schutz bietet. Dieser ist beim Theater weitgehend gegeben. Aber vielleicht wird sich das in Zukunft mit den ständig wechselnden und zusammen gewürfelten Ensembles ändern. Ich bin ja nicht mehr ganz jung, mittlerweile kenne ich viele Leute, und ich achte darauf, mit Kollegen zu arbeiten, die ich kenne. Ich muss natürlich nicht das ganze Ensemble kennen, aber ich würde mich heute nicht mehr auf ein Ensemble einlassen, das mir gänzlich unbekannt ist.

BO: Weil?
— SG: Weil ich darauf nicht neugierig bin. Dem würde ich mich nicht aussetzen, weil ich weiß, dass ich zu fragil bin. Ich könnte notfalls untergehen, und das will ich nicht. Das bringt mir nichts, das bringt der Arbeit nichts. Da ist der Grat sehr schmal. Ich muss immer etwas haben, das ich weiß oder kenne und woran ich mich festhalten kann.

BO: War Dir das »Fragil Sein« immer bewusst?
— SG: Ja, das war immer da. Das gehört zur Essenz des Berufes. Ich kann es auch nicht verstecken. Dementsprechend werde ich ja auch für Rollen gesehen und für problematische Rollen ausgesucht. Ich kann mich von außen nicht sehen, es wird mir aber manchmal angedeutet, warum ich immer wieder Rollen angeboten bekomme, die ich nicht mehr spielen will.

BO: Dein Filmrepertoire weist wenige Komödien auf...
— SG: Ja, deswegen bin ich ja auf die Rolle in Dani Levys Hitler-Film so stolz, weil das hoffentlich mal ein anderes Licht auf mich wirft. Also nicht immer die problembeladenen Charaktere aus Deutschland [2].

BO: Bekommst Du selten Komödien angeboten oder lehnst Du diese meistens ab?
— SG: Nun, es gibt Komödie und Komödie. Für heitere Beziehungskomödien fehlt mir die Fantasie, und ich habe da keine Lust drauf. Das kann ich nicht, und ich nehme diese Rollen nicht an. Die Männer müssen meistens mit freiem Oberkörper durch die Gegend laufen, lustig sein und sind das Opfer. Dagegen habe ich nichts, wenn es witzig ist – aber da kann ich gleich die *Gala* anschauen. Das ist doch vertane Zeit, obwohl ich mir das schon angucke, weil ich wissen will, was die Kollegen machen. Das hat sicher auch mit meiner Ausbildung in der DDR zu tun, aber ich war immer an Sachen interessiert, die ein bisschen mehr aussagen als nur Unterhaltung. Stoffe, die eine Idee, eine Vision haben oder ein historischer Stoff, der heute noch relevant ist. Alles andere empfinde ich als flach – und das ist auch flach. Oft fühle ich mich bestätigt, wenn ich Filme ansehe, die ich abgelehnt habe. Das ist dann nur Geld verdienen oder eine gute Zeit haben. Ich muss aber keine gute Zeit haben. Wenn es sich so ergibt, dann wunderbar. Wenn man aber an einem Stoff knabbert, sich streitet, kämpft und völlig erschöpft ist, und dann kommt ein guter Film dabei heraus, dann jederzeit.

BO: Viele Geschichten in denen Du mitgewirkt hast, handeln von Schuld/Verrat. Ganz eindeutig bei *Der Aufenthalt*, auch z.B. bei *Romeo* oder *Jenseits*. Man kennt es eher von Autoren oder Regisseuren als von Schauspielern, dass sie sich immer wieder den gleichen Themen annehmen. Wie kommt es dazu?
— SG: Das sind nun mal interessante Themen. Themen, die Menschen ausmachen. Bezeichnend ist dabei aber, dass ich selten mehr als einmal mit dem gleichen Regisseur arbeite. Ich bin da die Projektionsfläche für ihr Thema. Ich habe keine kontinuierliche Zusammenarbeit mit Regisseuren. Ich habe mich natürlich gefragt, womit das zusammenhängt. Man trifft sich einmal, macht eine wunderbare Arbeit – z.B. mit Max Färberböck für *Jenseits* – und dann wechselt man nie wieder ein Wort miteinander. Das Gleiche mit Hermine Huntgeburth nach *Romeo*. Ich werde für etwas benutzt, für etwas, was sie erzählen wollen und von dem sie meinen, das kann er sehr gut. Ich glaube auch, dass ich das gut kann. Diese Stoffe interessieren mich bloß mittlerweile nicht mehr. Nun bin ich ja nicht der kommunikativste Mensch. Ich würde aber auch nie einen Regisseur anrufen und fragen:

---

2 Das Gespräch fand im Dezember 2006 statt, bevor *Mein Führer – Die wirklich wahrste Wahrheit über Adolf Hitler* in die Kinos kam.

Dreharbeiten zu *Mein Führer* – Copyright: X-Verleih AG, Foto: Nadja Klier

»Wollen wir nicht noch mal zusammenarbeiten?« Ich weiß auch wie Regisseure funktionieren. Heute interessiert sie dies, und morgen interessiert sie das, und entweder hast du das entsprechende Profil oder ein anderer Schauspieler passt da besser. Das ist nun mal der Job. Man ist ja auch menschlich unterschiedlich und will sich vielleicht auch nicht auf eine private Ebene einlassen. Ich bin da eher verschlossen und öffne mich nicht jedem und gleich. Ich will meinen Beruf ausüben und suche keinen Familienanschluss – um mich dann je nachdem genötigt zu fühlen, schlechte Rollen anzunehmen. Ich bin eher so ein Sonntagskind. Ich will den Alltag nicht. So lange es funktioniert, werde ich es so machen.

BO: Du sagtest vorhin, Deine »Goebbels«-Rolle in Dani Levys Film hätte eine besondere Bedeutung für Dich...

— SG: Das war keine Sonntagsrolle, es war eine Feiertagsrolle! So eine Rolle bekommst Du alle 20 Jahre mal angeboten. Das Buch ist sehr klug konzipiert. Es spielt mit den Versatzstücken, die man aus der Geschichte kennt, geht aber ganz anders damit um. Der Blick ist ein privater, er schaut hinter die Kulissen der Macht. Warum soll Hitler nicht depressiv und heiser gewesen sein? Und jetzt muss er eine Rede halten. Was passiert dann im Apparat, damit diese Rede stattfinden kann? Das ist ganz spannend und urulkig, wirklich komisch im wahrsten Sinne des Wortes, weil sich ein neuer Blick auf die Figuren ergibt, ohne dass man *Untergangs*-mäßig vermenschelt. Diesen Quatsch machen wir nicht, weil wir nicht wissen, wie es war. Wir stellen uns vor, was gewesen sein könnte, wenn das oder das passiert wäre. Und das Buch bleibt sehr genau an den Figuren dran. So entstehen Komödien, ohne dass man etwas draufsetzt, einfach indem alles richtig durchgespielt wird. Du lachst dich tot – und bist gleichzeitig entsetzt.

BO: Habt Ihr Euch bei den Dreharbeiten auch totgelacht?
— SG: Nein, das war Arbeit, das musste man ernsthaft spielen. Ob ich Spaß dabei habe, ist völlig irrelevant. Du musst einfach genau die Situation spielen und die Figur beibehalten, und dann entsteht plötzlich etwas, worüber man hoffentlich lachen kann. Komödie ist ja ein schwieriges Thema – vor allem in Deutschland. Im deutschen Fernsehen finde ich z.B. selten etwas komisch. Bastian Pastewka ist da eine Ausnahme, weil er auch mit Ernsthaftigkeit versucht, Figuren zu erzählen, die in eine seltsame Situation geraten. Er ist ein harter Arbeiter, und er versucht nicht, sich auf etwas draufzusetzen. Ich schätze in sehr.

BO: Um noch mal auf Dani Levy zurückzukommen: Wie war der erste Kontakt?
— SG: Ich habe in Zürich mit Sebastian Blomberg gespielt. Wir sind gemeinsam zur Premiere von *Alles auf Zucker* gegangen, in dem er mitspielt. Der Film hat mich sehr begeistert, und ich bin anschließend auf Dani Levy zugegangen und habe ihm das gesagt. Er konnte sich allerdings später nicht daran erinnern, weil er zu Recht in seinem Erfolgstaumel war. So etwas mache ich gern, wenn mir eine Arbeit richtig gefällt. Ich gehe auf den Regisseur zu und sage: «Das hat mir gefallen. Ich würde gern mit Ihnen arbeiten.» Ich bin mir dafür nicht zu schade. Natürlich belagere ich sie nicht lange, aber ich spreche es aus. Das habe ich früher auch schon beim Theater gemacht. Ich habe auch Andreas Dresen angerufen, nachdem ich *Halbe Treppe* gesehen hatte. Vielleicht klappt es in 20 Jahren, und wir arbeiten mal zusammen, das würde mir gefallen. Er ist ein toller Regisseur, und der kann auch komische Sachen machen. Er lässt sich nicht reinreden und ist konsequent.

BO: Wie liest Du Drehbücher?
— SG: Ganz naiv. Ich lese und merke, ob es mich packt oder nicht. Das ist meistens eine schnelle Entscheidungsfindung. Manchmal zweifele ich und überlege,

aber dann ist es meistens nicht gut. Sobald der Zweifel da ist, stimmt irgendetwas nicht, auch wenn man sich das gern schön reden möchte und meint, man würde es mit dem Spielen ausgleichen können. Das klappt aber nie. Wenn vorher nicht alles stimmt, brauchst du es erst gar nicht zu machen. Am Drehort gibt es hierfür keine Zeit mehr, und das will ich dann auch nicht mehr diskutieren. Das Buch ist **die** Grundlage. Der Film muss fertig sein, bevor du ihn drehst, sonst wird es deutscher Experimentalfilm. Da habe ich auch nichts dagegen, aber nicht in einem ernstzunehmenden kommerziellen, professionellen Zusammenhang. Manchmal bekommt man Drehbücher zugeschickt mit dem Vermerk, dass es noch verändert wird. So etwas darf man doch erst gar nicht rausschicken, denn da kann man nur »Nein!« sagen, wenn du verantwortlich bist. Damit schadest du dir nur selbst. Bis jetzt habe ich da auch ein ganz gutes Gespür gehabt und habe zumindest bis jetzt noch nicht die Rolle meines Lebens abgelehnt. Dabei lehne ich viele Rollen ab. Es ist wichtig, »nein« zu sagen. Es ist einfach, »ja« zu sagen.

BO: Gibt es neben dem Buch noch andere Kriterien, die Dich für oder gegen ein Projekt einstimmen?
— SG: Es gibt Regisseure, mit denen man gern arbeiten möchte – allerdings sollte man nie eine Rolle aus Freundschaft annehmen. Es zählt nicht bei der Arbeit, ob du befreundet bist. Wenn das Buch schlecht ist, wirst du es nicht retten können. Dann gibt es Kollegen, die man kennen lernen und mit denen man spielen möchte. Und manchmal kann auch ein ferner Drehort reizvoll sein. Aber eigentlich ist das Buch das Ausschlaggebende.

BO: Das ist eine einsame Entscheidungsfindung. Ist der Beruf des Schauspielers ein einsamer Beruf, obwohl man ständig von vielen Menschen umgeben ist?
— SG: Ja, Du stehst im Endeffekt immer allein da. Es ist beim Film noch viel verschärfter als beim Theater. Am Theater hast du – relativ gesehen – mehr Einfluss auf den Abend und auf das Ergebnis, weil du als Mensch life auf der Bühne stehst und Entscheidungen treffen kannst. Beim Film geht es gar nicht. Da entscheidet der Schnitt. Ob das, was du gespielt hast, vorkommt oder nicht, oder wie es vorkommt, entscheiden andere. Andererseits liebe ich es auch, allein mit der Kamera zu spielen. Wenn man eigentlich einen Kollegen anspielen müsste, ist die Imagination immer stärker als das, was da wirklich ist. Ich möchte natürlich keinem zu nahe treten, aber man kommt mit seiner Imagination öfter näher an das, was man wirklich will. Manche Regisseure setzen das auch ganz bewusst ein und verzichten auf das Zusammen Spielen. Ein Film funktioniert nicht aus der Wahrhaftigkeit und Wirklichkeit, sondern aus der Behauptung und aus dem, was darüber hinausgeht – das, was den kleinen Moment vergrößert. Das war bei dem *Aufenthalt* so toll: Ich war oft allein vor der Kamera. Es war so schön!

BO: Dann wirst Du wohl kaum Casting-Situationen mögen, oder?
— SG: Furchtbar! Aber Rollen laufen nicht immer über Castings. Ich bin ein schlechter Casting-Schauspieler. Mittlerweile gehe ich ohne Erwartungen dort hin. Wenn ich zu einem Casting gehe, dann freue ich mich, diesen Regisseur oder jene Kollegin kennen zu lernen. Das sehe ich eher als Sammler und Jäger als Rollenversprechen. So war es auch beim »Goebbels«-Casting. Ich habe mich auf Dani Levy und Charlie Koschnick, den Kameramann, mit dem ich *Jenseits* gedreht habe, gefreut. So entsteht auch kein falscher Ehrgeiz. Man ist aber natürlich ein bisschen aufgeregt, weil man neue Menschen kennen lernt und sich auf neue Situationen einlässt.

BO: Wie lange hat das Casting mit Dani Levy gedauert?
— SG: Eine Stunde.

BO: In einer Stunde ist alles entschieden?
— SG: Entschieden nicht, ich habe dann noch eine Weile auf den Anruf gewartet – und habe mich dann riesig über die Zusage gefreut. Ich war sehr glücklich. Ich hatte endlich das Gefühl, wieder an einem Punkt anknüpfen zu können, an dem ich mal war, an so eine Qualität. Die Qualität des Stoffs und das Gefühl, gut aufgehoben zu sein – das war wunderbar.

BO: Verstehe ich das richtig: Du hast das Gefühl, eine Qualitätsebene verloren zu haben, in der Du Dich mal bewegt hast?
— SG: Na klar! Das ging mit meinem Wechsel in den Westen Mitte der 80er-Jahre einher. Hier kannte mich kein Mensch. Ich konnte auf nichts aufbauen und musste neu anfangen. Es war auch hart. Im Osten war ich jemand, und hier kannte mich keiner. Ich bin auch nicht derjenige, der aufzählt, was er alles gemacht hat. Also habe ich von neuem angefangen. Das hat mir vielleicht einerseits gut getan, aber andererseits auch zehn Jahre meines beruflichen Lebens gekostet.

BO: Deine erste Filmrolle im Westen war der Agent BLW/553 X 1986 in Johannes Schaafs *Momo*.
— SG: Ja, das war ganz schön. Anschließend bin ich an die Schaubühne gegangen, sie war für mich **das** Theater in Europa, wenn nicht in der Welt, und ich bekam ein Engagement, und dann kam die kalte Dusche. Dort spielte man viel verinnerlichter, ganz anders als ich es aus der DDR kannte, viel »Stanislawski«-mäßiger, scheinbar »wahrhaftiger«. Das kam mir ziemlich verlogen vor. Ich dachte immer: »Das seid Ihr doch nicht wirklich, tut doch nicht so. Erzählt doch mehr von den Figuren als diese kleinen ›Betroffenheitsmomente‹.« Diese Zeit an der Schaubühne war eine harte Zeit.

BO: Dann kamen Filmrollen. *Romeo* z.B.?

— SG: Die Figur des Romeo hatte im Buch keine Chance. Aber das hat mich gerade gereizt. Ich wollte sehen, in wie weit ich ihn glaubhaft machen und ihn als Menschen spielen kann. Mich interessiert ja immer der Mensch. Das muss das Buch hergeben, die Figur muss ein Mensch werden können. Oder man stellt einen Typ, eine Farbe in einer Großproduktionen dar. Das ist etwas anderes, und das kann auch reizvoll sein. So war es z.B. mit meiner kleinen Rolle in *Das Wunder von Lengede* oder mit der Rolle des Staatsanwalts in Adolf Winkelmanns Contergan-Film *Eine einzige Tablette*, der derzeit nicht ausgestrahlt werden darf. Benedikt Röskau hat diese Nebenfigur wunderbar geschrieben, und so habe ich es zur Bedingung gemacht, genau diese Rolle zu spielen und nicht die größere Rolle, für die ich eigentlich vorgesehen war.

BO: Für *Romeo* wurdest Du 2002 für Deine »herausragende Darsteller-Leistung« mit dem Grimme-Preis ausgezeichnet. Was ist eine »herausragende Darsteller-Leistung«?

— SG: Das ist, wenn man seinen Beruf macht. Herausragend können nur die Rollen sein. Die müssen schon geschrieben sein. Das kannst du nicht alleine machen. Bei *Romeo* war es z.B. sehr spannend zu beobachten, wie Martina Gedeck ihren Beruf ausübt. Sie macht es absolut richtig und professionell. Sie lässt sich von nichts irritieren. Auch nicht vom Partner. Sie weiß genau, was sie mit ihrer Figur spielen will, wo sie hin will. Das erklärt auch ihren Erfolg. Sie bleibt sehr solitär, monomanisch, aber trotzdem sehr präsent. Du glaubst ihr, dass sie mit jemandem spielt, das stellt sie her. Aber sie spielt nicht mit dir – kein bisschen – und das ist auch völlig egal. Das ist für das, was dann auf dem Bildschirm erscheint, uninteressant. Sie hat begriffen, wie dieser Filmschauspielerberuf funktioniert. Sie hat auch den technischen Aspekt verinnerlicht. Sie vergisst nie, dass Schnitt oder die Blickachse eine wesentliche Rolle spielen. Sie hat mich sehr beeindruckt. Aber ich war schon immer mehr von den darstellerischen Leistungen von Frauen als von Männern begeistert.

BO: Hat die Qualität der Arbeit auch viel mit der Vorbereitung auf eine Rolle zu tun?

— SG: Ja, natürlich. Das ist beim Film zudem noch viel komplizierter als beim Theater. Im Theater spielst du chronologisch, während du beim Film von da nach dort springst. Du musst also als Schauspieler deine Rolle im Kopf durchgespielt haben. Du musst wissen, wann du was machst und wann nicht, weil du es später einsetzen willst. Du musst ganz genau wissen, wie du deine Rolle komponierst.

BO: Komponierst Du das? Oder geschieht das in Zusammenarbeit mit dem Regisseur?

— SG: Das machst du allein. Das ist deine Arbeit als Schauspieler und die musst du dann verteidigen. Notfalls musst du dein Geheimnis preisgeben, um die Sache durchzusetzen. Damit meine ich, dass du reden musst, aber ich finde Reden beim Film furchtbar. Es macht alles kaputt: Es macht das Gespielte voraussehbar. Weil es schon durch den Kopf oder durch den Mund gegangen ist. Das darf es eben nicht. Die besten Regisseur sind die, die nicht viel reden, die vor dem Dreh mit dir klären, was geklärt werden muss.

BO: Und wie bereitest Du Dich auf Rollen vor?

— SG: Ich schreibe mir in kleine Bücher, die ich immer bei mir habe, meine Rolle auf und notiere wichtige Regieanweisungen, die ich beachten muss. Ich schreibe auch, was ich wann, wie spielen will und diese persönliche Bucharbeit trage ich immer in der Tasche meines Kostüms.

BO: Es klingt nicht so, als würdest Du viel mit Deinen Kollegen kommunizieren.

— SG: Natürlich kommuniziere ich, wenn das Bedürfnis da ist. Ich hasse es aber, mich abzusprechen: »Du machst dies, dann mache ich das.« Das ist furchtbar. Das sieht man dann auch. Profis machen das nicht. Deshalb meine ich auch, dass die Hauptaufgabe von Regisseuren darin besteht zu besetzen. Ein Regisseur muss ein gutes Buch haben, richtig besetzen, einen guten Kameramann haben – das ist sehr wichtig, der Kameramann ist »Familie« – und er muss das Set ruhig halten. Den Rest müssen die anderen erledigen. Es ist doch meine Arbeit als Schauspieler, dem Regisseur Vorschläge zu machen oder ihn zu überraschen. Ich bin nicht dafür da, seine Vorstellungen auszuführen. Das ist nicht meine Aufgabe. Ein guter Regisseur beobachtet dich, reagiert entsprechend, wird dir aber nie reinreden. Ich rede ihm auch nicht in seine Arbeit rein. Davon habe ich doch viel zu wenig Ahnung. Dani hat nie viel geredet, außer vielleicht mal: »Mach mal ein bisschen weniger.« Er schaute immer nur zu. Er konnte sich ja auf sein gutes Buch verlassen, denn da kommst du gar nicht raus als Schauspieler. Du kannst nicht ausbüchsen. Du weißt ja, welche Notwendigkeiten in der Szene bestehen, damit der andere seine Rolle spielen kann. Je nachdem musst du für den anderen spielen und dienen. Du weißt jetzt, darauf kommt es an. Du bist im Moment nur der Stichwortgeber, und der andere darf sich auf deinem Trampolin austoben. Und das musst du ihm hinstellen. Wenn du ihm das nicht hinstellst, übst du den falschen Beruf aus.

BO: Warum kehrst Du immer wieder zum Theater zurück?

— SG: Ich würde nicht so viel Theater spielen, wenn ich genug Filmrollen hätte. Mein Herz hängt derzeit mehr am Film. Theater ist ein Raum, der mich schützt, und dort kann ich Geld verdienen. Ich spiele natürlich gern Theater, da komme ich ja auch her. Aber ich würde momentan ein Theaterstück für einen guten Film absagen.

BO: Du würdest also nicht sagen, dass das Theater Dir etwas gibt, was der Film Dir nicht bieten kann?
— SG: Das kann ich schwer beantworten, weil ich immer die Balance gehalten habe. Ich spiele mindestens einmal im Jahr Theater und dann wieder zwei, drei Filme. Es hat sich nie ein Mangel einstellen können. Viele Filmschauspieler wollen jetzt unbedingt Theater spielen, dabei verkennen sie, dass die Gesetze auf der Bühne andere sind. Du musst gröber, größer sein und kannst trotzdem sehr differenziert sein. Du musst es nur anders machen. Ich bin manchmal verblüfft zu sehen, wie Filmschauspieler sehr medienwirksam auf der Bühne präsentiert werden. In den meisten Fällen denkt man, dass sie im Film besser sind. Sie schaffen es nicht, das Publikum zu überraschen. Es gibt auch Theaterschauspieler, die grandios auf der Bühne sind und sich im Film schwer tun. Jutta Lampe ist eine wunderbare Theater-Schauspielerin, im Film braucht sie eine Margarethe von Trotta, die explizit auf sie eingeht und sie mit Liebe begleitet, damit es funktioniert. Es sind zwei unterschiedliche Handwerke, die man beherrschen muss. Ich habe immer Beides trainiert, wahrscheinlich auch aus einem blöden Erziehungsdünkel heraus. Ich habe schlechte Rollen gespielt, nur um auf der Bühne zu stehen. Das habe ich immer mit wehenden Fahnen und mit großer Freude gemacht. Theater ist ja auch so flüchtig, am nächsten Abend ist alles schon vergessen – auch wenn das Publikum einem nach Jahren noch etwas vorhält, was man mal gespielt hat.

BO: Du sagtest vorhin, Du würdest auf Regisseure zugehen. Ist es Dir wichtig, wenn man auf Dich zukommt und Dich für Deine Arbeit lobt?
— SG. Natürlich, das freut einen riesig, und es baut einen auf.

BO: Ist es denn dann schwierig, eine Rolle wieder loszulassen?
— SG: Nicht bewusst. Aber nach einer Produktion geht es einem oft nicht sonderlich gut, ohne dass man beschreiben könnte warum. Du nimmst natürlich immer etwas aus einer Rolle mit, aber du schleppst sie nicht noch wochenlang mit dir mit. Es ist ein Beruf. Nach dem *Führer*-Dreh hatte ich z.B. Kniebeschwerden, weil ich einen orthopädischen Schuh wie Goebbels getragen habe. Der Schuh war aber nicht auf meinen Fuß angepasst, sondern er kam aus dem Fundus und passte wie angegossen. Ich habe nicht daran gedacht, dass es Folgen haben kann, und

seitdem habe ich Kniebeschwerden – und so denke ich immer wieder an diese Rolle. Aber mit Freude.

BO: Und der Wechsel vom quirligen Teamleben in die plötzliche Ruhe?
— SG: Da fällt man schon in ein Loch. Und fängt bald wieder an zu arbeiten und freut sich auf einen neuen Zusammenhang. Ansonsten bleibe ich in Ruhe in meiner Wohnung und fühle mich dort am wohlsten. Beim Film hat man ständig ca. 100 neue Menschen um sich herum, deren Namen man sich alle merken muss. Da tut Ruhe schon gut.

BO: Neben Theater und Film machst Du viel Hörfunk und sprichst viele Hörbücher:
— SG: Das macht großen Spaß. Es ist eine wunderbare Herausforderung, weil dir nur die Stimme zur Verfügung steht, um eine Figur zu schaffen. Die Beschränkung ist sehr reizvoll, und ich mag es, allein vor dem Mikro zu stehen. Da kommen wir wieder auf die einsamen Jobs, die ich gerne mache. Es ist sehr anstrengend, aber ich mache leidenschaftlich gerne Funk. Ich habe gerade den ganzen »Orientzyklus« von Karl May gespielt. Wann kann man so etwas schon machen?! Vor dem Mikro kannst du auch Rollen spielen, die du sonst aufgrund deiner optischen Erscheinung niemals spielen würdest. Und nachher ist alles auf einer kleinen Platte festgehalten. Das empfinde ich immer wieder als ein Wunder.

BO: Ist es aber nicht erstaunlich, als Schauspieler am liebsten alles alleine machen zu wollen?
— SG: Nein, die Grundvoraussetzung des Berufes ist der Narzissmus. Unbedingt. Du musst deinem Spielpartner eine Reibungsfläche bieten, und diese kannst du ihm nur dann bieten, wenn du dich und deine Rolle behauptest. Das muss der andere auch machen, sonst kannst du wiederum nicht spielen. Das Spielen kann nur durch diese Reibung spannend werden. Jeder muss sich fragen, wie er den anderen knacken kann. Dieser Kampf macht es erst lebendig. Das heißt nicht, dass es monomanisch ist und den anderen ausschließt. Jeder muss sich behaupten und sagen: »So, hier bin ich! Nun mach mal!« Angela Winkler ist z.B. eine wunderbare Partnerin. Sie bleibt in ihrer Welt und kommuniziert trotzdem mit dir. Katharina Buchwald, meine Partnerin in *Jenseits*, war wunderbar eigen. Sie hatte eine großartige Attitüde, sie vermittelte mir: »Ich spiele Dich an die Wand«, worauf ich dann meinte: »Nee, ich spiele Dich an die Wand!« Das hat wunderbar funktioniert, obwohl es natürlich nicht ausgesprochen wird. Am Abend verlässt du zufrieden das Set und denkst: »Das war ein guter Tag!« Man überrascht sich selbst, weil man den anderen knacken will. Man will der Bessere sein, man will

mehr geliebt werden. Darum geht es doch. Es ist auch viel besser für die Kunst – und die, die zuschauen, haben auch mehr davon.

BO: Hat sich Deine Einstellung zu dem Beruf mit der Zeit geändert?
— SG: Ja, aber das ist immer zeit- und situationsabhängig. Wenn Du mich Mitte Januar fragst, werde ich Dir vielleicht eine andere Antwort geben. Es ist aber schon ein ständiger Kampf.

BO: Und liebst Du den Beruf?
— SG: Das kann ich so nicht beantworten. Es ist immer eine Überwindung. Es wird auch immer schwieriger, je mehr man gemacht hat, je älter man wird. Die Ängste werden größer. Angst zu versagen, nicht zu genügen, oder dass einem nichts mehr einfällt. Es ist aber auch gut, wenn einem nichts mehr einfällt, weil man sich von dem Ballast, von dem »Wollen« befreit. Das ist die größte Kunst. Einfach nur die Rolle spielen, ohne ihr noch eine Meinung aufzusetzen, ohne sie zu ornamentieren oder zu verpacken. Deshalb mache ich gern Hörspiele. Das Mikrofon ist unbestechlich. Das Nichts ist so erstrebenswert, was immer es sein mag. Das Nackte. Ganz alte Theaterschauspieler bringen manchmal so etwas an den Tag, etwas, das nicht spielbar, sondern nur lebbar ist. Etwas, das du als Gepäck mitbringst.

BO: Das ist, glaube ich, ein schönes Schlusswort. Sylvester, ich danke Dir sehr für dieses Gespräch.

Das Gespräch fand am 8. Dezember 2006 in Berlin statt.

© Christian Hartmann

Hannah Herzsprung wird 1981 in einer Schauspielerfamilie geboren. Ihr Debüt vor der Kamera gibt sie 1997 mit der Rolle der »Mimi« in der Fernsehserie *Aus heiterem Himmel*. In den Folgejahren tritt sie in weiteren Serien wie *Eighteen* und u.a. in den Fernsehfilmen *Böses Mädchen* (Dennis Satin, 2002) und *Emilia – Die zweite Chance* (Tim Trageser, 2004) auf. Ihr Kinodebüt gibt sie mit *Vier Minuten* von Chris Kraus. Für ihre Verkörperung einer klavierbegabten Gefängnisinsassin in dem vielfach preisgekrönten Drama wird sie 2006 mit dem »Bayerischen Filmpreis« ausgezeichnet. Im gleichen Jahr spielt sie im Familiendrama *Das wahre Leben* des Schweizers Alain Gsponer.

www.agentur-contract.de

»Ich bin immer mein größter Kritiker«

Von Hannah Herzsprung

Mit der Begrifflichkeit »Schauspielerbekenntnis« begann für mich schon das erste Problem, diesen Text zu schreiben. Wann tritt der Moment ein, in dem man sich als Schauspieler bezeichnet oder besser noch bezeichnen *darf*. Ich habe den Zeitpunkt bislang noch nicht erlebt, in dem ich mich wirklich selbst als eine Schauspielerin bezeichnet habe. Jedes Mal überwiegt der Zweifel am Geleisteten, daran, ob ich wirklich das schaffe zu vermitteln, was meine Rolle in genau der Sekunde spürt. Die nächste Frage, die ich mir dann stelle, ist, ob das, was ich in genau der Sekunde vermitteln möchte, überhaupt das ist, was meine Rolle in genau dieser spürt.

Im Alter von zwölf Jahren kam ich das erste Mal in unmittelbaren Kontakt mit der Schauspielerei. Wir lebten damals auf einem Bauernhof am Rande Münchens. Ein Filmteam fragte meine Eltern, ob sie den Hof als Motiv nutzen dürften. Ich hatte Sommerferien und war wahnsinnig aufgeregt. Riesige Transporter parkten vor unserem Grundstück und brachten Unmengen von Gerätschaften an. Ich stolperte den hastig arbeitenden Menschen vor den Füßen entlang und versuchte zu begreifen, wofür das alles sein sollte. Als der Aufbau stand und die erste Szene gedreht werden sollte, stellte ich mich mucksmäuschenstill neben die Kamera und erwartete gespannt den Ausruf »Action«.

Es ging los, die Schauspielerin trat an den Regisseur – sie besprachen die Einzelheiten der Szene, wie sie sie verstand, dass er das etwas anders sähe – es entstand eine wilde Diskussion über eine Person, die nicht da war und die ich mir selbst als Kind durch das rege Gespräch auf einmal wirklich vorstellen konnte. Ich begann zu begreifen, dass all diese Gerätschaften, all diese angestrengt arbeitenden Menschen nur eines im Kopf hatten: eine Geschichte, ein Schauspiel zu inszenieren, etwas zu erzählen. All diese Menschen, Lichter, Schminke und Kleider waren in meinen Augen nur dazu da, der Schauspielerin zu helfen, ein Mensch zu sein, den sie nicht kannte und den es überhaupt nicht gab.

Da war es um mich geschehen: Keinen Zentimeter wich ich mehr von der Kamera, verfolgte das Treiben in einer großen inneren Aufregung. Ich vergaß das Mittagessen und konnte nachts kaum schlafen, weil ich so aufgeregt war, was wohl am nächsten Tag passieren würde. Ich wollte unbedingt Schauspielerin werden, nicht wie viele andere Jugendliche es sagen, sondern mit voller Überzeugung und dem Willen, der mich dann drei Jahre später zu meinem ersten Casting brachte.

Das Warten auf die Antwort war eine Qual für mich, ich wollte die Rolle so sehr.

Diese Eigenschaft habe ich bis heute nicht abgelegt. Nach einem Casting kann ich weder Essen noch gut schlafen, bin in Gedanken nur bei dem Casting und dem, was ich vielleicht alles falsch gemacht haben könnte.

Wenn mir dann jedoch die Chance gegeben wird, eine Rolle zu spielen, bereite ich mich so gut es nur irgend möglich ist darauf vor. Bewege mich in deren Umfeld, setze mich mit Personen auseinander, die sich im Umfeld meiner Rolle befinden, versuche, die Umgebungen und Räumlichkeiten mit allen Sinnen meiner Rolle zu erfassen.

Bei meinen Vorbereitungen für *Vier Minuten* habe ich Zeit in einer Zelle einer gerade stillgelegten Vollzugsanstalt verbracht. Ich habe den Geruch aufgenommen, habe die Beklemmung gespürt und habe die Zeichnungen und Sprüche auf den Wänden versucht zu verstehen. Habe versucht zu begreifen, warum die ehemaligen Häftlinge genau diese Dinge an den Wänden hinterlassen haben, was sie dabei gefühlt haben, ob sie damit etwas zum Ausdruck bringen oder nur ihre Zeit totschlagen wollten. Soviel zu den Räumlichkeiten – aber das war es nicht, was die Häftlinge zu den Gefühlen brachte, denen sie dort auf den Wänden Ausdruck

Vier Minuten – Copyright: Kordes & Kordes, Foto: Judith Kaufmann

Von Hannah Herzsprung

Vier Minuten – Copyright: Kordes & Kordes, Foto: Judith Kaufmann

verliehen. Ich musste früher ansetzen, musste wissen, woher all dieser Frust, die Gewalt und Gefühllosigkeit kam. Ich unterhielt mich mit Inhaftierten, insbesondere mit einer Frau, die ihr Kind umgebracht hat – man kann es nur bedingt verstehen bzw. überhaupt begreifen, was diese Menschen von sich geben. Durch ein Boxcoaching erfuhr ich dann das erste Mal, was es heißt, körperliche Gewalt zu spüren und dieses Gefühl rauslassen zu können.

So bildete sich für mich mehr und mehr eine Person in mir, die mir im erschreckenden Maße vermochte nahe zu kommen. Man spürt einen zweiten Menschen in sich, den man während der Dreharbeiten so sehr an die »Macht« lassen muss, dass der eigene Charakter in den Hintergrund gerät. Bei *Vier Minuten* war das eine extreme Erfahrung, weil die Person, die ich verkörpern durfte, nahezu nichts mit mir gemeinsam hat. Ebenso extrem wie diese Rolle, waren dann nach den Dreharbeiten die Zweifel, ob ich es schaffen würde, den Zuschauern das von mir Gefühlte zu vermitteln.

Das ist am Ende was zählt, die Emotionen soweit aus sich »rauszuschreien«, dass ein anderer Mensch, mit dem weder ich noch meine Rolle etwas zu tun haben, das hören und spüren kann, was ich ihm versuche zu vermitteln. Was mir also immer bleibt, ist der Zweifel und somit die Akzeptanz der eigenen Leistung. Ich bin immer mein größter Kritiker und werde mich so hoffentlich immer dazu antreiben können, mein Bestes zu geben.

© Joachim Gern

Paula Kalenberg wird 1986 in Dinslaken geboren. Sie entdeckt das Schauspielen, indem sie auf einen Casting-Aufruf im Radio reagiert. Noch während der Schulzeit beginnt sie mit der professionellen Schauspielerei und gibt 2001 ihr Fernsehdebüt in *Hanna, wo bist Du?* (Ben Verbong). Nach diversen Fernsehproduktionen wie *Der Stich des Skorpion* (Stephan Wagner), *Am Ende der Wahrheit* (Micky Rowitz), dem WDR-*Tatort Bermuda* unter der Regie von Manfred Stelzer oder Jörg Grünlers ZDF-Zweiteiler *Durch Liebe erlöst,* spielt sie ihre erste Kinohauptrolle in Gregor Schnitzlers Drama *Die Wolke*. Hierfür erhält sie den New Faces Award 2006 als Beste Nachwuchs-Schauspielerin. Im gleichen Jahr steht sie für Leander Haußmanns Schiller-Adaption *Kabale und Liebe* vor der Kamera. Die Dreharbeiten für *Krabat* nach dem Roman von Otfried Preußler unter der Regie von Marco Kreuzpaintner werden im Frühjahr 2007 abgeschlossen.
Paula Kalenberg lebt in Berlin.
www.paulakalenberg.de
www.die-agenten.de

»Teilzeitprodukt und Produktionsfläche?«

Von Paula Kalenberg

Mein Name ist Paula Kata Kalenberg, ich bin sogar noch jünger als das deutsche Privatfernsehen und habe soeben die Aufforderung bekommen, einen Bekennerbrief zur Schauspielerei zu schreiben. Mmh ... aha! Also mit welcher bekennenden Weisheit kann ich die folgenden Seiten füllen? Ich stehe gewaltig auf dem Schlauch. Und wie das so ist, wenn man auf einem Schlauch steht, staut sich alles, oder es spritzt unkontrolliert in alle Richtungen. So in etwa würde ich also meine momentanen Gedankengänge beschreiben.

Rolling Stone

Wie und warum mein Stein ins Rollen kam

Spielwut habe ich nicht über die Muttermilch aufgesogen und auch nicht in die Wiege gelegt bekommen. Ich habe auch keine *Eislaufmutti*, die meine Karriere, des eigenen Egos wegen, in die richtigen Wege geleitet hat. Aber ein bisschen Rampensau war ich wohl schon immer. Verkleidet hab ich mich nicht nur zu Karneval, und mein kroatischer Großvater findet es noch heute erwähnenswert, dass ich schon als Kind bei Familienfesten vor allen Anwesenden zu »La Bamba« auf dem Tisch getanzt habe.

Außerdem bin ich ein Sonntagskind. Meine Oma Hanni ist auch an einem Sonntag geboren, und sie sagt, das habe ihr im Krieg das Leben gerettet. Das klingt doch nach einer beinahe soliden Grundlage, um in einem Geschäft zu bestehen, das laut »alter Hasen« so sehr von jenem *Glück* abhängt.

Mein erster Berufswunsch, an den ich mich erinnern kann, war Polizistin. Wegen der Gerechtigkeit und so. Außerdem fand ich die außerordentlich mutigen, attraktiven Polizistinnen aus dem *Großstadtrevier* so toll. Nachdem ich mich täglich in sämtliche Schulhofstreitereien eingemischt hatte (auch wenn große starke Jungs im Spiel waren), kassierte ich irgendwann einen ordentlichen Schlag mit einem Weidenstock ins Auge. Hoppla, da war ich wohl ein Stückchen zu weit gegangen. Der durchaus nicht geringe Schmerz half aber nicht, mich davon abzuhalten, noch heute zu allem meinen Senf dazuzugeben oder im Sinne der »Gerechtigkeit« Reden zu schwingen. Nur meinen Berufswunsch hatte man mir mit einem Schlag

»Teilzeitprodukt und Produktionsfläche?«

(im wahrsten Sinne) ausgetrieben. Die rhetorische Fähigkeit des »Totquatschens«, wie es meine Mutter liebevoll nennt, habe ich dann in den folgenden Jahren meiner Pubertät weiter ausbauen können: in sämtlichen politischen Diskussionen in der Schule und beim Abendbrot. Der Gedanke, in die Politik zu gehen, hielt sogar relativ lange an. In meiner pubertären Klarheit stellte ich mir damals also die Frage, wie viele faule Kompromisse ich bereit wäre, des Erfolges wegen einzugehen. In der Politik müsste ich wohl sämtliche Ideale und Moralvorstellungen über Bord werfen, um ein klein wenig zu erreichen.

Ich gab mich mit der Erkenntnis zufrieden, dass Leidenschaft, die zum Beruf wird, vielleicht ein Grundmaß an Anpassungsfähigkeit erfordert. Dass ich für die Schauspielerei brenne und im Idealfall beim Spiel sämtliches Herzblut vergießen möchte, ist klar. Trotzdem musste ich erst noch erkennen, dass es in manchen Momenten doch nur ein Job ist, auch wenn mich Herzblut antreibt.

Jemand hat mir mal gesagt, dass sein Leid und seine tiefe Traurigkeit die treibenden Kräfte in seinem Leben und in seiner Kunst seien. Ich habe diesen Menschen mit bewundernden Augen angesehen und mich danach gesehnt zu verstehen, wovon er überhaupt spricht.

Ich glaube, ich bin ein sehr zufriedener, eher selten trauriger Mensch. Aber ich liebe das Gefühl, wenn etwas so schön ist, dass es schmerzt. Zum Beispiel kann das schon der einfache Anblick der aufgehenden Sonne nach einer durchzechten Nacht sein. Oder der Fernweh weckende Geruch von Sonnencreme. Das herzhaft ehrliche Lachen einen Kindes. Dieses eine Lied, das einen so wohligen Schmerz in der Magengegend verursacht. Oder eben dieser Mensch, der es schafft, mich im tiefsten Inneren durch sein Spiel zu berühren. Ob dieser Jemand mich nun zum Lachen bringt oder zum erbitternden Kampf mit den Tränen herausfordert, es lässt mich nicht kalt, und das macht mich glücklich.

Vielleicht ist es die tiefe Bewunderung für jene Menschen, die eine schmerzende Wahrhaftigkeit künstlich herstellen können, die mich an der Schauspielerei so reizt.

Ich kann mich noch sehr gut daran erinnern, wie ich den Film *Jeanne d'Arc – Die Frau des Jahrtausends* gesehen hab. Es gab eine Szene, in der Jeanne, gespielt von Leelee Sobieski, auf Knien und von Tränen geschüttelt, zusammenbricht. Das hat mich schwer beeindruckt – einer dieser sehr wahrhaftigen Momente! Sicher, heute weiß ich um die Wirkung stimmungsvoller Filmmusik und Bilder. Nichtsdestotrotz, mich hat diese Szene jedenfalls dazu bewogen, mich über Stunden vor dem Spiegel weinend auf den Boden zu schmeißen.

Die Vorstellung, wildfremde Menschen emotional zu berühren, finde ich gruselig und reizvoll zu gleich. Das hat sicher viel mit dem Ausüben von Macht und mit dem Streben nach Anerkennung zu tun. Aber eben auch mit der Suche nach diesen »wahrhaftigen« Herzblutmomenten. Zur Dreherei bin ich dann durch einen Radioaufruf gekommen. Eine alte Kindergartenfreundin, die als Einzige über meine Pläne Bescheid wusste, hatte mich auf den Castingaufruf aufmerksam gemacht. Man sollte Porträtfotos, Lebenslauf und den Grund, warum man Schauspieler werden wollte, an eine Agentur in Köln schicken. Okay, dachte ich mir. Ich nahm mir einen Briefumschlag aus der Schublade meiner Mutter, so einen mit Fensterchen. Wobei ich mir über die Funktion jenes Fensterchens zu diesem Zeitpunkt noch nicht ganz im Klaren war. Also klebte ich – macht doch wirklich Sinn – ein breit grinsendes Bild von mir dahinter. Ich schätze, das fiel auf unter den vielen Bewerbern.

Dann ging alles sehr rasch. Ich wurde zum Casting nach Köln eingeladen.

Und meine Rolle hieß Jeanne. Schicksal? An dieser Stelle möchte ich noch mal eindringlich darauf hinweisen, dass ich an einem Sonntag geboren bin. Abergläubisch? Na ja, vielleicht ein wenig. Mein ungemütlichster Drehtag war jedenfalls ein Freitag, der Dreizehnte. Und wenn ich mir mit einer Person, die mir am Herzen liegt, vor einem wichtigen Ereignis über die Schultern spucke, hilft mir das enorm. Ich glaube an mein Glück, und bisher bin ich nur dann gescheitert, wenn ich Zweifel hatte, ob ich überhaupt mit dem Herzen dabei bin.

Eitelkeit versus Ehrlichkeit ...

Ein zugekokstes Täubchen heißt sie willkommen auf der Ferienfreizeit »Film«

Als ich vor kurzem auf einer Bühne stand, die Schultern geklopft bekam, mir Lorbeerkränze an die Backe quatschten ließ und Applaus wildfremder Menschen entgegennahm, da war ich unfassbar glücklich. Und das nicht vor lauter Schmeichelei, sondern weil ich nicht glücklicher war als sonst. Wenn ich vor etwas Angst habe, dann davor, dass diese Lorbeerkranzsituationen mein Glück hinterlistig töten, und es sich an dessen Stelle, als solches verkleidet, bequem machen und mich glauben lassen, alles sei in bester Ordnung. Die Welt würde sich in meinen Augen ausschließlich um mich drehen, so unfassbar schnell, dass sie schon allein optisch eine Mauer bildet. Jedenfalls wäre ich hinter dieser Mauer bald sehr einsam.

Es gibt nur wenige Menschen, deren Urteil mir wirklich etwas wert ist. Mein schärfster Kritiker bin ich dabei wohl selbst. Die Filme, in denen ich bisher mitgespielt habe, sehe ich mir wenn, dann nur höchst unentspannt an. Und ich bin auch kein »Hinter-die-Combo-Renner«. (An der Combo sitzt in der Regel der Regisseur und guckt sich die gedrehte Szene auf dem Bildschirm an.) Genau wie überschwängliches Lob, bringt mich das Anschauen der gespielten Szene zwischen den einzelnen Takes völlig raus. Ich fühle mich dann wie ein Kaninchen auf Valium – ja ich glaube, das ist das richtige Bild, auch wenn ich tierpsychologisch wenig bewandert bin.

Ich liebe es, wenn Regisseure sparsam mit Lob umgehen. Bei einem war das höchste Lob ein schlichtes »Gut«. Als ich dann am letzten Drehtag doch einmal ein »Sehr gut« von ihm zu hören bekam, kann man sich vorstellen, wie ich mir daraufhin den Po abgefreut habe.

Mit an das »Täubchen, ...« adressierte Lobeshymnen auf Koks kann ich hingegen wenig anfangen. Auf übertriebene Lobeshymnen kann man pfeifen. Wenn man den Takt kennt. So nach dem mafiösen Motto: » Kenne deinen Feind und vernichte ihn mit seinen eigenen Waffen«. Zwar habe ich nicht vor, jemanden den Garaus zumachen, jedoch sollte man sich immer im Klaren sein, dass es selbst den liebsten Menschen des Geschäfts, nicht wirklich ... oder nur ganz selten, um dich geht. Sondern, dass sie sich ihren Job einfach so angenehm wie möglich gestalten, indem sie dir, wenn nötig, den Po pudern. Das finde ich keineswegs verwerflich, auch wenn ich immer bemüht bin klarzustellen, dass ich nicht darauf stehe.

Freundschaft ist ein Begriff, der mir mit der Zeit sehr heilig geworden ist. Ich habe nur wenige Freunde, dafür aber sehr gute. Obwohl man durch die Dreherei immer wieder an wunderbare, interessante Menschen gerät, würde ich den Teufel tun und immer gleich mit dem Begriff Freundschaft hantieren.

Manche Male gestaltet sich ein Dreh stimmungsmäßig wie eine Ferienfreizeit. Mit ausgiebig zelebrierten Schnapsklappen und (un-)heimlichen Liebschaften zu Menschen, die eigentlich so gar nicht in das eigene Jagdmuster passen, wird ein Haufen sich zuvor fremder Menschen zusammengeschweißt. In diesen Zeiten habe ich meist kaum Kontakt zu meinen Freunden. Niemand von außerhalb würde verstehen, was man gerade erlebt, und interessieren tut es eigentlich auch niemanden sonst. Schnell liegt man sich beim Abschlussfest, den Tränen nah, in den Armen und verspricht sich sonst was. »Ich rufe dich an, sobald ich wieder zu Hause bin«, »Lass uns auf jeden Fall in Kontakt bleiben!«, »Ab jetzt will ich nur noch mit dir drehen, alle anderen sind doof!«, »Wenn ich in deiner Stadt bin, melde ich mich auf jeden Fall!«. Die Heucheleien, die einem am Absch(l)ussfest so leicht über die Lippen gehen, haben sicher auch häufig mit dem erhöhten Alkoholkonsum, dem gemeinsamen Beenden einer harten Mission und der eigenen Angst vor dem berüchtigten Loch danach zu tun. Trotzdem ist das Geschwafel nicht von böswilliger Natur und kann durchaus in manchen (seltenen) Fällen aus tiefstem Herzen kommen.

Mit der Zeit kennt man schon bei Arbeitsbeginn diverse Teammitglieder von vorherigen Drehs. Da häufen sich zwar auch die »Wie heißt du noch mal?«- und

Von Paula Kalenberg

»Ich kenn dich doch irgendwoher.«-Situationen, jedoch habe ich mich auch immer wieder über diverse Wiedersehen sehr gefreut. Und wenn ich schreibe, dass ich tollen Menschen begegnet bin, dann meine ich das auch so. Es ist so wundervoll zu sehen, wie Menschen für das, was sie tun, brennen. Beleuchter, Tonmeister, Kostümbildner, Ausstatter ... usw. Schauspieler hingegen werden nicht selten gesondert vom Team gesehen. Man sitzt häufig beim Essen getrennt und wird behandelt wie Prinzessin auf der Erbse. Die Klassengesellschaft innerhalb eines Filmteams hier ernsthaft anzureißen, würde wohl den Rahmen sprengen. Trotzdem glaube ich zu wissen, dass zumindest solche Schauspieler, die Herz und Verstand haben, Ehrlichkeit dem »schleimigen Samthandschuh« vorziehen.

Ich habe in den Teams immer wieder Menschen kennen gelernt, die ich sehr bewundere, für ihre Fähigkeiten und ihre Einstellung zum Job. Menschen, von denen ich viel gelernt habe, ohne deren Weisheit ich im Filmdschungel wahrscheinlich elendig krepieren würde. Danke also an dieser Stelle an all die wunderbaren Menschen, denen ich über die Dreherei begegnen durfte. Und danke auch an diejenige, die mir als abschreckende Beispiele dienen, weil sie so sind, wie ich niemals werden will.

Marionettentheater

Über vorbildliche Bilder und den, der die Fäden in der Hand hält

Ich fühle mich wohl, wenn Regisseure sich nicht schnell zufrieden geben und ich dadurch gefordert werde. Trotz meines nicht wenig ausgeprägten Kontrollwahns lasse ich mich, wenn ich dem Regisseur vertraue, gerne führen. Bin ich also eine Marionette? Ich glaube, wenn man sich wie das ausführende Werkzeug eines Regisseurs fühlt, hat das nichts Schäbiges oder Unselbstständiges. Es zeigt vielmehr, wie gut der menschliche Draht ist, und dass man auf einer Wellenlänge miteinander verbunden sein kann. Ich liebe das Gefühl, wenn mich ein Regisseur samt meiner eitlen Schranken erkennt und es schafft, mich aus meinem kontrollierten Trott ausbrechen zu lassen. Ich mag es außerdem, wenn Regisseure ehrlich sind und lieber einmal mehr durchblicken lassen, dass sie nur Menschen sind. Die, die einem ehrlich, mit all ihren Unsicherheiten begegnen, strahlen, wie ich finde, mehr Sicherheit aus, als solche Lackaffen, die sich des eigenen Egos wegen nie Fehler eingestehen und einem somit nie greifbar erscheinen, geschweige denn Halt geben können. Bisher hatte ich beinahe immer großes Glück. Sowohl ältere Kollegen als auch Regisseure haben mir in meiner Unerfahrenheit genau diesen Halt gegeben.

Hat mich in den letzten Jahren jemand nach meinen großen Vorbildern gefragt, so habe ich immer Romy Schneider als Erstes genannt. Sie hatte etwas, was ich an mir selbst oft vermisse. Diese pure Verzweiflung in ihren Augen, die Tiefen in ihrem bedingungslosen Spiel. Ein unnahbares Bild, anziehend und abstoßend zugleich. Trotzdem scheint es mir wenig anstrebenswert, ihrem Lebensweg nachzueifern. Mittlerweile sehe ich vor allem die Menschen als meine Vorbilder, die für das, was sie tun, mit Lebensliebe brennen. Da wäre zum Beispiel Sergej Moya, dem ich 2001 bei einem *Tatort*-Dreh zum ersten Mal begegnet bin. Er wirkte viel jünger als er war und spielte mit seiner eitellosen Energie alle an die Wand. Heute gehört er zu den deutschen Schauspielern, denen ich am liebsten zusehe, die ich bewundere für ihr Talent und ihre bedingungslose Art zu spielen.

Koffein und Aspirin

Ein Bericht, bei dem Set-Apotheken und Filterkaffee eine entscheidende Rolle spielen

»Guten Morgen, es ist 5:30 Uhr, das ist ihr Weckruf«, trällert eine freundlich bestimmte Stimme aus meinem Zimmertelefon. Um 6:00 Uhr soll ich, frisch geduscht und gut gelaunt, unten in der Lobby stehen. Die letzten Tage hat das doch prima geklappt. Punktgenaues Aufstehen mit dem Weckruf. Zack, zack ohne Besinnung ins Bad. Erst mit warmem, dann kaltem Wasser duschen. Dabei vielleicht ein bisschen quietschen, weil schließlich kaltes Wasser am frühen Morgen so viel kälter ist. Der guten Stimmung wegen den beschlagenen Spiegel teeniereif bekritzeln. Die am Vorabend in weiser Voraussicht zurechtgelegten Kleider übergezogen. Ein letzter Blick auf den (natürlich bereits eingehend studierten) Text. Und ab geht es pünktlich zur Abholung nach unten. Die Fahrt über die aufgehende Sonne bestaunt, morgenmuffelige Kollegen mit meiner Euphorie zur Weißglut getrieben und voller Vorfreude auf den ersten Kaffee zur miesen Radiomusik den Kopf genickt.
So, das dazu.

Meinem heutigen Körper- und Gemütszustand nach zu urteilen, hat sich in der letzten Nacht ein gemeiner Hund bei mir eingeschlichen und mich peu à peu (wahrscheinlich mittels eines Trichters) mit Beton ausgefüllt. Klingt kriminell und fühlt sich auch so an. Ich starre die äußerst hässliche Hotelzimmerdecke an und entdecke die erschlagene Mücke von letzter Nacht. Ich hatte ihr erlaubt, mich vollständig auszusaugen, unter der Bedingung, das nervtötende Sssssssss zu unterlassen. Sie hatte sich nicht an ihren Teil der Abmachung gehalten. Während ich über meine Mordtat und den Tod im Allgemeinen sinniere, ist es bereits 5:34 Uhr, noch 26 Minuten bis zur Abholung. Ich hole tief Luft und katapultiere mich mit aller (vorhandenen) Kraft aus dem Bett. Ich stehe, stehe, stehe ... und jetzt

Von Paula Kalenberg

sitze ich wieder. Es ist 5:36 Uhr, und es drängt sich die Frage auf, ob dieser Idiot, der mich mit Beton ausgegossen hat, anschließend mit einem Kleinlaster über meinen Schädel gefahren ist. Endlich mache ich mich auf den Weg ins Bad. Mein Zeh macht frontale Bekanntschaft mit einem Tischbein. Totschmerz.

Im Bad angekommen, stelle ich mich unter die warme Dusche. Das Wasser läuft und läuft, trotz zu rettender Umwelt. Und ich penn' wieder halb ein. Nur der Gedanke an die Uhrzeit (inzwischen ist es 5:45 Uhr) lässt meinen Schweinehund aufschrecken. Also, kaltes Wasser über den Kopf, um endgültig von den Toten aufzuerstehen. Ich breche die Maßnahme »Eiswasser« ab, als starker Kopfschmerz einsetzt, und ich »frier wie Sau«. Es ist 5:50 Uhr, und ich kann froh sein, dass mir durch den beschlagenen Spiegel mein elendiger Anblick erspart bleibt.

Ich war gestern Abend natürlich nicht mehr geistesgegenwärtig genug, um Kleider und Texte für den Tag rauszusuchen. Also irre ich, mittlerweile ziemlich hektisch, durchs Hotelzimmer. Ich habe bereits alles angezogen, einschließlich Jacke und Mütze wegen der nassen Haare. Nur frische Socken habe ich keine. Zumindest keine trockenen. Auf der Suche nach einer Aspirin komme ich also langsam aber sicher ins Schwitzen. Am Vorabend habe ich alle meine Socken mit Shampoo gewaschen und das komplette Zimmer damit tapeziert. Ich zieh mir eins von den, nach Aprikose duftenden, etwas klammen Sockenpaaren über, spring in meine Schuhe und befinde mich wenig später auf dem Weg in die Lobby. Als ich mich in das bereits wartende Produktionsauto schmeiße, ist es 6:08 Uhr, das geht ja noch. Trotzdem werde ich ein wenig rot. An solchen Tagen läuft meine Gesichtsdurchblutung in der Regel auf Hochtouren.

Die Fahrt über mache ich mir panische Sorgen, ob ich bis Arbeitsbeginn auch wieder bei vollem Bewusstsein bin. Ich finde, es gibt kaum Schlimmeres als unkonzentriert mit müdem, kaputtem Kopf (dank grippalem Kleinlaster!) zu spielen. Scheißstimmung ist zudem Gift für das Team. Also, was tun? Unter Filmmenschen kursieren Legenden über diverse Supermittelchen. Angefangen mit der regelmäßigen Einnahme von Ascorbinsäurepulver, Echinacea, und Ingwertee gibt es die immer größer werdende Anhängerschaft für »natürliche« Mittelchen wie »Umckaloabo« und wie dieses ganze unaussprechbare Zeug sonst so heißt. Beim ersten »Hatschi« wird man von allen Seiten mit Mittelchen nur so zugekippt. Mit Begleitmusik à la »Also mir hat es sofort geholfen. Das hat mich sogar aus dem Burn-out gerettet. Ich bin ja sonst kein Freund von Chemiekeulen, aber das wirkt wirklich Wunder! Außerdem, Aspirin ist völlig harmlos. Eine Studie hat sogar ergeben, dass es das Herzinfarktrisiko deutlich senkt. Hach Kindchen, als Erstes musst du wirklich deinen Calciumpegel auf einem hohen Level halten, sonst wird das nichts! Ich weiß, das schmeckt nicht besonders, aber die afrikanischen Ureinwohner können dadurch Tage und Nächte über Steppen springen und Liebe machen! ...«

»Teilzeitprodukt und Produktionsfläche?«

Ah ja, okay!
Auf dem Sitz vor mir hat sich ein Kollege sein Guten-Morgen-Zigarettchen angezündet, großzügigerweise natürlich das Fenster aufgemacht. Ich lasse mich also genügsam auf eine »Passive« einladen, unfähig, mich wenigstens wegen des Durchzugs zu beschweren. Mir ist übel.

Als wir endlich das Set erreichen, stolpere ich unachtsam aus dem Wagen, falle dem Set-Aufnahmeleiter quasi direkt in die Arme. Zu einem anderen Zeitpunkt, mit lebendigerer Gesichtsfarbe hätte ich diesen Zustand sicher genießen können. Er macht die zackige Walkieansage »Paula ist jetzt da«. Ich frage mich, ob er sich da sicher ist. Wie ein Chefarzt, der nach seinem Skalpell verlangt, grunze ich: »Aspirin!« »Zum Schlucken, Sprudeln oder Brausen?«, fragt er ebenso professionell wie emotionslos. Was auch immer der Unterschied zwischen Brausen und Sprudeln ist, ich ordere: »Einmal Alles!« Dann rufe ich noch ein gequält fröhliches: »Ach, ja äh ... Guten Morgen« und »Ich danke dir!« (der heiligen Teamstimmung wegen) und begebe mich ins Kostüm. Ja, der Film spielt im Sommer. Nein, bei momentanen 5°C Außentemperatur empfiehlt es sich, nicht im kurzen Rock herumzurennen. Es sei denn, man verdient damit sein Geld, auf welchem »Wege« auch immer.

Von den mütterlich fürsorglichen Garderobieren werde ich mit selbstwärmenden Sohlen, Moonboots, Wärmegürtel für die Hüften und Daunenjacke ausgestattet.
Nun gehts in die Maske. Auf dem Weg lege ich einen Cateringstopp ein. Ich benötige dringend einen Kaffee! Auf leeren Magen und im Gehen kippe ich mir die Filterplörre wie einen Kurzen hinter die Binde. Im unfassbar großzügig beheizten Maskentrailer angekommen, entledige ich mich wieder sämtlicher Wärmeklamotten und lasse mir etwa sechs Stunden Schlaf aufs Gesicht pinseln. Der Set-Aufnahmeleiter kommt, um mir die versprochene Aspirinkollektion zu bringen. Ich entscheide mich für die Brausetablette und werde mir die Schlucktablette und das Pulvertütchen für später aufheben. Aber nun wirds richtig spannend. Er hat die komplette Set-Apotheke, einen großen Metallkoffer, dabei und sagt scherzhaft, dass für alles was dabei sei. »Wer hat noch nicht, wer will noch mal.« Ein, wie ich finde, blöder Spruch, den ich noch nie witzig fand. »Oh ha!«, sagt er, als ich von einem gewaltigen Nieser durchgeschüttelt werde. »Sag bloß, dich hat es auch erwischt?« In meinem Selbstmitleid versunken, hatte ich wohl ganz vergessen zu erwähnen, dass bereits ein Drittel des Teams an einem »grippalen Infekt« litt, der große Pillenkoffer also bereits im Dauereinsatz war. Wie bei einer Kindergartengruppe, in der die Windpocken ausgebrochen sind, hätte man das Set eigentlich direkt bei ersten Opfererscheinungen schließen und großräumig absperren müssen. Stattdessen gilt es, sämtliche Arschbacken zusammenzukneifen. Ich jedenfalls gebe mich der Medikamentenflut willenlos, weil hilflos, hin und flöße mir

zusätzlich einen Kaffee nach dem anderen rein. Als ein leichtes, nicht zu ignorierendes Zittern in den Händen einsetzt, breche ich auch die Mission »Koffein« ab. Die Maskenbildnerin verabreicht mir (nun zur Beruhigung) Bachblütendrops, die bei ihrer 7-jährigen Tochter zur Einschulung prima gewirkt haben sollen.

Nach etwa drei Stunden, die ich allzeit bereit oder wie es unter Filmmenschen heißt »auf Stand-by« horizontal auf der Wohnwagensitzbank verbracht habe, klopft es, und ich werde zum Drehen gerufen. Das Blumenmuster der Sitzbank hat sich in 3-D auf meine rechte Gesichtshälfte gestanzt. Man hält es für besser, mich nochmals in die Maske zu schicken. Ich hole mir noch schnell einen Kaffee auf dem Weg. Zwar kann ich nicht behaupten, dass es mir dank afrikanischer Wurzeltropfen, Überdosis Calcium und Koffein körperlich spitze geht. Aber ich bin bei Bewusstsein; damit muss ich mich heute zufrieden geben. Wieder frisch maskiert spiele, spiele und spiele ich.

Es macht heute keinen Spaß. Ich bin unzufrieden mit dem Dreck, den ich mir zusammenkasper, aber bekomme tröstend gemeinte Worte zu hören wie: »Och Kindchen, mach dir ma' keine Sorgen, im Schnitt ham'se schon viele gerettet.« Oh, okay, danke ... Ich will einfach nur zurück ins Bett, und: »Ja Mama, ich fänd's gar nicht so schlecht, wenn du mich genau jetzt umsorgen würdest.« Stattdessen wartet am Abend ein unglaublich familiär anmutendes Hotelzimmer auf mich. Man hat aufgeräumt. Danke, aber sie hätten nicht meine duftigen Socken bügeln und sortieren müssen! Ich verharre einen Moment bei dem Gedanken daran, »wer zur Hölle?" auf gebügelte Socken steht, und lasse mich aufs Bett fallen. Alles dreht sich, und ich erkläre den vergangenen Tag zu einem »Vergiss mich ganz schnell«-Tag. Gute Nacht!

Schrottpresse?

Über öffentliche Selbst(er)findung und den Triumph, sich gegen »Google-Onanie« erfolgreich zur Wehr gesetzt zu haben

Sicher, man muss schon von sich selbst überzeugt sein, um im Leben etwas zu reißen, sonst kann man sich wohl auch gleich einbuddeln lassen. Sagt nun jemand von einer Person, dass der oder die aber ein »beträchtliches Selbstbewusstsein« hat, so hat dieser Jemand vielleicht bloß auf charmante Weise ausdrücken wollen, dass es sich um ein arrogantes Arschloch handelt. Unfassbar bescheidene Aussagen wie »Ich mache meine Einkäufe immer noch selbst« oder Paparazzi-Aufnahmen von der »heiligen« Madonna, wie sie den Müll selbstständig raus bringt, kommen unglaublich gut an. Alles nur Leute von nebenan?

So wie ich das heute nur erahnen kann, waren Stars früher echte unerreichbare Sterne. Perfekte Produkte ohne Pickel und Probleme. Heute will man zwar einerseits immer noch perfekte Schießbudenfiguren auf Plakaten und Leinwänden sehen, erfährt aber andererseits – vielleicht sogar noch lieber – alles über ihre letzten Trennungen, ihre Schwangerschaftsstreifen oder Bandscheibenvorfälle. Kochen halt alle auch nur mit Wasser!

In Deutschland sind »Stars« so normal, dass es fast schmerzt. Falls mir beim Arzt oder im Flugzeug mal ganz zufällig eine Gala oder Bunte in die Hände fällt, wird mir nach wenigen Seiten recht übel. Ich fühle mich schmutzig, als ob ich mich uneingeladen zu sämtlichen Berühmtheiten mit in die Badewanne gesetzt hätte. So aus reiner Neugier. In manchen Momenten im Theater fühle ich mich auch schon als schmutziger Voyeur. Wenn Schauspieler diesen »Ja, genau, dich meine ich«-Blick bekommen. Wow, denke ich dann bewundernd. Aber trotzdem macht mich persönlich dieses Gefühl, ins Intimste eines Fremden zu schauen, irgendwie nicht an.

Es kostet weitaus mehr Kraft, sein Privates unter Verschluss zu halten als umgekehrt. Schließlich steht man ja zu seiner Liebe, sei es zu einem Außerirdischen, einem Kalb oder Johannes Heesters. Und an manchen Tagen würde man auch am liebsten nur ehrlich darüber reden, wie beschissen es einem während der Dreharbeiten zu dem letzten Film ging. Aber die Anstrengung, bei Anwesenheit von Kameras und/oder Diktiergeräten sich jeden Satz, der einem über die Lippen geht, zweimal zu überlegen, zahlt sich aus. »In Interviews musst du nicht lügen, nur über manches solltest du einfach schweigen.« Hat mal jemand zu mir gesagt. Weise Worte, die ich dankbar versuche zu beherzigen.

Vor ein paar Tagen hab ich zum ersten Mal den Begriff »Google-Onanie« gehört. Ein Wort, das hier unbedingt Erwähnung finden soll, wie ich finde. Haben Sie sich schon mal selbst gegoogelt? Ich ja. Und ich schäme mich sogar ein wenig. Danach habe ich jemanden gegoogelt, den ich ganz furchtbar doof finde, und der hatte ganze 567 Einträge mehr als ich. Doofkopf. Ich bin aber wieder clean. Und würde heute einen Teufel tun und meinen eigenen Namen googeln. Höchstens vielleicht die Namen meiner nächsten Spielpartner. So aus reiner Neugier, damit ich ihnen auch ja nicht vorurteilsfrei begegne und weiß, mit wem ich zu tun hab.

Unterm Strich

Oder darauf?

Immer wieder während ich diese Texte verfasste, kam mir der Gedanke, ob ich mich wohl Satz für Satz selbst verscherbel. Klar, die Berichte, die ich abgebe, sind natürlich übertrieben überspitzt, trotzdem stecken überall auch intime, wenn nicht sogar entzaubernde Wahrheiten dahinter. Wenn man sich jedoch einmal damit abgefunden hat, Teilzeitprodukt und Projektionsfläche anderer zu sein, fällt einem auch die Abgrenzung wesentlich leichter. Klar, das hier sind alles bloß so eine Art Momentaufnahmen, für die ich mich morgen eventuell schäme, und die ich übermorgen, weise wissend, belächeln kann.

Jedenfalls nehme ich verwundert hin, dass Sie sich bis hierhin Zeit genommen haben, meinem Gehirnschmalz Ihre Aufmerksamkeit zu schenken. Erfahrene Weisheiten konnte ich Ihnen nicht bieten, nur einen Einblick in die mitunter wirren Gedankengänge von einer mit vielen offenen Fragen.

© Foto & Make up: Ruth Kappus / defd

Ulrike Kriener wird in Bottrop geboren. Ausgangspunkt ihrer Karriere, die mehr als 70 TV- und Kinofilme zählt, ist die Hamburger Schauspielschule, die Ulrike Kriener von 1976 bis 1979 besucht. Ein festes Engagement am Stadttheater Moers schließt sich an. 1983 zieht es sie in den Süden Deutschlands, wo sie in Freiburg drei Jahre in einer eigenen Theatergruppe spielt, am dortigen Stadttheater und später am Residenztheater München gastiert.
Ein Film macht sie schließlich in ganz Deutschland bekannt: Doris Dörries Leinwandhit *Männer*. Den Ehrentitel »Ausnahmeschauspielerin« erwirbt sich Ulrike Kriener mit Arbeiten wie mit dem mehrfach preisgekrönten TV-Film *Der Hammermörder*, in dem sie 1990 unter der Regie von Bernd Schadewald agiert. Ihre Leistung als Ehefrau des Täters wird mit einem Grimme-Preis in Gold ausgezeichnet. Für die Rolle einer Berliner Sozialarbeiterin, die gemeinsam mit ihrer Tochter bei einer *Reise in die Nacht* (Regie: Matti Geschonneck) einen Horrortrip erlebt, erhält sie 1998 den »Telestar«. 2000 macht Ulrike Kriener als traumatisierte U-Bahn-Fahrerin von sich reden mit dem TV-Drama *Am Ende des Tunnels*, für das ihr Mann Georg Weber das Drehbuch geschrieben hat. Mit ihrem komischen Talent, beinahe unmittelbar im Anschluss daran in Vivian Naefes Komödie *Männer häppchenweise* unter Beweis gestellt, wird sie 2003 mit dem Deutschen Fernsehpreis für die beste Nebenrolle ausgezeichnet. Im selben Jahr geht sie erstmalig als ZDF-*Kommissarin Lucas* im idyllischen Regensburg auf Verbrecherjagd (u. a. Bayerischer Fernsehpreis 2005).
Ulrike Kriener lebt in München.
www.ulrikekriener.de
www.studlar.de

»Die Offenheit ist entscheidend«

Ulrike Kriener im Gespräch mit Béatrice Ottersbach

BO: Wie sind Sie Schauspielerin geworden?
— UK: Eigentlich bin ich eher zufällig Schauspielerin geworden. Mit mittelmäßigem Abitur, ohne klar zu erkennende Talente, aber mit großer Unbekümmertheit bin ich einer Freundin auf die Schauspielschule in Hamburg gefolgt. Dort habe ich dann von 1976 bis 1979 meine Schauspielausbildung gemacht. Aber ich habe schnell begriffen, dass sich im Beruf des Schauspielers die verschiedensten Interessen verbinden lassen. Das körperliche Training, Tanz, Gesang, Sprache, Stimme, Psychologie, die Liebe zur Literatur, Interesse an gesellschaftlichen und geschichtlichen Abläufen, um nur einige Aspekte zu nennen.

BO: Hat diese Vielfältigkeit den Reiz dieses Berufes für Sie ausgemacht?
— UK: Auf jeden Fall. Das ist die Mischung: Zum einen ist man legitimiert, sich mit sich selbst zu beschäftigen, und zum anderen bringt dieser Beruf, der eine starke Außenwirkung hat, mit sich, dass man sich zum Beispiel auch um gesellschaftliche Themen kümmert. Meine Begeisterung für den Beruf entstand wie gesagt während der Zeit auf der Schauspielschule. Es war eine wichtige Zeit für mich. Auch heute würde ich jungen Leuten, die spielen wollen, raten, eine Schauspielschule zu besuchen. Da darf man noch Fehler machen, sich ausprobieren, man lernt, Kritik auszuhalten, alles in einem geschützten Raum. Danach fängt ein anderes Lernen an, die Erfahrungen sammelt man quasi auf dem Markt. Wenn man nur so einspringt, weil man gerade entdeckt wird, weil man gerade das richtige Gesicht für einen Film hat, dann kann das mal gut gehen, und wenn man besonders begabt ist, kann es auch so weitergehen. Wir haben in Deutschland dieses eine Vorzeigebeispiel Jürgen Vogel. Er hat bekanntermaßen nie eine Ausbildung gemacht, ist aber ein außerordentlich begabter und lernbereiter Schauspieler, der verschiedene Rollen spielt, in denen er Risiken eingeht. Er lässt sich nie auf einen Rollentypus festlegen. Er ist wie gesagt ein gutes Beispiel. Aber seien wir mal ehrlich, so viel Begabung bringt einfach nicht jeder mit?

BO: Sie haben zunächst »nur« Theater gespielt. War das Ihr Ziel?
— UK: Natürlich wollte ich ans Theater. Film und Fernsehen, überhaupt die Medien spielten in den 70er-Jahren noch nicht so eine Rolle wie heute. Theater war

da viel spannender und innovativer. Da gab es Regisseure wie Zadek, Heymann, Flimm, die am Theater arbeiteten und deren Aufführungen immer wieder zu Aufruhr geführt haben. Die Theater waren damals brechend voll, und letztendlich habe ich mich an dieser Art des Berufausübens orientiert, und nicht an dem Fernsehen. Und so wichtig die Schauspielausbildung auch war: Die Jahre am Theater haben die Basis dafür gelegt, wie ich mich als Schauspielerin entwickelt habe. Es waren sozusagen meine Lehrjahre, auf die ich mich später immer wieder beziehen konnte. Allerdings gab es zu dieser Zeit zwei Filmschauspielerinnen, die ich bewundert habe; so wie sie wollte ich spielen. Das waren Gena Rowlands (*Eine Frau unter Einfluss* und *Gloria*) und vor allem Liv Ullmann in den damaligen Ingmar-Bergman-Filmen *Szenen einer Ehe* und *Von Angesicht zu Angesicht*.

BO: Und eines Tages standen Sie dann doch vor der Kamera...
— UK: Meine erste Filmrolle (*Britta*, Regie: Beringa Pfahl) war eher seltsam für mich: Ich war noch auf der Schauspielschule. Der Regisseur ließ am Set bewusst Laien und Profis miteinander spielen, um so ein hohes Maß an Authentizität herzustellen, aber ich habe die Arbeit vor der Kamera nicht wirklich begriffen. Wie auch? Das gehörte damals noch nicht zur Ausbildung. Als ich den fertigen Film sah, war ich eher unangenehm berührt. Ich fand mich sehr hölzern, unglaubwürdig, laienhaft. Die erhoffte Wirkung, die Gefühle, die ich ausdrücken wollte – alles wirkte wie hinter einer Nebelwand. Ich habe mich nicht erkannt. Es hat noch viele Filme gebraucht, bis ich diese »Nebelwand« durchbrechen konnte. Ich habe mich da am Theater sicherer gefühlt, und außerdem musste man sich dort wenigstens nicht selbst anschauen.

BO: Sie meinen, Sie haben den technischen Aspekt des Schauspielens vor der Kamera nicht begriffen?
— UK: Das ist auch sehr schwer zu beschreiben für Leute, die noch nie an einem Set gewesen sind. Beim Theater sieht der Zuschauer den Schauspieler immer ganz, immer mit allen anderen Darstellern auf der Bühne zusammen. Der Kamera ist es möglich, den Blick des Zuschauers zu lenken, indem sie einfach, durch die verschiedenen Einstellungen – Halbtotalen, Nahaufnahmen, Details – das Bild verdichtet. Das bedeutet, dass der Filmschauspieler ein hohes Maß an Konzentration haben muss, um diese vielen Bildausschnitte immer wieder zusammenzufügen. Wenn ich eine Straßenszene »in der Totalen« spiele, also mein ganzer Körper zu sehen ist, muss ich andere Mittel verwenden, als wenn nur mein Gesicht im Bild wäre. Als Anfängerin war mir das nicht klar.

BO: Wie haben Sie die »Nebelwand« durchbrochen? Was war der Auslöser?

— UK: Ich habe mit der Zeit lernen müssen, meine Gefühle, Absichten und Gedanken gezielt zu übertragen – da gab es keinen Auslöser, es war ein langer Prozess. Ich habe mir Filme immer wieder angeschaut und mich genau beobachtet: Ich habe immer wieder versucht herauszufinden, was nicht stimmt Meine Eltern, die meine treuesten Zuschauer im Theater und beim Film waren, haben mir lange Zeit gesagt: »Ulrike, auf der Bühne überzeugst Du uns total. Das ist kraftvoll, emotional und alles Mögliche, und da ist man hingerissen und mitgerissen« – aber wenn sie mich im Alter von Anfang/Mitte Zwanzig im Film gesehen haben, hat sie das überhaupt nicht vom Hocker gehauen. Und das wollte ich natürlich irgendwann mal gerne: die Leute vom Hocker hauen!

BO: Sie haben ein auffallend breit gefächertes Repertoire. Auf Ihrer Internetseite steht: »In Dramen und Komödien sind Frauen mit Tiefgang ihr Fach«. Wie haben Sie festgestellt, welche Wandelbarkeit Ihnen in Ihrem schauspielerischen Wirken zur Verfügung steht?
— UK: Zum einen habe ich zunächst im Theater alles Mögliche gespielt, die Klassiker, moderne Stücke, Liederabende, Kindertheater. Und dann habe ich – als ich nach drei, vier Jahren vom Studiotheater Moers weggegangen bin, mit Schauspieler-Kolleginnen, die am Freiburger Theater fest engagiert waren, eine Theatergruppe gegründet. Wir haben uns »Die Bösen Töchter« genannt. Das war ja eine politische, bewegte Zeit, vor allem »frauenmäßig«, und das hat sich auch in unseren Themen gespiegelt: weibliches Clownstheater, der Reaktorunfall in Harrisburg usw. Diese Zeit, in der wir uns selbst die Themen gestellt haben, hat mir geholfen herauszufinden, wo ich mit dem Beruf hinwollte.

BO: Wussten Sie schon immer, dass Sie für das komische Fach Talent haben?
— UK: An der Schauspielschule bekommt man eine breite Ausbildung und beschäftigt sich sowohl mit komischen als auch mit tragischen Rollen. Man versucht herauszufinden, wie was funktioniert, man arbeitet mit Schauspiellehrern. Aber je älter ich wurde, umso klarer wurde mir, dass Drama und Humor zusammen gehören, dass es nur eine Frage des Blickwinkels ist, ob man in einer Szene den tragischen oder komischen Aspekt zeigen will.

BO: Wie bereiten Sie sich auf Rollen vor?
— UK: Die Vorbereitung auf eine Rolle ist immer wieder anders; aber immer gleich ist die Spannung beim Lesen eines neuen Drehbuches. Da ist es mir ganz wichtig, dass ich allein und ungestört bin. Ich möchte jedem Satz, der mir auffällt, jedem Bild, das beim Lesen vor mir auftaucht, nachgehen. Dieser erste, intuitive Kontakt mit einer Rolle, mit einer Geschichte, ist wie das Aufnehmen eines Wollknäuels, eines Fadengewirrs, bei dem ich den Anfang suche, um die

Geschichte aufzurollen. Sehr oft arbeite ich auch mit einem Coach, damit mir nichts entgeht und ich noch eine andere Sichtweise auf meine Rolle entwickeln kann. Um meine Ideen und Gedanken zu überprüfen. Und außerdem macht es mehr Spaß, zu zweit nachzudenken.

BO: Arbeiten Sie immer mit dem gleichen Coach?
— UK: Ja. Ich gehe mit meinem Coach sehr akribisch, sehr genau das Drehbuch durch, und wir besprechen jede einzelne Szene. Gibt es besonders emotionale Momente? Wie kommt man an das Gefühl heran? Da diese Frau, mein Coach, mich, meine Biografie als Ulrike sehr gut kennt, weiß sie, welche Erlebnisse aus meinem Leben mich immer noch emotionalisieren. Ob das Verlusterlebnisse, Depressionen, Wut oder welche Emotionen es auch immer sind, es geht dann darum herauszufinden, wie diese Emotionen freigelegt werden können, ihnen quasi einen Spiegel vorzuhalten. All das bespreche ich mit ihr, während ich mit ihr das Buch durchgehe. Es ist zum Teil ein dramaturgisches Gespräch über diese Figur sowie ein psychologisches Herangehen. In welcher Situation befindet sich diese Figur? Wo ist der emotionale Schlüssel? Inzwischen ist die Einstellung zu Coaches in Deutschland etwas moderner geworden. Beim letzten Bayerischen Filmpreis hat Hannah Herzsprung sich zum Beispiel auch bei ihrem Coach bedankt. Sie hat die wirklich sehr, sehr anspruchsvolle Rolle, die sie in *Vier Minuten* gespielt hat, ganz offensichtlich auch mit einem Coach vorbereitet. Für mich ist das Ausdruck höchster Professionalität und dieser Haut Gout. »Die kann's eigentlich nicht, die muss noch ein bisschen lernen«, ist einfach anachronistisch, weil man gerade in diesem Beruf immer weiter lernen kann.

BO: Es ist also eine Befruchtung für die Zusammenarbeit mit dem Regisseur?
— UK: Ja, so ist es. Man kommt ans Set und hat sich bereits viele Gedanken gemacht, diverse Möglichkeiten überlegt. Dadurch kann man sich auf das, was der Regisseur möchte, vollkommen einlassen. Und wenn wir uns nicht ganz sicher sind, wo die Szene hinführen soll, kann ich immer ein Angebot machen. Die Arbeit bleibt im Fluss.

BO: Ist das »Anbieten« ein wesentlicher Part Ihrer Arbeit?
— UK: Auf jeden Fall! Das macht Spaß. Wenn ich zum Set komme, will ich spielen, ich verspüre einen regelrechten Druck. Ich habe mir klare Gedanken über die Interpretation meiner Rolle gemacht, und das möchte ich gern zeigen. Der Regisseur kann dann eingreifen. Ich kenne es aber genauso gut auch umgekehrt. Man kommt ans Set, und der Regisseur sagt als Erstes: «Pass mal auf, ich hab mir das soundso gedacht, die Einstellung ist so, ... gibt's da irgendwelche Probleme oder könnt ihr damit spielen?!«

BO: Müssen Sie sich, Ulrike Kriener, vor Christa Rohloff, Anna Leschek, Silke Frank … schützen?
— UK: Die Frauenrollen, die Sie genannt haben, waren ja schwer angeschlagene Frauen, Frauen, die dem Tod nahe waren. Klar, das spielt sich nicht mit links, und nach den Dreharbeiten habe ich mich auch schwach gefühlt, dünnhäutig und aufgeweicht, aber schützen will ich mich nicht. Ich empfinde meine Hingabebereitschaft gerade an solch dunkle Seiten als eine meiner Stärken.

BO: Was meinen Sie hiermit?
— UK: Ich habe keine Angst vor schweren, düsteren Gefühlen. Ich scheue weder Verzweiflung, Angst noch Panik zu spielen, also wüsste ich auch nicht, wovor ich mich schützen sollte. Traurig zu sein oder zu weinen gehört zum Leben. Wenn man spielt, versucht man, möglichst intensiv und authentisch zu spielen. Um diese schweren, düsteren Gefühle für sich greifbar zu machen, um sie darzustellen, muss man an eigene biografische Daten herangehen. Ob das Verlustgefühle sind, ob das Verzweiflung ist, man muss ja auf dieser Klaviatur spielen können, man muss einen Zugang dazu haben. Ich bin, glaube ich, in dieser Hinsicht wirklich angstfrei. Jeder Mensch hat schwere, schmerzliche Momente erlebt. Ich natürlich auch. Aber ich habe nie das Gefühl, dass ich das vergessen möchte, dass es aus meinem Leben gestrichen werden sollte. Ich ziehe da eine große Kraft heraus.

BO: In einem ZDF-Online-Interview (13.07.2006) sagen Sie über die Figur der *Kommissarin Lukas*: »Private Befindlichkeiten haben für sie im Dienst nichts zu suchen, und von ihren Mitarbeitern erwartet sie die gleiche Haltung. Diese gewisse Strenge hat mir gefallen.« Trifft das auch für Ihren »Dienst« als Schauspielerin zu?
— UK: Ich arbeite sehr gern und vielleicht mag ich den Begriff »Arbeit« so gerne, weil ich Steinbock bin (die sollen ja so gerne arbeiten) oder weil das Ruhrgebiet meine Heimat ist. Ich finde es super, gut vorbereitet zu sein, sich viele Gedanken gemacht zu haben. Da steht man gleich an einem anderen Punkt für die Zusammenarbeit mit den Kollegen.

BO: Apropos Zusammenarbeit mit Kollegen: Wie sieht die optimale Zusammenarbeit mit Kollegen aus? Oder was mögen Sie gar nicht?
— UK: Also ich mag einfach nicht, wenn Kollegen »einfach so« am Set erscheinen. Beim Theater ist es etwas anderes, man kann die Texte erst mal locker anlernen. Man hat ja ein Textbuch dabei bzw. eine Souffleuse. Man tastet sich da so mehr oder weniger hinein. Das funktioniert beim Film so nicht, die Texte müssen sitzen, und man muss sich Gedanken gemacht haben, um gleich gut zu arbeiten. Ich mag es zum Beispiel nicht gerne, wenn Kollegen mit rausgerissenen

Seiten aus den Drehbüchern am Set herumspielen und eigentlich nur noch die Gänge abgehen: »Wo steh ich? Was sag ich?«. Wenn die Regieführung nur noch ein Arrangement wird, und man als Schauspieler keine Chance hat, eine innige Beziehung mit dem Partner herzustellen, weil er, in dem Moment in dem man ihn anspielt, immer wieder in den Text gucken muss. Das hasse ich sogar wie die Pest. Leider ist das keine Seltenheit. Sehr erfreulich ist es hingegen, wenn die Kollegen gut vorbereitet sind und wir, wie in einem kleinen Rucksack, alles dabei haben und uns einfach vollkommen offen auf die Situation, aufeinander und auf den Regisseur einlassen können.

BO: Im Verhältnis zu dem Kollegen: Was ist wichtiger, bei sich bleiben oder kommunizieren?
— UK: Das ist schwer zu sagen. Natürlich ist es sehr beglückend, wenn man Schauspieler trifft, zu denen man einen persönlichen Draht hat, dann kann man leicht die gegensätzlichsten sowie die harmonischsten Szenen miteinander spielen. Paarszenen spiele ich zum Beispiel wahnsinnig gerne mit August Zirner, weil wir eine sehr ähnliche Vorstellung von Humor und auch von Ernsthaftigkeit haben. Wir mögen uns, können über unsere Familienleben, über unsere Kinder und alles Mögliche erzählen und ziehen daraus auch etwas für die Arbeit. Das ist natürlich beglückend, wenn man so arbeiten kann. Bei einem Partner, zu dem keine freundschaftliche Verbindung besteht, muss man sehen, wie man diese Beziehung oder einen Draht herstellt. Auch eine leichte Aversion kann konstruktiv umgesetzt werden. D.h. man kann auch das, was einen nervt, benutzen und in die Kreativität mit einbeziehen. Die Offenheit ist entscheidend. Man muss wachsam sein für jedes Gefühl, was der andere in einem auslöst.

BO: Wie gelingt es Ihnen, Figuren und Welten wieder loszulassen?
— UK: Sie verfolgen mich nicht, und ich vermisse sie auch nicht. Vermissen tue ich manchmal eine besonders beglückende Zusammenarbeit, ein tolles Team.

BO: Sie haben immer wieder u.a. mit Doris Dörrie, Matti Geschonneck, Vivian Naefe, Bernd Schadewald oder Hajo Gies gearbeitet.
— UK: Ja. Und mit Thomas Berger habe ich sogar am meisten zusammengearbeitet. Wir haben jetzt sieben Filme mit Ellen Lukas hintereinander gedreht. Ich habe kürzlich bei einem Treffen im ZDF gehört, dass das – neben Iris Berben, die sehr viel mit Carlo Rola dreht – selbst in der Fernsehlandschaft relativ einmalig ist.

BO: Wie erklären Sie das?

Quelle: Privatarchiv Ulrike Kriener

— UK: Wenn Regisseure mich öfter engagieren, empfinde ich das als Kompliment. Sie haben von mir das erhalten, was sie sich gewünscht haben, oder sogar etwas mehr. Oft ist es auch so, das man die Sicht auf die Welt, auf das Leben, miteinander teilt, man versteht sich dann noch grundsätzlicher, und die Arbeit wird noch inniger, vertrauensvoller.

BO: Was meinen Sie mit »etwas mehr«?
— UK: Der Regisseur hat das, was er sich vorgestellt hat, bekommen oder im günstigsten Fall auch noch etwas Überraschendes mitnehmen können. Thomas Berger hat mir mal gesagt, dass die Arbeit mit mir ihm Freude mache, weil ich immer verstehe, was er sage, und ich dann in der Umsetzung eine persönliche Note setze, mit der er wiederum nicht gerechnet habe. Das ist also das »Mehr«.

Es ist entscheidend, sich aufeinander verlassen zu können. Ich diskutiere am Set nicht gern. Gespräche müssen vorher gelaufen sein. Am Set arbeite ich, indem ich spiele. Der Regisseur kann dann entscheiden.

BO: Mit *Männer* kam für Sie der große Durchbruch, und Sie wurden ein Kinostar. Wie haben Sie das erlebt?

— UK: Der Erfolg von *Männer* hat mich »erwischt«, als ich noch in Freiburg lebte. Ich habe den Hype um den Film eigentlich aus der Distanz erlebt. Ich lebte damals überhaupt in einer anderen Welt: Ich war wie gesagt mit Frauentheater, Clownstheater beschäftigt, habe mit Kolleginnen Lesungen gemacht über den Reaktorunfall in Harrisburg und musste mich bei einem Piratensender erklären, warum ich eine so reaktionäre Frau in *Männer* spielte. Aus dieser Zeit stammt auch die Anekdote, dass ich auf die Anfrage einer amerikanischen Agentur, in den USA vertreten zu werden, sehr reserviert reagiert habe und erst auf das Drängen, doch ein paar Fotos zu schicken, ein Clownfoto losgeschickt habe. Das mag alles etwas naiv klingen, aber ich bereue da nichts. Ich habe mir meine Rollen sehr genau ausgesucht, mein Ziel war es, eine bessere Schauspielerin zu werden. Ich glaube, dass mir meine Eigenwilligkeit in dieser Zeit letztendlich gut getan hat.

BO: Wonach haben Sie Ihre Rollen ausgesucht?
— UK: Rückwirkend fällt mir auf, dass ich meine Rollen danach ausgesucht habe, dass sie mich handwerklich weiter bringen. Ich habe versucht, mir bei jeder Rolle eine neue Aufgabe zu stellen, ich wollte lernen, wollte eine gute Schauspielerin werden. Da fällt mir ein Beispiel, das nun gar nichts mit Film zu tun hat, ein: Mich hat es immer beeindruckt, wie Steffi Graf Tennis gespielt hat. Sie hat mir stets das Gefühl vermittelt, dass sie ihre Motivation aus dem Spiel zieht, als würde sie sagen: »Dieser Schlag sitzt im Moment nicht richtig, den muss ich besonders trainieren.« Für mein Dafürhalten hat sie nicht gespielt, um Wimbledon zu gewinnen oder die Nummer eins zu werden, sondern das Tennisspiel an und für sich hat sie motiviert. Und dafür hat sie unglaublich differenziert und genau gearbeitet. Diese Akribie, diese gewisse Bescheidenheit haben mir sehr gefallen. Das wünsche ich mir auch für mich.

BO: Sie haben begehrte Filmpreise (Grimme Preis in Gold, Telestar, Deutscher Filmpreis, Goldener Gong) gewonnen. Wie wichtig sind diese Anerkennungen?
— UK: Natürlich freue ich mich über Preise, allerdings hält ihr Aphrodisiakum nur einige Tage an. Dann stehen sie hauptsächlich rum.

BO: Haben Sie Rolle(n) abgesagt – vielleicht weil Sie meinten, Sie nicht spielen zu können oder zu sollen – und es später bereut?
— UK: Ich habe einige Rollen abgesagt, in denen ich einen Geschlechtsverkehr spielen sollte, z.B. in einem tollen Film von Wolfgang Becker. Ich wollte das nicht, ich habe mich geschämt... Ich bin halt so. Ich habe auch Rollen nicht annehmen können, weil ich schwanger war. Zum Beispiel gab es ein Angebot von Tom Tykwer für eine große Rolle. Die nicht spielen zu können war bitter. Oder ein

Polit-Thriller in England, in dem ich eine Terroristin spielen sollte: Der Kalte Krieg war die Grundlage des Filmes. Alles war fix. Und dann fiel die Mauer in Berlin. Das war's dann auch.

BO: Welche Rolle(n) möchten Sie unbedingt spielen?
— UK: Ich möchte mich mit Themen befassen, ich möchte mit bestimmten Regisseuren arbeiten.

BO: Regisseure, deren Filme, Sprache, Bilderwelt, Arbeitsweise... Ihnen gefallen, Sie herausfordern?
— UK: Ja. Ich kenne zum Beispiel keinen besseren Regisseur für Krimis als Dominik Graf. Ich würde wahnsinnig gerne einmal mit ihm arbeiten. Oder mit Stephan Krohmer. Er hat einen ganz besonderen Stil. Man hat in seinen Filmen fast das Gefühl, dass die Rollen nicht gespielt sind. Das sind nur zwei Beispiele von vielen. Bei manch anderen Regisseuren sprechen mich die Themen an, die sie behandeln. Ein ganz wesentlicher Aspekt bei der Entscheidung für eine Rolle ist immer die Möglichkeit, etwas Neues auszuprobieren.

BO: Die *Kommissarin Lukas* ist 2003 in Ihr Schauspielerleben eingetreten. Was bedeutet Ihnen die Arbeit mit ihr? Bietet das serielle Arbeiten neue Möglichkeiten (die Sie zuvor vielleicht nicht vermutet haben)?
— UK: Klar bietet das serielle Arbeiten mehr Möglichkeiten, insofern man eine Figur immer weiter entwickeln kann. Allerdings muss man – mehr als bei Einzelfilmen – im ständigen Kontakt bleiben mit den anderen »Müttern« und »Vätern« der Figur, die ja auch darauf achten, inwieweit sich die Figur weiterentwickeln darf oder kann, bzw. wo auf Verhaltensweisen, die man gefunden hat, zurückgegriffen wird. Es gibt außerdem verschiedene Autoren, und der eine begreift den Charakter sicherer, besser als der andere; jeder Regisseur hat seine eigene Sichtweise. Das macht es komplizierter, die Figur – trotz der verschiedenen Interessen seitens Autoren, Redaktion und Regie – immer noch kenntlich zu spielen.

Andererseits besteht natürlich die Gefahr der Routine, die einen glauben lässt: »So, jetzt hab ich's begriffen.« In dem Moment, in dem man meint, man habe die Figur im Griff, wird das Spiel langweilig. Man muss sich seinen Entdeckergeist bei dieser Art Arbeit bewahren... Das ist die Schwierigkeit.

BO: Und wie bewahrt man Entdeckergeist?
— UK: Indem man immer wieder schaut, wie man weiterkommen kann. Auch wenn es vielleicht harmlos wirkt: Ich weiß zum Beispiel, das ich nicht besonders gut oder elegant auf hohen Schuhen gehen kann. Als ich aber Meryl Streep in *Der Teufel trägt Prada* gesehen habe, dachte ich: »Du lieber Himmel, kann die das

gut!«, und daraufhin habe ich mir eine Trainerin gesucht und gefunden, die mit mir daran arbeitet.

BO: Sie sprechen viele Hörbücher, auch hier unterschiedliche Genres (Sparks, Frisch, Schiller, Hammesfahr, Ulitzkaja, Storm). Eine Schauspielerin ohne Bild, nur die Stimme zählt. Ist es eine andere/wichtige Erfahrung?
— UK: Geschichten zu erzählen ist für mich der Ausgangspunkt jeder sprachgebundenen Kunst. Das Märchen, die Familie, die Geborgenheit, ich gehe dahin immer gerne zurück. Außerdem kommt der bewusste Umgang mit der Sprache heute meiner Ansicht nach zu kurz, auch im Film, es wird unterschätzt, was man mit ihr alles ausdrücken kann. Sprache wird oft nur noch angehängt an das Gefühl. Gerade bei jungen Schauspielern (ohne Ausbildung) beobachte ich das. Aber Gegenläufigkeit von Sprache und Emotion macht das Spiel interessanter bzw. reicher und authentischer: Im Alltag sagen die Menschen ja auch das eine und meinen etwas ganz anderes. Außerdem trifft man in Drehbüchern eher auf Alltagssprache, und wenn man bei Hörbüchern Glück hat, dort auf Literatur.

BO: Hat Ihnen der Beruf der Schauspielerin das, was Sie sich erträumt/erhofft/erkämpft haben, gebracht?
— UK: Auf jeden Fall. Viel mehr, als ich mir jemals zu erträumen und erhoffen gewagt hätte. Schade finde ich aber schon, dass der wirtschaftliche Druck, unter dem gearbeitet wird, immer mehr zunimmt. Ich habe schon in Filmen mitgearbeitet, bei denen als Grundstimmung die »Vermeidung eines Misserfolges« vorherrschte. Da war keine Risikobereitschaft mehr, keine Begeisterung für einen neuen, ungewöhnlichen Weg. Ich wünsche mir manchmal, dass sich Produzenten oder Redakteure öfter als »Ermöglicher« sehen könnten. Denn heute sieht sich beinahe jeder als Kreativer und will seine Ideen natürlich auch einbringen in die Projekte. Aber auch wenn das Gelingen eines Filmes von vielen Menschen abhängt – Kunst ist nicht demokratisch. Und nach vielen Diskussionen bleibt oft nur der kleinste gemeinsame Nenner übrig.

BO: Liebe Frau Kriener, ich danke Ihnen herzlich für das Gespräch!

Das Gespräch fand im Januar 2007 telefonisch statt.

© Christoph Lerch

Maren Kroymann, 1949 geboren, wächst in Tübingen auf. Neben ihrem Studium der Romanistik und Anglistik/Amerikanistik engagiert sie sich ab 1973 im linken Hanns-Eisler-Chor in Berlin und findet über das Singen zu ihrem heutigen Beruf als Schauspielerin, Kabarettistin, Sängerin und Entertainerin. Auf ihr erstes kabarettistisches Bühnenprogramm *Auf du und du mit dem Stöckelschuh* (1982) folgen Hauptrollen in den ARD-Serien *Oh Gott, Herr Pfarrer* (1988-89) und *Vera Wesskamp* (1992) sowie verschiedenen Auftritte u.a. in *Scheibenwischer* (ARD) und *Nachschlag* (ARD). Ab 1993 realisiert sie als erste Frau im deutschen Fernsehen ihre eigene Satiresendung *Nachtschwester Kroymann* (1993-97, ARD) und wirkt z.B. in den Fernsehfilmen *Schande* (1999, Claudia Prietzel) und *Der Preis der Wahrheit* (2003, Christine Kabisch) mit.
Auch im Kino spielt Maren Kroymann in *Kein Pardon* (1993, Hape Kerkeling), *Das Superweib*, *Der Campus* (1996 und 1998, Sönke Wortmann), *Escape to life* (2001, Andrea Weiss/Wieland Speck) und *Verfolgt* (2006, Angelina Maccarone). Letzterer wird beim Filmfest in Locarno mit dem Goldenen Leoparden in der Reihe Cinéastes du Présent ausgezeichnet. Zusätzlich arbeitet Maren Kroymann seit 1980 als Sprecherin für Radiofeatures, Hörspiele und -bücher.
Derzeit ist sie in der Comedy-Serie *Mein Leben und Ich* (seit 2001, Richard Huber u.a.) zu sehen und präsentiert das Bühnenprogramm *Gebrauchte Lieder*.
Maren Kroymann lebt in Berlin.
www.marenkroymann.de/

»Sehen Lernen«

Maren Kroymann im Gespräch mit Nora Binder

NB: Du hast gerade in *Verfolgt* gespielt, einem Film, der eine sadomasochistische Affäre zwischen einer 52- und einem 16-Jährigen erzählt. Was war das für ein Gefühl, dafür so hoch gelobt zu werden?
— MK: Hoch gelobt zu werden ist natürlich immer toll. Das war so ein bisschen ein Gefühl wie: »Ach, endlich sieht es mal jemand!« (lacht)

Der wichtigste Moment war jedoch, als ich den Film gesehen habe, zusammen mit der Produzentin und der Regisseurin, nur wir drei. In dem Moment entschied sich, ob ich den Film und mich gut finde, und ob ich glücklich bin, dass ich mitspiele. Und das war so. Wir waren alle sehr erleichtert. Aber das Entscheidende war eigentlich: Bin ich mir peinlich? Ich kann mich sowieso schlecht angucken, es ist immer eine Überwindung, und da sehe ich ja auch, gelinde gesagt, sehr herb

Maren Kroymann und Kostja Ullmann in *Verfolgt* – Copyright: mmmfilm GmbH, Foto: Bernd Meiners

aus. Komisch, dass man als Frau sofort auf diesen Aspekt zu sprechen kommt. Ich merke, dass ich sofort darüber rede, weil das auch die große Provokation für viele ist. Ich musste selbst schlucken als ich mich sah. Aber es war klar, dass es hier um eine völlig andere Dimension von Rolle geht. Hier konnte ich einen großen Teil von etwas darstellen, was ich sonst in anderen, dem Comedy-Bereich zuzuordnenden Produktionen nicht zeigen kann. Natürlich haben mich die vielen positiven Kritiken glücklich gemacht und auch, dass seriöse Schreiber, die ich schätze, den Film sehr gelobt haben. Es waren so differenzierte, auch nicht nur positive, sondern tolle Kritiken, als ob der Film die Journalisten inspiriert hätte, ebenfalls ihr Bestes rauszuholen. Es war außerdem eine Art Genugtuung, weil mir ja bewusst ist, dass ich mich seit Jahren schauspielerisch in einem eher begrenzten Spektrum bewege. Das tue ich nicht freiwillig. Es ist, als ob die Tatsache, dass ich in einer Comedy-Serie spiele – in unserem schönen, für RTL eigentlich etwas zu intelligenten *Mein Leben und Ich* – eine De-Qualifikation für das so genannte »ernste Fach« bedeuten würde.

NB: Welche Kriterien sind maßgebend dafür, dass Du Dein Spiel in *Verfolgt* »vertreten« kannst?

— MK: (überlegt) Authentisch sein – dass ich wahrhaftig spiele. Dass ich mich traue, auch Zwischentöne, das Suchen, eine Differenziertheit, eine Tiefe und eine Ambiguität zu spielen. Dass nicht alles gleich so klar ist. Wenn man Fernsehen macht, das weiß man, geht es im Grunde um Schnelligkeit und Wiedererkennbarkeit. Demzufolge spiele ich dann so, dass die Zuschauer schnell merken: »Det is so eine.« Das führt einen nicht zwangsläufig, aber mit einer gewissen Wahrscheinlichkeit auf plakativere Mittel. In *Verfolgt* habe ich gesehen, wie die Figur, die ich spiele, auf der Suche ist, was mir gut gefallen hat, weil das sozusagen »unfernseh-mäßig« ist. Das ist tatsächlich Kinofilm, un-, ja antikommerziell. Das strebt man nicht an, wenn man auf die Quote achtet. Ja, daran würde ich es, glaube ich, festmachen, dass es wahrhaftig war und ich mich getraut habe. Bei dem Film ging es extrem um Vertrauen sowohl dem Partner als auch der Regisseurin gegenüber. Es war möglich, im landläufigen Sinne, »auch mal nichts zu machen« bzw. nur minimale Mittel einzusetzen, ohne mich zu fragen: »Habe ich da genug gemacht?« Genau das war natürlich das Gute, denn genau das war das Richtige. Und das möchte ich noch viel öfter machen!

NB: Eben diese Wechsel fand ich beeindruckend an dem Film, gerade in der Beziehung zu dem 16-Jährigen. Dieses Suchen, das Tasten…

— MK: »Entblöße ich mich?«, »Gebe ich dem nach, was ich fühle?«, »Gehe ich tatsächlich das Risiko ein, mich lächerlich zu machen?«. Das Wagnis, das die Figur Elsa eingeht, gehe ich als Schauspielerin auch ein. Im Grunde läuft das parallel, denn ich muss sie ja physisch präsentieren, diese Unsicherheit. Die Szene, in der ich ihm eine schmiere und dann sage: »So, meinste so?« – das ist auch schauspielerisch ein Risiko. Und das habe ich mich getraut, weil ich mich auf Angelina verlassen konnte.

NB: Und Du hast Kostja Ullmann wirklich geschlagen?
— MK: Ja, das konnte man nicht faken. Wir hatten einen Stuntman da, der mir gezeigt hat, wie man schlägt, ohne dass es ganz so weh tut. Aber wir konnten nicht auf das Schlagen verzichten. Erstens weil man die Striemen in der Einstellung sehen musste und zweitens weil es die Emotion ausbremst, wenn ich die Bewegung unterbreche. Und natürlich ist dieses »Reinbegeben« in große Emotionen ein besonderes »Sich Entblößen«. Aber ich habe es nicht als die schwierigste Szene empfunden, denn der ganze Prozess war ein »Sich Entblößen«. Auch eine Unsicherheit spielen – oder Spielen, dass man unsicher ist, es aber gar nicht zugeben will, kostet Überwindung. Weil das nicht geht, ohne sich an eigene Unsicherheiten zu erinnern – irgendwoher muss man es ja holen. Und damit gibt man zu, dass man es kennt (lacht).

NB: Das heißt, wenn man so eine Rolle spielt, macht man sich selbst auch angreifbar?
— MK: Ja, bei so einer Rolle, in der man sucht und nicht weiß, wie es weiter geht, finde ich das schon. An sich ist das eine Sache, die gesellschaftlich bei uns nicht belohnt wird. Es wird immer Souveränität gefordert. Auch wenn wir uns in einem anderen Teil unseres Berufs präsentieren – wir uns z. B. in den Medien verkaufen oder in Talkshows gehen – es ist Souveränität gefragt. Der Verlust von Souveränität hingegen ist »bah-bah«, ekelhaft und wird vermieden. Und dieser Film hat genau das gefordert – ich fand es großartig. Ich war so dankbar, ich habe es so geliebt…

NB: Du hast bereits die Kamera angesprochen, die in *Verfolgt* nicht gnadenlos, aber auch nicht beschönigend war. Ohne mir anmaßen zu wollen zu wissen, wie Du empfindest, kenne ich es auch aus relativ unverfänglichen Szenen, dass man sich »ausgeliefert« fühlt…
— MK: Ja, das ist auch ein »Sich Ausliefern«. Ich finde aber, bei einem Sender wie RTL ist es tatsächlich ein vordergründigeres »Sich Ausliefern«. Ich gucke anders darauf, weil ich weiß, es ist eben einer der jugendlichkeits-fixierten Privatsender: Es gibt dort bestimmte Schönheits- und Jugendlichkeitsvorgaben. Es gibt ein bestimmtes Licht, die Leute werden auf eine bestimmte Art und Weise fotografiert – das ist völlig klar. Manchmal erschrecke ich dann auch, wenn ich meine Falten sehe, denn bei diesen Sendern gibt es die eigentlich nicht. Beim Fernsehen

zensiert man sich selbst und wird ganz äußerlich. Das geschieht, weil verglichen wird, und man in einem Raster steckt. Ich weiß, ich bin für RTL einfach doppelt so alt, wie die, die sonst die Hauptrollen spielen. Es ist wichtig, einfach immer im Kopf zu behalten, dass es noch ein anderes Leben außerhalb von RTL oder sogar von Fernsehen gibt. Obwohl es manchmal schwer ist, sich da zu glauben.

In *Verfolgt* durfte das so sein, und es wäre sogar falsch gewesen, in einem konventionellen Sinne »schöner« gemacht zu werden. In so einem Kinofilm, den sehr, sehr, sehr viel weniger Leute sehen als eine RTL-Comedy-Serie, hat man eben einen viel größeren Freiraum. Es ist so erleichternd, das mal zu machen.

NB: Wirst Du mehr mit diesen Äußerlichkeiten konfrontiert als Du möchtest?
— MK: Ja. Die Diskussion mit diesen ganzen Schönheitsoperationen ist ja zurzeit extrem stark: »Lässt man was machen oder nicht?«. Einige meiner Freundinnen und viele gute Schauspielerinnen haben sich operieren lassen oder nehmen Botox. Ich werde also sehr wohl damit konfrontiert. Und ich denke auch: »Herrgott, wenn man sich mit der Intensität damit befassen würde, dass man schauspielerisch besser wird, kreativer ist, seinen Geist entwickelt, politisch differenzierter denkt! Das wäre super, was wären wir alle für tolle Menschen!« Stattdessen geht es ständig um: »Lass ich was machen oder nicht?«, »Hab ich jetzt hier Bäckchen, hab ich Halsfalten, hab ich die Lippenfalten?« –. Eine ganze Industrie verdient damit ja Geld. Die zwingen einem dieses Thema auf, und das finde ich ekelhaft.

NB: Man denkt sich: »Wäre doch toll, wenn das Fernsehen ein wenig realistischer wäre«, aber wenn es dann um den eigenen Oberschenkel geht...
— MK: Ja, dieses Denken verselbstständigt sich irgendwie. Wir haben unsere eigenen Maßstäbe, aber dieses Denken, dass es bestimmte Gesetzmäßigkeiten gibt, wenn man im Show-Business Erfolg hat, besteht. Das ist nicht nur die Fernseh-Schauspielerin, das ist die Musikerin, das Model. Die haben in einer bestimmten Art und Weise auszusehen. Damit »det jut kommt«, damit man besetzt wird. Man hat es offensichtlich leichter, wenn man diesen Regeln entspricht. Wir sind zwar empört, dass unsere Maßstäbe nicht die maßgebenden sind, aber anscheinend richten sich auch gute Regisseure, die Typen, die man toll findet, danach. Ich weiß nicht, wie ist es bei Andreas Dresen, Dominik Graf, Matti Geschonneck, Max Färberböck? Wenn ich die Hauptrollen-Darstellerinnen sehe, habe ich im Allgemeinen das Gefühl, selbst die differenzierteren Menschen besetzen das blonde Langbeinige doch eher als das kürzerbeinige Dunkelhaarige, das ein bisschen dicker ist.

NB: Bei *Verfolgt* gibt es zum Beispiel die Szene, in der Du Deine Bluse aufknöpfst...
— MK: Ah, das! Ja, als ich sage: »Jetzt sag nicht, der ist schön! Der Bauch ist jetzt 50 Jahre alt und das sieht man auch...« Und es ist auch im wahren Leben mein Bauch. Als ich das im Drehbuch gelesen habe, dachte ich: »Oh weia! Ich habe ja gar keinen Bauch, na dann muss ich mir den noch anfressen.« Später beim Drehen habe ich gemerkt, der war inzwischen da! (*lacht*) – Ich war erstaunt, wie dick der aussah, denn ich fühlte mich gar nicht so. Aber das ist in der Tat die extreme Verquickung von Privatperson und Rolle. *Mein* Bauch wurde da gezeigt –. Dieser ganze Film *Verfolgt* ist ja wie eine in Film gefasste Protestnote gegen dieses Gleichmacherische, diesen Jugendwahn und dieses komische, geltende Schönheitsbild oder Bild von Erotik. In der Tat finden die Besucher den Film gut, weil sie die Erotik zwischen den Zweien begreifen: Man denkt nicht nur: »Ah, da ist eine, die ist so und so alt«, sondern man muss ja in die Geschichte einsteigen, um es zu goutieren. Das heißt, man muss den Jungen verstehen – dass er sie erotisch findet. Und das finde ich ganz wunderbar – dass das, zumindest in den Augen von nicht wenigen Zuschauern gelungen scheint. Das ist schon ein entwickeltes oder jedenfalls ein anderes Bild von Erotik.

NB: Auch von Frau und Erotik?
— MK: Männer mit Bauch gingen immer – so ältere Männer sind ja nichts Neues. Gestern noch lief ein Fernsehfilm von Diethard Klante, in dem Jürgen Prochnow einen 60-Jährigen spielt, der sich in die 16-Jährige Tochter seiner Geliebten verliebt. Man sieht einen sehr viel älteren Mann und ein sehr, sehr junges Mädchen und denkt: »Es ist halt so.« Es wird akzeptiert, man findet den trotzdem toll und gut aussehend. Der hatte zwar keinen Bauch, war aber ein deutlich ins Ältere gehender Mann. Aber eine ins Ältere gehende Frau, die auch als erotisch empfunden wird, gibt es kaum – auch nicht im Film. Älteren Frauen wird keine subjekthafte Erotik zugestanden, man findet es eklig, wenn die ältere die jüngere Person berühren will – wie z.B. kürzlich zu sehen in *Notes on a Scandal* mit Judy Dench und Cate Blanchett. Es ist eine große Leistung, vor allem von Angelina und dem Buch, wenn *Verfolgt* es schafft, dass man es nicht nur nicht abstoßend findet, sondern nachvollziehbar!

NB: Ist dieser Jugendlichkeitswahn eine frauenspezifische Thematik?
— MK: Ich glaube, dass es bei Männern auch beginnt, aber lang nicht so stark wie bei Frauen! Für Frauen, habe ich das Gefühl, ist die Eintrittskarte zu jeder Rolle eine bestimmte Optik oder ein bestimmtes Erfüllen dieser Begriffe von Erotik, die ja doch überwiegend Männer haben. Falls man das erfüllt, kann man prinzipiell alles machen, vielleicht sogar Comedy. Bei diesen Frauen, die man erotisch

attraktiv findet, stellt sich auf einmal gar nicht mehr die Frage »Können die das?« – die kriegen einfach die Rollen.

NB: Du siehst und sahst auch immer gut aus.
— MK: Mensch Nora, danke (*lacht*)! Aber ich war nie so erotisch konnotiert wie eine Senta Berger, Iris Berben oder Hannelore Elsner. Das ist grundsätzlich eine andere Art von Schauspielerin als – und da nenne ich jetzt zwei, die wirklich berühmte, geliebte Ausnahmen sind – Hannelore Hoger und in den letzten Jahren Monica Bleibtreu.

Als sie jünger war, hat Hannelore Hoger auch die Erotische gespielt, aber sie war nie die, bei der gesagt wurde: »Hier ist eine Rolle, die soll erotisch sein«. In dem Fall habe ich mehrfach bei Drehbuchbesprechungen den Satz gehört: »Das spielt uns die Iris«. Oft waren diese Rollen ja recht flach geschrieben und anstatt das Drehbuch zu verbessern, wurde es über die Besetzung gelöst. Und heute kriegen diese Frauen zum Teil die wirklich interessanten Rollen. Es ist wahrscheinlich gar nicht so sehr die Frage, ob man gut aussieht – sondern ob man mit Erotik in Verbindung gebracht wird. Ich habe ja spät angefangen, für das Fernsehen zu drehen – meine erste große Rolle habe ich mit 37 bei *Oh Gott, Herr Pfarrer* gespielt. Die sollte sicher auch halbwegs gut aussehen. Dennoch sollte die vor allem ein bisschen störrisch und widerspenstig sein und auch eine 68erin verkörpern. Das heißt, es ging mehr um die Persönlichkeit – so war ich immer eher konnotiert. Es kann gut sein, dass mir das irgendwann den Hals gebrochen hat, weil es dann zu kämpferisch wurde. Da hat man dann doch lieber eine fernseh-weichgespülte Variante – leicht figurbetontes Outfit, patent und doch weiblich – genommen. So war das zum Beispiel mit Uschi Glas, die auch eine Witwe spielte, die das Unternehmen ihres Mannes leiten musste. Also dieselbe Grundgeschichte wie ich sie bei *Vera Wesskamp* gespielt habe, aber eben mainstreamkompatibler und irgendwie »netter« insgesamt.

NB: Und wie kommst Du darauf, dass es Dir den Hals gebrochen haben könnte?
— MK: In dem Jahr '94 wurde mir keine einzige Rolle angeboten. Das war aber auch die Zeit, als ich anfing mit *Nachtschwester Kroymann* und mich wieder dem Ausgangspunkt meiner Karriere, dem Kabarett zugewandt habe. Das killt einen ja zusätzlich, wenn man einem anderen Bereich zugeordnet wird. In dem Fall ist, glaube ich, die Bereitschaft bei Regisseuren oder Produzenten schlagartig sehr viel kleiner, einen als Schauspielerin zu besetzen. Ausschlaggebend war wohl auch, dass ich in der Satire sehr feministisch und etwas kratzbürstig war. Ich stand auf einmal für alles, was verpönt war, was es sonst im Fernsehen nicht gab.

NB: An welchem Punkt hattest Du das Gefühl, da ist es gekippt, da kam nicht die nächste ARD-Hauptrolle?
— MK: 1993 hab ich mich als lesbisch geoutet. Das war während wir die erste Folge von *Nachtschwester Kroymann* drehten. Im September kam das im »Stern«. Ich dachte, der Zeitpunkt ist ganz gut gewählt, weil ich damals Satire machte und meine Aufträge für *Nachtschwester Kroymann* im Kasten hatte. Außerdem ist jemand, der lesbisch ist und das auch sagt, mit Satire besser kompatibel als mit einer Vorabendserie. Hinzu kam, dass ich nach *Vera Wesskamp*, der zweiten Serie, die ich gespielt hatte, dachte: »Toll, jetzt hatte ich eine große Serien-Hauptrolle. Das hat mir Spaß gemacht, aber es wäre auch schön, selbst mehr Einfluss zu haben und mehr bestimmen zu können.« Da hatte ich zum Beispiel gar keinen Kontakt mit den Autorinnen, worauf die Produzentin auch sehr geachtet hat. Sie hatte mitgekriegt, dass ich bei *Oh Gott, Herr Pfarrer* ziemlich eingegriffen und mich beschwert hatte – natürlich zum Besten der Serie, wie ich finde. (*lacht*)

NB: Du hast Dich also ab '93 wieder auf das Kabarett orientiert?
— MK: … wieder aufgenommen habe ich das '92! Das Coming-out überschnitt sich dann mit *Nachtschwester Kroymann*. Die Oberen bei der ARD hat es ziemlich geärgert, dass ich das ohne Not, wirklich nur aus politischen Gründen gemacht habe. So nach dem Motto: »Sie sind ja wohl wahnsinnig geworden! Wenn man schon lesbisch ist, dann sagt man es wenigstens nicht! Sie können ja privat machen, was sie wollen.« Natürlich wurde das nicht ausgesprochen. Vielleicht wussten sie auch einfach nicht, wie sie mit einer Frau, bei der die klassischen Flirtmechanismen nicht funktionieren, umgehen sollten.

NB: Wobei ich oft dachte, dass Du schon sehr gut kokettieren kannst und das auch machst. Zum Beispiel in *Nachtschwester Kroymann*…
— MK: Ja, das stimmt. Und ich habe es auch genossen, dass ich nach dem Coming-out nun selbstironisch damit umgehen und auf einer feinen Ebene mit Witz darauf zu sprechen kommen konnte.

NB: Das Kokettieren ist mir nur aufgefallen, weil ich es privat von Dir gar nicht kenne…
— MK: Ich bin als Mädchen sozialisiert. Das steht mir schon immer zur Verfügung, und in den ersten Stücken am Zimmertheater Tübingen, wurde ich für die Sexbomben besetzt, die ein bisschen dusselig sind. Damals hatte ich irgendwie mehr Busen und Po. Davor war ich immer dünn, trug eine Brille, war so spillerig und ein bisschen – ja, blutarm. Als ich aus dem Jahr USA zurückkam – war ich knuffig, ich hatte zugenommen und auf einmal etwas, was die als Sexappeal empfanden – also wurde ich für solche Rollen besetzt. Damals kamen Männer,

»Sehen Lernen«

Maren Kroymann und Salvatore Poddine – Privatarchiv Maren Kroymann
Foto: Bernd Wegers

die mich gar nicht kannten und sich verabreden wollten, und ich dachte: »Ich bin ja gar nicht so wie ihr denkt.« – Aber ich hatte halt diese Ausstrahlung. Es gab also von Anfang an eine starke Diskrepanz zwischen meinem Äußeren, wenn ich geschminkt war, die falschen Wimpern und ein schickes Dekolleté trug, und dem Aussehen derjenigen, die dann mit der Brille vormittags in die Vorlesung ging. Das waren immer die beiden Seiten, die fast unverbunden nebeneinander standen. Als ich am Zimmertheater vorgesprochen und -getanzt hatte, hat der Intendant Salvatore Poddine mir hinterher erzählt, dass er damals seine Frau gerufen hat: »Komm runter, hier ist ein Mädchen. Sie hat eine Brille, doofe blonde Haare, aber sie tanzt so sexy!«

NB: Du hast eben gesagt, Dein Coming-out sei eine politische Aktion gewesen. Inwiefern?

— MK: Es ging um öffentliche Wahrnehmung von Lesben. Da hatte ich auf einmal diese Hauptrolle in *Oh Gott, Herr Pfarrer* gekriegt und war einfach an der richtigen Stelle, hatte mal Schwein, und mein Typ war gefragt, wie man so sagt – das passte gut. Plötzlich war ich populär und dachte, mit dieser Popularität kann ich doch etwas Sinnvolles anfangen. Ich war während der 70er-Jahre eine politisch aktive Studentin und dachte natürlich an Gesellschaftsveränderung – im Kleinen. Aber wo man ansetzen kann, bitte ansetzen! Ich hatte diese ganzen schwulen Freunde, die das so tapfer mit ihren Familien durchgefochten hatten. Und als es mich dann »traf«, wusste ich, dass ich handeln musste. Also, wer wenn nicht ich? Andere spenden oder sammeln Geld, und ich spende eben Popularität. (*lacht*)

NB: Konntest Du Deine Coming-out-Erfahrung als Kabarettistin nutzen?
— MK: Ja klar! Was macht ein Kabarettist anderes, als das Leben besonders sensibel zu beobachten und auf den Punkt zu bringen? Wenn es da einen so entscheidenden Bereich gibt, wie die eigene Sexualität, den ich nicht benennen darf, wird es schwierig. Dieter Hildebrandt sagt selbstverständlich: »Als ich mit meiner Frau letztes Jahr in der Türkei war«, jeder sagt das. Mario Barth lebt davon, dass seine Freundin Schuhe kauft. Wenn man sich ängstlich zensiert, ist man schnell nicht mehr authentisch.

NB: In welchem Verhältnis stand Dein Wunsch nach Authentizität zu der Rolle der Blondine im Theater?
— MK: Da war ganz klar ein Empfinden, aber das konnte ich damals nicht benennen. Ich merkte nur, die halten mich für etwas, was ich nicht bin. Irgendetwas stimmt nicht, und ich muss es vielleicht auflösen. Und natürlich glaube ich, dass ein ganz großer Teil meines Wegs in den Beruf der Versuch war, diese beiden Hälften zur Übereinstimmung zu bringen.

NB: Also eine Identitätssuche?
— MK: Ja, ich würde es absolut so sehen, dass ich immer Sachen gespielt habe, zu denen ich vielleicht eine persönliche Distanz hatte, die aber ein Teil von mir sind, wie z.B. diese Blondine. Ich habe diese Facette natürlich schon früh verabscheut, weil meine Mutter mir beigebracht hatte, dass man nicht »Mädchen mit Locken« ist und sich darauf verlässt, dass man hübsch ist. Trotzdem war ein Teil von mir so und in den Rollen konnte ich das mit Fug und Recht sein. Doch gleichzeitig wusste ich, dass ich auch diese Studentin bin, die brav ist, sich politisch weiterentwickeln möchte, noch gar nicht viel weiß und zu schüchtern ist, um sich im Seminar zu melden. Im Theater, auf der Bühne war es hingegen möglich, und ich war auf einmal diejenige, die alle anguckten – das war eine gute Ergänzung.

NB: Damit konntest Du dann einfach so umgehen? Diese Rolle hat Dir ausreichend Schutz so geboten?
— MK: Nein, das stimmt nicht wirklich. Ich wäre gerne eine selbstbewusste, politisch ganz toughe Kämpferin gewesen, die vorne bei der Vollversammlung

steht und die guten Sätze sagt, aber das war mir nicht gegeben. Ich hatte gar kein Selbstwertgefühl. Ich dachte, ich checke gar nichts, habe viel zu wenig gelesen und in der Theorie überhaupt keine Ahnung. Ich war Bürgerskind aus Tübingen. Bei uns gab es keine Arbeiterklasse, sondern nur Universitätsangehörige. Bis ich '67 Abitur machte, hatten wir nur eine kleine verhärmte 1. Mai-Demo und ansonsten nichts. Politisches Denken und Linkssein hat sich mir erst erschlossen als ich in Paris studierte. Da hatte ich immer noch ein großes Minderwertigkeitsgefühl.

NB: Wieso konntest Du trotzdem auf der Bühne stehen?
— MK: Da war ich ja nicht die Intellektuelle. In der Uni waren es Inhalte, Theorie, Intellekt, und auf der Bühne – auf der ich dann mit meinem geringen Selbstbewusstsein, meinem Selbstdarstellungsdrang, den ich offensichtlich hatte, stand –, wurde ich akzeptiert, aber nicht als Intellektuelle, sondern als hübsche Frau, die man begehrt. Das fand ich an sich auch schon toll und neu.

NB: Stichwort »Selbstdarstellungsdrang« –
— MK: Ja. Den hatte ich irgendwie. In der Schule gab es immer ein so genanntes Zeugnis-Singen: Jeder musste nach vorne, ein Lied vortragen. Alle hassten es. Ich habe mich auch geniert und fand das ganz furchtbar, konnte es aber komischerweise immer ganz gut. Dann mussten wir ein Gedicht vortragen, so eine Ballade. Ich dachte »Oh Gott, oh Gott und dazu noch auswendig!« Aber als ich mich da vorne hingestellt habe und es aufsagte, meinte der Deutschlehrer ganz erstaunt: »Sehr gut!« Da wusste ich, ich habe etwas gut gemacht. Dabei blieb es erstmal. Später hat meine Mutter mich ins Ballett geschickt. »Damit das Kind ein bisschen Selbstbewusstsein kriegt.« Im Chor habe ich durchgehend gesungen und auch sehr gerne Klavier gespielt. Das hing schon mit Ausdruckswillen zusammen. Aber nicht so deutlich, dass ich gesagt hätte: »Ich muss schauspielern!«

NB: Kann ich verstehen. Das hätte ich auch nicht gesagt. Ich glaube, man traut sich nicht.
— MK: Ich habe es mich auch nicht getraut. Ich hatte gerade als ein bildungsbürgerliches Kind so eine Ehrfurcht vor Theater, Literatur und Gedichten. »Wenn einer das macht, dann muss er erste Garde sein, sonst ist das brotlose Kunst.« Ich war sehr befangen. Deswegen habe ich mich immer von der Seite an den Beruf herangeschlichen. Ich glaube, das lag daran, wie meine Mutter von Marlene Dietrich und Theateraufführungen in den 20er-Jahren sprach. Es hatte fast einen mystischen Zuschnitt, wenn meine Eltern von den »großen Ereignissen damals in Berlin« redeten. Und dass ich, das kleine Mädchen, so etwas machen könnte – also nee... Ich war gut in der Schule, z.B. in Sprachen, das entsprach den Vor-

Auf der Bühne von *Auf Du und Du mit dem Stöckelschuh*, Maren Kroymann und Gitarrist Hellmuth Pätsch – Foto: Jim Rakete

stellungen meiner Eltern. Ein bisschen Klavier spielen, gut, aber mit dem Ballett, na ja – das war schon grenzwertig, denn es war nicht standesgemäß. In Tübingen gingen die Kinder zum Tennis und die anderen Professoren fragten immer: »Schicken Sie Ihre Tochter nicht zum Tennis? Macht Ihre Maren denn immer noch Ballett?« Meine Mutter war ganz störrisch, fand das spießig und sagte: »Natürlich machst du weiter Ballett!«

NB: Was haben Deine Eltern gesagt, als sie Dich zum ersten Mal im Fernsehen gesehen haben?
— MK: Das war ja viel später. Erst mal war ich am Zimmertheater in Tübingen, dann studierte ich, ging nach Paris und nach Berlin, spielte an kleinen Theatern und schließlich entwickelte ich das Kabarett-Programm *Auf Du und Du mit dem Stöckelschuh*. Nach dem Stöckelschuhprogramm wurde ich ja entdeckt.

NB: Das heißt, Du hast das Studium der Romanistik und Anglistik zu Ende gemacht, aber dann bewusst entschieden, es nicht weiter zu verfolgen?
— MK: Ja, ich wollte zwar noch promovieren, aber nach dem Staatsexamen habe ich entschieden: Ich will wieder Theater spielen. Ich habe mich dann in frei-

en Gruppen eingefädelt, alles kleine Theater: Vaganten-Bühne, Theater Manufaktur. Das war mal in gewissen Kreisen eine sehr beliebte, freie Gruppe. Die haben politisches Theater gemacht. Ich habe auch viele Jahre im Eisler-Chor gesungen.

NB: Hat Dich das Studium vielleicht noch mehr eingeschüchtert als das Schauspielen? Was hat Dich wieder zum Theater hingezogen?
— MK: (überlegt) Ich wusste beim Schauspielen schon, dass ich nicht diese klassische Stadttheater-Schauspielerinnen-Karriere will. Das hatte ich in Tübingen schon rauf und runter kennen gelernt. Ich wollte immer etwas machen – das kam durch die ganze politische Arbeit –, was inhaltlicher ist: Ich möchte heute noch gerne etwas in der Gesellschaft bewegen. Einen neuen Blick auf etwas richten. Mir war klar, dass ich die Gesellschaft nicht verändern kann. Aber ich kann irgendetwas Aufsässiges machen, was die Leute konsterniert und dazu bringt, anders hinzugucken. Vielleicht war es auch Schiss, aber die klassische Bühnentheaterschauspielerin hat mich nicht interessiert. Ich war schon, ehrlich gesagt, auch sehr am Show-Business interessiert. Hinzu kam noch, dass ich Schlagerfan war, ich liebte Elvis Presley, später die Beatles, dann Marilyn Monroe, Eartha Kitt und Marlene Dietrich – auch wenn es nicht zu mir »passte«.

NB: Wobei Du heute noch in dem Bühnenprogramm *Gebrauchte Lieder*, eine Art gesungene Schlagersoziologie der 50er- und 60er-Jahre präsentierst. Spannend ist, dass bei Dir alles ursächlich mit dem Singen zusammenzuhängen scheint...
— MK: Das ist auch wirklich sehr erstaunlich. Im Grunde hat mich alles, was ich richtig gelernt habe, auch eingeschüchtert. Und das Singen habe ich nur für mich gemacht. Das wurde von meinen Eltern nicht als Berufswunsch wahrgenommen, das gehörte zum Leben! Meine Mutter hat wahnsinnig gerne gesungen, und man war einfach im Chor. Eine Opernsängerin war ich auf keinen Fall, soviel war klar. Und mit dem Singen konnte ich sozusagen alle Leistungs-Erwartungen unterlaufen. Ich war später in Berlin im Eisler-Chor, hatte jedoch nie das Bedürfnis, einen Brecht-Abend zu machen. Ich wollte auch da die Erwartungen unterlaufen, indem ich das verachtete, triviale Genre wählte. Ich habe sie umgangen, indem ich ganz niedrig angefangen und etwas gemacht habe, das keiner ernst nimmt, außer mir (lacht). Und da habe ich mich dann getraut. Es war eine wunderbare Erholung von diesem ewigen Anspruch, mich mit Schmonzette, Schwärmen und ohne das Abstrakt-Theoretische fallen lassen zu können – ein ganz emotionaler und bauchgesteuerter Ansatz. Das war gut, denn das Übrige, was ich tat, war ja sehr verkopft. Das war überhaupt die Tendenz bei den 68ern: Ohne die Marxschen Feuerbach-Thesen, die Brecht-Lukács-Debatte und natürlich den kompletten Hegel zu kennen, kann man sich gar nicht äußern. Und das war das Gleiche mit

Maren Kroymann singt – Foto: Melanie Grande

dem Bildungsbürgertum: Mein Vater war ein großer Literatur-Liebhaber. Wenn Petrarca schon Sonette geschrieben hat, dann kann man doch nicht selbst Gedichte schreiben! Es gab in den USA Mädchen, die haben Gedichte und Musicals geschrieben: für mich damals undenkbar! So vieles war durch die Wertschätzung meiner Eltern besetzt. Und da hat mich die Seite von mir, die emotional, sinnenfroh, schwärmerisch, teenager-mäßig, lustig und auch sehr direkt ist, glaube ich gerettet – im Leben und in der Kunst. Die hat mich vor Selbstmord und Herzinfarkten bewahrt. Das Singen ist etwas ganz direkt Emotionales. Da muss ich mich keinem beweisen, das macht man, und es ist einfach schön. Da gab es für mich keine Kontrolle. Und das, nur das hat mich befähigt, nach vorne zu gehen und etwas von mir zu geben. Gleichzeitig hätte ich nie ein Liederprogramm gemacht, in dem ich »nur« singe.

NB: Mich interessiert, was Deine Eltern gesagt haben. Bei *Nachtschwester Kroymann* sagtest Du: »Ich bin in den Mutterschutz gegangen, weil meine Mutter sich andauernd von den Nachbarn anhören musste, was für schreckliche Dinge ich gemacht habe.« –
— MK: Mein Vater ist ja leider 1980 schon gestorben. Der hätte sich gefreut! Meine Mutter war eher die, die skeptisch fragte: »Was machst Du da?« – Theater, das fand sie alles nicht so interessant. Das *Stöckelschuh*-Programm empfand sie als eigenständige Leistung, und ab da unterstützte sie meine Berufswahl. Und dann bekam ich dieses Fernsehangebot! Das war endlich mal nicht nur brotlose Kunst – ich hatte ja bis dahin nicht wirklich viel Geld verdient und mit *Stöckelschuh* zum ersten Mal ein bisschen. Ich war 37 als dieses Angebot kam für *Oh Gott, Herr Pfarrer*. Es dauerte ein bisschen eh ich begriff: Das ist gar nicht das dritte Programm! Das ist ARD, und zwar 20:15 Uhr. Und das Drehbuch ist richtig klasse! Ich hatte bis dahin kaum Fernsehen geguckt. Ich hatte also überhaupt keine Ahnung, war aber ganz stolz – und erzählte es meiner Mutter: »Mutti, ich spiel jetzt in einer Serie mit und sogar die Hauptrolle. Ist aber eine ganz tolle Serie.« Darauf sagte meine Mutter völlig eiskalt: »Ja, Serien guck ich ja generell nicht, mein Kind. Das weißt du ja!« So, das saß! Sie bemerkte aber bald, dass alle anderen es guckten. Ich habe dann insistiert: »Mutti, das kannst Du doch wirklich mal anschauen!«, und meine Mutter entgegnete: »Ja, also mein Kind. Ich mache es jetzt so: Ich mache es an, aber ich mache den Ton weg. Und in den Szenen, in denen du mitspielst, mach ich den Ton an.« Nur, um Dir zu zeigen, wie meine Mutter so tickte. Das war sie sich selbst schuldig, denn Serien sind halt das Letzte und Fernsehen sowieso. Nun war das 1987 und bis dahin war tatsächlich nur eine einzige intelligente Serie im Fernsehen gelaufen, das war *Kir Royal*. Später hat sie die Folgen auch ganz angeguckt und fand es gut, weil es so eine positive Resonanz gab. Eltern sind eben auch nur Menschen. Nachher, als ich dann *Nachtschwester*

Kroymann gemacht habe, worauf ich ja viel stolzer war, habe ich gefragt: »Mutti, haste geguckt? Wie fandest Du es?« Und sie meinte: »Na ja, das ist ja ... mehr so Satire.« In dem Moment wusste ich, sie hätte es lieber gehabt, ich hätte noch mal eine schöne Serie gemacht. (*Lacht*). Das fand sie letztlich doch gut.

NB: Die Anerkennung Deiner Mutter war Dir aber wichtig?
— MK: Ja, ja. Aber das dauerte, bis ich schließlich Erfolg hatte, und ab da war ich ja zunächst Fernseh-Schauspielerin. Vorher war ich Diseuse. Und meine Mutter sagte ständig – sie hatte eine Frauenrunde –: »Was soll ich denn denen nun sagen, was du beruflich machst? Was soll ich denen denn nun sagen?« Das wusste ich denn auch nicht und antwortete: »Ich singe und spiele, aber studiert hab' ich ja auch, kannste ruhig sagen ... so, ich bin eben Schauspielerin.« Es hat sie jahrelang beschäftigt, dass sie ihren Frauen gegenüber nicht formulieren konnte, was ich bin. Das ist auch hart.

NB: Was bist Du denn? Da ist die Schauspielerin, die Kabarettistin, die Satirikerin, die Sängerin, die Entertainerin, all das...
— MK: Es ist das Ganze. Diese Bezeichnungen spiegeln zwar einen großen Reichtum und eine Breite wider, aber das Klassische in jeder Disziplin bin ich nicht. Ich bin ja weder Jutta Lampe noch Maria Callas noch Lore Lorentz.

NB: Und was ist das Ganze dann?
— MK: Das Ganze ist eigentlich eine idiosynkratische Mischung, die nur von meiner Person in der Zusammensetzung kommen kann (*lacht*). Es ist eine ins Berufliche gewendete individuelle Prägung, und aus der mache ich was. Der Überbegriff heißt am ehesten Schauspielerin, weil ich ja nicht als Sängerin singe. Genauso wenig bin ich ständig Kabarettistin. Klassisches Kabarett habe ich überhaupt nicht gemacht, außer ein paar *Scheibenwischer*-Auftritte.

NB: Hast Du jemals Deine Entscheidung, vorerst wieder Satire zu machen, in Frage gestellt?
— MK: Diese Entscheidung bereue ich überhaupt nicht. Die fand ich sehr gut. Als man mich nicht mehr wollte, *Nachtschwester Kroymann* abgesetzt wurde, und ich etwas Neues suchte, zwischen 1998 und 2000, bis *Mein Leben und Ich* anfing, hab ich mich sehr bemüht, eine ähnliche Art der Arbeit bei der ARD machen zu können. Nur irgendwie war es vorbei. Ich war zu alt oder Neue kamen. Daraufhin habe ich ein neues Bühnenprogramm entwickelt. Das ist eben nicht Satire, sondern Entertainment, weil ich auch wieder singen wollte. Ich fand das schön, zurück zur Bühne zu gehen. Nun ist im Fernsehen *Mein Leben und Ich* übrig geblieben, was nicht von mir selbst geschrieben und nicht wahnsinnig satirisch ist,

aber einen guten Humor und anarchische Ansätze hat. Ich freue mich jedenfalls, dabei zu sein. Zusätzlich möchte ich jetzt aber langsam wieder andere Projekte finden. Der Kinofilm war wunderbar, aber so etwas habe ich nicht jedes Jahr. Der letzte Fernsehspielfilm wurde 2003 gedreht. Der war mit der Regisseurin Christine Kabisch und hat mir wie *Verfolgt* ermöglicht, eine dramatische Rolle zu spielen.

NB: Nach zwei Jahren, in denen man versucht, interessante Projekte zu finden und es nicht funktioniert, stellt man da andere Entscheidungen in Frage?
— MK: Nein. Ich habe auch nicht die Entscheidung in Frage gestellt, mich zu outen. Das war richtig. Es hat mich nicht karrieremäßig, wohl aber persönlich weitergebracht. Ich bin klarer geworden und gewichte anders. Durch mein Coming-out habe ich außerdem die Möglichkeit erhalten, mich politisch zu äußern und hier und da Gehör zu finden. Es muss ja nicht alles, was man macht, der Karriere zugute kommen –

Obwohl es schön wäre. Natürlich wäre ich gerne berühmt. Das ist aber wahrscheinlich doch nicht meins, weil ich mich, je älter ich werde, umso weiter davon entferne.

NB: Und warum wärst Du gerne berühmt?
— MK: Ja weil es toll ist (*lacht*)! Es ist natürlich etwas Narzisstisches zu wünschen, geliebt, anerkannt und unumstritten zu sein. Es ist eine großartige Bestätigung und tut der Seele einfach gut, wenn auch berühmte, kluge Leute sagen: »Die ist toll«, weil Einmütigkeit herrscht, dass man wie Senta Berger z. B. schön und schlau ist und gut spielt. Ich bin nicht richtig berühmt geworden, aber ich bin ehrenhaft unberühmt geblieben – oder berühmt bei einigen. Wobei ich mal ganz klar sagen möchte: Keine Karriere zu machen ist auch kein Wert an sich! Ich habe von Anfang an gespürt, dass es mir nicht um bedingungslose Popularität geht, sonst hätte ich mich sicher für ein anderes Leben entschieden. Ich habe mein Leben jedoch so eingerichtet, eine bestimmte, inhaltliche Arbeit weitestgehend realisieren zu können. Es ist auch wichtig, auf die Art und Weise anerkannt zu werden, die zu mir passt. Als ich 50 wurde, habe ich gesagt, es passiert noch ganz viel, und das stimmte auch ein bisschen. Heute weiß ich nicht, ob wirklich noch ganz so viel passiert ... (*lacht*). Ich hätte gerne *Nachtschwester Kroymann* weiter gemacht. Diese Sendung hatte ein tolles Potenzial: Das war anders und vielfältig.

NB: Mir sagen manchmal Leute auf Grund meiner Rolle in *Mein Leben und Ich*: »Du bist ja gar nicht so blöd!« Inwiefern wurden die Inhalte von Sketchen in *Nachtschwester Kroymann* mit Dir als Privatperson in Verbindung gebracht?

— MK: Bei *Nachtschwester Kroymann* war es nicht ganz so schlimm, obwohl ich schon hier und da mit den schärfsten Äußerungen und der Satire gleichgesetzt wurde. Die Leute hatten Mühe zu begreifen, dass Satire eine künstlerische Ausdrucksform ist. Das liegt daran, dass es kaum Frauen gibt oder gab, die tatsächlich Satire machen, bei denen man zu unterscheiden lernt wie bei Dieter Hildebrandt, Bruno Jonas oder Georg Schramm. Hinzu kam der neue Gedanke, dass Frauen andere Frauen parodieren. Das hätte mehr wahrgenommen werden können – das war eine neue Sparte: Eine Feministin, die Frauen parodiert, gerade nach der Frauenbewegung. Man sagte dann, es sei frauenfeindlich: »Was hast du denn mit Christiane Herzog? Die ist doch ganz nett.« Na klar ist die ganz nett, aber die hat diese kleine Selbstgerechtigkeit, und eine schnippische, etwas besserwisserische, leicht autoritäre Frau ist grandios zu spielen. Ich bin ja nicht nur politisch und sage: »Die hat etwas Böses«, sondern ich hatte die verstanden und die machte mir einfach Spaß.

NB: Das ist ja ein langer Weg von der anfänglich erwähnten Ehrfurcht hin zur scharfen gesellschaftlichen Satire – z.B. über Vergewaltigung in der Ehe.
— MK: Ich glaube, man arbeitet die eigene Angst ab, indem man die Leute für sich vom Podest holt. Ich denke, ein repressiver Zeitgeist provoziert Satire, weil das ein Mittel ist, mit ihm fertig zu werden. Denn Satire ist eine wunderbare Gegenwehr: draufhauen, reinschlagen, abarbeiten – und die eigene Frechheit, die einem eventuell nicht in die Wiege gelegt worden war, erst mal wachsen lassen.

NB: Nochmals zu der Tatsache, dass Du wirklich ganz oft neue Sachen ausprobiert und ins Rollen gebracht hast – man könnte die Linie bis *Verfolgt* sehen, weil dort auch ein Thema aufgegriffen wird, was man bis dato zumindest nicht in der Form gefunden hat.
— MK: Du hast Recht! Ich hatte nicht viel Spaß daran, ein vorhandenes Rollenbild auszufüllen – da dachte ich immer, dass das andere besser können. Ich kann hingegen irgendwo eine Tür finden, hinter der sich etwas Neues verbirgt. Diejenigen, die eine Tür öffnen, sind ja nie so berühmt wie diejenigen, die dann durch diese Tür schreiten. Tatsächlich finde ich es sehr spannend, die Grundform von dem, was Schauspielerin oder Kabarettistin sein heißt, um eine Möglichkeit oder Facette zu erweitern. Das ist eine Rollen-Zuschreibung, die mir gut gefällt: Ich stoße etwas an, verändere es, muss aber selbst gar nicht mehr darin wohnen und die Sparte mainstream-tauglich machen – ich habe sie jedoch angerissen.

NB: Deine Regisseurin aus *Verfolgt* ist ja einem ähnlichen Muster gefolgt, indem sie Dich gegen Dein Image besetzt hat...

— MK: Was ist mein Image? Die von der leichten und lustigen Unterhaltung? Die schmallippige Emanze? Dieser Film ist in der Tat keine leichte Unterhaltung, meine Rolle darin ziemlich ungefällig und der Inhalt insgesamt politisch unkorrekt. – Insofern ist alles schön!

NB: Ist das auch eine Art der Wertschätzung von »Comedy«, die im Vergleich zu »ernsten Charakterrollen« oft niedriger bewertet wird?
— MK: Ja, ja, und die Geringschätzung ist nicht angemessen, weil dieses Genre »Comedy« mitunter auch schwierige Ansprüche, z.b. an Timing, Leichtigkeit und Sinn für das Umgangssprachliche stellt. Der klassisch sozialisierte Schauspieler beherrscht das durchaus nicht aus dem Stegreif. Es ist, glaube ich, einfach deutsch zu denken, das Lustige sei weniger wert: Es sei weder richtige Schauspielerei, es habe keine Tiefe, vom Intellekt ganz zu schweigen. Das ist borniert, unreflektiert bildungsbürgerlich und öde. Früher war »konservativ« eine Frage von rechts oder links. Heute scheint es mir mehr eine Frage des Kulturbegriffs zu sein: Wertet man alles, was als unterhaltsam empfunden oder definiert wird ab oder nicht?

NB: Als Du angefangen hast, Dich mit Schauspielerei auseinander zu setzen und Dir Deinen Weg zu bahnen, warst Du ungefähr so alt wie ich jetzt. Ich habe mich gefragt, wie Du heute an meiner Stelle den Beruf angehen würdest?
— MK: Als ich '67 am College-Theater gespielt und wir mit Stanislawski und dessen Methoden gearbeitet haben, sah ich immer nur die Bühne. Das Fernsehen habe ich nie als Möglichkeit betrachtet. Heute würde ich es einbeziehen, wenn ich anfangen würde. Du bist damit aufgewachsen, was ein großer Unterschied ist. Du hast den Vorteil, z.B. ohne Schauspielschule diese Chance zu ergreifen.

NB: Die Schauspielschule hast Du auch nicht gemacht, obwohl Du an der Reinhardt-Schule in Berlin aufgenommen wurdest. Warum?
— MK: Ich habe gedacht: »Guck mal, die finden, dass ich begabt bin.« Das wollte ich eigentlich nur wissen. »Und jetzt könnte ich mich auch – was mich ehrlich gesagt mehr interessierte – meinem Studium widmen.« Ich fand es extrem spannend an der Uni und dachte einfach, was mir da geistig widerfährt, ist wichtiger für mich als auf die Schauspielschule zu gehen. Außerdem sagte ich mir: »Wenn ich es einmal geschafft habe, dann kann ich es doch nachher noch mal schaffen, wenn ich mein Staatsexamen gemacht habe.« Nur hat das mit dem Staatsexamen zwei Jahre länger gedauert, und ich war schon 27.

NB: Aber das heißt, es war eine ganz klare Entscheidung für Bildung und geistige Öffnung?

Maren Kroymann und Nora Binder in der RTL-Serie *Mein Leben und Ich* –
Foto: Guido Engels

— MK: Ja. Das fand ich fundamentaler, um mich zu entwickeln. Ich habe allerdings später oft gedacht: »Mensch, wenn ich das gemacht hätte, wäre ich wahrscheinlich an ein größeres Theater gekommen.« Vieles läuft von alleine, wenn du von einer Schule kommst: Du hast z.B. meist schon Regisseure kennen gelernt. Es wäre sicher vieles anders gelaufen – aber ich glaube, ich wäre ebenfalls beim selbstständigen Konzipieren gelandet.

Jedenfalls habe ich nicht umsonst eine berufliche Orientierung, die aus mehreren Tätigkeiten besteht – es ist ein Luxus, nicht immer nur eine Sache zu machen. Das einzig Kontinuierliche meiner Tätigkeiten ist eine inhaltliche Orientierung. Das ist mein persönlicher, privater, kleiner Luxus!

NB: Was wäre jetzt noch ein kleines Stückchen Luxus, was hinzukommen könnte?
— MK: Ich hätte gerne mehr Macht. Ich hätte gerne so ein Image, so ein Renommee, um mir die Projekte aussuchen zu können, die ich machen will. Dazu muss ich berühmter sein. Da kommen wir wieder auf die Frage der Popularität. Allerdings ist es für Frauen in meinem Alter sowieso nicht gerade einfach.

NB: Und welche Rolle sollte jetzt kommen, wenn wir in der besten aller Welten lebten?
— MK: Ich würde ja gerne mal eine Frau spielen, die eine Charakteristik hat, die alle verabscheuen. Und ich würde sie gerne so spielen, dass man Sympathie für sie entwickelt und sie am Schluss mag, z. B. eine Frau, die ihre Kinder verlassen hat – also etwas richtig Böses! Kindsmord muss es nicht sein, aber vielleicht auch das. Frauen, die Kinder umbringen, machen das ja nicht, weil sie böse Menschen sind, sondern aus einer großen Not, Ratlosigkeit und Verzweiflung heraus. Dieses Thema scheint mir interessant.

NB: Geht es bei einer solchen Frauenrolle ganz einfach um Verstehen?
— MK: Ja, es ginge darum, sich in eine Person hineinzuversetzen, die eigentlich gesellschaftlich geächtet ist – die ganz klar »das Böse« ist. Aber die Kunst z. B. einer Patricia Highsmith liegt darin zu zeigen, was der Anteil von Menschlichem ist, denn uns könnte es vielleicht auch in bestimmten Situationen erwischen: Was ist der »Mörderanteil« in uns? Wir sind so klar in unseren Urteilen: Das ist gut und das ist böse. Und Patricia Highsmith hat es so schön geschafft, zu zeigen, wo diese bösen, dunklen Seiten, die wir extrem verabscheuen, hervorbrechen könnten und wie sich die Eindeutigkeiten verwischen…

NB: Das heißt, das Ganze bleibt bei dem Thema Frau – erforschst Du Dich selbst?
— MK: Ja! Für mich geht es in der Schauspielerei um »Sehen Lernen« – mich und die Realität: »Was bewegt eine Person?«, »Welche Brüche stecken hinter einem fugenlos präsentierten Bild?«, »Welche Entwicklungen ergeben sich, wenn man Risse zulässt?« – Das ist mein Impuls, zu gucken! Ich will beim Spielen keine fertigen Bilder präsentieren, sondern aufspüren, aus welchen mühsam zusammengefügten Einzelteilen sich ein Selbstbild zusammensetzt. Und wir alle wissen ja, dass wir uns auch im Leben schon tierisch geirrt haben, gerade wenn wir meinten, ein besonders fotogenes Bild von uns vorzeigen zu können – Und das zu spielen macht sowieso am meisten Spaß!

NB: In der Zukunft wird demnach weiterhin hinterfragt, geschauspielert und sich eventuell auch geirrt?
— MK: (*lacht*) Ja – vor allem geirrt!

NB: Danke für das schöne Gespräch, Maren!

Das Gespräch fand am 20.03.2007 in Berlin statt.

Nora Binder, Jahrgang 1984, ist seit ihrer Jugend als Schauspielerin in u.a. Alles klar (1997, Evi Esser), Mein Leben und Ich (2001-07), Lottoschein ins Glück (2002, Dirk Regel) und Ich lass mich scheiden (2006, Matthias Tiefenbacher) tätig. Sie studiert Europäische Medienkultur an der Bauhaus-Universität in Weimar sowie an der Université Lumière Lyon II.

© Freese/drama-berlin.de

Ulrich Matthes wird 1959 in Berlin geboren. Während des Studiums der Germanistik und Anglistik nimmt er privaten Schauspielunterricht und debütierte an den Vereinigten Bühnen Krefeld/ Mönchengladbach. 1986 wechselt er nach München zum Bayerischen Staatsschauspiel und 1988 zu den Münchener Kammerspielen an denen er u.a. die Titelrolle in Tankred Dorsts *Karlos* spielt. Ab 1992 kehrt er nach Berlin zurück an der Schaubühne am Lehniner Platz und spielt dort u.a. in *Nachtasyl*, *Hedda Gabler*, *Orestes* und *Die Möwe*. Seit 2004/05 ist er festes Ensemblemitglied am Deutschen Theater.

Ulrich Matthes hat in zahlreichen Fernsehfilmen mitgewirkt, u.a. in *Nikolaikirche* (Frank Beyer), *Ein falscher Schritt* (Hermine Huntgeburth), *Der Mörder und sein Kind* (Matti Geschonneck), *Mitfahrer* (Nicolai Albrecht) und *Vineta* (Franziska Stünkel). Im Kino ist er in *Winterschläfer* (Tom Tykwer), *Aimée und Jaguar* (Max Färberböck) zu sehen. In Oliver Hirschbiegels *Der Untergang* verkörpert er Joseph Goebbels, in *Der neunte Tag* (Volker Schlöndorff) einen katholischen Priester in den Fängen des Dritten Reiches. Ulrich Matthes erhält zahlreiche Auszeichnungen, darunter den Gertrud-Eysoldt-Preis für herausragende schauspielerische Leistungen 2005.

Neben Bühne und Film tritt Matthes mit Buchlesungen auf, er nimmt Hörbücher auf (u.a. *Der englische Patient, Lolita, Die Pest*) und wirkt in Hörspielen mit.

Ulrich Matthes lebt in Berlin.

»Die Reduktion auf den nackten Gedanken, die nackte Empfindung, das pure Gefühl, die Intuition des Moments«

Ulrich Matthes im Gespräch mit Oliver Schütte

OS: Was konstituiert einen guten Schauspieler?
— UM: Bei dieser Art von Frage gerät man natürlich in die Gefahr, von sich selber zu sprechen, weil man sich selber für einen hält. (lacht) Man muss aber versuchen, das zu verallgemeinern und ins Weite zu fassen. Also, das war ein kleiner Scherz zu Beginn.

OS: War das ein Scherz?
— UM: Es war ein halber Scherz und ein halber wahrer Satz. Ich halte mich schon für einen guten Schauspieler, sonst könnte ich gar keine Bühne betreten und mich vor eine Kamera stellen. Das ist ein zentraler Topos dieses Berufs, weil man so eine extreme Scheu und Scham immer wieder überwinden muss, um diesen Vorgang der Veröffentlichung der eigenen Gefühle überhaupt zu wagen. Es wird einem natürlich freundlicherweise von Leuten nahe gebracht, die einem sagen: »Wie machen Sie das nur? Ich könnte das nicht.« Man antwortet dann routiniert: »Na ja, ich bin eben ein Schauspieler.« Trotzdem, wenn man sich intensiver damit beschäftigt, ist der Vorgang, vor 600 Leute zu treten, viel schwieriger als die vergleichsweise intime Kamerasituation. Man – ich jedenfalls – stellt sich das Millionenpublikum ja nie vor. In keiner Sekunde. Nie. Die 600 Leute, spätestens wenn ich vorher in der Garderobe die Durchsprechanlage aufdrehe, sind dagegen sehr präsent. Diese Hunderte von Menschen haben erst mal relativ viel Geld bezahlt, um dich in irgendeiner Hauptrolle zu sehen und dann bist du in der Lage, diese Leute ein paar Stunden irgendwie für die Rolle oder den Text und vor allem – ich sage es einfach, alles andere wäre kokett und verlogen – für dich zu interessieren. Ich stelle mich dort hin und erwarte und hoffe, dass die Leute mit ihrer Aufmerksamkeit ein paar Stunden bei mir sind. Wenn man nach 25 Berufsjahren versucht, was nicht so einfach ist, aber hin und wieder versuche ich es doch mal, sich keusch zu machen und sich vorzustellen, was das eigentlich ist, dann erschrecke ich doch für einen Moment und denke: ›Oh Gott. Wo nimmst

du dieses Selbstbewusstsein her?‹, was ich sonst in unterschiedlichen Situationen auf sehr unterschiedlich stark ausgeprägte Weise habe. Aber dieses Grundselbstbewusstsein sich gegen diese Scham – von der ich zutiefst glaube, dass sie uns, egal, was in den letzten 150 Jahren gesellschaftlich passiert ist, trotzdem absolut innewohnt – zu stellen und zu sagen: »Hier bin ich, wie findet ihr das?«, das ist einer in seiner Exhibition zwar immer wieder bewältigter und auch wahrlich nicht immer reflektierter Vorgang, aber ganz pur gedacht ist es irre. Immer wieder sage ich zu Schauspielschülern: »Ihr müsst euch irgendeine Art von Scheu oder von Scham bewahren. Sonst geht es nicht.« Das ist eine ganz wesentliche Erfahrung meines Berufs. Wenn man diese Art von Scham nicht mehr hat, dann kann man auch nicht mutig sein. Es klingt wie ein Paradox, aber es ist kein Paradox. Wenn man nicht einerseits noch weiß, dass es schon irgendwie etwas Besonderes ist, sich zu exhibitionieren, kann man es auch nicht tun. Dann würde es immer irgendwie Mache sein – eine flotte oder virtuose oder wirkungsvolle, aber eben eine Mache.

OS: Was ist dann der Moment, der doch dazu führt, diese Scham oder diese Schwierigkeiten zu überwinden?
— UM: Die Lust. Eine Lust zu erobern. Eine Lust der Verführung. Im weitesten Sinne etwas Erotisches. Das hat nichts mit Sexualität zu tun. Aber etwas Erotisches, ein Begehren, begehrt werden zu wollen. Etwas zutiefst Intuitives, etwas absolut Bauchiges, bei dem man sagt: »Ich muss da jetzt hoch, ich will da rauf« oder »Ich will jetzt vor die Kamera« und alle sind plötzlich ganz still oder werden ganz still am Set. Die letzten Kommandos werden gegeben, der Regisseur sagt noch einmal anderthalb Sätze und es herrscht höchste Konzentration für diesen einen Moment, den es jetzt zu erwischen gilt. Dann setzt eine Art von etwas absolut Irrationalem ein, das ist ein bestimmtes Ausschalten der Ratio und ein Verlassen auf das, was intuitiv und Bauch an einem ist. Das ist in gewisser Weise wie ein Trieb, der von mir aus doch mit dem Sexualtrieb oder mit dem Hungertrieb irgendwie vergleichbar ist. Das ist der Spezialtrieb des Schauspielers, doch irgendwie wahrgenommen werden zu wollen. Allerdings nur in der Arbeit, was mich betrifft, das muss ich einschränkend sagen. Das Bedürfnis nach anderen Formen von Öffentlichkeit, und ich will das gar nicht kritisieren, ist bei anderen Kollegen deutlich ausgeprägter. Ich mache mich ein bisschen lustig, aber ich mache mich freundlich darüber lustig. Diese Art von Rotem-Teppich-Flanieren und sich auf Partys ins Blitzlichtgewitter schmeißen und da eine Kusshand und dort eine Kusshand, kann ich nicht besonders gut und mag es auch nicht gern. Das eine bedingt das andere: Weil ich es nicht gerne mag, kann ich es nicht so, und weil ich es nicht so kann, mag ich es nicht. Ich erfülle dies als eine Art von professioneller Pflicht, bin aber immer froh, wenn es hinter mir ist.

OS: Wenn es dieses Gesehen-werden-Wollen ist, dann ist es im Theater sofort spürbar als Applaus, als direktes Feed-back. Wenn es das ist, dann müsste die Arbeit im Film langweilig sein.
— UM: Nein. Das ist auf eine andere Weise noch konzentrierter. Die Kamera, dieser komische Apparat, diese Maschine, die ist auch so ein Zauberding. Wenn die angeworfen wird, werden einfach auch Hormone freigesetzt. »It´s a chemical reaction, that´s all", heißt der Titel in dem Musical «Silk stockings" von Cole Porter. Es ist wahrscheinlich zu 99 % chemical reaction und zu 1 % Metaphysik, was da passiert an Verdichtung einer Atmosphäre zur Höchstkonzentration aller Beteiligten. Und wenn das nicht vorhanden ist, könnte ich ausrasten – bin ich auch manchmal schon, vor allem am Set. Beim Theater nicht so, weil man weiß, man hat Monate Zeit. Aber wenn am Set irgendein Tonassistent, während ich oder ein anderer eine schwierige Szene zu spielen hat, in der Ecke sitzt und gähnt oder Kreuzworträtsel macht, da könnte ich zum Mörder werden. Das ist für mich eins der wirklich schönen Mysterien des Films – wenn es denn nicht so ist, wie eben beschrieben –, dass wirklich ein Team aus völlig miteinander nichts zu tun habenden Individuen, aus allen Himmelsrichtungen zusammengepflanzt wird und in zwei Monaten dann so ein Kunstwerk entsteht. Wenn das wirklich in Höchstkonzentration passiert, und zwar von allen Beteiligten, vom kleinen Techniker bis zum Superstar, dann ist das eine Urerfahrung von gemeinsam Kunst machen und wirklich beglückend. Diese Art der Konzentration hat, auf Ihre Frage eingehend, auch damit zu tun, dass es das Bewusstsein gibt, da doch auch angeguckt zu werden.

OS: Spielen das Sehen des Films und die direkte positive oder negative Reaktion des Publikums denn dann noch eine Rolle?
— UM: Natürlich. Man ist ja eitel, obwohl ich mich nicht für besonders eitel halte. Es interessiert einen erstens aus Eitelkeit, weil man gerne gelobt werden möchte. Zweitens interessiert es mich selber. Ich gucke mir Filme, in denen ich mitspiele, mit einem total professionellen Blick einmal, zweimal, dreimal an. Zuerst gucke ich, wie ich aussehe. In manchen Filmen bewusst schlecht, wie in *Der Untergang* oder *Der 9. Tag*. Da habe ich sehr stark abgenommen, um so mager wie möglich zu sein. Dann schaue ich aber vor allem, wie ich es mache. Was ist geblieben von den Momenten der Drehtage, in denen ich das Gefühl hatte: »Da hast du aber was erwischt.« Was ist davon geblieben? Wie kommt es rüber? Wie ist es im Raum? Habe ich da doch zu viel gemacht? Habe ich zu wenig gemacht? War die Reaktion zu schnell? All diese professionellen Fragen, im Grunde handwerkliche Fragen, stellt man sich erst mal eine ganze Weile. Manchmal sogar den ganzen Film durch. Es ist mir schon mal passiert, dass ich überhaupt nicht auf irgendwas anderes geachtet habe, sondern nur geguckt habe, was ich in dem Film

mache. Nicht wie ich eingebettet bin, sondern ganz konkret, wie, was. Insofern gibt es ein Interesse der Eitelkeit und ein professionelles Interesse von einem selbst. Dann will man natürlich wissen, wie das so genannte »Publikum« darauf reagiert. Dabei interessieren mich natürlich vor allem die Menschen, von denen ich etwas halte, Familie und Freunde, und dann Kritiker, die ich schätze. Wenn es ein nicht ganz heftiger Verriss und gut geschrieben ist, dann interessiere ich mich auch dafür. Meist sieht man den Film auch nur ein- oder zweimal mit Publikum, außer wenn man tourt, so wie bei *Winterschläfer*, da waren es sechs Mal. Das ist heftig. Da zuckt man wirklich extrem zusammen, wenn in einen kleinen stillen Satz hineingeniest wird oder jemand an der für einen selbst emotionalsten Stelle eines Films aufs Klo geht.

OS: Ist die eigene Einschätzung, d.h. sowohl das Eitle als auch das Handwerkliche, oft genug in Deckung mit der des Publikums? Haben Sie da schon Überraschungen erlebt, bei denen Sie dachten, es sei das Beste, was Sie je gemacht haben, aber die Zuschauer fanden es schrecklich?

— UM: Deswegen steht »das Publikum« in Anführungszeichen. Das Publikum ist leider oder Gott sei Dank nie einheitlich. Nie. Nehmen wir mal Rollen, für die ich gelobt worden bin. Zum Beispiel *Der 9. Tag* von Volker Schlöndorff, wofür ich für den Deutschen und den Europäischen Filmpreis nominiert wurde. Als Beispiel aus dem Theater nehmen wir *Wer hat Angst vor Virginia Woolf?*. Da bin ich für meine Rolle von den deutschsprachigen Kritikern zum Schauspieler des Jahres gewählt worden und habe den Gertrud-Eysoldt-Ring bekommen, eine der höchsten Auszeichnungen für einen Theaterschauspieler. Natürlich gibt es auch bei diesen Veranstaltungen, die ich wirklich gut finde, Zuschauer, die sagen: »Damit fange ich nichts an.« Das ist zwar die weitaus geringere Zahl als diejenige der Menschen, denen es gefallen hat. Trotzdem gibt es die natürlich auch und trotzdem gibt es Zuschauer, die bestimmte Szenen als besonders gelungen beschreiben, die ich als nicht so gelungen beschreibe. Es gibt keine Art von einheitlichem Urteil. Es ist ein Satz, der immer wieder gesagt wird und der einem, wenn man ihn liest, wahnsinnig binsenweise vorkommt. Aber er ist wirklich wahr und wenn man durch Eitelkeit nicht ganz verblödet ist, dann ist man sich selbst der beste Kritiker. Dann weiß man insgeheim, wenn man mit sich ganz alleine ist: »Diese Rolle hast du gepackt. Da bist du wirklich gut. Und bei der anderen, na ja, da fehlt irgendetwas. Oder irgendetwas ist da noch drin und was ist das?« Selbst wenn die Kritiker sagen, dass es toll war. Außerdem, nach 25 Berufsjahren, relativiert sich vieles: Ich habe zum Teil für eine Rolle super Kritikern bekommen. Man hat davon dann drei, vier Zeitungen vor sich liegen, aber wenn man die fünfte Zeitung aufschlägt: »Der Abend war eigentlich ganz schön, wäre Ulrich Matthes nicht gewesen.« Also man ärgert sich da nach 25 Berufsjahren ein bisschen über die schlechte Kritik und freut sich über die gute, aber sagt sich selbst: »Habt ihr das nicht alle eine Nummer kleiner? Ich weiß selbst, was daran gut und was nicht so gut war. Und den Leuten, die da reingehen, gefällt's...« Da gibt es auch bei meinen Freunden welche, denen es mehr und denen es weniger gefällt. Es ist so relativ, auch, was Karriere oder Karrieresprünge angeht. Das ist von solchen Superzufällen und von Glück in einer Weise abhängig, man glaubt es nicht.

Und die Kritiker lieben es raufzuschreiben und runterzuschreiben. Der Zufall will es, und einem wird irgendeine tolle Rolle angeboten, dann spielt man die gut und dann sagen alle: »Guck mal, den oder die gibt es ja auch noch.« Das ist völlig absurd. Ich bin überzeugt, es schlummern an den deutschen Stadttheatern in Hildesheim, Bremerhaven und Dessau die fantastischsten jungen Schauspieler bis 35, die sofort eine Superleistung in einer Hauptrolle mit einem großen prominenten Filmregisseur abliefern würden. Man fährt aber nicht hin. Die meisten Filmregisseure sind sowieso keine Theatergänger und finden das Theater irgendwie doof. Im Gegensatz zu den Theatermachern, die lieber ins Kino rennen als ins Theater, was auch ein absurder Vorgang ist. Ich kenne kaum Filmleute, die regelmäßig ins Theater gehen, um sich auch da Schauspieler anzugucken. Sie sehen eher fern und besetzen zum 150. Mal den gleichen Schauspieler.

OS: Noch mal auf den Punkt, es habe viel mit Glück und Zufällen zu tun. Was würden Sie einem jungen Schauspieler aus Hildesheim raten, der sagt: »Mein Traum ist es, der größte deutsche Theaterschauspieler zu werden?«
— UM: Nach zwei Jahren Hildesheim, wo er auch hoffentlich große Rollen gespielt hat, sollte er sich an allen mittelgroßen bis großen Theatern mit einem möglichst persönlichen Brief bewerben und dann bei den Vorsprechen, wenn er denn wirklich so gut ist, möglichst gut und engagiert sein und dann langsam Karriere machen.

OS: Vielleicht weniger konkret: Gibt es irgendetwas, wie man den Zufall umgehen kann?
— UM: Nein. Der Zufall ist doch allmächtig. Der Zufall ist überhaupt das Allermächtigste. Der Zufall ist das größte Element bei der Karriere eines Schauspielers. Ein guter Schauspieler – ich komme nachher noch zu der Definition, worum es sich dabei handelt – wird irgendwann schon entdeckt. Aber eine wirklich große Star-Karriere kann man am Theater nicht wirklich machen, sondern nur im Film. Natürlich kann man in der internen Theaterlandschaft auch eine Art von Star werden, nur eben nicht für die gesamte Öffentlichkeit. Dass der Zufall bestimmend ist, ist auch meine Erfahrung, wenn ich sehe, wer wirklich Karriere gemacht hat und wer nicht, und zwar bei Schauspielern, die ich für wirklich gut halte. Da denke ich immer: »Mein Gott, das ist doch ein toller Schauspieler!« Ich

kann mir das nur so erklären, dass der oder die noch nicht das Glück hatte, im richtigen Moment die richtige Rolle angeboten zu bekommen.

OS: Haben Sie das Glück gehabt?
— UM: Das ist eine gute Frage (überlegt lange). Mir liegt spontan und die ganze Zeit, während ich nachdenke und schweige, auf der Zunge: »Nein!« Dann habe ich die ganze Zeit überlegt, ob das wirklich stimmt oder ob das zu flott gedacht und geantwortet ist. Ich halte mich für viel weniger intellektuell, als ich gesehen werde. Ich weiß, dass ich zutiefst intuitiv bin. Ich bin intelligent, aber nicht intellektuell, das ist ein Unterschied. Ich kann formulieren, und deswegen wird man in einer Branche, in der es auch komplette Analphabeten gibt, für intellektuell gehalten. Das bin ich aber nicht. In dieser Branche, in der man, wie wir alle wissen – auch das ist eine Binsenweisheit, aber man muss es immer wieder aussprechen – unglaublich in Schubladen gesteckt und aufbewahrt wird, bin ich irgendwie der Fall für das abgewrackt schwierige Intellektuelle. Am Theater habe ich die unterschiedlichsten Rollen gespielt und ich weiß einfach, dass ich viel komödiantischer, auch viel humorbegabter bin als man mich beispielsweise beim Film einordnen würde. Das sehe ich an der Art von Angeboten, die ich schon lese, aber die gleich ins Altpapier kommen. Das Bewusstsein dafür, dass ein Schauspieler jemand ist, der diesen Beruf unter anderem auch deswegen ergriffen hat, um sich immer wieder, natürlich von sich ausgehend, verwandeln zu können, ist bei den ganzen Fernsehredakteuren oder -redakteurinnen irgendwie nicht richtig angekommen. Man wird dermaßen auf eine bestimmte Äußerlichkeit reduziert. Der Schmale, der, wenn man ihn manchmal in Berlin sieht, eine Brille auf dem Kopf hat, ist der Komplizierte mit der Brille, der immer nur vor Büchern sitzt. Nach *Der 9. Tag* und *Der Untergang* habe ich erst mal fünf Angebote bekommen, bei denen ich irgendwelche Nazirollen spielen sollte. So ist es. So simpel ist es wirklich. Ich glaube, meine wirklich große Fähigkeit, abgesehen von ausgeprägtem Sprachgefühl, ist meine Fähigkeit zu großer Emotion. Das fehlt mir als eine Rolle. Eine Rolle, die heute spielt – also nicht irgendein ausgemergelter Nazi oder ein Opfer, sondern eine Rolle von heute aus 2007, die irgendwas erlebt, was sie zu höchsten Emotionen bringt, welcher Art auch immer, möglichst verschiedener Arten. So eine Rolle würde ich mir wünschen. Diese Art von Hochemotionalität wird seit 25 Jahren am Theater ununterbrochen von mir in den unterschiedlichsten Auffächerungen – in Komödien, in Shakespeares, in Tschechows, Lessing, Schiller, Goethe, alle – verlangt und vom Regisseur und auch vom Publikum für gut befunden. Für den Film bin ich aber irgendwie der verknarzte Intellekt. Das ist niederschmetternd. Und dann drehe ich lieber nicht, als wieder irgendeinen verknarzten Intellektuellen zu spielen. Ich glaube, da liegt meine eigentliche große Fähigkeit, mich emotional extrem in Figuren hineinbegeben zu können.

OS: Was wäre denn ein Gegenargument einer Fernsehredaktion oder einer Produktion, wenn jemand Sie in einer komödiantischen Rolle besetzen wollte? Was würde jemand eventuell dagegen sagen?
— UM: Äußeres. So sieht der nicht aus. Über den lachen die Leute nicht. Da denken sie eher: »Oh, der Junge hat ein Problem.« (Überlegt.) Was in Fernsehredaktionen gefragt ist, ist in gewisser Weise Durchschnittlichkeit. Das ist vielleicht auch richtig. Vielleicht erfüllen sie ihren Job, indem sie nach einer bestimmten Art und eben nicht nach Schauspielern suchen, die das Extrem suchen - und das tue ich –, sondern nach einer bestimmten Art von Durchschnittlichkeit. »Der Zuschauer« will eben auch nicht das Extreme. Ich will das überhaupt nicht bewerten. Wenn er den ganzen Tag arbeitet, dann will er das *Forsthaus Falkenau* gucken und nicht *Winterschläfer* oder *Der 9. Tag*. Dann kippt er noch aus den Latschen und kann am nächsten Tag nicht zur Arbeit gehen. Nein. Wenn ich den ganzen Tag gedreht habe, dann gucke ich nicht irgendeinen Godard, sondern *Wer wird Millionär?*.

OS: Die Produktionen können Sie sich nicht vorstellen...
— UM: Weil sie mich in *Der Untergang* und in *Der 9. Tag* gesehen haben, in diesen beiden Wahnsinnskloppern.

OS: Schon bald werden die Zuschauer Sie in der kleinen Filmproduktion *Vineta* sehen, in der Sie auch eine Figur spielen, die eher in das Rollenfach »ernst« passt.
— UM: Trotzdem habe ich das gern gespielt. Ein bisschen zwielichtig, aber irgendwie mochte ich das Drehbuch. Außerdem bin ich mit Moritz Rinke befreundet, der das zugrunde liegende Theaterstück geschrieben hat. Im Grunde entscheide ich sowieso danach, ob mich das Projekt interessiert, ob ich die Rolle gerne spielen möchte. Wenn ich mit tollen Angeboten überschüttet werden würde, dann würde ich schon sagen: »Das ja, das nein, das ja, ...« So ist es aber nicht. Jedenfalls nicht beim Film. Beim Theater schon. Da sage ich manchmal schon: »Oh Mann, nicht noch ne Rolle.« Aber beim Film ist es nicht so. Vor allem ist es nicht so variabel in dem Spektrum dessen, was mir angeboten wird, sondern immer relativ ähnlich. Vielleicht ist die eine Rolle mal interessanter als die andere. Natürlich hat man eine Art von Grundausstrahlung, von Grundlook. Aber es ist schon Wahnsinn, dass es immer wieder dieselben Schauspieler sind, die die gleichen Rollen spielen. In Hollywood oder auch in Frankreich ist das anders. Es gibt bei uns fast immer nur Schauspieler, die »Gute« spielen, und welche, die die »Bösen« spielen.

OS: Wobei Sie in kürzester Zeit einen Guten und einen Schlechten gespielt haben.
— UM: Das war auch das Spektakuläre an diesem Dreivierteljahr. Das war wirklich spektakulär anders.

OS: Spielen Sie sonst eher Gute oder Böse, Ihrer Meinung nach?
— UM: Eher Gute, beziehungsweise zu einer Art von Identifikation Einladende. Am Theater.

OS: Würde das auch bedeuten, dass Sie lieber mehr Böse spielen würden?
— UM: Nein. Nach diesen Filmen bekomme ich fast ausschließlich zwielichtige Charaktere angeboten. Vorhin habe ich von meiner Lust am extremen Gefühl gesprochen, aber ich halte mich eigentlich für ziemlich normal. (lacht) Ich würde wahnsinnig gerne auch mal einen normalen Menschen spielen, der morgens aus dem Haus geht und vielleicht betrügt ihn seine Frau oder er betrügt sie. Die Kinder sind halberwachsen, dann kommt noch ein anderes Problem dazu. Ein Film, der nicht doof ist, sondern irgendwie intelligent, wie ein französischer Film, in dem noch etwas Spektakuläres passiert oder er entdeckt, dass seine Tochter auf den Strich geht oder etwas anderes Lustiges. (lacht)

OS: Welche Möglichkeiten als Schauspieler haben Sie, so etwas durchzusetzen?
— UM: Null. Dazu bin ich gar nicht in der Szene drin. Ich gehe nicht auf diese ganzen Partys. Vor kurzem war ich mit Freunden, die weder etwas mit Theater noch mit Film zu tun haben, in einem Café und an einem Nebentisch saßen fünf Filmschauspieler. Sie quatschten die ganze Zeit nur über »Wer dreht was mit wem und warum?«. Das ist für mich ein Alptraum.

OS: Warum?
— UM: Weil ich das so doof und so langweilig finde, sich über so etwas zu unterhalten. Ich unterhalte mich lieber mit einem Freund von mir, der gerade Vater geworden ist, wie er jetzt sein Kind groß werden sieht. Das interessiert mich viel mehr.

OS: Und wenn sich am Nebentisch sechs Forscher darüber unterhalten würden, wer gerade welches Forschungsprojekt macht?
— UM: Das kommt darauf an. Es ist die Art, wie sich darüber unterhalten wird, und nicht die Tatsache, dass.

OS: Wie wurde sich unterhalten?

134

— UM: Na ja, die Projekte selbst klangen alle eher ein bisschen langweilig. Ich bin natürlich auch, was die Qualität der Texte angeht, durch das Theater für viele Drehbücher einfach total verdorben. Dann lese ich ein Stück von Tschechow, und der ist eben besser als die meisten Drehbücher: die Dialoge, die er schreibt, wie alles vom Ersten bis zum Letzten miteinander verzahnt ist, die Dramaturgie des ganzen Stückes und auch die Schönheit der Sprache. Umgekehrt muss ich sagen, dass ich gerade weil ich so oft solche Sätze habe, dann auch extreme Freude daran habe, mal wieder Sätze auswendig zu lernen wie: »Gute Nacht. Schlaf gut.« Das sagt man in Bühnenstücken sehr selten, aber im Film eben ständig. Das ist so schön. So eine Realität. Oder ein Dialog mit einem Taxifahrer: »Was hören Sie denn da für Musik?« Das ist als Kontrast zu der ganzen Hochkultur, die ich auch liebe und schätze, großartig! Nur diese Hochkultur würde mich verrückt machen. Dazu finde ich »E« und »U« in jeder Beziehung viel zu schön. Auch, was Kino angeht. Ich mag die Blockbuster genauso gerne wie das Avantgardekino. Und ich mag Pop genauso wie eine Schubert-Sonate. Alles zu seiner Zeit.

OS: An dieser Stelle gehen wir noch mal einen Schritt zurück. Sie haben lange Zeit im Theater gearbeitet. Wie ist dann der Moment gekommen, zum Film zu gehen?
— UM: Zufällig. Alles.

OS: Hatten Sie das nie im Kopf? »Wenn das passieren würde, würde ich ›Ja‹ sagen«?
— UM: Ja, natürlich. Selbstverständlich habe ich mir gedacht: »Warum fragt mich denn keiner?« Auch Mitte/Ende der 80er-Jahre, zu dem Zeitpunkt, als ich schon eine Art Jungstar in München war, hat mich niemand gefragt. Da war ich auf den Titelseiten von irgendwelchen Theaterzeitschriften abgebildet, hatte große Interviews. Aber es hat mich niemand vom Film gefragt. Ich habe dann ein bisschen Fernsehen gedreht, *Derrick* zum Beispiel. Irgendwann kam dann das Angebot für *Winterschläfer*. Zufall. Natürlich habe ich in den Jahren vorher gedacht: »Mensch, das könntest du auch!« Weil ich glaube, dass ich mich auch in meiner Art, Theater zu spielen, um eine Art von Spiel bemühe, die möglichst wenig formal ist, sondern eigentlich eher eine Art von innerem Ausdruck nach außen zu bringen. Ich kann mich auch erinnern, dass Theaterregisseure öfter zu mir sagten: »So wie du spielst, müsstest du eigentlich auch ein guter Filmschauspieler sein.«

OS: Welche Rollen wären denn 2006 überhaupt für Sie in Frage gekommen? Wo haben Sie gedacht: »Warum hat man mir das nicht angeboten?«

— UM: Ich gestehe: Den Grenouille in *Das Parfüm*. Ich glaube, ich wäre richtiger gewesen als Ben Whishaw. Irgendwie stimmte da etwas nicht, so wie ich das Buch, den Roman gelesen habe. Den Vergewaltiger in *Der freie Wille*, den Jürgen Vogel gespielt hat, hätte ich gerne gespielt. Es gibt schon eine Menge, merke ich gerade.

OS: Sind aber auch alles keine komödiantischen Rollen, sondern eher ernste, schwierige Rollen.
— UM: Ist überhaupt eine Komödie im letzten Jahr gedreht worden?

OS: Gibt es denn eine Komödienrolle, bei der Sie sagen würden, dass es etwas für Sie wäre?
— UM: Verwandlung. Zehn verschiedene Masken, zehn verschiedene Kostüme. Alec Guiness in *Adel verpflichtet*, so etwas zum Beispiel.

OS: *Charlys Tante*?
— UM: Das habe ich dem Deutschen Theater heftig ans Herz gelegt. Dann standen wir kurz davor, dass es gemacht wird, aber jetzt machen wir *Die Fledermaus*. Mit singenden Schauspielern.

OS: Haben Sie ihren ersten Film *Winterschläfer* als positives Erlebnis empfunden?
— UM: Das war wunderbar. Die Arbeit an *Winterschläfer* war herrlich. So eine schöne Arbeit. Erst mal ist Tom Tykwer wirklich ein wunderbarer Regisseur, intelligent, weiß wirklich, wohin er mit dem Film will, souverän genug, um mal zu schweigen, um dann wieder etwas sehr genau zu sagen. Wenn er etwas sagt, sagt er es so, dass man es sofort versteht und umsetzen kann. Frank Griebe ist ein toller Kameramann. Das war wirklich tolle Arbeit, uneingeschränkt toll.

OS: Gab es einen Film, bei dem Sie hinterher gedacht haben, dass Sie das lieber nicht gemacht hätten?
— UM: Nein, überhaupt nicht. Wenn ich mich zu etwas entscheide, dann bin ich da treu. Natürlich waren die einzelnen Dreharbeiten aus unterschiedlichen Gründen unterschiedlich schön. Ich habe die verschiedensten Erfahrungen gemacht. So enthusiastisch wie ich mich über die Arbeit zu *Winterschläfer* geäußert habe, würde ich mich nicht über alle Arbeiten gleichermaßen äußern.

OS: Liegt es an der guten Vorauswahl? Oder denken Sie eher:»Ich habe mich jetzt darauf eingelassen und das muss jetzt so sein.«?

— UM: Nein, dazu bin ich viel zu kritisch. Wenn ich etwas mache, dann überlege ich es mir vorher, ob ich es machen kann. Und wenn ich mich entschieden habe, mache ich das auch. Egal, ob es sich um *Derrick* handelt oder *Winterschläfer*. Wenn ich Lust hatte, so einen Mörder in *Derrick* zu spielen, dachte ich: »Das macht jetzt auch Spaß. Für drei oder vier Wochen, das ist lustig. Das machst du jetzt.« Die anderen Projekte waren alles Sachen, die ich sehr gerne angenommen habe, – teils mit Skrupeln, wie beim *Untergang*. Ich stehe zu jeder Arbeit, auch zum *Untergang*. Obwohl ich mir die sehr unterschiedlichen Argumente sehr genau angehört habe. Manche Freunde von mir waren ganz gegen den Film, strikt, prinzipiell und auch wütend. Ich habe mich sehr auf diese Gespräche mit ihnen eingelassen. Trotzdem habe ich meine Entscheidung, den Film zu machen, verteidigt – den Film insgesamt. Ob es da nicht verschiedene Entscheidungen oder einzelne Aspekte in dem Film zu kritisieren gibt, steht auf einem ganz anderen Blatt.

OS: Um auf den Unterschied zwischen einem Film- und einem Theaterschauspieler zu kommen: Was macht einen guten Filmschauspieler aus?
— UM: Eindeutig der Verzicht auf jegliche Form von Schauspielerei, von bewusstem Ausdruck, von bewusster Suche nach Vermittlung, von bewusster Bindung zwischen sich und Zuschauer, weil es den nicht gibt. Es ist die Reduktion auf den nackten Gedanken, die nackte Empfindung, das pure Gefühl, die Intuition des Moments. Sich dem zu überlassen, was einem gerade widerfährt, und das zu tun. Sich in keiner Weise zu zensieren.

OS: Wie machen Sie das? Gibt es eine Methode oder eine Art und Weise, da rein zu kommen?
— UM: Der Weg vom Theater zum Film ist viel schwieriger als umgekehrt. Vergrößern kann man immer viel leichter als reduzieren. Ich nehme es mir immer sehr vor, aber dann ist der erste Drehtag meistens doch ein bisschen schwierig, weil ich noch merke, wie bewusst der Akt des Reduzierens passiert. Ich bin eigentlich immer ganz dankbar, wenn am ersten Drehtag nur kleinere Szenen gedreht werden und nicht wie bei *Der Untergang* eine Szene, die beispielsweise später rausgeflogen ist, obwohl Oliver Hirschbiegel gesagt hat, das sei von mir gut gespielt gewesen und es sei eher aus Rhythmusgründen gewesen. Ich weiß nicht, ob ich ihm da glauben soll... Es war auch der Tag, an dem 25 Journalisten aus aller Herren Länder da waren. Ich stand da und dachte nur: »Wer ist das? Aha, die internationale Presse. Und die habt ihr eingeladen an meinem ersten Drehtag mit der Szene?« Puh!

OS: Wurden Sie wütend in dem Moment?

— UM: Nein, dazu war ich viel zu nervös. Dazu hatte ich viel zu viel Angst.

OS: Wovor?
— UM: Vor meinem ersten Drehtag! Davor, die erste Szene zu verhauen. Es waren knapp zehn Kollegen am Set und ich war derjenige, der fast die ganze Zeit reden musste in der Szene. Alle guckten, wie das so ist. Man kennt sich ja irgendwie in dem Gewerbe. Aber auf einmal ist da die ganze Weltpresse. Natürlich hat man da Angst. Normalerweise kann man am ersten Tag in diese Form der Reduktion ein bisschen hineingleiten. Das ist immer wieder ein sehr schöner Vorgang. Ich merke, wie befreiend und wie beglückend es ist, nicht mehr nach einer Form, nach irgendeiner Art von Ausdruck für bestimmte innere Vorgänge suchen zu müssen, weil sie sonst die 15. oder 25. Reihe einfach nicht mehr mitkriegt. Einfach da sitzen zu können und zu denken: »Sein oder nicht sein, das ist hier die Frage.« Dieses Gemurmel würde nicht einmal die dritte Reihe mitbekommen, wenn ich das so spielen würde. Bei einem Film, wenn die Kamera so auf dir drauf ist, kannst du das so machen. Das ist herrlich. Wie schön das ist, wenn die Sachen einfach in einem drin sind: im Bauch, im Kopf, im Bauchnabel, im Oberschenkel. Irgendwann kommen sie raus – oder auch nicht, das kriegt man dann schon mit. Das ist wunderbar.

OS: Man muss es auch fühlen. Es muss in diesem Moment in einem existieren, damit es nach außen dringen kann. Gibt es da eine Methode?
— UM: Ich kann mich sehr gut konzentrieren, das konnte ich immer schon. Das hat vielleicht auch etwas mit dem Elternhaus zu tun. Ich bin zum Beispiel im Moment frisch und wahnsinnig verliebt. Im Moment, in dem wir hier reden, denke ich aber überhaupt nicht an dieses Verliebtsein, sondern bin absolut hier, obwohl ich sonst den ganzen Tag daran gedacht habe. So ist es eben auch beim Drehen, dass ich mich wirklich sehr gut konzentrieren kann. Situationen, in denen es heißt, dass wir nur noch fünf Minuten Licht haben und die Szene jetzt in den Kasten kriegen müssen, wobei man noch 2 ½ Minuten für die Schienen braucht, haben wir nur noch 2 ½ Minuten, um das drehen zu können. In solchen Situationen kann ich mich sehr gut konzentrieren.

OS: Was würden Sie denken, was die anderen...
— UM: Schon komisch, dass Sie immer fragen und ich immer antworte...

OS: Ist das nicht die Rollenverteilung in einem Interview?
— UM: Natürlich, aber diese Frage stelle ich mir oft bei Interviews. Manchmal drehe ich den Spieß auch um und frage dann den- oder diejenige. Manche reagie-

ren verlegen, weil sie das überhaupt nicht kennen. Aber ich mache das nur aus Spaß, aus guter Laune.

OS: Ich stelle schon wieder eine Frage, aber wie kommt die Lust, in einem Interview die Rolle zu wechseln?
— UM: Sport, Spiel, Spannung.

OS: Ist es auch der Antrieb für das Schauspielen?
— UM: Absolut. Ja. Neulich fiel mir ein Ausschnitt aus einem »Focus«-Interview in die Hände, das ich gegeben hatte. Ich dachte nur: «Was hast du denn da gesagt?« Die Überschrift lautete sinngemäß: »Ich will Quatsch machen.« Das habe ich en passant, wie das eben so ist, in diesem Interview gesagt: »Ein Urimpuls für den ganzen Beruf ist auch Jux und Dollerei.« Etwas zutiefst Kindliches, Albernes. Ich behaupte als Schauspieler so Sachen wie »Ich bin jetzt tot« oder »Ich bin der Mörder, der mit der Knarre seine Alte erschießt. Peng.« Oder: «Ich bin der wütende Diktator.« Das ist doch eigentlich Kinderquatsch und dies ist ein wesentlicher Teil des Berufs. Neben aller Ernsthaftigkeit und Suche nach dem extremen Gefühl besteht der Beruf auch aus Jux und Dollerei. Das ist auch etwas, was mich wahnsinnig macht, wenn die Leute denken: «Auweia, der Matthes ist ausschließlich ein ganz Seriöser.« Verstehen Sie?

OS: Ich verstehe das sehr gut, frage mich aber auch, warum niemand darauf reagiert, wenn Sie das im »Focus« gesagt haben und hier noch einmal?
— UM: (überlegt) So funktioniert das Gewerbe nicht. Jeder hat sein Ding, jeder ist ab einer bestimmten Semiprominenz eine bestimmte Marke, noch mehr als wenn man völlig unbekannt ist. Dann ist das so. Man will John Wayne auch tatsächlich nicht in einer Cary-Grant-Rolle sehen. Er wäre dazu wahrscheinlich gar nicht in der Lage gewesen. Und Cary Grant hätte man bestimmt auch nicht in einer John-Wayne-Rolle sehen wollen. Es wäre eine Cary-Grant-Rolle draus geworden.

OS: Das ist jetzt das Argument einer Produzentin, eines Produzenten. Das würde Ihnen ja widersprechen.
— UM: Natürlich. Ich versuche gerade, nach den Gegenargumenten zu suchen.

OS: Ich könnte als Gegenargument sagen, dass es genug Beispiele von Schauspielern gibt, die aus ihren Rollen herausgefallen sind, und jeder sagt, das sei genial. Man fragt sich, warum man vorher nicht darauf gekommen ist, diesen Schauspieler mal so zu besetzen.

— UM: Durch meine Karriere bin ich finanziell unabhängig. Durch all das habe ich einen bestimmten Status erreicht. Trotzdem hat sich an der grundsätzlichen Abhängigkeit von der Entscheidung anderer Menschen darüber, ob sie mit mir arbeiten wollen, nichts geändert. An dem Prinzip, dass ich ans Telefon gehe, wenn es klingelt und jemand dran ist, der unbedingt etwas mit mir machen möchte, egal in welchem Bereich – ein Hörspiel, was ich auch sehr gerne mache, oder Hollywood oder wenn der Intendant vom Deutschen Theater am anderen Ende der Leitung ist und mir eine Rolle anbietet – es sind immer irgendwelche Menschen, die einen für so gut halten, dass sie mit einem arbeiten wollen. Ich kann nicht in meinem ganzen Leben einfach ein Bild malen oder schreiben in der Hoffnung, dass die Nachwelt es schön finden wird. Nein, ich muss warten, dass irgendein Regisseur oder Produzent sagt: »Der ist es.« Sie können es mir glauben oder nicht. Ich bin immer noch verdattert, immer noch glücklich, wie als Anfänger, wenn mir irgendjemand eine Hauptrolle in einem Film anbietet, so wie jetzt in dem Film, den ich bald anfange zu drehen. Da denke ich: ›Das ist toll! Die sind auf dich gekommen! Es gibt so viele andere und die bieten dir das jetzt an. Das ist ja toll.‹

OS: Hätten Sie Angst zu scheitern und den Erwartungen nicht zu entsprechen, wenn Sie eine Rolle in einer Komödie spielen würden?
— UM: Grundsätzlich habe ich immer Angst zu scheitern. Mir ist dadurch mal ein Hamlet am Burgtheater entgangen, weil ich, als der Regisseur Adolf Dresen, der Vater von Andi, mich anrief und sagte, er hätte mich gerne als Hamlet am Burgtheater, nur gesagt habe, dass ich darüber nachdenken werde. Gedacht habe ich aber: »Um Gottes Willen, Hamlet am Burgtheater.« Eine Woche später hat er sein Angebot zurückgezogen und meinte: »Wenn Sie sich das nicht trauen, dann trau ich mich auch nicht.« Insofern ist erst mal grundsätzlich mein Respekt vor jeder Rolle ziemlich groß. Ich denke nicht: »Komödie ist ein anderes Genre, das kannst du vielleicht nicht.« Ich bin gebürtiger Berliner und wenn ich will, hört man es mir auch an. Bei einem Casting habe ich das mal gezeigt und die Leute haben die Hände über dem Kopf zusammengeschlagen, weil es nicht zu mir passen und nicht gehen würde. Das habe ich nicht verstanden, weil ich nun mal Berliner bin. Ich rede auch privat manchmal so. Aber die meinten, man würde es mir nicht abkaufen. Das macht mich wahnsinnig. Es ist ein Bedürfnis, Menschen zu kategorisieren. Ich möchte in Redaktionen und Castingbüros wirklich nicht Mäuschen spielen, wie da mit einem Satz ein Schauspieler beurteilt wird. So läuft das, und da braucht man sich auch gar keine Illusionen zu machen. Im Grunde geht es dort genauso zu wie auf dem Pferdemarkt.

OS: Selbst in Ihrer Situation gibt es eher eine große Abhängigkeit. Stört Sie das nicht?

— UM: Das macht einen wahnsinnig. Das macht einen ganz verrückt.

OS: Aber kann man das nicht durchbrechen?
— UM: Nein. Ich nicht. Ich bin nicht der Typ dafür. Dazu bin ich gar nicht in dem System drin. Man kann nur von innen das System durchbrechen, indem man sich wie eine revolutionäre Wanze mitten in den Pelz hineinbegibt und da mal knabbert und dort mal knabbert. Ich kann das nicht. Meine Agentin hat mich angerufen und mir erzählt, dass auf der Berlinale ein toller Empfang sei, zu dem alle hinkämen. Ich habe nur gesagt:»Macht Ihr Euren Empfang mal alleine.« Ich kann das nicht und ich will das auch nicht. Diese ganze Wichtigtuerei! Ich bin auf der Probebühne und am Set immer glücklich. Wenn gearbeitet wird, finde ich das schön. Das ganze Remmidemmi drum herum kann mir gestohlen bleiben.

OS: Liegt das eventuell daran, dass Sie sich zwischen den Welten bewegen können? Sie sind nicht ausschließlich im Film festgeschrieben.
— UM: Bestimmt auch, ja. Das schadet mir in der Filmbranche. Ich habe schon mal gehört:»Was? Du hättest Zeit gehabt?« Da denke ich nur, dass ich doch auch Urlaub einreichen kann. Ich kann doch sagen:»Ich habe da ein großes Filmangebot. Bitte sorgt dafür, dass ich in der Zeit nicht so viele Vorstellungen habe.« Das geht ja.

OS: Ist es dann nicht ärgerlich, wenn man einen *James Bond* ablehnen muss, weil man auf Theatertournee ist?
— UM: Ja, das war aber auch das einzige Mal in meinem Leben. In der Zeitung haben sie mit dem Unterton geschrieben, Der Schnösel wollte lieber Theater spielen, als hätte ich gesagt:»*James Bond*? Das ist mir zu dämlich, ich bin doch für Höheres geboren.« Überhaupt nicht. James Bond ist, seit ich zehn bin, mein Schönstes. Ich kann sämtliche *James-Bond*-Filme auswendig und nacherzählen. Und die Vorstellung, da mal einen Bösewicht zu spielen, wäre die Erfüllung eines Jugendtraums. Das war natürlich schrecklich. Es war vielleicht auch ein Fehler, man macht auch mal Fehler im Leben. Vielleicht war es auch Schicksal. Es ist, wie es ist.

OS: Gibt es für Sie noch einen Traum in dem Beruf, sowohl beim Film als auch beim Theater?
— UM: Komischerweise habe ich wirklich nie in Rollenkategorien gedacht. Ich habe immer mal wieder gedacht, mit dem oder dem Regisseur würde ich gerne arbeiten wollen. Mit mehreren, die ich als junger Theaterschauspieler kennen gelernt habe, habe ich dann auch gearbeitet. Beim Film ist mir das noch nicht

gelungen. Zum Beispiel würde ich wahnsinnig gerne mal mit Dominik Graf arbeiten. Vielleicht denkt der eine oder andere auch, ich sei schwierig.

OS: Aber das würde sich in der Branche doch wahrscheinlich herumsprechen, was Kollegen oder Regisseure sagen.
— UM: Nein, ich bin nicht schwierig. Ich bin überhaupt nicht kapriziös am Set, aber ich bin auch keine Stimmungskanone. Wenn man also einen Gute-Laune-Faktor haben will, könnte ich das nicht sein. Es gibt andere Kollegen, die bis zu dem Zeitpunkt, wenn die Klappe fällt, noch Witze erzählen. Das ist mir immer etwas rätselhaft, wie die das können. Es gibt Kollegen, die den ganzen Tag am Set sind, um sich zu produzieren. Das ist mir immer unbegreiflich. Das ist dann vielleicht der Grund, warum Leute denken, dass ich besonders ernst sei. Sonst bin ich eigentlich für allen möglichen Quatsch zu haben, aber bei der Arbeit beim Film – beim Theater bin ich da ganz anders – wo die Uhr tickt und ich weiß, dass ich womöglich in einer Stunde gerufen werde, aber es kann auch schon in einer halben sein oder womöglich schon in zehn Minuten, das ist anders.

OS: Kann es denn sein, dass Kollegen deswegen sagen, dass Sie wirklich so ernst sind?
— UM: Bestimmt. Man macht sich vielleicht auch keine Mühe und möchte sie sich auch nicht geben, weil man mich jetzt in einer bestimmten Rolle hat. Ich habe auch keine Lust, mir darüber zu viele Gedanken zu machen. Vielleicht wenn ich jetzt noch den Ehrgeiz hätte, den ich so als 27jähriger hatte, wo man eigentlich vor allem einfach nur Karriere machen will – es kennt einen kein Schwein und man hat der Welt etwas zu sagen. Ich habe der Welt immer noch etwas zu sagen, aber eine Art von sich ständig drehendem Ehrgeiz-Motor gibt es so nicht mehr. Ich muss nicht ununterbrochen irgendetwas über mich in der Zeitung lesen oder auf die ganzen Feste gehen.

OS: Kommen wir aber noch mal auf Ihre Träume zurück und auf Dominik Graf.
— UM: Ich würde gerne mit bestimmten Filmregisseuren arbeiten.

OS: Wer wäre das außer Dominik Graf?
— UM: Mit Hans-Christian Schmid. Ich glaube, er ist auch ein toller Schauspielerregisseur. Christian Petzold. Oskar Roehler vielleicht aus Verrücktheit. Der wollte mal einen Kafka-Film mit mir machen. Dann würde ich sehr gerne mal einen internationalen Film auf Englisch drehen. Irgendwann möchte ich auch unbedingt mal singen. Ich möchte an einem verräucherten Klavier stehen und singen. (lacht) Meine Träume gehen eher in die Richtung Film als in Richtung

Theater, was aber naturgemäß damit zusammenhängt, dass ich im Theater schon mehr erreicht habe. Für mich ist Film begehrenswerter, weil ich weiß, dass ich dafür wirklich ein Potential hätte, was irgendwie ungenutzt ist. Natürlich ist es schön, wenn so was einfach bleibt, anders als bei einer Theateraufführung. Es ist zwar sehr berührend, wenn mich jemand anspricht und sagt, er habe mich vor 20 Jahren in München auf der Bühne gesehen und ob ich das wäre. Es sei unvergesslich und er hätte es fünf Mal gesehen. Das freut einen natürlich, aber trotzdem ist Theaterkunst total flüchtig. Deswegen ist es schön, etwas zu haben, was man in 100 Jahren noch in eine Maschine werfen und sagen kann: »Oh, das ist aber wirklich gut.« Das ist eine schöne Vorstellung.

OS: Gibt es Filmschauspieler Ihrer Generation, von denen Sie sagen würden, dass sie das schon erreicht haben? Sie haben diese völlige Freiheit und können jede Rolle spielen, die sie möchten.
— UM: Ja, natürlich, die gibt es.

OS: Gibt es da so etwas wie Eifersucht?
— UM: Na klar, ich bin auch nur ein Mensch. Ich freue mich, wenn jemand, den ich schätze, für seine Leistung gewürdigt wird. Aber ich denke auch: »Oh Gott.«, wenn jemand, den ich nicht als herausragend empfinde, einen Preis kriegt.

OS: Sie sprachen vorhin von der Angst...?
— UM: Angst ist ein zu großes Wort. Es ist einfach eine große Nervosität. Angst wäre, wenn ich nicht spielen könnte, aber ich kann spielen. Aber ich bin immer bei jeder Form von Veränderung wahnsinnig nervös. Auch bei jeder Reise, selbst wenn ich nur für eine Woche auf die Kanaren fliege, bin ich schon zwei Tage vorher aufgeregt. Ich bin erstmal nervös bei jeder Form von Veränderung.

OS: Ist da vielleicht auch dieses Paradox – einerseits die große Nervosität oder Scheu vor Veränderung, aber andererseits auch wieder der Lustgewinn an der Veränderung?
— UM: Das ist einfach die ganz normale Nervosität, die jeder Schauspieler vor dem ersten Drehtag hat, sonst wäre er ein Klotz!
Übrigens, zu Ihrer ersten Frage: Ein guter Schauspieler ist jemand, der immer gleichzeitig von sich und von einem anderen erzählt. Der sich um dieses rätselhafte Paradoxon bemüht, gleichzeitig zu spielen und gleichzeitig wahr zu sein. Eigentlich schließt sich das gegenseitig aus, aber es geht doch. In den seltenen Glücksmomenten, die sich beim Drehen oder auf der Bühne einstellen, spielt es einen von ganz alleine. Dann ist der Vorgang des Spiels und der Zustand einer Realität, eines authentischen wahren Seins, plötzlich in eins gefallen. Gleichzeitig

spielt es einen und gleichzeitig ist es absolut wahr und hat mit Spielen nichts mehr zu tun. Das meine ich damit, dass man von sich und gleichzeitig über jemand anderen erzählt.

OS: Und wie macht das der gute Schauspieler?
— UM: Das weiß der gute Schauspieler nicht bis ins Letzte. Der nicht ganz so Gute, der weiß, wie er es macht.

Das Gespräch fand im Januar 2007 in Berlin statt.

Der Dramaturg und Drehbuchautor Oliver Schütte leitet seit 1995 die Master School Drehbuch in Berlin. Er ist Autor verschiedener Bücher über das Drehbuchschreiben und -lesen. An verschiedenen Institutionen hält er Seminare und er unterrichtet an der Filmakademie Baden-Württemberg. Er ist Mitglied der European Film Academy und Gründungsmitglied der Deutschen Filmakademie.

© Joachim Gern

Anna Maria Mühe wird 1985 in Berlin in einer Schauspielerfamilie geboren. Sie hat ihr Kinodebüt mit Maria Helands Drama *Große Mädchen weinen nicht* und nimmt Schauspielunterricht bei Kristine Kupfer. Für diese Rolle wird sie mit dem Preis für die beste weibliche Hauptrolle auf dem Filmfest von Las Palmas ausgezeichnet. In *Was nützt die Liebe in Gedanken* spielt sie die Schülerin Hilde Scheller und erhält dafür auf dem Kopenhagener Filmfest 2004 den Preis als beste Darstellerin. In der folgenden Zeit spielt sie verschiedene Rollen in Fernsehprojekten u.a. im Tatort *Verraten und verkauft* (Peter Bringmann), im Dokudrama *Die letzte Schlacht* oder im Sektendrama *Delphinsommer* von Jobst Oetzmann. 2006 spielt sie unter anderem in Bülent Akincis *Der Lebensversicherer* und in *Schwesterherz* von Ed Herzog. Im gleichen Jahr wird sie mit der Goldenen Kamera in der Kategorie »Lilli Palmer Gedächtniskamera« als beste Nachwuchsschauspielerin gekürt.
Anna Maria Mühe lebt in Berlin.
www.fitz-skoglund.de
www.schuermann-pr.de

»Die Rolle muss mich weiterbringen«

19 Fragen an Anna Maria Mühe

Sie kommen aus einer renommierten Schauspielerfamilie. Warum wollten Sie Schauspielerin werden?
— Jedes kleine Mädchen will doch Schauspielerin, Sängerin oder Tänzerin werden. Und dann ist es einfach passiert… obwohl ich mich heute auch noch nicht als Schauspielerin bezeichnen würde, da ich glaube, dass mir da noch einiges an Erfahrung fehlt.

Was war die größte Unterstützung auf dem Weg dahin? Das größte Hindernis?
— Die größte Unterstützung waren die vielen Regisseure, die mir so tolle, facettenreiche Rollen anvertraut haben… das größte Hindernis ist mein Name, auch wenn das keiner glaubt. Aber man wird komischerweise immer verglichen, und der Druck ist hoch, immer mindestens genauso gut zu sein wie die Eltern, auch wenn das totaler Quatsch ist, und deswegen zieh ich mir den Schuh auch gar nicht erst an!

Sie haben in Serien und Fernsehreihen mitgewirkt. Was gefällt Ihnen an dieser Arbeit?
— Ich unterscheide nicht zwischen Kino, Film oder Serie. Meine Arbeit und meine Vorbereitung bleiben gleich. Als Gastrollen in Serien kann man sich gut ausprobieren, deswegen drehe ich auch gerne Studentenkurzfilme. Da nehme ich immer gerne die Rollen an, die weit entfernt sind von dem Klischee, wie man mich gerne mal besetzt…

Sie waren unter 20 Jahre alt, als Sie Ihre ersten Filmrollen gespielt haben. Wie war diese erste Erfahrung? Mussten Sie Widerstände/Ängste überwinden?
— Also bei *Große Mädchen weinen nicht* war ich 15, und das war natürlich wahnsinnig aufregend. Meine Angst war, dass ich den Film mit meinem Anteil nicht tragen würde, weil ich wusste, wie großartig Karoline Herfurth spielt. Ich hatte 42 Drehtage, und ich weiß noch, dass ich nicht nach Hause wollte. Ich habe dieses Set-Leben geliebt. Und das hat sich bis heute nicht geändert.

Wie haben Sie sich auf diese Rolle vorbereitet? Wie bereiten Sie sich heute auf Rollen vor?
— Damals habe ich viel mit der Regisseurin Maria von Heland gesprochen, wir hatten Proben, und ich habe versucht, mich langsam an die Rolle ranzutasten. Sie war da natürlich eine große Hilfe, weil ich von diesem Beruf nichts wusste, außer dass ich Text zu lernen habe... Mittlerweile habe ich viel Spaß an der Rollenvorbereitung bekommen, das ist mit das Schönste an der ganzen Arbeit. Ich schreibe viel über die Figur, über ihre Vorgeschichte, über ihre Gedanken, ich bearbeite jede Szene und rede, wenn möglich, gerne mit dem Regisseur über seine Vorstellung der Figur.

Wie gelingt es Ihnen, diese Figuren und ihre Welten wieder loszulassen?
— Zum Glück habe ich mit dem Loslassen der Figur noch nie wirklich Probleme gehabt. Manchmal ist es natürlich ein bisschen schwieriger, zum Beispiel als ich beim *Polizeiruf 110 – vergewaltigt* das Vergewaltigungsopfer verkörpert habe, war es schwierig, abends im Bett einfach einzuschlafen, als wäre das ein Tag wie jeder andere gewesen, da merkt man dann schon, wie absurd der Beruf manchmal ist. Man versucht, sich in eine Rolle reinzusteigern, um dem in irgendeiner Weise gerecht zu werden, und dann geht man nach Hause und realisiert, wie gut es einem eigentlich geht.

Sie verkörpern in Ihren Rollen eine große Verletzlichkeit. Ist das anstrengend?
— Verletzlichkeit zu verkörpern ist immer anstrengend, aber es tut auch irgendwie gut, ich lasse bestimmte Gefühle zu, die ich privat von mir gar nicht kenne.

Sie haben erlebt, wie Sie mit einem Film von der Presse als großartiges Schauspieltalent zelebriert wurden (*Große Mädchen weinen nicht*). Wie sind Sie an diese Rolle gekommen? Haben Sie darum gekämpft?
— Für *Große Mädchen weinen nicht* wurde ich von der Regisseurin in einem Café angesprochen, aber die Geschichte kennt ja schon jeder...

Nach welchen Kriterien entscheiden Sie sich für Ihre Rollen?
— Wenn ich beim Lesen merke, dass ich plötzlich den Text laut mitspreche, und das es in mir kribbelt, weil ich die Rolle mit Leben füllen will, ist die Entscheidung klar. Die Rolle muss mich weiterbringen, sie muss für mich was Neues zum Spielen haben, sie muss mich überraschen können.

Wie bereiten Sie sich auf Castings vor und wie erleben Sie solche Situationen?

19 Fragen an Anna Maria Mühe

Anna Maria Mühe und Daniel Brühl in *Was nützt die Liebe in Gedanken* – Copyright: X-Verleih AG

— Bei Castings bin ich nur selten aufgeregt, meine Mama hat mir beigebracht, es als Übung zu nehmen, und wenn ich die Rolle nicht kriege, dann hat es nicht sollen sein. Die Castingvorbereitung sieht im Prinzip aus wie meine normale Rollenvorbereitung, nur dass diese nicht so umfassend ist. Aber das kommt natürlich auch aufs Material an, das man vor einem Casting bekommt – ob mit oder ohne Drehbuch oder nur eine Inhaltsangabe oder nur die Texte etc.

Wie sieht es dann am Set aus? Wie stellen Sie sich die ideale Zusammenarbeit mit Regisseur und Team vor?
— Ich merke schon innerhalb der ersten Tage am Set, ob das eine schöne Zeit werden kann. Wenn sich der Regisseur vorher viel mit mir trifft, und wir zusammen rausfinden, wie wir die Rolle sehen, ist das schon mal ein toller Anfang. Im Moment drehe ich grade den Kinofilm *Novemberlicht* unter der Regie von Christian Schwochow und das Team ist großartig, ein Vorzeigeteam, wie man es sich wünscht, es ist wie im Ferienlager, eine schöne Familie für die Drehzeit.

Ist der Austausch mit Kollegen wichtig?
— Den Austausch mit Hannah Herzsprung, vor allem während eines Drehs, möchte ich nie missen, ich muss mich nicht erklären, weil sie sofort spürt und

weiß, was ich meine. Das ist selten und gibt mir Kraft, wenn ich mal nicht weiß, wo oben und unten ist!

Was macht Ihnen Angst bei diesem Beruf? Was gibt Ihnen Kraft?
— Ich habe Angst, dem Beruf nicht gerecht zu werden, vor allem weil ich keine klassische Schauspielausbildung habe, und da wird man gerne mal schief angeschaut von den gestandenen Kollegen. Kraft gibt mir, dass ich immer noch genauso für jeden einzelnen Drehtag brenne wie bei meinem ersten Film.

Welche Rolle(n) möchten Sie unbedingt spielen?
— Es gibt keine bestimmte Rolle, aber ich möchte unbedingt mal in einem Tanzfilm und in einem schönen Kostümfilm mitspielen.

Welche Rolle(n) wollen/können Sie nicht spielen?
— Ich hoffe, da gibt es nicht so viele ;-)

Filme drehen und Filme promoten gehört zusammen. Wie kommen Sie damit zurecht?
— Es gehört eben zusammen, manchmal macht es richtig Spaß, wenn ich merke, dass sich die Journalisten mit dem Film auch vorher beschäftigt haben, und wenn er ihnen dann auch noch gefällt, ist es mir eine Freude, deren Fragen zu beantworten. Und außerdem mag ich das Gefühl der Nervosität, wenn man so aufgeregt ist, weil man nicht weiß, wie die Zuschauer wohl reagieren werden. (Die negativen Seiten habe ich im Zusammenhang mit dem Promoten von meinen Filmen zum Glück noch nicht erlebt!)

Was bedeuten Filmpreise für Sie?
— Filmpreise sind eine schöne Anerkennung für die Arbeit, die man getan hat. Aber ich mach mir selbst danach ein Stück weit Druck, dass die weiteren Filme auch wieder reinhauen müssen. Und das ist ein anstrengendes Gefühl.

Sie wissen seit jüngstem Alter, wie die Presse sich für das Privatleben von Film- und Fernsehstars interessiert. Wie gehen Sie damit um?
— Die Presse muss ihren Job machen, so wie wir auch. Aber schade, dass sie dabei oft vergessen, dass es um Menschen geht, denen sie das Leben manchmal sehr schwer machen. Man muss lernen, damit umzugehen, und man muss sich einen Schutz bauen, um es nicht zu nah an sich rankommen zu lassen.

Was erwarten Sie von Ihrem Beruf?
— Mein Beruf muss mich immer wieder überraschen können, mich fördern und mich glücklich machen.

© Mathias Bothor/Photoselection

Christiane Paul beginnt nach dem Abitur das Medizinstudium in Hamburg und setzt es später in Berlin fort. 1991 wird sie von Niklaus Schilling entdeckt und erhält ihre erste Filmrolle in *Deutschfieber*. 1992 spielt sie in *Ich und Christine* an der Seite von Götz George. Für ihre Rolle in Mark Schlichters Thriller *Ex* (Kino) erhält sie 1996 den Max-Ophüls-Preis als beste Nachwuchsschauspielerin. Im gleichen Jahr gelingt ihr auch der Durchbruch beim großen Publikum mit *Workaholic* (Sharon von Wietersheim). Für die Rolle der Karrierefrau Rhoda wird sie mit dem Bayerischen Filmpreis 1996 ausgezeichnet.

1995 dreht sie mit Wolfgang Becker *Das Leben ist eine Baustelle*, 1997 ist sie in Til Schweigers *Knockin' on Heavens Door* sowie in *Dumm gelaufen* von Peter Timm zu sehen. 1997 folgt *Der Pirat* von Bernd Schadewald. Mit Heike Makatsch spielt sie 1998 ein Mörderduo in *Die Häupter meiner Lieben*. Trotz des Kinoerfolges schließt Christiane Paul ihr Medizinstudium 2004 ab.

1999 wirkt Christiane Paul gleich in drei Kinofilmen mit: *Marlene* (Josef Vilsmaier), Fatih Akins Road-Movie *Im Juli* und Martin Eiglers *Freunde*. Es folgen u.a. 2001 *Väter* von Dani Levy, *Im Schwitzkasten* (Eoin Moore, 2004), *Reine Formsache* (Ralf Huettner, 2005) und *Neues vom Wixxer II* (Cyrill Boss, Philipp Stennert, 2006).

Christiane Paul lebt mit ihrer Familie in Berlin.
www.christianepaul.de
www.players.de
www.girkemanagement.de

»Ich habe immer irgendetwas gelernt«

Christiane Paul im Gespräch mit Oliver Schütte

OS: Wann haben Sie zum ersten Mal gemerkt, dass Schauspielerei für Sie interessant ist?
— CP: Eigentlich erst relativ spät. Meine Eltern erzählten mir aber, dass ich als kleines Kind mit hinkendem Bein als Schaffner durch die Gegend gelaufen bin. Hinkend und Schaffner. Zwei Dinge auf einmal, meine Eltern waren beeindruckt! (Lacht.) Natürlich gab es in der Schule Möglichkeiten sich auszuprobieren. Die habe ich dann wahrgenommen. Gedichte rezitieren zum Beispiel. Alle fanden es doof, ich fand es toll. Ich habe es geliebt. Balladen fand ich großartig, und es gab auch Rezitationswettstreite, an denen ich teilgenommen habe. Mit zehn Jahren wollte ich mich bei einem Casting der DEFA bewerben. Da waren wir aber gerade im Urlaub. Danach habe ich mich durchtelefoniert und durfte nachher noch vorsprechen. Aber ich war denen zu erwachsen für die Rolle. Ich wurde immer älter geschätzt, das hängt mir seit meinem zehnten Lebensjahr an. Das war meine erste Berührung mit Film. Es war nicht wirklich als Wunsch existent, sondern es war eigentlich mehr mein Vater, der auf die Idee kam. Der Wunsch, Schauspielerin zu werden, existierte damals noch gar nicht. Oder er war mir zumindest nicht wirklich bewusst. Mein Wunsch war es, Ärztin zu werden. Wohingegen sich Freundinnen mit 16, 17 ab und zu bei der DEFA vorgestellt haben und Schauspielerinnen werden wollten. Dann gab es aber von der Kirche ein Ferienlager. Dort haben manche einen Film gedreht und ich habe ein Theater-Stück inszeniert. Ich habe die Idee dazu gehabt und auch selbst gespielt. Das war sehr spielerisch und auch nie mit der Idee verbunden, dass ich irgendwas jemals in diesem Bereich zu tun haben werde. Es hat sich einfach so eine Spiellust entwickelt. Auch in der Schule: Wenn es Möglichkeiten gab, Vorträge zu halten, habe ich irgendetwas gemacht, mich verkleidet und etwas gespielt. Aber ich habe nie darüber nachgedacht, dass ich vielleicht Schauspielerin werden sollte.

OS: Warum nicht?
— CP: Keine Ahnung. Es gab noch eher zufällig Kontakt zu einer Schauspielgruppe in Berlin-Mitte. Ich habe mich dann dort vorgestellt und vorgesprochen. Ich war 13 oder 14 und sollte »Fuchs, du hast die Gans gestohlen« singen. Alle aus der Gruppe saßen vor mir und sahen mich an. Ich bekam Angst und dachte:

»Ich singe nicht. Ich kann nicht singen. Das kommt gar nicht in Frage, dass ich singe!«. Na ja und dann bin ich gegangen. Ich hab mich geschämt, aber es war mir auch irgendwie egal. Ich glaube, es war am Ende ganz gut so. Mein eigentlicher Wunsch war es, Model zu werden. Dadurch bin ich ja letztlich auch zum Film gekommen. Ich bin froh, dass sich das so ergeben hat. Wer weiß, was passiert wäre, wenn ich in dieser Theatergruppe geblieben wäre. Allerdings hatte ich dann doch wieder entfernt Berührung mit der Schauspielerei. Es gab zu der damaligen Zeit im DDR-Fernsehen ein Schülermagazin, das hieß »baff«. Dort habe ich mich als Moderatorin beworben. Man konnte drei Texte als Moderation auswählen, und ich habe den genommen, der wie ein Nachrichtentext klang. Ich war immer irgendwie zu erwachsen. Man hat mich als Unterbildschirmsprecherin engagiert und ich habe parallel als Model gearbeitet, bevor ich wirklich zum Film kam.

OS: Wie kam dies dann genau zustande?
— CP: Ich war in einer Münchner Agentur, und es ist üblich, dass die auch Anfragen für Filmcastings bekommen. Und so bin ich als Model zum Casting für *Deutschfieber* gekommen. Der Regisseur Niklaus Schilling hat sich lange mit mir unterhalten, mir dann einen Text gegeben, und ich habe gespielt. Danach sollte ich mit der Regieassistentin noch mal ein paar Tage arbeiten und dann noch einmal vorsprechen. Das habe ich gemacht und die Rolle bekommen.

OS: Das heißt, man hat Sie ein bisschen zum Jagen tragen müssen.
— CP: Ja. So ein bisschen, am Anfang. In der 11. Klasse habe ich den *Willi-Busch-Report* neben der Schule gedreht. Das hat mich schon verwirrt. Das war der Moment, in dem ich dachte: »Was soll das alles? Warum drehe ich jetzt einen Film?« Den Zweiten habe ich auch noch mit Götz George gedreht, das war kurz nach meinem Abitur. Obwohl ich danach mit dem Medizinstudium begann, habe ich mich aber dann auch dazu entschlossen, mich parallel an einer Schauspielschule zu bewerben. Einfach nur, um zu wissen, was ich jetzt mache. Man hat mich auch zum Vorsprechen eingeladen. Ich war aber so aufgeregt, dass ich den Termin verwechselt habe und einen Tag zu früh da war. Das war grauenvoll. Völlig frustriert bin ich dann wieder nach Hause gefahren. Am nächsten Tag wäre das Vorsprechen gewesen, und da konnte ich aber nicht, weil ich einen Medizintest hatte. Ich habe mit einer Sekretärin der Schauspielschule telefoniert, und sie sagte mir, das könne ich gleich vergessen: Man könne nicht Schauspiel und Medizin gleichzeitig machen. Ich habe dann an vielen anderen Schulen angefragt, auch an Privatschulen, die es damals in West-Berlin gab, und die haben mir alle das Gleiche gesagt. Ich habe mir dann gedacht: »Gut, es soll nicht sein. Dann studiere ich Medizin weiter.« 1993 habe ich *Unter der Milchstraße* von Matthias X. Oberg mit Fabian Busch gedreht. Der Film ist ganz schön geworden. Danach bin ich von der

Modelagentur zur Schauspielagentur gewechselt. 1994 habe ich *Ex* gedreht. Der Film hat den HypoBank- Preis und ich den Max-Ophüls-Preis für Die Beste Nachwuchsschauspielerin erhalten. Dann habe ich mir gedacht: «Hm, vielleicht kann ich das ja doch weiter machen.»

OS: Die Schauspielerei?
— CP: Beides. Ich wollte erst mal Beides weiterverfolgen. Die Bewerbung an der Schauspielschule war mir vor allem deshalb wichtig, weil ich orientierungslos war und wissen wollte, ob ich Talent habe oder nicht. Ich hatte zu dem Zeitpunkt noch gar nicht vor, eine Schauspielausbildung zu absolvieren, weil ich ja immer noch Medizin studiert habe. Ich wollte nur, dass jemand sagt: »Seien Sie nicht so verwirrt, es ist alles gut.« Oder:»Lassen Sie es besser!« Zu der Zeit hatte ich dann die Möglichkeit, Inge Keller treffen zu dürfen. Sie war eine der bedeutendsten Theaterschauspielerinnen in der DDR. Sie hat mich zum Tee bei sich zu Hause eingeladen und gesagt, ich müsse für das, was ich tue, brennen. Wenn ich es nur nebenbei mache, werde es nichts. Ich müsse mich entscheiden. Und wenn ich für den Beruf nicht entflammt sei, habe es keinen Sinn. Es ginge um Leidenschaft. Ich wusste zwar immer noch nicht, was ich machen sollte, aber zumindest war das eine klare Aussage. Sie hat Recht. Man kann nicht Beides machen. Das geht nicht.

OS: Sind Sie denn eine gute Ärztin?
— CP: Keine Ahnung. Es wäre auch zu früh, das zu sagen. Ich habe sechs Jahre studiert und eineinhalb Jahre als Ärztin gearbeitet. Je älter man in diesem Beruf wird, desto mehr Erfahrung hat man, und damit wird man auch besser. Ich habe mit 26 angefangen, als Ärztin zu arbeiten. Man hat mir oft gar nicht geglaubt, dass ich Ärztin bin. Ich kämpfte schon sehr mit Unsicherheiten und Überforderungen. Man muss sich erst mal daran gewöhnen, dass man nun Arzt und damit Entscheidungsträger ist. Es ist etwas komplett anderes, wenn man als Studentin arbeitet. Aus dieser Überforderung bin ich nie wirklich herausgekommen, weil ich eben nicht weitergemacht habe. Das wirklich Schwierige ist der Umgang mit den Patienten. Trotz Überlastung und Müdigkeit die richtigen Worte zu finden und ein Vertrauensverhältnis aufbauen zu können. Das ist für jemanden, der jung und unsicher ist und diese Unsicherheiten nicht verbergen kann, nicht so einfach. Die Patienten erwarten natürlich, dass man alles weiß. Aber ich habe den Beruf trotzdem sehr geliebt und mich wohl und zu Hause gefühlt.

OS: Das heißt, es war tatsächlich eine Entscheidung zwischen zwei positiven Alternativen.

— CP: Ja. Allerdings habe ich dies in den letzten Jahren als Fluch empfunden. Ich habe gedacht, ich bin nirgendwo zu Hause, niemand nimmt mich wirklich ernst, ich gehöre nirgendwo wirklich dazu.

OS: Niemand nimmt Sie ernst in Bezug auf Ihre Entscheidung?
— CP: Als ich in der Charité weitergemacht habe, haben, glaube ich, alle gedacht: »Die ist doch Schauspielerin, was macht sie denn hier?« Und die anderen beim Film haben immer gesagt: »Die ist doch Ärztin.« Natürlich bin ich immer da, wenn am Set irgendwelche medizinischen Dinge besprochen werden. Ich stelle die Ohren auf und äußere mich dazu. Da kann ich irgendwie nicht anders.
Aber am Ende fühlte ich mich sehr zerrissen, und es ging mir nicht gut. Dann kam endlich die Entscheidung und das war befreiend.

OS: Wie kam die Entscheidung zustande?
— CP: Das war vor drei Jahren. Ich habe *Außer Kontrolle* unter der Regie von Christian Görlitz für das ZDF gedreht. Danach begann ich meine Theaterarbeit mit Ulrich Mühe und konnte dafür meinen »Arzt im Praktikum« an der Charité aussetzen. Mein damaliger Chef, Prof. Müller, war sehr kulant und ließ mich das machen. Dieser Dreh und auch die Theaterarbeit mit Ulrich Mühe waren sehr positiv und motivierend für mich und haben mich letztlich darin bestärkt herauszufinden, was ich wirklich will. Dann habe ich mich auch noch privat so verändert, dass es organisatorisch gar nicht gegangen wäre, an der Universität zu bleiben. Plötzlich dachte ich: »Da ist die Entscheidung, sie liegt schon da und jetzt muss ich es nur noch machen.«

OS: Also fürchten Sie nicht, im hohen Alter zu sagen: «Hätte ich mich damals doch anders entschieden?«
— CP: Nein. Ich glaube, so zu denken, das würde einen fertig machen. Das kann man nicht. Wenn man zurückblickend sein Leben so sehen würde, wäre das extrem traurig. Man kann nicht alles leben. Man muss sich entscheiden. Es ist viel wichtiger, sich zu überlegen, warum man sich in dem Moment für etwas entscheidet. Mein Herz hat, was die Schauspielerei angeht, höher geschlagen. So sehr ich die Medizin manchmal vermisse, fühlt sich das, was ich jetzt lebe, für mich richtig an.

OS: Sie vermissen also den Arztberuf?
— CP: Ab und zu, ja. Unter anderem auch, weil ich mich jetzt einer freiberuflichen Lebenssituation aussetze, die ich von Haus aus nicht kenne. Meine Eltern hatten immer ein kontinuierliches Einkommen. Ich musste mich erst daran gewöhnen, nicht zu wissen, was im nächsten Jahr passiert...

OS: Insofern waren das zwei auch von den Lebensumständen sehr unterschiedliche Möglichkeiten. Die Entscheidung betrifft nicht nur direkt den Beruf, sondern hat auch ganz andere Konsequenzen.
— CP: Existenzielle Konsequenzen, ganz klar. Aber wie die Ärztestreiks in der Bundesrepublik deutlich machten, birgt der Arztberuf schon seit langem auch existenzielle Probleme in sich. Trotz der vielen Arbeit ist man finanziell nicht so gut gestellt wie ein in Film und Fernsehen regelmäßig gut arbeitender Schauspieler. Dennoch bietet der Beruf des Arztes an sich eine viel größere Sicherheit, weil man als Arzt zur Not überall arbeiten kann.

OS: Was haben die Eltern gesagt?
— CP: Meine Eltern haben mich die ganzen Jahre begleitet und waren froh, dass ich endlich eine Entscheidung gefällt habe. Sie konnten das Thema irgendwann nicht mehr hören. Meine Mutter hat aber doch auch ein bisschen Schwierigkeiten damit und macht sich immer Sorgen, wie es weitergehen soll. Nach jedem Film kommt die Frage: »Hast du denn schon wieder was Neues? Was wird denn nächstes Jahr? Kommst du denn klar?« Eigentlich stehe ich seit 15 Jahren auf eigenen Beinen. Ich habe diese Ängste natürlich auch, dass ich nicht weiß, was ich im nächsten Jahr machen werde. Aber es geht immer irgendwie weiter, und zur Not mache ich etwas ganz anderes. Das ist das Einzige, was ich aus dieser ganzen Anfangsphase, auch als Model, mitgenommen habe. Ich weiß, ich kann auch etwas ganz anderes machen. Und wenn ich zur Not Brötchen verkaufe, ich überlebe irgendwie.

OS: Gibt es nicht rein theoretisch auch die Möglichkeit, wieder als Arzt anzufangen?
— CP: Ja, ich denke schon. Aber je länger man aus dem Beruf raus ist, desto schwieriger wird es, wieder einzusteigen. Die Medizin entwickelt sich schnell weiter. Aber rein theoretisch gäbe es diese Möglichkeit immer.

OS: Das klingt optimistisch.
— CP: Ja und nein. Es kann sich so viel ändern nach einem Film. Ich bin äußeren Bewertungskriterien unterworfen, gewissen Abhängigkeiten in den Verhältnissen zu Produzenten, zu Sendern. Selbst wenn ich meine Arbeit noch so gut mache, kann immer noch jemand sagen: »Das ist aber nicht gut.« Es ist schwer objektivierbar. Ich kann deswegen auch nur eine optimistische Grundhaltung haben. Das Einzige, was mich bestärkt, sind die vergangenen 15 Jahre. Es ging immer irgendwie weiter, auch auf einem bestimmen Niveau. Und ich brauchte meine Seele nicht zu verkaufen. Das ist etwas, was mich erst mal bestärkt.

OS: Gibt es jetzt, nachdem die Entscheidung getroffen ist, Ängste vor bestimmten Gegebenheiten im Schauspielerberuf?
— CP: Ja, wenn ich nicht mehr die Filme machen könnte, die ich gerne machen möchte. Wenn ich in Geschichten spielen müsste, die mir nicht gefallen, wenn es Figuren wären, mit denen ich nichts anfangen kann, wenn ich gezwungen würde, mehr in der Öffentlichkeit zu stehen als es mir persönlich lieb ist, das würde ich nicht wollen. Wenn ich mein Privatleben oder meine Person über meine Arbeit hinaus permanent in der Öffentlichkeit präsentieren müsste, damit man etwas von mir hört, das wäre etwas, was ich zum jetzigen Zeitpunkt nicht wollte. Keine Ahnung, wie man in zehn Jahre fühlt. Ob man dann darüber anders denkt. Aber zum jetzigen Zeitpunkt halte ich mich oft auch gern zurück. Natürlich gefällt mir an meinem Beruf auch der Glamour und die Popularität, aber es ist nur ein Teil des Berufs. Es ist nicht mein Hauptanliegen, permanent in den Zeitungen zu sein. Es ist ein Teil dessen, was ich manchmal auch gerne mache, weil es einfach dazu gehört. Aber es sollte schon so sein, dass hauptsächlich meine Arbeit als Schauspielerin bewertet wird und nicht mein Abendkleid.

OS: Wo liegen die Glücksmomente in dem Beruf? Im Theater ist es die Bindung zum Publikum. Wann wird man beim Film für die vielen Ängste, die man vorher durchmacht, entschädigt?
— CP: Schon am Set. Wenn man merkt, dass es gut und »da« ist. Das ist es. Man ist eins mit dem Stoff, mit der Figur. Wenn man diese Augenblicke erlebt, bei denen es einfach »da« ist. Das ist großartig. Es gibt in der Vorbereitung auch Momente, in denen man glücklich sein kann, einfach weil man mit Menschen kommuniziert, weil man Dinge erlebt. Auch in der Pressearbeit mit Journalisten, wenn man über Filme und die Arbeit diskutiert und plötzlich auf Menschen trifft, mit denen man richtig tiefgründige Gespräche beginnt und ernsthaft über Dinge diskutieren kann. Das sind auch tolle Situationen. Angst ist natürlich da, am Set, auch bei Presseterminen oder Premieren. Das ist ganz furchtbar. Man weiß nicht, wie der Film angenommen wird, ob es Applaus gibt, wie es sich anhört, wenn du auf der Bühne bist, kommst du überhaupt die Treppe runter und wieder rauf? Stolperst du und legt es dich hin? Dieses Gefühl der Angst begleitet mich immer. Aber es gibt eben auch die anderen Gefühle, meist in den zwischenmenschlichen Augenblicken, die sich aus der Arbeit ergeben, die, die den Beruf so besonders machen und einen für all die Zweifel und Unsicherheiten entschädigen.

OS: Wie würden Kollegen Sie beschreiben?
— CP: Keine Ahnung. Ich hoffe, sie sagen: »Kollegial.« Das würde ich gut finden.

OS: Werden Sie auch mal wütend bei der Arbeit?
— CP: Ja.

OS: Auch, wenn andere dabei sind?
— CP: Ja. Unprofessionalität zum Beispiel kann ich überhaupt nicht ertragen. Wenn man das, was man macht, nicht richtig macht, und gewisse Dinge nicht funktionieren, dann kann ich ganz schön ungehalten und ungeduldig werden. Das ist manchmal auch ungerecht, aber ich kann mich dann nur schwer bremsen. Wahrscheinlich weil es mich doch oft auch unmittelbar betrifft. Wenn ich ganz da bin, erwarte ich das von anderen auch.

OS: Also könnte es gut sein, dass eine Kollegin oder ein Kollege Sie durchaus sauer erlebt?
— CP: Es sind gar nicht mal Schauspielkollegen. Manchmal betrifft es andere.

OS: Also auch Regisseure und Regisseurinnen?
— CP: Das gibt es auch, aber die Erfahrung habe ich selten gemacht. Aber ich habe mich auch schon mal mit einem Regisseur gestritten. Ich kann mich an einen konkreten Fall erinnern. Das war dann letztendlich mangelndes Vertrauen auf meiner Seite. Wenn man sich nicht vertraut, dann kann der andere gar nichts machen. Dann ist alles, was der andere sagt, falsch.

OS: Wie kam das? Lag das an den mangelnden Fähigkeiten der Person?
— CP: Das war in dem Moment vielleicht mein Eindruck. Aber ich glaube, ich habe etwas gesucht, was der Regisseur mir nicht geben konnte. Ich wollte in dem Moment einfach etwas anderes, etwas, das aber in dieser Arbeit keinen Platz hatte. Die Erwartungen konnte er somit natürlich nicht erfüllen. Letztlich lag es an mir.

OS: Denkt man dann nicht manchmal, dass es doch nur auf den Schauspieler in einem Film ankommt?
— CP: Nein. Keinesfalls. Ohne Regisseur bist du verloren. Du brauchst eine Ansicht von außen. Es gibt da sicherlich ein paar Ausnahmen. Menschen wie Clint Eastwood zum Beispiel, die parallel spielen und auch inszenieren können. Aber wann hat er damit angefangen? Wie alt war er da? Ich denke, es ist sehr schwierig, einen objektiven Blick auf sich selbst zu haben, zu wissen, wie sich die eigene Figur in dem und dem Moment bewegen muss. Und danach noch hinter der Kamera zu entscheiden, was dabei zu viel und was zu wenig war. Ich gebe gerne die Beurteilung an jemanden ab, der von außen auf mich schaut. Ich bin viel zu subjektiv mit mir selbst.

OS: Wie äußert sich das? Äußert sich diese Subjektivität eher im positiven oder im negativen Sinne?
— CP: Schon eher im Negativen. Unabhängig von der Wertung fühlt man oft anders als das, was sich nach außen transportiert. Man bekommt bei bestimmten Takes ein Gefühl, wenn die Kamera läuft, und denkt, das war jetzt gut! Es hat gar nicht mal etwas mit mir zu tun, sondern mit dem gesamten Ablauf des Takes. Da merkt man, es hat alles funktioniert. Alles war in sich stimmig, die richtige Schwingung war da. Manchmal, wenn ich einen Kameramann habe, mit dem ich mich auch gut verstehe, und der neben seinen Bildern auch einen Sinn für die Schauspieler hat, geht mein erster Blick zum Kameramann. Wenn er nickt, dann weiß ich, dass er damit nicht nur sein Bild meint, sondern alles. Danach gucke ich zum Regisseur, ganz klar. Das habe ich bei meinen letzten beiden Drehs erlebt. Da war es sehr homogen und die Zusammenarbeit ganz verschlungen. Film ist keine Einzelleistung. Das macht es ja so spannend. Man kann das natürlich auf Kamera, Regie und Ton reduzieren. Aber letztendlich ist es toll, dass es eine Teamarbeit ist. Das Einzige, was man sagen kann, ist, dass ich als Schauspieler mit meinem Gesicht für einen Film stehe. Arbeitet man hinter der Kamera, kann man sich etwas besser verstecken. Als Schauspieler ist man der Öffentlichkeit ausgesetzt. Das macht es dann oft auch schwieriger, sich für eine Rolle oder ein Projekt zu entscheiden.

OS: Wie läuft die Rollenauswahl konkret ab? Lesen Sie ein Drehbuch gleich unter dem Gesichtspunkt, welche Rolle Sie darin spielen?
— CP: Meist bekomme ich einen Anruf von meiner Agentur, die mir mitteilt, dass sie mir ein Buch schicken wird. Sie teilt mir den Namen der Produktion, des Regisseurs, die ungefähren Vorstellungen mit, vielleicht auch schon, wer mitspielt und welche Rolle ich spielen soll. Diese Basisinformationen sind schon wichtig. Zum Beispiel habe ich 2002 mit Dani Levy *Väter* gedreht. Das war wirklich eine sehr kleine Rolle, aber ich wollte unbedingt mit Dani Levy arbeiten, weil ich seine Art und seine Arbeit mag, ihn einfach unglaublich schätze. Da war es mir egal, wie groß so eine Rolle ist, oder ob das eine Figur ist, die mir vielleicht nicht schmeichelt oder die ich immer unbedingt spielen wollte. Es ist schon wichtig, im Voraus die so genannten Eckdaten zu wissen. Am Ende ist es aber das Drehbuch, die Geschichte, die entscheidend ist.

OS: Ist die Geschichte wichtiger als die Rolle?
— CP: Erst einmal ist die Geschichte wichtiger, ja. Mein letztes Projekt habe ich mit Xaver Schwarzenberger gedreht. Es war eine Familiengeschichte, ein sehr gutes Drehbuch von Stefan Rogall. Als Xaver mich anrief, war nur klar, dass Nicole Heesters und Erni Mangold mitspielen und ich eine der Töchter von Nicole Heesters bin.

Meine Figur ist eigentlich total zickig, eine eher unsympathische Figur, mit einer gewissen Biederkeit behaftet. Sie ist verheiratet und hat zwei Kinder. Eigentlich ist es nicht gerade eine Figur, die man direkt super findet, aber das Buch war exzellent. Und letztendlich ist es immer eine Herausforderung, gerade solche Figuren zu spielen. Mit Xaver Schwarzenberger wollte ich schon lange drehen. Dann kam noch hinzu, dass die Produktion Bruno Ganz für die Rolle des Vaters gewinnen konnte. Alles in allem dachte ich: »Ja, das mache ich. Das kann ich nur machen.« Also es ist, glaube ich, immer primär die Geschichte. Wenn sich die Figur in so einer Geschichte gut bewegt, dann kann es auch eine Figur sein, die einem anfangs unsympathisch erscheint. Trotzdem kann es passieren, dass man denkt: »Spiele ich jetzt nur noch Mütter? Wenn ich für eine Zicke besetzt werde, hat das was mit mir zu tun?« Manchmal fängt man eben an, die Figur auf sich selbst zu projizieren.

OS: Nach dem Motto: Das wird mir angeboten, das muss doch einen Grund haben?
— CP: Genau. »Sieht man mich jetzt so? Mache ich irgendetwas falsch?« Aber ich glaube, man darf es nicht so sehen. Man muss es als Chance, als Geschenk verstehen. Und das habe ich letztendlich bei dem Projekt auch begriffen, weil ich das Buch so toll fand und mit Xaver arbeiten konnte.

OS: Wenn Sie die Rollen anschauen, die Ihnen angeboten werden: Wie werden Sie inzwischen eingeschätzt?
— CP: Eigentlich sehr variabel. Das, was ich in den letzten drei Jahren gemacht habe, ist extrem unterschiedlich. Es ist noch nicht alles zu sehen gewesen, und ein paar Sachen wurden vielleicht auch weniger wahrgenommen. 2004 habe ich eine romantische Komödie für SAT.1 gedreht, *Küss mich, Hexe*, dann habe ich in dem selben Jahr noch mit Eoin Moore eine improvisierte Geschichte gedreht, *Im Schwitzkasten*, bei der ich eine zurückhaltende, fast am Leben vorbeiexistierende junge Frau gespielt habe. Im Frühjahr letzten Jahres habe ich ein Doku-Drama gemacht, *Die Nacht der großen Flut*, ein TV-Dokudrama unter der Regie von Raymond Ley, der auch den deutschen Fernsehpreis dafür bekommen hat. Ich spielte eine Frau im Jahre 1962, die auf einem Dach entscheiden muss, ob sie ihr Baby oder ihren Jungen rettet. Dann habe ich *Reine Formsache* gedreht, eine romantische Komödie im Hier und Jetzt. Anschließend habe ich noch eine Polizistin gespielt, die konsequent ihren Weg geht, sehr verbissen und getrieben ist. Im Mai 2006 habe ich *Neues vom Wixxer* gedreht, eine Parodie auf die alten Wallace-Filme. Eine völlig durchgedrehte Figur. Und im Herbst 2006 habe ich für das ZDF eine tschechische Köchin gespielt, die zwischen zwei Männern hin- und hergerissen ist. Also es ist für meine Begriffe sehr variabel im Moment.

OS: Um noch einmal auf das Entscheiden für oder gegen eine Rolle zurückzukommen: Werden diese Entscheidungen eher spontan, also schon beim Lesen, oder nach einem Reifungs- oder Denkprozess getroffen?
— CP: Eigentlich entscheide ich sehr spontan. Eher emotional, intuitiv als rational. Manchmal habe ich Angst, dass ich deshalb zu schnell bin und die Dinge falsch einschätze. Dann bespreche ich dies noch mal mit meiner Agentin oder mit jemand anderem, dem ich vertraue. Aber letztendlich glaube ich, dass man diese Entscheidungen nur emotional treffen kann. Selbst wenn man sagt: »Das ist jetzt kein tolles Buch, aber es wäre vielleicht für die Karriere gut«, dann wäre ich damit am Ende nicht glücklich. Früher habe ich oft gedacht: »Mensch, da hast du dich so entschieden, so schnell und so impulsiv. Hätte ich das mal anders gemacht, dann wäre jetzt das und das.« Aber jetzt inzwischen akzeptiere ich das für mich, weil ich glaube, dass das meine Art und Weise, mein Weg ist, oder dass es meine Art und Weise ist, diesen Weg so zu gehen, dass der für mich stimmt.

Jürgen Vogel hat mal gesagt: »Du brauchst die ersten drei Seiten von einem Drehbuch. Dann weißt du alles.« Als er das sagte, fand ich das sehr arrogant, weil ich dachte: »Das kannst du nicht machen, das ist respektlos.« Aber er hat Recht. Ich lese die Bücher trotzdem fertig, einfach weil ich neugierig bin, auch schnell und gerne Geschichten lese und auch weil ich doch sicher sein will. Aber es ist in der Tat so: Manchmal schlägst du nur die erste Seite auf, liest die Synopsis oder nur den Beginn, und du weißt schon, dass das nichts für dich ist.

OS: Was passiert, wenn Sie sich hinterher über eine Entscheidung geärgert haben?
— CP: Ich habe eigentlich nie gedacht: »Blöd, dass ich das gemacht habe.« Jeder Film, egal wie er geworden war, ob er in den Kritiken gut oder schlecht behandelt wurde, hat am Ende etwas für mich gebracht. Ich habe mich mit anderen Dingen auseinander gesetzt, Menschen kennen gelernt, mich ausprobieren können. Auch wenn es Projekte waren, für die ich mich heute vielleicht nicht mehr entscheiden würde. Damals gab es Gründe, warum ich mich dafür entschieden habe, und die waren zu der Zeit richtig. Ich habe immer irgendetwas gelernt. Ich betrachte das als einen Prozess, der notwendig ist, um sich selbst weiterentwickeln zu können und Dinge so zu sehen, wie ich sie jetzt sehen kann.

OS: Gab es auch Momente, in denen Sie gedacht haben: »Schade, dass ich das nicht gedreht habe? Da hat dann eine Kollegin eine tolle Rolle gehabt.«
— CP: Manchmal überschneiden sich die Angebote. Als ich letztes Jahr mit Matti Geschonneck den Film *Die Tote vom Deich* gedreht habe, gab es gleichzeitig ein Casting für Jo Bayers Film *Nicht alle waren Mörder*. Und das schloss sich aus. Ich war zum Casting eingeladen, konnte aber nicht hingehen, weil beide Drehs

zeitgleich stattfinden sollten. Es ist ja nicht gesagt, dass ich überhaupt für die Rolle in Erwägung gezogen worden wäre. Aber dennoch fand ich es schade, dass ich nicht die Möglichkeit hatte, Jo Bayer kennen zu lernen und mich vielleicht wirklich um die Rolle zu bemühen. Auch wenn ich gleichzeitig dachte: »Toll, mit Matti Geschonneck, das habe ich mir immer gewünscht.« In dem Fall waren es zwei Filme zur gleichen Zeit, die ich beide gerne gemacht oder mich zumindest dafür beworben hätte.

OS: Also sind nicht nur die Bücher wichtig, sondern auch das Umfeld.
— CP: Nein. Nicht wirklich, weil das nicht alles entscheidet. Hm, vielleicht ist das ein schlechtes Beispiel, aber wenn man mit Bruno Ganz in einem Film spielen darf, ist das eine große Ehre, trotzdem heißt das noch nicht, dass der Film gut wird. Das heißt allerdings, dass jemand dabei ist, dessen Arbeit man nicht nur kennt, sondern auch bewundert, und von dem man vielleicht auch was lernen kann, den man einfach nur gerne erleben möchte. Aber es kann natürlich auch sein, dass es ganz furchtbar wird, und es gar keine Zusammenarbeit gibt. Das war nicht der Fall, ganz im Gegenteil. Es war unglaublich. Der Mann ist unfassbar, ohne jegliche Allüren, er hat sich auf alles eingelassen, und er war humorvoll. Wir haben viel gelacht. Ich habe mich diesbezüglich auch mit Wotan Wilke Möhring unterhalten, der meinen Ehemann gespielt hat. Er meinte auch, dass wenn Schauspieler mitspielen, die du schätzt, heiße das noch lange nicht, dass das für dich gut sei. Die Kollegen haben ganz andere Motivationen und Beweggründe, sind vielleicht älter und funktionieren auch anders als du. Und das stimmt. Deswegen muss man immer von sich ausgehen, um zu erkennen, ob man sich in der Rolle und im Buch sieht.

OS: Wonach suchen Sie in Ihren Rollen?
— CP: Das ist schwer zu beantworten. Es sind Dinge, die einen selbst bewegen, faszinieren. Aber es ist schwierig, diese Dinge ganz klar zu benennen. Kleine, feine Geschichten, die einen berühren. Frauen, die Entwicklungen durchmachen oder eine Sehnsucht, vielleicht auch eine innere Verzweiflung haben. Manchmal sind es aber auch andere Dinge. Zum Beispiel bei *Küss mich, Hexe*, bei diesem SAT.1-Movie, hat meine Figur mit einem Baum gesprochen, weil ihr Vater in einen Baum verwandelt wurde. Der Anfang des Buches war sehr stark und gut geschrieben. Humorvoll, witzig, schlagfertig, das ist etwas, was ich mag. Deswegen habe ich es auch gemacht. Wenn eine romantische Komödie gut geschrieben ist, habe ich sehr viel Spaß daran. Ich erwarte sicher ein gewisses Niveau. Ich mag keine Klischees und hoffe, dass die Geschichten etwas Authentisches haben. Oder zumindest etwas, womit ich mich identifizieren kann. Aber das ist oft nicht so einfach zu finden.

OS: Also ist es dann so, dass Sie, wenn Sie ein Drehbuch lesen, sagen: »Ich habe Lust, die Rolle auszufüllen?« Oder ist es so, dass es für Sie eine fertige Figur ist, die Sie gerne spielen würden?
— CP: Es hängt sehr vom Drehbuch ab. Die Figuren sind im Buch auf eine Art fertig, aber dann kommt der Schauspieler dazu, und manchmal entstehen beim Lesen in mir schon Bilder. Wenn ich ein Buch gut finde, habe ich einen direkten Zugang. Es inspiriert mich sofort. Wenn ich überlegen würde: »Mensch, mach es, dann kannst du vielleicht Geld verdienen«, aber es inspiriert mich nicht, komme ich dagegen nicht an.

OS: Sehen Sie sich selbst vor ihrem geistigen Auge, wenn Sie eine Ihnen zugeteilte Rolle in einem Drehbuch lesen?
— CP: Nein, noch nicht. Dass ich mein Gesicht ganz konkret sehe, das passiert nicht. Es ist alles eher verschwommener. Aber zumindest spüre ich eine Art Kontakt oder Verbindung zwischen der Figur und mir am Anfang. Und dann dauert es eine ganze Zeit, bis ich mein Gesicht, d.h. mich in der Figur sehe. Aber ich suche in der Erarbeitung der Rolle ja auch nicht konkret nach mir.

OS: Nach was suchen Sie?
— CP: Schon nach der Figur, nach ihren Eigenschaften, ihren Eigenheiten. Ich sehe manchmal Umrisse und auch Bewegungen oder auch emotionale Dinge. Aber konkret mein Gesicht, nein. Ich sehe vielleicht Kopfbedeckungen oder eine Farbe. Und einiges lasse ich mir auch offen bis zum Schluss, bis ich vor der Kamera stehe, und dann bin ich hoffentlich in der Figur.

OS: Gibt es auch Momente, in denen Sie sagen, ich packe die Figur noch nicht?
— CP: Allerdings.

OS: Was passiert dann?
— CP: Für mich ist die härteste Phase die Zeit vor dem Dreh, je nachdem, wie die Figur ist, was sie mitbringt, wie komplex sie ist. Dann bin ich auf der Suche und habe oft den Eindruck, dass ich sie nicht finde. Zum Beispiel in dem Doku-Drama *Die Nacht der großen Flut* ging es ja um eine reale Person, die noch lebt, die Erfahrungen gemacht und Erlebnisse hatte, die ich gar nicht gemacht habe, weil ich einer ganz anderen Generation angehöre. Diese Frau hat Sachen erlebt, von denen ich noch nicht wusste, wie sie im Detail stattgefunden haben. Unabhängig davon, dass ich mich mit ihr sehr lange unterhalten habe, musste ich also sehr viel recherchieren, um überhaupt erst mal begreifen zu können, was sie erlebt hat, abgesehen von der Sturmflut. Sie ist in der Zeit des zweiten Weltkriegs

aufgewachsen, sie hat den Feuersturm auf Hamburg und Nachkriegsdeutschland miterlebt. Damit hatte ich mich noch nie intensiv befasst. Bei solchen Figuren und auch jetzt bei dem ZDF-Film, bei dem ich eine tschechische Köchin gespielt habe, musste ich mich sehr genau vorbereiten. Das ist aber normal für einen Schauspieler. Das ist das Handwerk. Es gehört einfach dazu, sich auf eine Rolle vorzubereiten. Natürlich es gibt Phasen, in denen ich denke: »Es geht nicht. Ich kann das nicht. Es wird alles ganz schrecklich.« Aber irgendwann muss man dann einfach aufhören zu zweifeln und darauf vertrauen, dass es hoffentlich »da ist«, wenn die Kamera angeht.

OS: Gibt es dieses Vertrauen?
— CP: Da muss ich mich dazu zwingen. Im Jahr 2000 war ich in New York auf der Lee-Strasberg-Schauspielschule. Ein Lehrer sagte immer: »Du musst dich vorbereiten, und dann musst du es fallen lassen und spielen. Wenn du Glück hast und talentiert bist, ist es da. Darauf musst du vertrauen. Du musst dann loslassen. Es ist genauso wie mit dem Gehen. Du kannst nicht über das Gehen nachdenken, denn dann fällst du. Du musst irgendwann vertrauen, dass der Körper weiß, wie das funktioniert.« So ist es auch ein bisschen, aber es gibt auch Phasen für mich, je nachdem wie die Rolle ist, in denen ich total verzweifelt bin.

OS: Aber Sie tun es sich trotzdem an.
— CP: Ja, das denke ich manchmal auch (lacht). Als ich bei Xaver vor der Kamera stand, dachte ich: »Das darf doch nicht wahr sein.« Der Puls ist am letzten Drehtag plötzlich wieder auf 180. »Das darf überhaupt nicht wahr sein! Warum in Gottes Namen?«

OS: Und hat es in solchen Situationen ab und zu schon mal »Fluchtgedanken« gegeben?
— CP: Oh ja. Aber das ist auch das Tolle. Klar gibt es Momente, da sag ich manchmal aus Spaß: »Jetzt ist der Moment, in dem ich am liebsten nach Hause will.« Auch vor dem ersten Drehtag gibt es Augenblicke, in denen ich denke: »Warum stehe ich jetzt hier? Ich könnte jetzt auch zu Hause sitzen.« Das ist natürlich Quatsch, es ist kokett. Ich liebe es ja. Ich liebe diese Form der Arbeit, mich dieser, im weitesten Sinne, Magie hinzugeben und zu gucken, ob etwas passiert und ob vielleicht das, was an Vorbereitung da war, das, was die anderen machen, ob das zusammen geht und was dabei rauskommt. Ich merke auch selbst, dass es Momente gibt, in denen es in der Tat funktioniert, und wo alles da ist. Gerade, wenn man mit einem Partner spielt, der sich auf einen einlässt und umgekehrt, merkt man, dass etwas entsteht. Dann ist es natürlich großartig. Deswegen macht man es.

OS: Ist dann noch entscheidend, was das Publikum darüber sagt?
— CP: Ja, klar ist das wichtig.

OS: Und kommt es vor, dass es ganz anders kommt, als Sie erwartet hatten, sowohl im Positiven als auch im Negativen?
— CP: Das passiert schon mal. Deutlich negative Reaktionen habe ich erhalten, als ich Theater gespielt habe. Ich habe damals zusammen mit Ulrich Mühe *Der Auftrag* in Berlin gespielt. Die Kritiken – auch die, die mich betreffen – waren sehr schlecht. Zum einen war es schwer für den Zuschauer zu verstehen, warum ich in meiner Figur zum Beispiel so gelaufen bin, wie ich gelaufen bin. Die Zuschauer haben es als meine persönliche Unsicherheit gedeutet. Es war aber ein inszenierter Gang, nur das hat sich leider nicht transportiert. Es war schon hart für mich, auch schwer zu verkraften. Ich weiß auch, und das ist etwas, mit dem ich umgehen muss, dass ich zu dem Zeitpunkt nicht mehr aus der Figur machen konnte. Das hat mich sehr traurig gemacht. Aber es ist, glaube ich, auch eine sehr realistische Einschätzung. Die Zeit, in der die Kritiken kamen, war schon nicht einfach.

OS: Die Einschätzung in solchen Momenten kann sehr unterschiedlich sein. Man denkt, die Kritiken haben Recht und dann ist es hart, weil man an die eigenen Grenzen gestoßen wird. Aber man kann auch sagen, die haben Unrecht.
— CP: Für mich hatten sie schon Recht. Ich glaube, dass ich da an meine Grenzen gestoßen bin, was aber auch legitim ist, wenn man zum ersten Mal Theater spielt, wenn man sich entwickeln will und Dinge ausprobieren muss. Vielleicht bin ich auch nicht fürs Theater geeignet. So weit kann man ja auch gehen. Das sind Dinge, die selbst zu sagen, nicht ungemein schmeichelnd oder angenehm sind. Aber vielleicht muss man die Sachen dann auch so betrachten. Vielleicht wäre eine andere Figur, eine andere Konstellation einfacher gewesen. Aber ich glaube, dass es zum Teil sicherlich auch an der Inszenierung lag, dass viele Dinge anders gewertet worden sind, als sie gedacht waren. Dennoch habe ich mich damals mit der Regie und Inszenierung in dem Ensemble sehr wohl gefühlt und möchte diese Erfahrung auf keinen Fall missen.

OS: Ist diese Kritik nicht doch motivierend auf eine bestimmte Art und Weise?
— CP: Ich glaube schon, dass ich noch mal Theater spielen würde, wenn man mir das anbieten würde. Aber ich glaube auch, dass aufgrund dieser Kritiken, meiner Darbietung und auch der Aufführung insgesamt nicht noch einmal eine Anfrage vom Theater kommt. Es reißt sich da jetzt niemand darum, mich noch

mal auf die Bühne zu stellen. Obwohl ich glaube, dass es so schlecht nicht war, und man sich vielleicht auch noch entwickeln könnte. Aber es gibt viele sehr gute Schauspielerinnen in meinem Alter auf der Bühne. Und ich denke, es gibt Menschen, die für Theater prädestiniert sind, und es gibt welche, die eher für Film geeignet sind. Romy Schneider hat, glaube ich, zwei Theateraufführungen in ihrem Leben gemacht. Einmal mit Visconti – auch noch mit so einem tollen Regisseur –, und da gab es auch nicht nur positive Kritiken. Vielleicht ist es aber auch gut, für sich zu erkennen, auf welchem Gebiet die Stärken und wo die Schwächen liegen. Und meine Stärken liegen wohl eher im Film, obwohl ich lange von der Bühne geträumt habe. Mir ist fast der Telefonhörer aus der Hand gefallen, als Ulrich Mühe mich anrief. Ich habe sofort zugesagt Das war für mich ein Riesengeschenk.

OS: Warum war das ein Traum?
— CP: Weil ich glaube, dass Theater auch dazu beiträgt, aus einem einen halbwegs guten Schauspieler zu machen. Die Arbeit auf der Bühne ist eine Erfahrung, die dich bereichert, weil du anders spielst, weil du andere Räume, eine andere Sprache bedienst, weil du vor Publikum arbeitest. Ich habe ja keine Ausbildung und daher nie, wie es in den Schulen üblich ist, Szenenstudien auf der Bühne gemacht. Ich bin durch viel Glück zum Film gekommen und habe mich dann mehr oder weniger von Dreh zu Dreh »durchgehangelt« und versucht zu lernen, alles aufzusaugen, was mir wichtig erschien. Das mache ich eigentlich heute immer noch so. Allerdings arbeite ich seit ein paar Jahren doch mit einem Schauspiellehrer. Denn ich denke, dass Filmschauspieler auch richtiges Handwerk brauchen. Es ist durch die Medien weit verbreitet, dass das alles so einfach geht. Aber das ist meiner Meinung nach Unsinn. Das geht vielleicht am Anfang, die ersten zwei, drei Male und dann wird es richtig hart. Im Theater gibt es die Möglichkeit, sich zu entwickeln, ganz anders an Rollen ranzugehen, anders zu arbeiten.

OS: Aber beim Film gibt es doch auch Möglichkeiten, sich zu entwickeln.
— CP: Ja, aber da gibt es nur wenige Regisseure und wenig Bücher, die das wirklich zulassen. Ich hatte, glaube ich, das große Glück, mit ein paar sehr guten Regisseuren arbeiten zu dürfen. Und sicher kann man auch auf einem bestimmten, schon erreichten Niveau einfach weiterarbeiten, Aber dann stellt sich auch die Frage: Was interessiert mich noch, und wo will ich eigentlich hin?

OS: Wo wollen Sie hin? Sie arbeiten schon einige Zeit beim Film auf einem hohen Niveau. Gibt es da noch Ideen, Vorstellungen? Was würden Sie gerne einmal tun?
— CP: Beim Film ist das im Gegensatz zum Theater unkonkret. Auf der Bühne kann man sagen: »Ich möchte das Gretchen spielen.« Das kann man beim Film

so nicht. Ich möchte einfach eine gute Schauspielerin sein. Ich glaube, das ist ein langer Weg. Vor allem, weil man älter wird, und sich die Stoffe und die Rollen verändern. Die kannst du nicht mehr nur mit Leichtigkeit und Frische spielen, sondern man muss die Figuren dann doch anders bauen. Und ich versuche natürlich, Vielseitigkeit zu entwickeln. Obwohl ich zwischendurch denke, dass ich das gar nicht kann.

OS: Sie sagen: »Ich möchte eine gute Schauspielerin sein.« Sind Sie es denn noch nicht?
— CP: Ich glaube, dass es für ein paar Sachen vielleicht funktioniert, aber ich glaube auch, dass es noch ganz viele Dinge gibt, an denen ich arbeiten muss. Und das tue ich auch. Ich arbeite viel, immer wieder, kontinuierlich und ganz konkret mit meinem Schauspiellehrer. Und ich mache Lesungen und Hörbücher, obwohl das Knochenarbeit für mich ist. Aber ich glaube, dass ich dadurch unglaublich viel lerne.

OS: Gibt es irgendeine Art von Beweis, dass man eine gute Schauspielerin ist?
— CP: Nein, einen Beweis gibt es nicht. Aber was mich freut, ist, dass ich zum Beispiel mit Tim Trageser jetzt einen Film für das ZDF mit Devid Striesow und Richy Müller drehe, das sind zwei Schauspieler, die ich ganz toll finde. Und wenn ich höre, dass das die Konstellation ist, dann fühle ich mich zu Hause und freue mich einfach auf die Arbeit. Oder ich werde in einem Ensemble besetzt, in dem Nicole Heesters und Bruno Ganz spielen. Ich hoffe, dass Xaver Schwarzenberger sich das vorher in Ruhe überlegt hat, ob er das machen kann (lacht). Und das ist auch etwas, was mich dann sehr freut. Man muss den Film immer noch drehen, und man muss das immer noch spielen. Aber zumindest ist es so, dass man es mir erst mal zutraut. Das ist beruhigend. Man freut sich darüber, es ist motivierend – auf jeden Fall.

OS: Es ist motivierend. Aber taucht nicht gleichzeitig dann die Angst auf: »Oh Gott, wenn ich jetzt ein, zwei Dinge vergeige, dann könnte es vorbei sein?«
— CP: Nein, das glaube ich so nicht. Aber das hat damit zu tun, dass Projekte abgeschlossen sind, dass man wieder in neuen Sachen drin steckt, und ich glaube, dass die letzten Jahre doch so waren, dass ich mir schon ein bisschen was erarbeiten konnte. John Travolta hat mal gesagt: »Es kann mit einem Film vorbei sein, es kann mit einem Film alles da sein. Du brauchst einen Film und du bist ganz oben.« Und das, glaube ich in der Tat, stimmt. Man kann eine Leistung auf einem sehr hohen Niveau vollbringen, immer wieder und kontinuierlich. Aber die Power eines Films und des ganzen PR-Apparats reicht aus, um dich plötzlich

ganz nach oben zu schießen. Und das hat John Travolta sehr treffend gesagt. Du kannst mit einem Film ganz nach oben kommen, und es hat nichts mit deiner aktuellen Leistung zu tun.

OS: Und das sagt er aus eigener Erfahrung!
— CP: Ja. *Pulp Fiction*, natürlich. Das hatte für meine Begriffe nicht nur mit seiner schauspielerischen Darbietung in dem Film zu tun. Ich denke, dass er nicht besser oder schlechter war als in früheren Filmen. In dem Fall waren die Rolle, die Story, der Film so besonders, dass auch er in der Rolle anders wahrgenommen wurde. Natürlich ist es nicht ohne Bedeutung, jahrelang kontinuierlich gute Qualität zu liefern. Aber du kannst jahrelang sehr gut arbeiten, und es bleibt »unentdeckt«, wenn dir nicht jemand die passende Rolle oder den Stoff anbietet, mit dem du plötzlich besonders wahrgenommen wirst. Das ist ein Teil des Geschäfts, in dem wir arbeiten. Das Problem ist, dass du so vielen subjektiven Kriterien unterliegst, und es letztendlich nicht in der Hand hast, was passiert. Ich kann sagen: »Den Film mache ich, und den Film mache ich nicht.« Das ist alles. Wie der Film am Ende aussieht, wie er inszeniert, geschnitten wird, wie er heißt und vermarktet wird, kann ich nicht mitentscheiden und damit auch nicht über die Dinge, die letztendlich die Qualität und den Erfolg eines Films ausmachen.

OS: Es hängt aber auch von einem selbst ab, welche Entscheidungen man trifft und wie man sie ausfüllt. Es ist nicht nur eine Abhängigkeit.
— CP: Man muss aber das Angebot haben. Das ist das Entscheidende. Natürlich kann man sich mit seiner kontinuierlichen Arbeit den Weg bereiten. Vielleicht, vielleicht aber auch nicht. Wie lange waren Schauspieler angeblich weg, aber sie haben vielleicht in dieser Zeit kontinuierlich gearbeitet aber niemand hat sie gefragt, eine aufregende Rolle zu spielen. Also, das ist ganz schwer. Deswegen kann man sich am Ende nur auf sich selbst verlassen. Wir sprachen ja über Entscheidungsfindung, über die eigenen Impulse, warum man diese oder jene Entscheidungen fällt. Ich glaube für mich zu wissen, warum dieser Film für mich gut ist, aber man kann niemals wissen, wird der Film gut, wird er erfolgreich sein? Wird ihn überhaupt jemand sehen? Das ist nicht kalkulierbar. Ich kann nur sagen: »Ja, ich mache den Film, weil ich ihn machen möchte. Weil ich glaube, dass ich zumindest mit den gegebenen Bedingungen arbeiten kann, dass das für mich gut ist.«

OS: Gab es Momente, in denen Sie gesagt haben: »Okay, ich mache das«, und dann auch während der Dreharbeiten gedacht haben: »Das läuft gut«, aber hinterher beim Sehen gedacht haben, dass das doch nicht so gut war?

— CP: Ja, doch auch, unabhängig von der Qualität der eigenen Arbeit, die man ja sowieso nicht objektiv bewerten kann. Es sind oft Defizite des Drehbuchs, die man manchmal schon beim Lesen erkennen kann. Ich möchte behaupten, dass die Drehbuchprobleme, die für mich beim Lesen da waren, dann auch im Film zu sehen sind. Die bekommst du nicht mehr raus. Billy Wilder meinte doch: »Das Buch, das Buch, das Buch.« Es ist in der Tat so. Du kannst aus einem guten Buch einen schlechten Film machen, aber es ist viel schwieriger, aus einem wirklich schlechten Buch einen guten Film zu machen. Ich hatte natürlich Bücher, bei denen ich dachte: »Soll ich das machen?« Und in manchen Fällen hat mir dann meine Agentur überraschend dazu geraten, weil sie zum Teil ganz andere Bewertungskriterien hat als ich. Das ist auch gut so. Also bin ich auch schon dem Rat der Agentur gefolgt und war im Nachhinein froh, dass ich es gemacht hatte. Aber als ich den Film sah, waren die Probleme, die ich eingangs gesehen hatte, dann doch – für mich – da. Trotzdem war es für mich gut, gerade diese Figur zu spielen.

OS: Sie haben sich also nicht geärgert?
— CP: Nein, ich habe mich nicht geärgert, weil der Film und die Arbeit dennoch wichtig für mich waren. Ich weiß, warum ich es gemacht habe. Ich bin jetzt an einem Punkt, an dem ich auch immer noch beim Fällen von Entscheidungen Zweifel habe. Wenn mir das Buch primär nicht gefällt, überlege ich, ob es »strategische« Gründe gäbe, den Film zu drehen. Wenn man älter und erfahrener wird, nimmt man sich hoffentlich immer mehr die Freiheit zu tun, was man wirklich will. Diesen Weg versuche ich zu gehen und zu sagen: »Es gefällt mir nicht.« Vielleicht irre ich mich, und es wird ganz toll. Aber jetzt in diesem Moment finde ich z. B. keinen Zugang, und dem vertraue und glaube ich jetzt. Dem gebe ich nach. Das ist es, was ich aus all diesen Erfahrungen, die ich in den letzten 15 Jahren gemacht habe, mitnehmen kann. Dass ich wirklich versuche, meinem Instinkt zu vertrauen, was für mich gut und richtig ist.

OS: Haben in diesem Punkt Schauspieler, die eine Ausbildung haben, einen Vorteil?
— CP: Vielleicht, weil sie aus schlechteren Rollen immer noch das Beste machen können, anders als ich das kann, weil mir der handwerkliche, rationale Zugang fehlt. Gute Schauspieler in einem schlechten Film zu sehen, das ist eine Leistung. Die Schauspieler sind exzellent, die es schaffen, über Mängel des Drehbuchs oder der Regie hinweg immer noch sehr gut zu sein. Sie sind nicht nur in einem guten Film, in dem alles sehr stimmig ist, gut, sie sind auch in einem schlechten Film gut! Das ist wirklich schwer, wenn du keine gute Regie, keine gute Kamera und dann noch ein schlechtes Drehbuch mit furchtbaren Dialogen hast.

OS: Was haben diese Schauspieler dann, was andere nicht haben?
— CP: Das ist ihre Technik, ihre Art zu reden, wie sie mit Sprache umgehen, ihre Souveränität. Selbst Ironie und Humor sind ganz wichtig. Aber primär ist es wirklich der Umgang mit Sprache und eine gute physische Präsenz.

OS: Andere Schauspieler, die eine Ausbildung machen und sich nur auf das Spielen konzentrieren, müssen sich durchboxen. Sie selbst haben die Möglichkeit gehabt, jederzeit aufzuhören.
— CP: Was ich am meisten hasse, sind Abhängigkeiten, oder wenn ich mein Leben nicht selbst bestimmen kann. Das zu akzeptieren fällt mir extrem schwer. Deshalb habe ich begonnen, selbst Projekte anzuschieben oder mitzuentwickeln. Aber das sind ja ganz langwierige Prozesse, das ist nichts, was dir morgen hilft, sondern etwas, was einige Zeit in Anspruch nimmt.

OS: Aber es ist erstaunlich, wenn jemand, der seine Unabhängigkeit schätzt, dann einen Beruf wählt, der in jeglicher Form von Abhängigkeit geprägt ist. Von Regie, Kamera, Publikum, ...
— CP: Das war wahrscheinlich auch der Grund, weshalb ich so lange gezögert habe. Ich gehe sehr stark nach meinem eigenen Rhythmus, wann ich wo, wie, was mache, was ich machen möchte. Ich bin für mein Leben selbst verantwortlich und kann es selbst bestimmen und werde es auch weiter tun. Das ist nicht immer einfach, aber was mich positiv motiviert, ist, dass ich immer wieder die Chance bekomme, mich weiterhin zu entwickeln. Deswegen denke ich, dass ich in dem Sinne meine Abhängigkeit akzeptieren kann und glaube, dass es irgendwie gut ausgeht.

OS: Es gibt Schauspieler, die so abhängig sind, dass sie einen Film annehmen müssen, der ihnen angeboten wird. Sie hingegen versuchen, das zu steuern und nur Sachen anzunehmen, die Ihnen gefallen, für die Sie sich positiv entscheiden.
— CP: Ein Aspekt ist sicher, dass man dafür finanziell unabhängig sein muss, und das bin ich. Jedenfalls für einen gewissen Zeitraum. Das hat sicher auch damit zu tun, dass mir materielle Dinge nicht so wichtig sind. Ich mache nicht Filme, um luxuriös leben zu können. Wenn man einen gewissen materiellen Anspruch hat an sein Leben, dann muss man eben auch arbeiten, um sich den leisten zu können. Luxus interessiert mich aber primär nicht. Also, ich könnte eine längere Zeit nicht drehen und mich trotzdem finanzieren. Das Problem ist dann eher, was ich intellektuell mache. Das würde für mich ein viel größeres Problem sein. Wie beschäftige ich mich? Ich muss arbeiten, weil ich es psychisch und physisch brauche, weil es meiner Seele gut tut. Deswegen wäre ich dann auch eher bereit, mal ein Projekt anzunehmen, das mir vielleicht nicht so ganz zusagt.

OS: Wobei man ja nicht unbedingt Filme machen muss, es gibt ja noch viel anderes.
— CP: Ja, sicher,... vielleicht. Aber ich liebe Film, ich habe mich dafür entschieden. Also muss ich auch mit den Schattenseiten dieses Berufes klarkommen. Ich versuche, so weit es geht unabhängig zu sein und angstfrei, im Finanziellen, aber auch im Umgang mit Produzenten oder der Presse. Aber diese Haltung zu haben, ist nicht immer selbstverständlich. Das ist für mich oft auch ein Kampf, und ich bin voller Zweifel. So setze ich mich permanent auseinander, und es gibt Diskussionen mit meinem Management und meiner Agentur. Aber am Ende kann ich nicht über meinen Schatten springen und eben nur so sein wie ich bin. Außerdem habe ich eine ungefähre Vorstellung, was am Ende meines Lebens herauskommen soll. Es wäre schön, wenn man mit mir Filme verbinden würde und nicht etwa ein buntes Partyleben. Filme, die vielleicht ein paar Menschen bewegt haben und in denen ich mitgespielt habe. Wenn ich mich manchmal frage, warum ich Filme mache, dann gehe ich ins Kino und gucke mir einen Film an und sage: »Danke, das ist es.« So ungefähr (lacht).

OS: Wie viel Prozent davon haben Sie schon erreicht?
— CP: *Das Leben ist eine Baustelle* und *Im Juli* sind, glaube ich, Filme, die Leuten etwas gegeben haben. Dass ich davon ein Teil sein durfte, ist toll. Aber es ist auch schon vergangen, das ist schon lange her. Ich denke, es geht nur darum, was man will. Und das kann nur jeder für sich ganz allein entscheiden. Was mich primär interessiert, ist, dass ich etwas mitkreieren und erschaffen kann. Das interessiert mich mehr als der Ruhm oder die Popularität, die damit verbunden sind. Populär werden kann man heute relativ schnell. Die Frage ist, wie lange das hält, und ob man das so möchte. Ich für mich hoffe, dass ich die Möglichkeit bekomme, noch viele schöne Filme zu drehen. Und ich hoffe auch, dass ich mich in meiner Arbeit noch so weit entwickeln kann, um die Voraussetzung dafür zu liefern, dass Regisseure wie Andreas Dresen mit mir arbeiten. Vielleicht wird das aber auch nie passieren. Auf jeden Fall ist es für mich wichtig, dass man sich selbst treu bleibt und seine Ideale nicht verrät. Das ist schwer genug. Dass man ehrlich sein kann, ein Rückgrat haben und sagen kann, was man denkt. Dass es gewisse Dinge gibt, die man von der Gesellschaft fordert. Dass man Verantwortung übernimmt und dafür einsteht. Es gibt bestimmte Dinge, zu denen sage ich nicht »ja«, weil ich denke, dass sie gesamtgesellschaftlich nicht gut sind. Das ist mir wichtig.

OS: Das klingt sehr gesellschaftspolitisch.
— CP: Gesellschaftskritisch oder -politisch im Film zu sein, ist sehr schwer, weil er bis auf einige Ausnahmen, wie die Filme von Dani Levy und Andreas Dresen, mehr und mehr der Unterhaltung dient. Es gibt im Filmge-

schäft immer noch viel Geld und Luxus im Vergleich zu anderen Berufszweigen. Manchmal denke ich, ich sollte lieber in die Medizin zurückgehen, um etwas sozial Engagiertes zu machen. Das ist ein Zwiespalt für mich, in dem ich mich oft befinde, und immer wieder denke ich darüber nach, wie mein Beruf zu dem steht, was ich gesellschaftspolitisch vertreten kann. Was mache ich eigentlich als Schauspielerin, wenn wir eine Klimaerwärmung haben?! In meinem Beruf tue ich nichts dagegen, im Gegenteil. Ich verbrauche die Ressourcen umso mehr. Ich kann vielleicht noch meine Popularität benutzen, um mich dafür einzusetzen. Na ja, das sind alles so naive Überlegungen.

OS: Hat diese Haltung etwas mit den Erfahrungen in der Medizin zu tun? Da ist man in einem sozialen, einem helfenden Beruf tätig.
— CP: Das hat mit meiner Sozialisation zu tun, mit dem, wie ich aufgewachsen bin, wie meine Familie mich erzogen hat. Halbwegs wach und aufmerksam zu sein und sich als ein Teil des Ganzen zu fühlen, auch zu begreifen, dass man Verantwortung hat und dass man Dinge auch tatsächlich ändern kann. Da ich in einer Zeit groß geworden bin, in der es darum ging, was wir innerhalb der DDR verändern können, und auch viel darüber diskutiert wurde, inwiefern das möglich ist, auch als Einzelner Dinge zu verändern, habe ich mich sehr viel damit auseinander gesetzt, was ich als einzelne Person tun kann. »Bin ich überhaupt in der Lage irgendetwas zu beeinflussen?« Ich glaube schon, dass man das kann. Sich dessen bewusst sein ist ganz wichtig. Das ist etwas, was verloren geht. Wie viele Menschen sind sich der momentanen Situation bewusst? Daraus eine Konsequenz zu ziehen ist dann wieder der nächste Schritt. Das Bewusstsein ist das eine und das Handeln das andere.

OS: Wo würden Sie das Handeln für sich sehen?
— CP: Zum einen versuche ich, mich nicht kritiklos in die reine Unterhaltungsmaschinerie hineinzubegeben, sondern suche irgendwie immer noch nach dem Sinn und Nutzen, warum gerade diese Geschichte erzählt werden soll. Und zum anderen sind wir mehr und mehr dabei zu schauen, in welchem Charity-Bereich wir uns engagieren können. Ich habe mich gerade viel mit meiner Managerin über den Klimawandel und das Bewusstsein der Menschen diesbezüglich unterhalten. Ich möchte da unbedingt etwas machen. Und diese Überlegungen beeinflussen natürlich auch mein Privatleben. Ich überlege, inwieweit ich in meinem Mikrokosmos, in meiner Familie, versuchen kann, verantwortungsbewusst zu leben. Wie viel Auto fahre ich? Fahre ich S-Bahn? Wie viel Strom und Wasser verbrauche ich? Muss ich mir das jetzt zum Anziehen kaufen oder reicht nicht noch die alte Jacke? Ich kaufe im Bioladen ein, kaufe Pfandflaschen, trenne meinen Müll. Das sind die kleinen Dinge im privaten Bereich, die ich versuche zu regulieren.

Es sind drei Punkte, an denen ich arbeite: zum einen, die Popularität für Projekte zu nutzen. Dann, dass ich versuche, nicht unreflektiert in einer Medienmaschinerie zu stecken und das immer noch abzuwägen, ob das für meine Arbeit noch geht und für meine inneren Ansichten noch funktioniert. Dann ist da noch mein Mikrokosmos, in dem ich mich bewege.

OS: Wobei der Beruf der Schauspielerin auch Möglichkeiten gibt, die kaum ein anderer Beruf hat. In kaum einem anderen Beruf kann man die Popularität so ausnutzen, um für gute Dinge einzutreten.

— CP: Ja, das stimmt. Leider ist es immer schwerer zu unterscheiden, ob es nun wirklich Charity ist, oder ob es dabei um die Vermarktung der eigenen Person geht. Außerdem ist die Anzahl solcher Projekte um einiges angewachsen, und nicht alle sind seriös. Deswegen muss man schauen, dass man sich für das Richtige engagiert, die Strukturen durchblickt und weiß, dass es wirklich etwas bringt, dass das Geld, was man sammelt, auch an den betroffenen Orten ankommt. Das ist schon sehr komplex. Vor eineinhalb Jahren habe ich mich zusammen mit meinem Management dafür entschieden, dass wir den Kampf gegen HIV und AIDS unterstützen, weil diese Problematik in Deutschland mehr und mehr in Vergessenheit geraten ist. In den letzten zwei Jahren kam es hier zu einem deutlichen Anstieg der Infektionsrate.»Es gibt ja Medikamente, auf die man hier zurückgreifen kann.« Die Leute wiegen sich in scheinbarer Sicherheit. Obwohl Deutschland, wenn man vergleichsweise an Afrika denkt, ein viel geringes Problem hat. Die Zustände, die medizinische Versorgung, die Infektionsraten dort sind erschreckend. Sicher war dieses Thema für mich auch interessant, weil ich durch meinen medizinischen Background einen guten Zugang dazu habe. Umwelt hat mich aber auch immer schon interessiert. Hier sehe ich einen dringenderen Handlungsbedarf. Nun werde ich auch überlegen, was man da langfristig machen kann. Dabei nützt einem natürlich Popularität. Man muss dabei nur sehen, ob es nur um den eigenen Auftritt geht, oder man sich wirklich für eine Sache einsetzt.

OS: Es besteht also die Gefahr, dass man es nur zur Selbstpromotion nutzt?

— CP: Ich will das keinem unterstellen. Das wäre aber etwas, womit ich Probleme hätte. Von der deutschen Aidshilfe und -stiftung habe ich mir z. B. vieles angeschaut, weil ich ganz genau wissen wollte, worum es geht. Und ich habe auch kleinere Sachen für sie gemacht und war nicht nur auf der Aids-Gala. So haben wir es letztes Jahr gehalten. Das sind so Ideen. Mal gucken, inwieweit man das für sich selbst durchsetzen und umsetzen kann.

OS: Was könnte einen daran hindern?

— CP: Der eigene Anspruch an die Projekte, ob man das wirklich am Ende so durchhalten kann, und ob man auch überhaupt dazu die Möglichkeit bekommt. Es ist kein einfacher Weg, weil man Zweifel hat und ja nicht wirklich weiß, wie es mit den Charity-Projekten weiter geht. Es ist in diesem Geschäft ein ganz schmaler Grat, auf dem man sich bewegt. Man muss ein gutes Maß darin finden, dass man ausreichend arbeitet und seine Filme dreht. Gleichzeitig aber auch, dass man genügend wahrgenommen wird, dass man in den Medien, in der Öffentlichkeit und in der Presse präsent ist. Es ist immer wieder interessant, wenn man Menschen trifft, die nichts mit Film zu tun haben und sagen: »Wir haben Sie aber lange nicht gesehen.« Ich hatte aber zwei Kinofilme in diesem Jahr. Die sind eben nicht von vielen gesehen worden und an der Kasse nicht gut gelaufen, aber sie waren medienpräsent. Auch kam noch ein Fernsehfilm raus. Dann merkst du, dass in den Medien so viel passiert, dass man gar nicht mehr wahrgenommen wird, wenn man nur ganz selektiert Projekte hat.

OS: Gibt es von Ihrem Management eine Zukunftsplanung?
— CP: Es gibt keine wirklichen Strategien. Höchstens, dass man sagt: »Das machen wir jetzt nicht. Wir haben so viel anderes, das passt jetzt nicht rein.« Ich weiß von meinem Management, dass wir, was die Öffentlichkeitsarbeit und Presse angeht, schon eine Art Strategie verfolgen, in dem, was wir nicht wollen. Wir versuchen, ein bestimmtes Außenbild zu schaffen. Aber mehr ist es nicht. Es hat sicher auch viel damit zu tun, dass sich Deutschland immer noch, ich will das gar nicht auf mich beziehen, schwer damit tut, Stars zu haben und auch das Potenzial dahinter zu erkennen. Im Fernsehbereich wird das langsam gemacht, und man sieht z. B. Heino Ferch viel in den Event-Movies. Was ich toll daran finde, ist, dass die Produktionsfirma sagt: »Wir haben Heino Ferch, den finden wir super und machen den nächsten Event-Movie wieder mit ihm. Der bringt uns die Quote.« Da passiert ja das, was in Amerika ganz klar der Fall ist. Im Kinobereich bei uns ist das ja eher nicht so.

OS: Wäre das ein »Traum« für Sie, irgendwann ein ganz bestimmtes Image zu haben?
— CP: Ich glaube, das habe ich schon. Ich glaube, ich stehe für etwas. Gerade auch in den ersten Jahren, als ich noch viel mehr Kino gemacht habe. Ich kann das nur beurteilen, weil ich Kritiken oder Porträts über mich gelesen habe. *Workaholic* war für die Zuschauer viel prägender als *Baustelle* oder *Ex*. *Im Juli* und *Workaholic* haben dazu geführt, dass ich eher für die romantische Komödien, den Love-Interest, für das Junge, Gesunde, Frische stehe als für das Kaputte. Das habe ich zwar auch gespielt, aber das wurde nicht so wahrgenommen.

OS: Weil man das nicht wahrnehmen will?
— CP: Keine Ahnung, das weiß ich nicht.

OS: Oder einfach, weil es besser passt?
— CP: Ja, das kann sein, weil es besser passt und sich die Menschen dadurch, dass sie aus meinem Privatleben nur Teile kennen, gar nicht vorstellen können, wie viel Verzweiflung oder existenzielle Not, wie viel Drama in meinem Leben vielleicht doch auch stattfinden könnte. Das zeige ich auch niemandem und möchte es auch nicht zeigen. Man nimmt mich auch nur so als jemand wahr, der etwas geschafft hat, der fröhlich und glücklich ist, bei dem alles super läuft.

OS: Das scheint aber auch der Realität zu entsprechen. Dass es immer andere Seiten gibt, das ist klar.
— CP: Ich erzähle gewisse Dinge ganz bewusst nicht, weil sie mich privat bzw. mein Leben betreffen. Ich möchte nicht von LSD-Erfahrungen oder von Depressionen sprechen. Was soll das? Ich meine, ich habe kein LSD genommen. Es würde aber auch zu weit meine eigene Person betreffen. Das stünde für mich nicht mehr im Kontext zur Arbeit. Vielleicht ist es so zu verstehen.

OS: Einige Schauspieler bringen so viel von sich in die Rolle hinein, dass der Zuschauer von den Figuren, die sie spielen, auf die Privatperson Rückschlüsse zieht.
— CP: Bei mir hat das wahrscheinlich damit zu tun, dass Filme wie *Workaholic* oder *Im Juli* stärker rezipiert worden sind. Filme, in denen das andere gezeigt wird, z.B. *Außer Kontrolle*, eine Mutter zwischen zwei Männern, während ihr Kind stirbt – mehr Verzweiflung kann ich mir nicht vorstellen –, die sind so gar nicht wahrgenommen worden. Das hat aber auch mit mir zu tun, wie ich jemandem in einem Interview begegne. Wenn ich mich hier so benehmen würde, wie ich mich gestern gefühlt habe, dann hätten Sie einen ganz anderen Eindruck von mir als Sie jetzt haben. Aber das hat mit meinem Begriff von Professionalität zu tun und mit Respekt Ihnen gegenüber. Das, wie ich mich eigentlich fühle, hat weder damit zu tun, was wir hier machen, noch mit meiner Arbeit als Schauspielerin. Ich trage das nicht nach außen. Wozu? Nur weil die Leute es dann vielleicht toller finden würden? Keine Ahnung, interessiert mich nicht. Es wäre gegen die Grundsätze, wie ich meine Arbeit begreife. Ich begreife Schauspielerei auch nicht als Therapie. Es gibt ja viele Menschen, die sehen das so.

OS: Dieser Beruf ist darauf ausgerichtet, dass die Menschen, die ihn ausüben, durchlässig sind. Schauspieler müssen das, was innen steckt, außen zeigen können. Das führt dazu, dass sie das auch im Privatleben oder im Interview

tun. Aber es wundert die anderen, die damit konfrontiert werden, auch nicht. Man akzeptiert es.

— CP: Das ist wahrscheinlich etwas extrem Preußisches, was ich habe. Das erinnert mich an eine Autobiografie von Marlene Dietrich, die ich als Kind gelesen habe. Das Buch lag auf dem Nachttisch meiner Eltern. Darin beschreibt sie den Drill durch ihre Mutter und die Disziplin, die ihr schon als Kind abverlangt wurde. Das hat sie ein Leben lang geprägt, das typisch Preußische eben. Ich war damals fasziniert davon, dass sie gegen alle Widerstände immer funktioniert hat. Immer. Immer da sein, immer Haltung bewahren. Und so ein bisschen bin ich auch. Das hat mit meiner Erziehung zu tun, mit den Werten, mit denen ich aufgewachsen bin. Das ist einfach in mir drin. Ich kann mich nicht erinnern, nicht »funktioniert« zu haben, nur weil ich mich »nicht gefühlt« habe, auch wenn es mir nicht immer blendend ging.

OS: Als Ärztin gehört es nicht zum Beruf, seine innersten Gefühle zu zeigen.

— CP: Das geht nicht. Dann gehst du kaputt und bist auch nicht mehr in der Lage zu arbeiten.

OS: Zugespitzt sind Arzt und Schauspieler zwei Berufe, die, was das betrifft, völlig gegensätzlich sind.

— CP: Aber ich glaube, dass das für die Schauspielerei im Endeffekt das Gleiche ist. Natürlich bin ich durchlässig. Ich gebe alles, aber ich muss es kontrollieren, weil ich immer noch dahin gehen, dahin schauen und das tun muss. Das ist auch die Kunst, inwieweit es Kontrolle und inwieweit es Hingabe ist. Manchmal verliere ich auch die Kontrolle und weiß nicht mehr, was ich in welchem Take gemacht habe. Aber ich bin immer noch so weit da, dass ich weiß, dass ich mich dann nach rechts drehe, weil da jetzt die nächste Marke ist oder die Kamera da hingeht. Ich glaube auch ganz fest daran, dass das am Ende überlebt. Auch die Leidenschaft, die du hast, geht irgendwann weg. Sie verbrennt irgendwann, und du musst dich irgendwie wieder auffüllen. Nach einem Film bin ich oft ausgebrannt. Ich bin jetzt froh, 45 Drehtage hinter mich gebracht zu haben und im nächsten Monat keinen Dreh zu haben und nur mein Hörbuch zu machen. Ich könnte nicht sofort wieder die nächste Figur spielen. Ich brauche eine Pause. Ich habe mich emotional verausgabt. Das passiert bei einem Film mehr, beim anderen weniger. Nach *Außer Kontrolle* war ich fertig. Das hat mich so angegriffen, da habe ich soviel von mir gegeben, da musste ich erst mal wieder auftanken. Es ist ja eben nicht nur eine technische Arbeit. Eher im Gegenteil. Ich gebe das alles, was ich als Person bin, genau da rein. Mal mehr, mal weniger. Je nach dem, wie es gebraucht wird. Aber all das, was mich beschäftigt, quält, nachts nicht schlafen lässt, mir Kummer macht, mich freut, findet da statt. Aber das trage ich nicht in die Öffentlichkeit. Diese Entscheidung kann jeder für sich treffen. Aber was soll das? Warum sollte ich erzählen, dass ich depressiv oder manisch bin oder Schlafstörungen habe? Um mich interessanter zu machen? Damit das Publikum meine Arbeit anders wahrnimmt? Entweder sie sehen meine Arbeit, finden sie gut, und es berührt sie oder nicht. Aber ich habe nicht vor, mich auf eine andere Art und Weise zu präsentieren, nur weil ich glaube, dass sie besser ankommt. Und es kommt in der Tat gut an, das sehe ich ja daran, wie sich solche Geschichten verkaufen. Das geht gegen mein Innerstes, gegen mich. Das kann ich nicht machen.

OS: Meinen Sie, dass es von denen, die so leben, auch so gesehen wird, dass es sich gut vermarktet?
— CP: Das kann ich nicht beurteilen. Aber ich glaube, das ist ein Grund dafür, warum man mich eher als «jung – na ja nun nicht mehr –, frisch, gesund, im weitesten Sinne ernsthaft» erlebt. Umso mehr empfinde ich es als Glück, dass ich auch diese anderen Rollen spielen kann, und entweder sehen die Zuschauer das, oder sie sehen es nicht. Mehr kann ich nicht machen. Ich kann nicht anfangen und sagen:»Ich bin nach der letzten Rolle depressiv geworden, habe drei Monate Therapie hinter mir und habe das nur mit Drogen wieder hingekriegt.« Das macht für mich keinen Sinn.

OS: Was würde denn passieren, wenn Sie alles nach außen kehren würden? Wäre das schlimm?
— CP: Nein, das wäre nicht schlimm. Man muss das machen, was für einen selbst richtig und gut ist. Ich glaube, dass ich mich damit nicht gut fühlen würde. Ich kann das nicht, deswegen tue ich es auch nicht. Man überlegt ja manchmal, ob man anders sein sollte als man ist. Aber ich denke, dass ist nicht wirklich ratsam. Was mich am meisten interessiert, sind die Arbeit am Set und die Figuren, die ich spiele. Ich versuche letztendlich alles da hinein zu geben. Alles, was ich sein möchte oder sein kann.

OS: Aber als Schauspieler gibt man ja schon viel von der eigenen Person preis. Das eigene Gesicht, die eigenen Bewegungen, die eigene Haltung.
— CP: Ja und ich finde, das reicht eigentlich auch.

OS: Dadurch entsteht bei der Öffentlichkeit ein Gefühl, dass es interessant ist. Man nimmt schon viel von der Person wahr und möchte dann auch wissen, was dahinter steckt. Es gibt auch Schauspieler, die sich entscheiden, das auch an die Öffentlichkeit zu bringen. Das mag in dem einen oder anderen Fall vielleicht prätentiös, gewollt sein.

— CP: Ich werte das jetzt gar nicht für andere. Das ist ja nur meine eigene Bewertung. Es muss jeder so machen, wie er es möchte. Es ist ja nicht so, dass ich gar nichts preisgebe. Ich sage schon: »Ich bin verheiratet und habe ein Kind«, aber ich werde sicherlich nicht meine Trennung in den Medien ausschlachten lassen oder anrufen und sagen: »Ich habe mich getrennt, und hier habt ihr ein Interview von meinem ehemaligen Freund.« Wenn mich jemand fragen sollte, sage ich: »Ja, das ist richtig. Punkt.« Es gibt um mein Leben eine gewisse Grenze, um es und alle, die daran beteiligt sind, zu schützen. Mich interessiert es auch, wie ein Schauspieler ist, den ich mag. Wie arbeitet der? Wie verlief seine Karriere? Hatte er Probleme oder nicht? Hat er Zweifel, oder geht er da so rein? Das kann man auch aus Büchern erfahren. Früher habe ich solche Schauspielerbiografien viel gelesen. Man kann zwischen den Medien, in denen man sich präsentiert, durchaus unterscheiden und sich überlegen, mit wem rede ich wie über gewisse Dinge. Als ich *Reine Formsache* promotet habe, habe ich gesagt: »Gut, ich mache ein Gespräch mit »Bild der Frau« über meine Beziehung.« Ich komme bei diesem Film an dem Thema Liebe ja gar nicht vorbei. Was also soll ich machen? Für *Der Auftrag* habe ich der Bild-Zeitung ein Interview gegeben. Da war es mir einfach wichtig, dass viele Menschen von dem Theaterstück lesen. Es gibt schon Möglichkeiten, damit umzugehen, sich immer wieder neu zu entscheiden und auch in »Bild der Frau« stattzufinden. Das Interesse vom Zuschauer gilt ja in erster Linie auch nicht dem Film und der Arbeit, sondern dem Privaten. Dabei muss jeder für sich wissen, wie er damit umgeht und wie er sich präsentiert. Das Private wird immer wichtiger und das ist auf eine Art sehr schade. Es gibt wahnsinnig tolle Schauspieler, die gar nicht populär sind. Es wird oft vergessen, dass es nur eine relativ kleine Anzahl von Schauspielern gibt, denen es sehr gut geht, die total im Mittelpunkt des öffentlichen Interesses stehen. Aber darüber hinaus gibt es viele Schauspieler, die versuchen, in dem Beruf zu überleben, die wahrscheinlich niemals die Chance haben werden, ganz oben zu sein.

OS: Worin liegt der Unterschied zwischen den Schauspielern, die nie Erfolg haben werden, und Ihnen?
— CP: Keine Ahnung. Glück spielt eine ganz große Rolle, leider. Das ist ganz schlimm, auch für Menschen wie mich, die alles beeinflussen wollen. Aber man kann es nicht erzwingen. Zum richtigen Zeitpunkt am richtigen Ort sein und den richtigen Menschen treffen, der mit dir zusammen die nächsten Weichen stellt. Begabung spielt natürlich eine große Rolle. Boris Becker hat mal gesagt, dass es unter seinen Konkurrenten einige gegeben hätte, die vielleicht talentierter gewesen seien als er. Aber er war fleißiger und ausdauernder, disziplinierter. Er hat nicht aufgegeben. Disziplin, Fleiß, so blöd es klingt, und der Glaube an sich selbst

sind ganz wichtig, wenn man etwas erreichen möchte oder sich hocharbeiten will. Was es am Ende dann wirklich ausmacht, kann ich nicht sagen.

OS: Würden Sie sagen, dass Sie viel Glück gehabt haben?
— CP: Ja, ich habe viel Glück gehabt. Dieses erste Casting, das ich damals hatte, war Glück. Glück war es auch, dass Niklaus Schilling etwas in mir gesehen hat. Oder auch Wolfgang Becker, der mich besetzen wollte. Er hat nur mich gecastet und wollte nur mich. Das war sicherlich auch Glück.

OS: Wobei es Glück alleine ja nicht sein kann. Ein bisschen Talent und gute Leistung müssen schon mit da sein.
— CP: Das baut aufeinander auf. Die Tür muss auf sein, aber man muss auch durchgehen. Ich musste viel arbeiten in den letzten Jahren und habe das für mich auch so begriffen, dass ich mit diesem Anfangsglück irgendwann nicht mehr weiterkomme, sondern dass es ein Beruf ist, den man sich auch erarbeiten muss. Das ist dann der nächste Schritt, das für sich zu verstehen. Weil ich an meinen Schwächen gearbeitet habe und es auch weiterhin tue, kann ich das jetzt auch schon seit 15 Jahren machen. Unabhängig davon, ob ich drehe oder nicht. Ich versuche auch, neue Herausforderungen anzunehmen, wie zum Beispiel das Theater oder Lesungen. Obwohl ich davor große Versagensängste hatte. Vor jedem Film habe ich Angst und denke: »Das geht nicht. Ich schaffe das nicht.« Ich versuche, immer wieder an die wunden Punkte heranzugehen und sage: »Es muss besser gehen. Es kann nicht sein, dass das die Grenze ist.«

OS: Kommt die Erkenntnis über die wunden Punkte von innen oder gibt es Menschen, die sagen: »Arbeite mal daran«?
— CP: Es sagt keiner konkret, dass ich daran oder daran arbeiten soll. Aber es gibt Kritiken, bei denen man denkt: »Vielleicht haben die Recht, vielleicht war das wirklich nicht so gut.« Aber das ganz Konkrete, woran ich arbeite, ist mein inneres Bedürfnis. Ich kommuniziere auch mit Schauspielerkollegen. Es gibt Menschen, die ich sehr respektiere, mit denen ich auch so offene Gespräche führen kann, Charlie Hübner z. B., ein guter Freund, der auch Schauspieler ist. Mit ihm habe ich bei Eoin Moore gedreht. Ich schätze ihn sehr für das, was er kann. Mit ihm rede ich auch über Rollen, wenn ich dabei bin, eine zu entwickeln. Er hat eine ganz andere Sicht und Erarbeitungsstrategie, die mir so einfach nicht so gegeben ist. Davon profitiere ich sehr, wenn wir diskutieren. Ich ziehe Freunde zu Rate, die ich mag, und denen ich vertraue. Ich versuche schon, Kritik anzunehmen, auch wenn sie mir wehtut. Aber ich kann ja nicht einfach den Kopf in den Sand stecken. Was mache ich dann? Was ist die Maßgabe für den nächsten Tag? Wie werde ich mit dem nächsten Projekt umgehen?

OS: Und Sie arbeiten mit einem Lehrer?

— CP: Ja, ich arbeite schon sehr lange mit einem Schauspiellehrer. Mal mehr, mal weniger. Langsam fruchtet es auch, glaube ich. Unabhängig davon macht es mir viel Spaß. Selbst wenn ich wüsste, dass es nichts nützt, würde ich trotzdem zu ihm gehen, weil es einfach großartig ist, mit ihm zu arbeiten. Es ist so wichtig, dass man gerne irgendwo hingeht, lacht und sich gut fühlt.

Dinge wie »Was hat dazu geführt? Woran glaubt man? Worin liegen die Ursachen? Muss man mit mehr Ruhe herangehen? Braucht man mehr Vorbereitungszeit? War man zu unsicher? Hat man sich zu sehr beeinflussen lassen? Muss man mehr bei sich bleiben?« versuche ich dann zu kontrollieren und sage mir: »Da muss ich ganz anders herangehen beim nächsten Mal.« Dreharbeiten fordern unterschiedliche Dinge von einem. Bei *Die Tote vom Deich* brauchte ich eine extrem hohe Konzentration für die Figur, weil sie getrieben und ganz fokussiert ist. Manch andere Filme spielen sich nur mit einer ganz großen Leichtigkeit. Wenn ich da anfange, mit Scheuklappen durch die Gegend zu laufen, total konzentriert und in dem Sinne nicht entspannt bin, geht das vielleicht für die Figur gar nicht. Man muss auch versuchen, Atmosphären zu spüren und für gewisse Umstände sensibel und offen zu bleiben, sich immer wieder einzulassen.

OS: Das klingt aber auch nach einer reflektierten Beschäftigung, als würden Sie das, was gerade passiert, tagebuchartig reflektieren. »Was habe ich gemacht? Was kann ich verbessern?«

— CP: Das tue ich auch. Ich durchdenke es sehr. Aber nicht im Moment des Tuns. Ich gebe mich hin bei der Arbeit, gerade wenn ich einen Regisseur habe, dem ich vertraue. Ihm gebe ich alles, was ich habe, hin. Alles, was geht. Der Kontrollverlust, den man zum Spielen braucht, ist oft nur möglich, wenn man vertrauen kann. Aber in der Vorbereitung und im Nachhinein nehme ich die Dinge schon sehr auseinander.

OS: Wenn man über die Dinge nachdenkt, die passiert sind, denkt man über Fehler nach. Mit welchem Grundgefühl denken Sie über diese Fehler nach?

— CP: Es ist eher so ein »Mist, das war ein Fehler«. Ich glaube, dass dann wirklich die große Kunst ist, das loszulassen. Sonst ist man nicht frei, um zu agieren und zu reagieren. Gerade beim Arbeiten vor der Kamera, wo man einfach so viel aufnehmen kann, wenn man durchlässig ist, und vom Partner und der Regie viel bekommt. Wenn man das alles zulässt, ist schon so viel da. Wenn man sich zu sehr unter Druck setzt und sich nur selbst zerfleischt, kann man nicht mehr offen sein, um zu spielen. Man macht alles kaputt, was einem gegeben ist, jedes Gefühl, jede Intuition, die man hat, wenn man dabei ist, sich komplett zu kontrollieren. Man muss am Ende auf die Situation vertrauen. Ich kenne das aus Prüfungen sehr gut. Es gab Phasen, in denen ich vor der Prüfung dachte: »Ich weiß nichts mehr.« Aber irgendwann habe ich mir gesagt: »Es wird da sein. Ich habe so viel dafür gemacht, es muss da sein. Das kann gar nicht sein.« Und es war dann auch alles da. Na ja, fast alles. Aber dieses Vertrauen muss man haben.

OS: Aber es gibt auch Schauspieler, die die Tendenz zur Selbstzerfleischung haben, deren innere Stimme versagt hat.
— CP: Ich habe das auch schon erlebt. Das ist schlimm. Aber jetzt versuche ich, dem eine Grenze zu setzen und mir Selbstvertrauen einzureden. Es gibt sicher auch Kollegen, die aus innerer Zerrissenheit und Destruktion heraus Kraft oder Wut entwickeln und damit nach außen gehen und es in ihr Spiel einbringen. Ich war zeitweise an einem Punkt, da habe ich meine Figur im Stich gelassen, ich konnte mich nicht mehr auf das Wesentliche konzentrieren, habe nicht mehr gespielt. Dann ist man verloren, dann kann man nichts mehr geben. Wenn man keine Kraft entwickelt, nach vorne zu gehen, kann man nicht mehr spielen. Ich versuche jetzt mehr und mehr, bei mir zu bleiben.

Wenn man sich mit Kunst beschäftigt, fällt auf, dass ganz viele, ob es nun Maler, Komponisten oder Schauspieler waren, trotz allem Genius, von Zweifeln, Mit-sich-Hadern und destruktiven Gedanken begleitet waren. Also vielleicht gehört all das ja auch irgendwie dazu.

Das Interview fand im November 2006 in Berlin statt.

Der Dramaturg und Drehbuchautor Oliver Schütte leitet seit 1995 die Master School Drehbuch in Berlin. Er ist Autor verschiedener Bücher über das Drehbuchschreiben und -lesen. An verschiedenen Institutionen hält er Seminare und er unterrichtet an der Filmakademie Baden-Württemberg. Er ist Mitglied der European Film Academy und Gründungsmitglied der Deutschen Filmakademie.

© Stephan Rabold

Axel Prahl wird 1960 in Eutin geboren. Nach dem Studium an der Schauspielschule Kiel wirkt er in zahlreichen Theaterproduktionen mit, u.a. am Berliner GRIPS-Theater und am Renaissance-Theater. Bekannt wird er 1998 durch seine Nebenrolle in Andreas Dresens Kinofilm *Nachtgestalten*. In der Folge ist er häufig als gebrochene Ermittlerfigur zu sehen: in Andreas Dresens Sozialdrama *Die Polizistin*, für die er 2001 den Adolf-Grimme-Preis in Gold erhält, in Marc Rothemunds Psychodrama *Die Hoffnung stirbt zuletzt* (2003). Anderen Figuren widmet er sich in *alaska.de* (Esther Gronenborn, 2000), *Rette deine Haut!* (Lars Becker, 2000) oder in Mark Schlichters *Liebe und Verrat* (2001). 2002 dreht er erneut mit Andreas Dresen den Film *Halbe Treppe*, der bei der Berlinale 2002 mit dem Silbernen Bären ausgezeichnet wird, zwei Jahre später setzen sie ihre Zusammenarbeit mit *Willenbrock* fort. Es folgen die Kinofilme *Du bist nicht allein* (Bernd Böhlich), *Mondkalb* (Silke Enders) sowie Niki Müllerschöns internationale Produktion *Der Rote Baron*
Seit 2002 geht er mit Jan Josef Liefers im *Tatort Münster* als Hauptkommissar Frank Thiel auf Verbrecherjagd. In den letzten Jahren hat er in weiteren zahlreichen beachteten Fernsehproduktionen gespielt u.a in *Die Mauer – Berlin, 61* (Hartmut Schoen), *Nicht alle waren Mörder* (Jo Baier).
Axel Prahl lebt in Marienwerder.
www.axelprahl.de
www.agenturlux.de

»Wer gut lügen kann, taugt gut zum Schauspieler«

Axel Prahl im Gespräch mit Gunnar Leue

GL: Wann hatten Sie das erste Mal das Gefühl, eine gute schauspielerische Leistung vollbracht zu haben?
— AP: Soweit ich mich erinnern kann, war das wohl als Schüler in der Grundschule. In Heimatkunde sollte eine Arbeit geschrieben werden, aber ich hatte es vorgezogen, statt am Vortag zu lernen, die ganze Zeit mit meinen Legosteinen zu spielen. Das Gefühl, am nächsten Tag eine Arbeit schreiben zu müssen und keine Ahnung vom Stoff zu haben, setzte bei mir eine gewisse Angst frei. Ich dachte: Am besten du wirst krank und bekommst Bauchschmerzen. In die Vorstellung habe ich mich nachts so hineingesteigert, dass ich am nächsten Morgen tatsächlich mit Fieber im Bett lag. Meine Mutter meinte zwar, das würde schon wieder verschwinden, aber von wegen. Ich bekam sogar noch richtige Bauchkrämpfe. Ich glaube, so ähnlich läuft eigentlich die Schauspielerei ab. Man versucht, sich so in die darzustellende Situation zu vertiefen, dass es körperliche Reaktionen hervorruft. Wenn man erst mal für sich entdeckt hat, dass es funktioniert, mittels Vorstellungskraft bestimmte Wirkungen, wie zum Beispiel Weinen, erreichen zu können, dann nutzt man diese Fähigkeit häufiger. Ich glaube, dass viele Schauspieler – im positiven Sinne – hervorragende Lügner sind. Schließlich braucht die Lüge ein gutes Gedächtnis, sie kann äußerst anstrengend sein. Nach meiner Meinung sind Leute, die gut lügen können, auch gute Schauspieler.

GL: Haben Sie die Erkenntnis von der Kraft der Einbildung aus der besagten Nacht danach öfters berücksichtigt und als Kind viel gelogen?
— AP: Ich glaube ja, (lacht). Mein Bruder und ich, wir waren schlimme Banausen und haben schon ordentlich rumgeflunkert. Damals funktionierte das allerdings nicht immer so gut mit dem Flunkern, weil man für eine glaubwürdige Lüge auch ein immenses Wissen braucht. In dem Moment, in dem man lügt, begibt man sich ja auf das Feld der Improvisation. Und improvisieren kann man nur, wenn man über ein bestimmtes Wissen zum Thema verfügt.

GL: Mit fortschreitendem Alter wird man versierter?

— AP: Ich glaube, dass sich das mit dem Lügen bei mir durch die Arbeit relativiert hat. Im Privaten habe ich nicht mehr viel gelogen.

GL: Weil Sie sich als Schauspieler diesbezüglich im Beruf ausleben können?
— AP: Ja, kann man so sagen. Die meisten Menschen lügen doch eigentlich, um sich selbst besser darzustellen als sie sind, weil sie den anderen nicht verletzen wollen, und natürlich, weil sie gemocht werden wollen.

GL: Der Wunsch, geliebt zu werden und Eitelkeit gehen oft einher. Sie scheinen ein sehr bodenständiger Typ zu sein. Wie eitel sind Sie?
— AP: Dass man gemocht werden will und eine gewisse Eitelkeit sind schon auch Grundvoraussetzungen für unseren Beruf. Zumindest aber die Suche nach Anerkennung. Man möchte meinen, dass es einem Klaus Kinski am Arsch vorbei ging, was die Leute von ihm dachten, aber das war ja keinesfalls so. Kinski war ein Mensch, der im Grunde sehr viel Liebe brauchte. So ist es wohl bei vielen Kollegen.

GL: Sie sind nicht zielstrebig auf den Schauspielerberuf zugesteuert, sondern haben zunächst auf Lehramt studiert! Warum wollten Sie ausgerechnet Lehrer werden?
— AP: Ich mochte in der Schule immer besonders die Fächer Mathe und Musik und habe deshalb überlegt, dass ich das doch auch auf Lehramt studieren könnte. Ich war damals auch in einer Phase des Suchens.

GL: Sie mochten Mathematik?
— AP: Ja, weil es für mich das einzige Schulfach war, bei dem nur der Lösungsweg und ein korrektes Ergebnis die Zensur entschieden haben. Das stimmte eben, oder es stimmte nicht, da gab es auch für den Lehrer keinen Spielraum. Anders war das beispielsweise bei den Erörterungen in Deutsch, bei denen ich gern mal unter einen Aufsatz »Thema verfehlt« geschrieben bekam, weil der Lehrer mich wegen meiner Eskapaden im Unterricht vielleicht nicht so mochte. Ich war nämlich von Hause aus der Klassenkasper. Unter einem Aufsatz stand sogar einmal: Axel hat zu viel Fantasie! Jedenfalls musste ich mir nach dem Abi überlegen, was ich nun mache, und da kam ich eben auf Lehrer, weil ich glaubte, dass mir als Grund- und Hauptschullehrer auf dem Mathegebiet nicht allzu viel abverlangt werden würde. Aber von wegen, im Studium ging es dann mit den Integral- und Matrizerechnungen überhaupt erst los. Das, was man hauptsächlich zum Unterrichten von Kindern braucht – Didaktik, Soziologie und Psychologie – kam kaum vor. Schon seltsam: Das eigentliche Rüstzeug für einen Lehrer wurde nicht richtig vermittelt. Komisch fand ich auch, dass viele Kommilitonen die Sache mehr als

eine Art Selbstfindungsstudium betrieben. Ehrlich gesagt war ich geschockt, was für Menschen später auf Schüler losgelassen werden sollten. Es gab an der Uni meines Erachtens richtig verhaltensgestörte Leute, die eine große Scheu davor hatten, auf andere zuzugehen. Wie die mal vor einer Klasse stehen und unterrichten sollten, war mir schleierhaft. Ich habe dann nach fünf Semestern das Studium abgebrochen und mich mit diversen Jobs in Kiel finanziell über Wasser gehalten. Unter anderem als Gleisbauer, Bierfahrer und Kellner.

GL: Wie kamen Sie darauf, es doch als professioneller Schauspieler zu versuchen?
— AP: Auf die Idee hatte mich eine WG-Mitbewohnerin gebracht, die an der Kieler Schauspielschule studierte. Sie sagte: »Du blödelst immer so viel herum, kultiviere das doch mal, werde Schauspieler.« So abwegig war das auch nicht, denn immerhin war ich schon in der Schule ein bisschen als Schauspieler dabei. Mit zwölf Jahren stand ich bei einem Matthias Claudius-Abend auf der Bühne, für den ich ellenlange Monologe auswendig lernen musste.

GL: Gibt es da noch weitere künstlerische Talente als die Fähigkeit, sich Monologe merken zu können?
— AP: Ich war auch lange Zeit im Kirchenchor. Wir hatten in Neustadt eine engagierte Kantorin, die sich sehr um die Jugendlichen kümmerte. Sie organisierte einen hervorragenden musikalischen Unterricht, wodurch ich unentgeltlich in den Genuss von Gitarrenunterricht und einer gewissen Gesangsausbildung kam. Das wurde mir mit Eintritt der Pubertät allerdings zu langweilig. Aber wegen der netten Mädels blieb ich noch eine Weile im Chor, nur hatte sich das irgendwann auch erledigt. Meine Lehrerin quittierte das mit dem Spruch: »Hauptsache, er wird nicht so wie dieser Semmelrogge.«

GL: Wie kam sie darauf?
— AP: Ich war damals ein mächtiges Kaliber, stets mit der Schnauze vorneweg. Kurzgewachsene müssen ja immer ein Defizit kompensieren – und das hab ich durch meine künstlerische Ader und durch Humor versucht. Ergo war ich der Klassenclown. Aber eigentlich träumte ich davon, Musiker zu werden, und ich war sogar auf dem Weg dazu.

GL: Spielten Sie in einer Band?
— AP: Ja, die hieß Impuls. Sie war von Olaf Kassalich gegründet worden, dem Ex-Schlagzeuger der damals vor allem in Norddeutschland angesagten Hamburger Gruppe Ougenweide. Wir hatten 1984 sogar einen Auftritt in der NDR 2-Sendung »Ein Abend für junge Hörer« mit Dethardt Fissen. Ich war zu der Zeit schon am

Kieler Theater engagiert und bin ein Dreivierteljahr immer abends nach meinen Theatervorstellungen ins Ougenweide-Studio nach Hamburg gefahren, wo wir bis drei, vier Uhr probten – immerhin sollten wir für das Radiokonzert zwölf Stücke spielen. Danach fuhr ich zurück nach Kiel, wo ich morgens um zehn wieder bei der Theaterprobe für die Dreigroschenoper zu sein hatte. Nach dem Radioauftritt musste ich mich letztlich entscheiden: Schauspieler oder Profimusiker. Beides hätte ich ganz sicher nicht gepackt. Ich entschied mich für die Schauspielerei. Das NDR-Konzert war mein letzter offizieller Auftritt als Musiker.

GL: Warum entschieden Sie sich gegen die Musikerlaufbahn?
— AP: Ich hatte in Kiel ein festes Engagement und eine regelmäßige Gage. Ich merkte relativ schnell, dass es sehr schwer werden würde, von der Musik wirklich leben zu können. Außerdem dachte ich, dass mir ein Wechsel zurück in die Musik noch immer offen stünde, wenn's mit der Schauspielerei doch nicht klappen sollte.

GL: Aber die Musikszene reizt Sie immer noch, oder? 2006 spielten Sie in einem Video der Band Wir sind Helden mit.
— AP: Die Zusammenarbeit mit Wir sind Helden war reiner Zufall. Ich habe die Musiker mal in einem Berliner Kostümfundus getroffen, und weil ich die Band mag, kamen wir ins Gespräch. Als sie mich später fragten, ob ich nicht in ihrem Video zum Song »Wenn es passiert« mitmachen wolle, habe ich zugesagt. Ich spielte einen Handelsvertreter, der eigentlich todunglücklich ist, weil er es nie geschafft hat, seinen Traum zu leben. Er ist ein begeisterter Indianerfreak, und als er vor einer Bahnschranke wartend plötzlich eine Indianertruppe vorbeiziehen sieht, lässt er sich von ihr mitreißen und kommt seinem Lebenstraum einen kleinen Schritt näher. Diese Geschichte gefiel mir, weil sie Mut macht, einen Traum zu leben.

GL: Ist es für Sie ein gelebter Traum, ein Schauspieler zu sein?
— AP: Ich bin sehr dankbar, dass ich einen Beruf ausüben kann, der mir Spaß macht – insofern ist es auch ein Traumberuf. Obgleich ich manchmal das Gefühl habe, dass man sich als Musiker persönlich mehr in die Entstehung eines musikalischen Werkes einbringen kann, weil man daran von Anfang an beteiligt ist. Ich glaube auch, dass sich jemand wie Herbert Grönemeyer, der in beiden Sparten erfolgreich war, deshalb für die Musikerlaufbahn entschieden hat. Als Schauspieler muss man in einem höheren Maße das bedienen, was das Drehbuch vorschreibt.

GL: Hat Ihnen Ihr Musikerverständnis zuweilen in Ihrem Schauspielerberuf geholfen?

— AP: Als sich Jan Josef Liefers und ich das erste Mal am Set für den *Tatort* trafen, hatten wir beide unsere Gitarren dabei. Das half natürlich, auf beiden Seiten Türen zu öffnen, weil jeder spürte: Der andere besitzt auch eine Musikerseele. Ich habe mich allerdings noch nicht getraut, mich in die Gruppe der singenden, klingenden Kommissare einzureihen. Und außerdem: Sprache, Rhythmus, Dialekte – nahezu alles hat mit Musik zu tun.

GL: Als Kommissar Thiel ermitteln Sie zusammen mit Jan Josef Liefers alias Gerichtsmediziner Boerne im oft sehr provinziellen Münsterland. Sie kennen beide Seiten, die Provinz und die Großstadt. Fiel Ihnen der Wechsel nach Berlin 1992 schwer?
— AP: Ich bin 1992 nach Berlin gezogen, weil ich dort ein Angebot vom Renaissance-Theater hatte. Die Großstadt Berlin fand ich überhaupt nicht witzig – es war die Hölle. Ich kannte keine Menschenseele, es war die einsamste Zeit meines Lebens. In der Kleinstadt lernt man schon recht bald zwangsläufig Leute kennen, die zu einem passen. In der Großstadt sieht man Millionen interessante Gesichter, aber man kann nicht einfach zu den Leuten hingehen und sie anquatschen. Obwohl ich ein sehr kontaktfreudiger Mensch bin, hat es unheimlich lange gedauert, bis ich hier richtig Fuß gefasst habe. Nach den ersten drei Monaten wollte ich eigentlich wieder aus Berlin abdampfen, so sehr hatte ich die Schnauze voll.

GL: Warum sind Sie geblieben?
— AP: Ich stand einfach unter dem Druck, zwei Kinder aus meiner gescheiterten ersten Ehe versorgen zu müssen. Aufträge in Berlin zu bekommen – das war richtig schwer. Ich dachte oft: Du schaffst es hier nie. Dann aber wurde im GRIPS-Theater jemand für das Stück »Kloß im Hals« gesucht. Dabei handelte es sich um ein Improvisationstheater rund um die Themen Bulimie, Fresssucht, Autoaggression. Dafür recherchierten wir über zwei Monate in der Charité, bei Selbsthilfeorganisationen und fragten Betroffene. Nach dem Stück wurde ich fest am Haus engagiert, also bin ich geblieben.

GL: 1991 spielten Sie das erste Mal in einer TV-Produktion mit, in *Schlafende Hunde* von Max Färberböck. Hatten Sie den Wechsel zum Film zuvor oft im Hinterkopf?
— AP: Na ja, ein bisschen doch. Ich träumte schon davon, einmal in einem qualitativ und inhaltlich guten Film eine wesentliche Rolle spielen zu dürfen. Als Theaterschauspieler ging ich auch häufig ins Kino und dachte das eine oder andere Mal: Das könntest du doch auch. Während meiner Zeit am Schleswigholsteinischen Landestheater hatte ich mich auch mal bei Detlev Buck beworben, als der seinen ersten Film *Karniggels* drehte. Wir stammen ja beide aus der gleichen

Ecke in Schleswig-Holstein, aber es hatte nicht geklappt. Das erste Mal stand ich dann am Set bei Max Färberböck, und habe schnell festgestellt, dass Theater und Film zwei komplett unterschiedliche Welten sind. Auch wenn es natürlich eine gewisse Übereinstimmung gibt, hat das eine mit dem anderen viel weniger zu tun als man denkt.

GL: Inwiefern?

— AP: Vor der Kamera besteht die große Kunst darin, nicht zu spielen. Man darf keine Gefühle spielen, sondern man muss die Gefühle in sich selbst entstehen lassen. Die Empfindung für die Situation muss die Physiognomie des Schauspielers in bestimmter Weise formen. Weil die Kamera so dicht an einem dran ist, spielt das eine ganz andere Rolle als im Theater, wo man zudem eine gut artikulierte Sprache braucht, um auch in der letzten Reihe verstanden zu werden. Im Film sollte man dagegen eher versuchen, die Sprache ein bisschen zu verschleifen. Nichts wirkt dort fremder und aufgesetzter als eine ganz dezidierte Sprache.

GL: Fiel es Ihnen schwer, sich umzustellen?

— AP: Ich musste mich natürlich umgewöhnen und war anfangs vor allem verblüfft, wie viel Zeit man am Set mit Warten verbringt. Wenn der Lichtaufbau oder das Ausprobieren der Kamerafahrt nach drei, vier Stunden vorbei ist und du endlich mit deinem Part als Schauspieler an die Reihe kommst, musst du auf den Punkt da sein. Beim Theater gibt es zumindest in einer größeren Rolle die Möglichkeit, anfangs gemachte Fehler im Verlauf des Stücks teilweise wieder vergessen zu machen und das Publikum vielleicht doch noch zu kriegen. Vor der Kamera funktioniert das nicht. Wenn du am Drehtag nach der 14. Klappe immer noch nicht voll überzeugt hast, ist die Chance vertan. Dazu kommt, dass die Erarbeitung der Rolle völlig anders abläuft. Im Theater hast du die Möglichkeit, in den fünf oder sechs Wochen Probenzeit eine Figur sukzessive zu entwickeln. Beim Film musst du dir viel stärker im Vorfeld deines Auftritts klar machen, wo die dramaturgischen Eckpunkte deiner Figur liegen und wie du sie darstellen willst.

GL: Fühlen sich Theater- und Filmschauspieler trotzdem sehr verbunden oder herrscht eine spezielle Neidkonkurrenz, weil sich die Theaterleute möglicherweise als die wahren Schauspieler sehen, die nur nicht an die Massenpopularität der – noch dazu besser bezahlten – Filmstars heranreichen?

— AP: Es ist sicher so, dass sich etliche Theaterkollegen sehr gern mal eine große Kino- oder Fernsehrolle wünschen. Ich kenne das ja von früher, wo ich mich über die kleinen Nebenrollen beim Film allein schon deshalb freute, weil die Gagen ein gutes Zubrot waren. Andererseits hatte ich mich lange nicht getraut, mich aus dem Theaterengagement zu lösen, weil ich die Unsicherheit scheute.

Am Theater hast du regelmäßig Arbeit und Einkünfte. Wenn du frei unterwegs bist, kannst du auch mal Monate lang eine Durststrecke haben. Das ist wohl ein Grund, weshalb beim Film höhere Gagen bezahlt werden.

GL: Beim Film steht man als Schauspieler stärker im Fokus der Öffentlichkeit und auch im Brennpunkt der Kritik. Inwieweit lassen Sie sich von Kritiken beeinflussen?
— AP: Ich lese natürlich Kritiken über Filme, in denen ich mitspiele, weil ich wissen möchte, wie ich beurteilt werde. Fundierte Kritik bringt mich auch weiter, denn Scheitern ist eine wichtige Erfahrung für kreative Menschen. Ich vergleiche Kritik in ihrer Bedeutung ein bisschen mit Filmpreisen. Billy Wilder hat mal gesagt: Filmpreise sind wie Hämorrhoiden, irgendwann kriegt sie jeder Arsch. Einerseits kann man es so salopp sehen, andererseits sind sie durchaus eine Würdigung der Arbeit. Ähnlich sehe ich das mit der Filmkritik. Wenn sie fundiert ist – was keinen Widerspruch zu ihrer Subjektivität darstellt –, denke ich auch über sie nach. Zum Beispiel, wenn man auf Anschlussfehler aufmerksam gemacht wird oder auf dramaturgische Unschlüssigkeiten der Geschichte. Leider ist es manchmal so, dass in den Kritiken nicht einmal die Namen richtig geschrieben werden, so dass man sich fragt, war der Autor wirklich selbst im Kino, oder hat er seinen Neffen geschickt und sich den Film erzählen lassen. Zuweilen ist es hanebüchen, was man als Kritik zu lesen bekommt. Trotzdem lässt es einen natürlich nicht kalt, vor allem nicht ein Verriss. Der kann schon am Selbstbewusstsein nagen, aber bisher habe ich, toi toi toi, noch nicht viel Böses über mich lesen müssen.

GL: Könnten Sie damit leben, wenn man sagen würde, den Film kann man vergessen, aber die schauspielerische Leistung von Prahl ist gut?
— AP: Ich kann mich an zwei Theaterkritiken erinnern, in denen es so ähnlich war. In der *Heiligen Johanna* von G. B. Shaw spielte ich den Dophin, was ja keine unbedeutende Rolle im Stück ist. Die Inszenierung wurde von beiden Rezensenten verrissen. In einem Fall wurde ich namentlich nicht erwähnt, was man wohl als eine Schonung durch den Kritiker werten kann. Sein Kollege hatte wiederum in Frage gestellt, ob man die Rolle des Dophin überhaupt so spielen dürfe, wie ich es tat, was allerdings nicht mir, sondern der Regie anzulasten sei. Meine Darstellung fand er sehr unterhaltsam. Damit konnte ich ganz gut leben, aber richtig glücklich macht das natürlich nicht. Generell kann man das einfach schwer trennen, das gilt für den Film genauso. Es arbeiten schließlich viele Gewerke zusammen, und es gehören neben dem Können der Schauspieler auch viele andere Dinge dazu, dass ein Film ein Erfolg wird. Wenn zwar die eigene Leistung als positiv gewürdigt wird, aber das Gesamtwerk keine gute Kritik erhält, ist das nicht schön. Denn es heißt letztlich, ich hätte mich für einen Film entschieden, der nicht sehenswert ist. Das ist kein Kompliment.

GL: Beurteilen Sie die Wertigkeit von Kritiken auch nach der Person des Kritikers?
— AP: Generell finde ich es gut, wenn sich jeder Zuschauer seine eigene Meinung bildet. Bei Kritikern ist es freilich so, dass ich häufig auch gewisse Tendenzen ablesen kann. Schließlich guckt auch jeder Kritiker anders auf einen Film, er hat Vorlieben und Favoriten. Der eine mag Kaurismäki und eher das Zurückhaltende, der andere mehr Action. Mit der Zeit weiß man einigermaßen einzuschätzen, worauf dieser und jener besonderen Wert legt. Ganz gut finde ich eigentlich eine Übersicht von mehreren Rezensenten, weil man da vergleichen kann. Darüber hinaus merkt man natürlich auch an den Rezensionen bestimmter Filme, ob man mit dem Kritiker auf einer Wellenlänge liegt. Wenn das grundsätzlich der Fall ist, und der jetzt meinen Film doof oder toll findet, dann ist mir das Urteil schon wichtig. Und wenn der über einen anderen Film sagt, der wäre besonders gut, dann gucke ich mir den auch an.

GL: Schauen Sie sich häufig Filme der Kollegen an?
— AP: Seit meine Zwillinge geboren sind, komme ich leider viel zu selten dazu, ins Kino zu gehen. Weil ich Mitglied in der Deutschen Filmakademie bin, gucke ich mir jedoch zum Jahresende viele Filme zu Hause auf DVD an. Es ist natürlich manchmal schade, sie nicht auf der großen Leinwand zu sehen.

Nicht alle waren Mörder – Copyright: SWR/teamWorx / Stephan Rabold

GL: Achten Sie auch darauf, mit wem Sie gern zusammenarbeiten würden, gerade bei neuen Kollegen?
— AP: Es interessiert mich schon sehr, was die Kollegen so machen, nicht zuletzt die Jungen. Gerade viele kleine deutsche Produktionen, wie *Mucksmäuschenstill* oder *Netto*, finde ich ganz spannend.

GL: Nach welchen Kriterien wählen Sie Angebote aus?
— AP: Ich frage mich zum Beispiel nach dem Lesen des Drehbuchs: Hättest du Lust, so einen Film zu sehen? Das ist eine grundlegende Voraussetzung für meine Entscheidung. Dazu kommt, dass der Film einen gewissen moralischen Anspruch, nicht jedoch moralischen Zeigefinger, erheben sollte. Ich möchte einfach, dass der Inhalt der Filme mit Menschen und ihren Problemen zu tun hat. Warum ist es wichtig oder gar notwendig, diese Geschichte zu erzählen? Selbstverständlich frage ich mich auch, inwieweit ich mir die Rolle zutraue. Bei *Willenbrock* hatte ich beispielsweise zunächst das Gefühl, dass das eigentlich nicht ich bin. Aber Andreas Dresen war nach dem Casting anderer Meinung, und dann habe ich gesagt, okay.

GL: Woher rührte Ihre Skepsis?
— AP: Nachdem ich den Roman gelesen hatte, hatte ich eine andere Figur im Kopf. Vielleicht hatte Andreas sich auch gesagt, wir nehmen mal lieber einen an sich sympathischen Typen, um einen Unsympathen darzustellen. Ich weiß es nicht. Ich betrachte viele Dinge einfach auch aus dem Bauch heraus.

GL: Wie würden Sie Ihr Credo als Schauspieler bezeichnen?
— AP: Ich würde im Brechtschen Sinne sagen: unterhalten und trotzdem eine Erkenntnis mit auf den Weg nehmen. Ein erkennendes Lachen zu produzieren, indem sich der Zuschauer ein Stück weit wiedererkennt, finde ich sehr erstrebenswert. Es ist allerdings kein Credo, nach dem man permanent handeln muss. Dazu ist die Bandbreite des Berufes viel zu groß. Man würde sich als Schauspieler viel zu sehr einschränken, wenn man erklären würde: Ich mache jetzt nur das Höchstanspruchsvolle. Für mich kann es auch gern mal ein Familienunterhaltungsfilm sein, in dem es nur um eine kleine Kindergeschichte geht.

GL: Als Schauspieler könnte man sich sagen: Ich spiele eine Rolle, ich bin nicht für das Gesamtwerk verantwortlich.
— AP: Mitverantwortlich ist man durchaus.

GL: Haben Sie schon Rollen abgelehnt?
— AP: Ja, aber das will ich auch nicht zu breit treten.

GL: Wie kommt es, dass Sie so viel mit dem Regisseur Andreas Dresen zusammenarbeiten?
— AP: Andreas Dresen hatte mich das erste Mal am Berliner GRIPS-Theater im Stück *Cafe Mitte* gesehen, wo ich drei verschiedene Figuren spielte: einen Politiker, einen Punker und einen stotternden Türken. Das hat ihm offenbar so gut gefallen, dass er mich in seinem Film *Nachtgestalten* für eine relativ kleine Polizistenrolle besetzt. Bei diesem Film war es auch das erste Mal, dass er sich traute, die Kunst der kalkulierten Improvisation auszuloten. Nachdem wir eine Szene mit Meriam Abbas und Dominique Horwitz zwei Mal vom Blatt spielten, haben wir sie einfach komplett improvisiert. Dadurch passieren Sachen, die man sich am Schreibtisch gar nicht ausdenken kann. Andreas gehört für mich zu den besten deutschen Regisseuren, weil er eine eigene Bildsprache und Erzählform entwickelt hat. Inzwischen sind wir auch befreundet, was nicht zwangsläufig zur Folge hat, das ich in jedem seiner Filme mitspiele, auch wenn wir das mal spaßeshalber so verabredet haben.

GL: Deshalb sah man Sie in *Sommer vorm Balkon* nur ganz kurz als Kneipengast im Bild?
— AP: Genau, wir hatten vorher *Willenbrock* gedreht, und als ich hörte, dass er gleich im Anschluss noch dieses wunderbare Stück *Sommer vorm Balkon* von Kohlhaase verfilmen würde, sagte ich zu ihm: Wie, du drehst einen Film ohne mich?! Das kann nicht sein, ich muss in allen deinen Filmen mitspielen und sei es in einem Dokumentarfilm, ich muss wenigstens einmal durchs Bild laufen. Da hat er geantwortet: »Gut, das können wir machen, und so bin ich eben einmal durchs Bild gelaufen.«

GL: Sie spielen so oft und so gut einen Ossi im Film, dass viele Leute Sie für einen echten Ostler halten.
— AP: Ja, viele Kollegen denken sogar, dass ich aus dem Osten stamme. Das ist mir erst kürzlich wieder passiert, und es stört mich nicht im Geringsten. Ich fasse das eher als Kompliment auf, denn schließlich scheinen die Leute zu glauben, was ich da als Schauspieler spiele. Im Großen und Ganzen halte ich von diesem Ost-West-Vergleich aber nicht viel. Weiß doch jeder: Arschlöcher und nette Menschen gibt's hüben wie drüben.

GL: Sie haben in Ihrer Filmkarriere auffällig viele Polizistenrollen gespielt. Wie sehen Sie eigentlich diese Berufssparte?
— AP: Als ich die Mittlere Reife hatte, riet mir mein Vater, der damals bei der Marine war: »Junge, geh zum Bundesgrenzschutz oder zur Polizei, da wirst du verbeamtet und hast ein Leben lang Ruhe.« Mein Glück war, dass mein Klassen-

lehrer meinte, ich hätte das Zeug zum Abitur. Deshalb habe ich den Rat nicht befolgt. Ich habe auch heute noch meine Vorbehalte gegenüber einem Beruf, der immer auch etwas mit Machtausübung zu tun hat. Denn Macht kann natürlich missbraucht werden.

GL: Haben Sie mal Polizisten bei ihrer Arbeit begleitet?
— AP: Ja, ich war in Rostock drei Tage lang mit einer Streife unterwegs. Das war interessant und absurd zugleich. Gerade in der Provinz ist der Polizistenjob unglaublich langweilig, da passieren meist nur Verkehrsunfälle und Diebstähle. Wir waren bei einer Ladenbesitzerin, der sie auf der Straße vor ihrem Geschäft Lederjacken geklaut hatten. Wir fuhren zur Wohnung einer Mutter der üblichen Verdächtigen, die Bullen stürmten dort einfach rein, weil sie wegen Gefahr in Verzug das Recht dazu hatten. Nachdem sie weder den Sohn noch die Jacken fanden, sind sie unverrichteter Dinge wieder abgezogen, um auf der Wache den Schreibkram zu erledigen. Das dauerte eine Weile, weil sie jedes Formular in fünffacher Ausführung ausfüllen mussten. Das war pure Satire. Leid tun mir Polizisten hingegen, wenn sie die Birne für politische Entscheidungen hinhalten müssen. Abgesehen davon finde ich es sehr nützlich, wenn man sich mal eine Zeitlang in das Umfeld eines Berufes hinein begibt, den man in einer Rolle spielen soll. Da gibt es viele Attitüden zu beobachten, die man im Film gut nutzen kann. Ich würde solche Rollenvorbereitungen gern öfter machen.

GL: Wie bereiten Sie sich außerdem auf einen Dreh vor?
— AP: Ich setze mich möglichst schon im Vorfeld mit dem Regisseur zusammen, und wir unterhalten uns, salopp gesagt, darüber, in welche Richtung das Ganze gehen soll. Wir gehen das Drehbuch gemeinsam durch, sprechen über Spannungsbögen und Szenen, die dem Regisseur besonders wichtig sind. Oder wir klopfen Textpassagen auf ihren Unterhaltungswert ab. Meistens wird schon mal die eine oder andere Passage angespielt. Es vereinfacht die spätere Zusammenarbeit am Set sehr, wenn man sich vorher über grundsätzliche Dinge verständigt hat.

GL: Sind Sie ein sehr kritischer und diskussionsfreudiger Partner für die Regisseure?
— AP: Es ist immer ein Geben und Nehmen. Jeder kluge Regisseur weiß um den Sinn und Nutzen eines konstruktiven Vorschlags. Es gibt schließlich nie nur einen richtigen Weg, sondern viele Varianten für eine Situation. Ich bin durchaus mal anderer Meinung als der Regisseur, mache aber letztlich, was der sagt.

GL: In jedem Fall?

— AP: Wenn ich glaube, dass etwas absolut nicht geht, dann sage ich das auch. Bei einem *Tatort*-Dreh gab es mal eine Szene, in der ich auf zwei Fotos von Personen Ähnlichkeiten entdecken sollte. Da existierten aber überhaupt keine, und nach einer hitzigen Diskussion habe ich am Ende wütend den Set verlassen mit den Worten: Spielt den Mist alleine, mit mir nicht! Wir haben dann doch einen Kompromiss gefunden und ein wenig am Foto geändert. Wenn ich etwas als blödsinnig erkenne, dann kämpfe ich auch für meine Position. Wenn der Regisseur nicht mit einer für mich schlüssigen Lösung kommt, sodass es für mich spielbar wird, bleibe ich stur. Aber das ist die Ausnahme.

GL: Merken Sie schon beim Drehen, ob der Film gut wird, oder warten Sie noch jedes Mal mit Spannung auf das Endergebnis?
— AP: Man weiß ja, der Schnitt entscheidet mehr oder weniger den Film. Deshalb ist es immer wieder eine Überraschung, wie der Film letztlich aussieht. Noch spannender ist allerdings die Frage, wie das Publikum auf ihn reagiert. Man selbst schwimmt ja in dem Moment so im eigenen Saft, dass einem dramaturgische Unstimmigkeiten womöglich nicht mehr auffallen.

GL: Was ist Ihnen im Zweifelsfall wichtiger: das Lob des Publikums oder das der Kritiker?
— AP: Letztlich machen wir die Filme für das Publikum und nicht für die Kritiker. Einen Publikumspreis zu gewinnen ist deshalb oft schöner, wobei gilt, dass es auch für den keine wirklich objektiven Kriterien gibt. Deshalb sollte man das alles nicht allzu ernst nehmen. Manchmal wird dem einfach eine Wichtigkeit beigemessen, die bei aller Bedeutung von Kunst und Kultur, übertrieben scheint.

GL: Sie werden im Film häufig als unscheinbarer Normalotyp besetzt. Würden Sie gern öfter mal das absolute Gegenteil spielen, zum Beispiel einen knallharten Actionheld?
— AP: Ich weise das durchaus nicht von mir, mal den harten Hund zu geben. Es ist jedoch so, dass die Produzenten auf diese Idee nicht so leicht kommen. Man wird schon gern in bestimmte Kategorien einsortiert und man muss zusehen, aus denen gelegentlich auch wieder herauszukommen. So wie es mir mit der Rolle des Willenbrock gelang oder mit dem Revierleiter Mike Jansen, der die Polizistin so mobbte, dass sie sich das Leben nahm.

GL: Achten Sie bei der Auswahl Ihrer Rollen bewusst darauf, dass sich kein Klischee verfestigt?
— AP: Natürlich möchte man gerne dagegen arbeiten, aber das Problem besteht halt darin, dass man nicht immer die entsprechenden Angebote hat. Auch des-

Axel Prahl im Gespräch mit Gunnar Leue

Axel Prahl als Kommissar Frank Thiel im *Tatort Ruhe sanft* – Copyright: Colonia Media / Uwe Stratmann

halb ist es gut, wenn man häufiger mit ein paar Regisseuren wie Andreas Dresen oder Hartmut Schoen zusammenarbeitet, die kein Problem haben, mich auch mal in eine ganz andere Kiste zu stecken.

GL: Sie sind 2007 gleich mit mehreren Filmen im Kino und außerdem als *Tatort*-Kommissar im Fernsehen zu erleben. Ist so viel Präsenz nicht auch problematisch, weil sich das Publikum schnell an Gesichtern übersehen kann?
— AP: Sicher wäre es besser, wenn man nicht in so kurzen Abständen dauernd auf der Leinwand zu sehen wäre oder über den Sender ginge. Aber das ergibt sich eben einfach so, und der *Tatort* ist nun mal eine Serie, die zwei Mal pro Jahr gedreht wird. Ich will den *Tatort* auch weiter machen, weil er für mich zur Oberklasse der TV-Filme zählt. Man muss also immer abwägen zwischen der Kontinuität der Angebote, über die man sich ja freut, und der Überlegung, sich auch mal rar zu machen.

GL: Als Theaterschauspieler bieten sich Ihnen in der Hinsicht ja einige Möglichkeiten.

— AP: Die nutze ich auch, beispielsweise spielte ich 2006 den Mackie Messer in der *Dreigroschenoper* in der Inszenierung von Dominique Horwitz in Bad Hersfeld. Leider kommt es nicht selten vor, dass sich Theaterprojekte und interessante Filmprojekte zeitlich überschneiden. Oft muss man sich entscheiden – entweder oder – und ärgert sich dann manchmal doch, wenn man beim Theater zugesagt hat und kurz darauf ein gigantisches Filmangebot kommt. Aber wenn ich einmal zugesagt habe, dann bleibe ich auch dabei.

GL: Hatten Sie als Schauspieler eigentlich je ein Vorbild?
— AP: Eins? Hunderte!!! Immer, wenn ich einen guten Film sehe, denke ich: »So wie der wäre ich jetzt gern.«

GL: Würde Sie eine Hollywood-Produktion reizen?
— AP: Warum nicht? *Der Rote Baron*, in dem ich zuletzt mitspielte, ging ja in eine ähnliche Richtung, was die Ausstattung und teilweise das Budget betraf. Es macht schon auch Spaß zu erleben, wie man Filme produzieren kann – mit so viel Geld, dass man sich Tausende Statisten leisten kann. Im deutschen Fernsehen gibt es das ja kaum noch, höchstens bei ein paar Eventfilmen.

GL: Lieben Sie die Events und den Glamourfaktor an ihrem Beruf?
— AP: Nee, Großveranstaltungen sind nicht so meine Welt. Ich mache meine Arbeit, ich mache sie gerne, und ich hole mir auch gern einen Preis ab, aber ansonsten muss ich nicht bei jeder Party dabei sein. Da gibt es andere, für die das bestimmt wichtiger ist.

GL: Ist Ihre Arbeit in Ihrer Familie oft ein Gesprächsthema?
— AP: Mit meiner Frau rede ich natürlich über meine Arbeit, schon deshalb, weil sie unsere Lebensplanung und die Zeit bestimmt, wann ich zu Hause bin. Gelegentlich diskutiere ich mit Paula auch über ein Drehbuch, weil mich ihre Meinung interessiert. Ich finde es wohltuend, dass sie relativ unbefangen an die Sache herangeht, während ich manchmal schon das Mikro im Zimmer hängen sehe.

GL: Fällt es Ihnen schwer, zu Hause von der Arbeit abzuschalten?
— AP: Das fällt mir richtig schwer. Ich muss mir das Abschalten richtig vornehmen, sonst funktioniert es nicht. Dauernd klingelt das Handy, und es gibt irgendwelche Anfragen. Andererseits ist das besser so als umgekehrt.

GL: Sie sind auch Schirmherr eines Preises für Jugendtheaterproduktionen?

Axel Prahl als General von Höppner in *Der Rote Baron* – Copyright: Niama-Film GmbH / Nadja Klier

— AP: Der Ikarus-Preis wird für die besten Kinder- und Jugendinszenierungen in Berlin ausgelobt. Es ist ja leider so, dass die von der Presse immer etwas zweitrangig behandelt werden. Aber auch viele Theaterhäuser bieten nur einmal im Jahr ein Weihnachtsmärchen für Kinder, und das war's dann. Berlin hat eine sehr vielschichtige Kinder- und Jugendtheaterszene, über die auch viel mehr journalistisch berichtet werden sollte.

GL: Denken Sie eher an den Schauspieler- oder Zuschauernachwuchs?
— AP: Es ist schlicht die Überlegung, dass Kultur natürlich Pflege braucht. Was Hänschen nicht lernt, lernt Hans nimmer mehr. Wenn man nicht sehr früh Anreize schafft, wird nie Begeisterung fürs Theater entstehen.

Das Interview fand im Januar 2007 im Haus von Axel Prahl in Marienwerder statt.

Gunnar Leue ist seit 1994 freier Journalist und Mitgründer eines Journalistenbüros. Zu seinen Auftraggebern zählen u.a. taz, Frankfurter Allgemeine Sonntagszeitung, Basler Zeitung, Galore.

© Robert Recker

Max Riemelt wird 1984 in Berlin geboren. 1997 beginnt seine Schauspiel-Karriere mit der ZDF-Jugendserie *Zwei Allein*. Sein Kinodebüt gibt er mit 15 in *Der Bär ist los* (Dana Vávrová), erste Beachtung erfährt er in Dennis Gansels Film *Mädchen, Mädchen* (2001). Diese Zusammenarbeit wird mit dem Drama *Napola - Elite für den Führer* (2004) erfolgreich fortgesetzt. Für die Rolle des Arbeitersohns Friedrich Weimer erhält Max Riemelt den Darstellerpreis des Festivals in Karlovy Vary. 2005 wird er Deutscher Shooting Star. Im gleichen Jahr spielt er für Dominik Graf in *Der rote Kakadu* die Hauptrolle des Bühnenmalers Siggi in der Dresdner Jugendszene der frühen 60er-Jahre und wird für diese Rolle mit dem Bayerischen Preis 2006 als Bester männlicher Nachwuchsdarsteller sowie als bester Hauptdarsteller auf dem International Film Festival Marrakech ausgezeichnet. 2006 wirkt er in dem Fernsehzweiteiler *Der Untergang der Pamir* (Kaspar Heidelbach) und in *An die Grenze* von Urs Egger mit. Ende des Jahres übernimmt er die Hauptrolle in dem Film *Kosovo Blues* (Rudolf Schweiger) um zwei junge deutsche KFOR-Soldaten. Nach intensiver Vorbereitung verkörpert Max Riemelt Anfang 2007 den Triathleten Andreas Niedrig in der Verfilmung seiner Lebensgeschichte vom Junkie zum *Ironman* (Adnan Köse).
www.rietz-casting.de

»Man muss lernen, sein Selbstwertgefühl nicht über die Schauspielerei zu definieren«

Von Max Riemelt

Eigentlich hatte ich keine Ahnung von Film und Schauspielerei. Der Zufall wollte es, dass eine Freundin meiner Tante mich zu einem Casting schickte, bei dem ich aber nicht genommen wurde. Dafür lernte ich meine jetzige Agentur kennen. Von da ab organisierte Jacqueline (Rietz) für mich Castings und glaubte an mich. Es dauerte zwei Jahre, bis ich endlich meine erste Rolle bekam. Zu diesem Zeitpunkt war ich schon richtig entmutigt. In den vielen Castings zuvor hatte ich mich immer wieder den Fragen der Caster gestellt, ohne das Gefühl zu haben, die Leute wären an mir als Person interessiert. Es ist frustrierend, wenn man vor einer Tür steht und den richtigen Schlüssel nicht kennt. Damals war mir auch selbst nicht klar, warum ich immer wieder zu diesen Castings ging. Eigentlich war es mir unangenehm und peinlich, vor Fremden mein Innerstes preiszugeben, und mich »zu verkaufen«. Erst nachdem ich meine erste Rolle gespielt hatte, wusste ich, dass ich auch in Zukunft immer mal schauspielen will. Eine generelle Entscheidung für den Beruf war das aber noch lange nicht.

Meine ersten schauspielerischen Erfahrungen sammelte ich in der 13-teiligen TV-Serie *Zwei Allein*. Ich war 13 Jahre alt und lernte in diesen Monaten viel über Technik, Spielen und Verhalten am Film-Set. Vor allem an den Umgang am Set musste ich mich gewöhnen. Auf der einen Seite ist man »gleichberechtigter« Kollege und auf der anderen Seite ein Jugendlicher, dem noch Grenzen gesetzt sind. Das muss man erst mal auf die Reihe bekommen. Auch im Privatleben. Man entwickelt sich durch diese Erfahrung so schnell, dass das private Umfeld damit kaum Schritt halten kann. Gerade auch die Beziehungen in der Familie werden ziemlich strapaziert. Ich drehte für diese Rolle einen ganzen Sommer über und nach 69 Drehtagen wusste ich, dass es mich fordert und zugleich auch begeistert.

Nachdem ich das erste Mal vor der Kamera stand, bekam ich immer mehr Lust auf diese Herausforderung. Ich denke, dass es sich mit jedem Projekt und den Menschen, die damit verbunden waren, steigerte. Mittlerweile kann ich mir nur schwer vorstellen, etwas anderes auf Dauer zu machen, obwohl ich es niemals in Erwägung gezogen hätte, das Ganze als meinen Beruf anzusehen. Einen bestimmten Punkt, an dem mir klar geworden wäre, dass ich auch in Zukunft spielen möchte, gab es für mich in dem Sinne nie. Alles was kam, nahm ich dankbar an. Und ich hatte Glück mit den Angeboten.

Ich habe die Erfahrung gemacht, dass einen jede Rolle auf eine gewisse Art und Weise weiterbringt. Das schließt gerade auch die negativen oder schwierigen Erfahrungen mit ein. Man wächst eben mit den Aufgaben. Daneben gibt es aber auch die Filme, bei denen eine besondere Energie herrscht, die durch Motivation, ein gutes Drehbuch und gute Leute so besonders werden, dass es einen anderen Menschen aus dir machen kann. Die erste bedeutende Rolle war die Serie *Zwei Allein*, weil ich sehr viel lernte und tolle Erfahrungen machte. Die bisher bedeutendste aber war die Rolle Friedrich Weimar in *Napola*. Ich war 19 Jahre alt und an einem Punkt, an dem ich mich persönlich sehr verändert hatte. Mit 17 hatte ich angefangen, Kickboxen zu trainieren und durch den Sport meinem Leben eine neue Struktur gegeben. Nun hatte ich durch *Napola* die Chance, mich auch in meiner Arbeit um einen riesigen Sprung weiter zu entwickeln. Ich wollte diese Rolle. Das Projekt war mir wichtig. Wir drehten für einen langen Zeitraum in einem anderen Land. Dadurch entstand im Team auch so eine Art Lagerstimmung. Ohne diese Rolle würde ich heute wahrscheinlich nicht an dem Punkt stehen, an dem ich bin.

Ich würde mich nicht unbedingt als einen Schauspieler bezeichnen, jedenfalls nicht im klassischen Sinne. Ein Schauspieler braucht neben Technik, Erfahrung und Körperbeherrschung auch noch Instinkt, Auffassungsgabe und Rhythmusgefühl. Das kann man zum Teil natürlich trainieren und erlernen. Ich habe aber keine Lust, über den herkömmlichen Weg einer staatlichen Schauspielschule zu gehen. Deshalb brauche ich gute Regisseure, wie es in *Napola* (Dennis Gansel) oder in *Der rote Kakadu* (Dominik Graf) geschehen ist. Ich bin nur so gut wie die Leute, die mit mir arbeiten. Wenn man denkt, man nimmt einen Max Riemelt, und das reicht schon, dann bekommt man eben auch nur einen Max Riemelt. Wenn man jedoch miteinander arbeitet, sich aneinander reibt, dann kann dabei etwas ganz Neues entstehen.

Ich bin noch im Prozess des Lernens. Ich bin noch nicht »fertig«. Ich habe nicht das Gefühl, dass ich schon alles kann und glaube auch nicht, dass ich irgendwann so denken werde. Auf dem Papier für meinen Vermieter oder für meine Bank bin ich zwar schon Schauspieler, aber mir persönlich fällt es schwer, diese Bezeichnung für mich anzunehmen.

Ich will immer auch noch etwas anderes denken, damit ich mich nicht eines Tages nur noch über diesen Begriff definieren kann. Dabei hilft mir mein Freundeskreis. Ich kenne meine Freunde schon sehr lange. Länger als ich in Filmen mitspiele. Sie respektieren mich dafür, wie ich außerhalb der Filmwelt bin, eben

Max Riemelt und Jessica Schwarz in *Der rote Kakadu* – Copyright: X-Verleih AG

als Max. Meine Arbeit spielt in dieser Gemeinschaft keine Rolle. Sie erden mich, wenn ich von Dreharbeiten zurückkehre oder aus der Ferne mit ihnen telefoniere. Wenn man nur mit Filmleuten zusammen ist, wird man irgendwann identitätslos. Man findet kein anderes Thema mehr und nimmt sich selbst zu wichtig. Was aber nicht heißen soll, dass ich nicht auch bei Dreharbeiten interessante, spannende oder unterhaltsame Menschen treffe. Aber diese Begegnungen habe ich eher mit Teammitgliedern als unter Schauspielern. Ausnahmen bestätigen die Regel.

Klassische Schauspieler stehen für mich auch auf der Bühne. Leider habe ich wenig Bezug zum Theater. Die Gründe dafür kann ich nicht sagen. Abgesehen von etwas »Kindertheater« habe ich mich nie dafür beworben und wurde auch nie dafür angefragt. Ich wäre keinesfalls abgeneigt, denn jede Erfahrung ist letztendlich wertvoll für mich. Auch Freunde und Schauspielkollegen spielen Theater, und ich bewundere sie für ihre Leistungen und ihre Hingabe. Vielleicht stehe ich auch irgendwann einmal auf der Bühne. Eine erste Art Grenzerfahrung hatte ich bei den Dreharbeiten zu *Nachtasyl* (Hardy Sturm). Die Arbeit an einem klassischen Stück mit filmischen Mitteln.

Die besonderen Momente im Schauspielerdasein sind für mich eine tolle Premiere des Films, in dem man mitgewirkt hat, eine Preisverleihung, in der man für seine Arbeit geehrt wird, die Anerkennung des Publikums. Aber genauso die aufregenden Menschen, die man bei seiner Arbeit kennen lernen darf. Weitere Höhepunkte sind natürlich die schönen Länder, die man durch die Arbeit entdeckt. Absolute Narrenfreiheit mit Bezahlung, wenn es gut läuft. Das bedeutet, wenn man Ideen anbieten, experimentieren kann und das Gefühl hat, aktiv am kreativen Prozess teilzunehmen und dafür auch noch bezahlt wird, dann ist das Luxus.

Eine der Kehrseiten des Berufes ist die Arbeitslosigkeit. Speziell nach einer großen Produktion mit intensiven Erfahrungen und Begegnungen, die abrupt enden und dann einfach nicht mehr vorhanden sind, weil sie nur für dieses »Zeitfenster« zustande gekommen sind. Diese Erfahrung musste ich gerade am Anfang machen.

Nach Produktionen fällt man leicht in ein Loch, ist unzufrieden und hat Angst, dass man unbeschäftigt bleibt. Man muss lernen, sein Selbstwertgefühl nicht über die Schauspielerei zu definieren. Ich habe mir einen strukturierten Alltag aufgebaut, in dem ich Aufgaben habe, die auf mich warten, und Freunde, die mich schnell ins wahre Leben zurückholen. Daher ist für mich die Schauspielerei eher der Ausnahme- als der Alltagszustand.

Ich habe keine Ahnung, was meine Art zu spielen beeinflusst hat. Alles, was ich heute mache, ist Ergebnis der jahrelangen Arbeit mit unterschiedlichen Regisseuren. Von dem einen nimmt man mehr mit als von dem anderen. Dennoch bin ich überzeugt, dass man unbewusst auch viel lernt, indem man an bestimmte Grenzen geht und Erfahrungen jeglicher Art machen muss. Auf jeden Fall arbeite ich sehr intuitiv und gehe häufig von meiner Interpretation einer Szene aus. Jedes gute und konstruktive Gespräch mit einem Regisseur ist dabei Gold wert. Vorbilder sind für mich John Malkovich, Vincent Cassel, John Goodman, Steve Buscemi, Gary Oldman, Ralph Fiennes, Leonardo di Caprio, Robert de Niro und Christopher Walken.... neben vielen anderen, die ich toll finde.

Ich liebe dramatische und tragische Rollen. Aber letztendlich sind es die Rollen, in denen mich zunächst kein Mensch sieht oder sich vorstellen kann, mich darin zu sehen, die mich reizen. Ich möchte in meinen Rollen überraschen.

Was ich machen würde, wenn ich nicht schauspielen würde – ich weiß es bis heute nicht!

© Florian Rossmanith

Udo Samel wird 1953 in Eitelsbach bei Trier geboren. Er war Sängerknabe der Laubacher Kantorei. Nach einem Jahr Studium der Slawistik und Philosophie lernt er die Schauspielkunst an der Staatlichen Hochschule für Musik und Theater in Frankfurt/Main. Nach Engagements am Staatstheater Darmstadt und dem Düsseldorfer Schauspielhaus gehört er von 1978 bis 1992 dem Ensemble der Berliner Schaubühne an und spielte mit großem Erfolg unter der Regie von Peter Stein, Klaus Michael Grüber, Luc Bondy und Robert Wilson, aber auch unter Andrzej Wajda in der Bühnenfassung von Dostojewskis *Schuld und Sühne*. In jüngerer Zeit nach der Zusammenarbeit mit Stéphane Braunschweig im Residenztheater in München und dem Théâtre National de Straßbourg kehrt er zum Arbeiten – vor allem mit Andrea Breth – ans Wiener Burgtheater zurück.

Seine Filmkarriere beginnt Udo Samel 1978 in Reinhard Hauffs *Messer im Kopf*. Für seine Rolle des Franz Schubert im ZDF-Dreiteiler *Notturno – Mit meinen heißen Tränen* (Fritz Lehner, 1986) wird er mit dem Europäischen Filmpreis und dem Adolf Grimme-Preis ausgezeichnet. 1993 und 1994 wirkt er in vier Kinofilmen mit: *In weiter Ferne, so nah!* (Wim Wenders), *Kaspar Hauser* (Peter Sehr), *Der Kinoerzähler* (Bernhard Sinkel) und *Alles auf Anfang* (Reinhard Münster). Im Fernsehen brilliert Udo Samel u.a. in dem ARD-Thriller *Angst hat eine kalte Hand* (Matti Geschonneck), in dem ZDF-Dreiteiler *Durchreise* (Peter Weck), für den er mit dem Bayerischen Fernsehpreis ausgezeichnet wird, in *Treibjagd* von Ulrich Stark und in *Die Manns – Ein Jahrhundertroman* von Heinrich Breloer.

Für seine Darstellung des strenggläubigen Samuel in *Alles auf Zucker!* von Dani Levy wird er für den Deutschen Filmpreis 2005 nominiert.

Neben seiner Schauspielertätigkeit für Bühne, Film und Fernsehen führt Samel immer wieder bei Theater- und Operninszenierungen Regie.

Udo Samel lebt in Wien.

»Den Menschen tiefer sehen«

Von Udo Samel

»Da geht ein Mensch« ist der Titel einer der schönsten, aufrichtigsten Schauspielerbiografien, die ich kenne. Alexander Granach wollte so spielen, dass »einmal alle künstlichen Unterschiede von uns abfallen und der Mensch in seinem Mitmenschen den Bruder erkennt und seinen Nächsten liebt wie sich selbst und ihm nichts antut, was er selber nicht erleiden möchte.« Das klingt für uns heute ein wenig pathetisch, aber es beschreibt eine Hoffnung, die auch ich zum Prinzip erhoben sehen wollte, als ich mich für meinen Beruf entschied. Zuvor wollte ich wissen, nur wissen, um klug zu sein und mich erheben zu können vor den anderen. Ich studierte Philosophie und slawische Sprachwissenschaften. Doch ich merkte bald, dass ich den Kopf nicht vom Bauch, den Körper nicht von der Seele trennen konnte. Mein ganzes Wesen wollte sich ausdrücken. Den Menschen verstehen lernen, sein Wesen für merkwürdig erklären, neugierig auf seine Eigenartigkeiten schauen, seine Schwächen begreifen, wirklich die Gründe suchen dafür, wie auch für seine möglichen Stärken – das sind nur einige der wesentlichen Voraussetzungen, um der Berufung zum Schauspielerdasein zu folgen. Es geht weniger um die Erklärung der Welt, als vielmehr um die Verteidigung der Menschenwürde. Dafür muss man den Menschen tiefer sehen lernen.

Als ich auf die Schauspielschule gewechselt hatte, spürte ich sehr schnell welche wesentliche Fähigkeit zur Kommunikation ich schon nahezu verloren hatte. Ich war nicht mehr richtig im Stande zuzuhören. Mir sicher, die Welt beurteilen zu können, war ich doch unfähig, in sie hineinzuhören. Das Urteil stellte sich immer sofort vor die Wahrnehmung. Wahrhaftig konnte ich schon nicht mehr ich sein. Vom Du ganz zu schweigen. Ich merkte, dass ich bisher mehr oder weniger »inkognito« unterwegs gewesen war in meinem Leben. Ich brauchte ein neues Selbstbewusstsein, um meinem Gegenüber offen entgegentreten zu können. So erst konnte ich neu widersprechen lernen. Ich begriff sehr schnell, dass man das, was man anderen zumutet, selbst aushalten muss. Den Mut aufbringen für das, was man tut, denken können das, was man sagt und schauen lernen, das was man sieht. Und Hören! Ich musste, weil ich es ja wollte, mich erinnern und beherzt die unstillbare Neugier eines Kindes zurückerobern. Und habe bis heute gelernt, diesen frohen Sinn zu bewahren. Den Menschen zugewandt anzuschauen ist ausschließlich sinnvoll in meiner Arbeit. Würde die Enttäuschung so groß, dass sie in Verachtung umschlüge, gäbe ich den Schauspielberuf auf. Leichtfertig darf man den Menschen nicht betrachten. Ein Zyniker wollte ich nie werden. Meine eigene Überheblichkeit war mir schon zuwider. Der Mensch ist »zu sich selbst verurteilt«. Und diese Verurteilung müssen wir uns mit jeder Arbeit, mit jedem Auftritt wieder neu verdienen.

Es darf bei unseren Bemühungen nicht um eine allgemeine oder gar absolute Wahrheit gehen. Die Bemühungen, unsere Übungen, müssen aber immer unserer Sorge für unsere Wahrhaftigkeit gelten, bei jedem Schritt, bei jedem Augenzwinkern. So beginnt das Verständnis der Fürsorge.

»Wir können nicht entscheiden, ob das, was wir Wahrheit nennen, wahrhaft Wahrheit ist, oder ob es uns nur so scheint.« So schreibt Heinrich von Kleist am 22. März 1801 in einem Brief. Interessant finde ich, mit welcher Empfehlung der Dichter sich seinem Zweifeln Luft macht: »Türme das Gefühl, das in deiner Brust lebt, wie einen Felsen empor, halte dich daran und wanke nicht und wenn Erde und Himmel unter dir und über dir zugrunde gingen.« Das klingt für mich wie eine unmittelbare Spielanweisung. Diesen Mut braucht es, um auf einer Bühne sich zu äußern. Oder auch vor einer Kamera.

Aber eben das Gefühl muss vorhanden sein und es muss wahrhaftig sein. Hic et nunc. Und damit fangen die Schwierigkeiten erst einmal an. Denn die Angst meldet sich. Es gibt auch eine Angst vor der Wahrhaftigkeit. Denn mit unserer Wahrhaftigkeit können wir nur das verschenken, was wir an Empfindungen, an Wissen erfahren und gelernt haben. Wir können es auch nur durch uns, unseren Körper, unsere Beseeltheit, mit unserem Herz veräußern. Das könnte nicht ganz so fein aussehen, wie wir uns das wünschen. Schon steht sie neben mir, die Angst. Die Angst, nicht zu genügen; die Angst zu versagen. Die Eitelkeit meldet sich, sie ist eine Schwester der Angst. Sie steht dem Schauspieler immer im Weg, meist stellt sie ihm das Bein vor dem entscheidenden Schritt. Aber das »Versagen«, genauso wie das »Versprechen«, gehören zu den Übungen unseres Berufes. Die Tugend, jederzeit ein Geschenk zu bereiten, ist erlernbar. Und nur wenn wir selbst uns nicht mehr vermögen zu trösten sind wir verloren.

Ein tiefer Grund für meine Berufswahl war: Ich möchte mit meiner Angst und mit mir umgehen lernen. Einen tatkräftigen Begriff von Würde erfassen. Das Schöne am Schauspielerberuf ist, dass das Scheitern ganz einfach dazugehört. Diese Gewissheit kann mir die Angst nehmen. Und in dem Wissen, dass jeder neue Schritt immer wieder der Erste ist, ich also immer ein Anfänger bleibe, ist mir die Chance genommen, großartig Angst aufzubauen. Denn mit jedem Neubeginn brauche ich die Hoffnung, dass es gelingen möge.

Wenn man glaubt, man muss irgendwann fertig sein im Leben, dann bekommt man es mit der Angst zu tun, denn das schafft kein Mensch.

»Vielleicht, damit's eleganter wirkt, sing ich die Ballade erst nach meinem Tod.«

Von Udo Samel

– sagt Zettel (Bottom) in Shakespeares »Ein Sommernachtstraum«; und er ist von Grund auf verloren.

Eleganz ist ein gutes Stichwort für unseren Beruf. Selbst einem Mörder, einem reichen Schnösel oder einem armen Schlucker müssen wir in unserer Darstellung ein glaubwürdiges Leben einhauchen, hinter die Interessen seines Handelns spüren und seinen Bewegungen eine Form verleihen, die die Welt mit einer schockierenden Demut konfrontiert. Wir sollten uns souverän verausgaben!

Die Kunst der Menschendarstellung erwächst aus dem Mitgefühl und kann auch nur mit seiner Hilfe aufgenommen werden. Immer wieder, mit jeder neuen Rolle, die ich studiere, stellt sich mir die Frage, wie komme ich in die Gefühlswelt des Anderen. Also begebe ich mich immer wieder neu anderswo hin. Ich suche das Land, in dem er wohnt oder zumindest vermutet werden kann. Ich versuche die Gerüche aufzunehmen. Ich sehe mich um in seiner häuslichen Umgebung, betrachte seine Fähigkeit zu lieben und frage, ob er geliebt wird. Ich frage nach den gesellschaftlichen Zuständen und der Zeit, in der er lebt. Ich überdenke und übe seine Handschrift. Ich höre die Musik, die er gehört haben kann. Ich betrachte die Bilder, die in seiner Zeit gemalt worden sind, oder auch die Fotografien.

Aus alledem versuche ich zu erspüren, warum er so geworden ist, wie ihn sein Autor beschreibt. Und zu guter Letzt frage ich mich: was hat das mit mir und meinen Erfahrungswünschen zu tun. Dann versuche ich, alles wieder zu vergessen, bevor ich in die Probenarbeit gehe. Oft laufen diese Vorgänge auch parallel und auf meinem Weg zu dem Anderen kommt er mir entgegen. Im besten Fall spricht er mich an, wenn es soweit ist und sagt zu mir: »Ich kenne dich, du bist mir sehr ähnlich...«

Dieser ausführliche, lange Weg ist am Theater noch möglich. Beim Film ist er schon seltener machbar und beim Fernsehen so gut wie gar nicht mehr zu praktizieren. So geht die Schere zwischen Erfüllung und Erfindung immer weiter auseinander.

Um die Spielerseele jung zu erhalten braucht es die Bereitschaft zur Fantasie. Und braucht es die Zeit zum Träumen.

Ökonomische Notwendigkeiten sind Feinde jeglicher Kunst.

Das Erinnern ist die hauptsächliche Aufgabe beim eigentlichen Spiel. Simpel und natürlich, wahr und menschlich soll es ja sein. Das, was ich mir angeeignet habe bei den Vorbereitungen, bleibt eingebrannt in meiner Seele. So kann ich alles, was zu dem Charakter der Person gehört, aus den natürlichsten Ursachen entspringen lassen – wie etwa Gotthold Ephraim Lessing es in seiner »Hamburgischen Dramaturgie« fordert. Vielleicht um »Bottom's« Überlegung für das Diesseits abzuwandeln, lasse ich es mir mehr und mehr zum Vergnügen werden – umso näher ich meinem Tod komme – meine Gefühle durch die Übung geistiger Verfeinerung zu vertiefen und zu erweitern. Und so komme ich einem Zustand näher, der spielerisch der Wahrhaftigkeit entgegentanzt. Heinrich von Kleist schreibt in der Betrachtung über die allmähliche Verfertigung der Gedanken beim Reden: »Nicht wir wissen, sondern es ist allererst ein gewisser Zustand unser, welcher weiß.«

Udo Samel: »Mein erstes Bühnenfoto« von Dezember 1953,
Quelle: Privatarchiv Udo Samel

»Dem Fremden und Intimen, einem Freund zum Sechzigsten«

Von Udo Samel

»Er, der den Augenblick, der sein ist, ganz erfüllt, hat seiner Mitwelt mächtig sich versichert.«

Wie in einem Meer, das mit Weisheiten gefüllt ist, kann ich schwimmen, sehe ich ihm beim Spielen zu.

Die Schauspielkunst ist vor allem eine Kunst zum Leben, dem Menschen zugeneigt. Nicht vernarrt in irgendeine Idee oder »Heimaterde«, nein, in den Menschen aller Länder und Regionen. Der Meister dieser Kunst weiß, dass es seine heiligste Aufgabe ist, spielerisch mit den Fehlern, der Unvollkommenheit und den Unzulänglichkeiten des Menschen umzugehen und natürlich auch mit allen seinen Fähigkeiten zum Guten. Er verschließt sich dem Tadel, bietet sein Vertrauen an, schenkt sein Zutrauen und schenkt sein Unvermögen. Er geht auf den Andern in seiner Rolle reinen, um Nebenabsichten unbekümmerten Herzens zu. Ein vorbildlicher Freund; ein Meister seines Fachs.

Doch sich mit seinem Unvermögen zu arrangieren, egal wo und wann er es spürte, gehört niemals zum Stil seiner Arbeit. Es entspricht nicht seinem Lebensethos. Deshalb macht er es sich bei der Arbeit, bei der Annäherung an den »Herrn Anders« immer schwer. Er sucht die Wurzel des größtmöglichen Gemeinsamen und er will sie begreifen lernen, um der inneren Form willen. Erst dann, mit dem was er nun weiß, tritt er nach draußen. Die gefüllte Form wird spürbar, ist sichtbar. Er tadelt in seinem Spiel jene, die die Wurzel zugunsten des Zweiges außer Acht lassen. Er weiß, wie verletzbar Spieler sind, wenn sie gerade erst ihre Seele offen gelegt haben. Dieses Sich-ausgeben ist Schenken. So ist mit ihm jeder Theaterabend eine geweihte Nacht. Seine Vorstellung ist das Geschenk. Eine gepflegte Geselligkeit darf ich erwarten.

Für jede seiner Zumutungen bin ich dankbar.

»Dem Fremden und Intimen, einem Freund zum Sechzigsten«

In der Garderobe: Ignaz Kirchner (im Kostüm des Kammerdieners »Firs«) und Udo Samel als Gutsbesitzer »Gaev« in Anton Chechovs *Der Kirchgarten*. Inszenierung: Andrea Breth, Burgtheater 2005.
Copyright: Privatarchiv Udo Samel

»Aber wunderschön ist sie, die Traurigkeit«

Udo Samel im Gespräch mit Hans-Dieter Schütt

HDS: Udo Samel, mit welcher Gemütsverfassung üben Sie Ihren Beruf gegenwärtig aus?
— US: Manchmal frage ich mich, wie überhaupt noch Verständigung möglich sein soll in diesen Zeiten der Vereinzelung.

HDS: Sie sagen das Traurige mit einem Lächeln.
— US: Meinen Humor habe ich ja trotzdem nicht verloren. So stämmig wie ich bin, bleibe ich auf dem Boden, arbeite und hoffe. Warum bin ich in diesem Beruf? Wegen der Einübung in einen verlässlichen Respekt vor dem menschlichen Dasein. Natürlich sehe ich, dass die Zyniker zunehmen. Stelle ich Umzingelung fest, werde ich rechtzeitig aufhören und mich um Blumen oder ähnlich uneitle Lebewesen kümmern. Die Frage lautet dann: Wer hat mehr Würde? – Der Schauspieler oder der Gärtner.

HDS: Jüngeres Theater scheint stolz zu sein auf seine Literaturverachtung.
— US: Das wird sich wieder ändern. Ja, derzeit gibt es offenbar eine gewisse Angst vor dem Denken. Also hilft man sich mit Purzelbaum nebst angeschlossenem Urschrei. Oft habe ich das Gefühl, diesen Schauspielern macht das, was sie tun, selber nicht mehr so viel Spaß.

HDS: Es herrscht ein gewisses Desinteresse an dem, was in einem einzigen Satz alles stecken kann?
— US: Sprache wird nicht mehr leidenschaftlich auf die Wunderwelt der Zwischenräume hin erkundet, und also wird auch nicht mehr auf die Beglaubigung des einzelnen Wortes hingearbeitet. Das ist die Folge einer Kultur, die sich auch in den Medien gern auf einfache Hauptsätze reduziert.

HDS: Wie hängt Ihr Lebensgefühl mit Ihrem Kunstgefühl zusammen?
— US: Mein Lebensgefühl entwickelt sich entlang meines Lebens in der Kunst. Sie ist mein Gravitationszentrum. Von daher beleidigt mich, was keine Form hat, und mir tut weh, was stillos ist.

HDS: Wir sind in einer Zeit, in welcher der Verlust von Grazie besonders auffällig ist.
— US: Schauen Sie sich Berlin an: Eine neue Hoheit des Rauen und Groben hat sich eingebürgert. Nein, nicht eingebürgert: Den Bürger gibt es nicht mehr. Mein Schauspiellehrer hat einst gesagt: »Was ich nicht kann, mache ich mit Schwung!« Überall sieht man diese schwungvollen, elanstrotzenden Gestalten: Power muss Könnerschaft ersetzen. Bei zu viel Schwung werde ich sehr misstrauisch.

HDS: Ein Interview-Zitat von Ihnen: »Wahrscheinlich erst, wenn ich schlafe, bin ich mir irgendwann mal ganz nah.«
— US: Kann mich gar nicht erinnern. Aber es ist eine mögliche Antwort auf die Frage, wie nah sich ein Mensch tatsächlich kommen kann.

HDS: Das geht nur in einem quasi unwirklichen, aufgehobenen Zustand wie dem Schlaf und dem Traum?
— US: Ja. Dann, wenn wir aufhören, Wahrheiten sogar vor uns selber zu verbergen. Tagsüber sind wir ja aufgeregt damit beschäftigt, uns der Welt anzugleichen.

HDS: Was tun Sie dagegen?
— US: Ich versuche, mit offenem Visier freundlich in die Welt zu gehen. Aber das gelingt nicht immer, man ist ja schließlich nicht der einzige Idiot auf der Welt. Zudem bin ich von Natur aus kein leichtsinniger, eher ein zur Schwermut neigender Mensch.

HDS: Glauben Sie an die Wahrheit der Träume?
— US: Wenn man über fünfzig ist…

HDS: Aber doch nur knapp, Herr Samel, sehr knapp!
— US: Immerhin. Also dann leistet man sich ab und zu einen guten Rotwein und blickt schon mal auf sein kleines Dasein zurück. Und da stelle ich fest: Viele Träume, die ich hatte, haben sich mir mit der Zeit erfüllt. Zwar nicht so naiv, wie ich mir es mal dachte. Aber mein Leben hat nicht abseits und nicht gegen die wichtigen Träume stattfinden müssen, mit denen ich in dieses Leben hineingegangen bin. Vielleicht ist das schon Glück.

HDS: Vor allem ist es: Nicht entfremdete Arbeit.
— US: Dies Wort ist mir wichtig. Denn ich kann mich in meinem Beruf auf nichts berufen, was ich schon mal gemacht habe. Jede Rolle ist erneut ein Schritt auf den Abgrund zu. Und wenn man einigermaßen gut arbeitet, meint man über

den Abgrund fliegen zu können. Man glaubt, es wachsen einem Flügel. Maria Callas hat in einem ihrer großen Interviews bestätigt: »Es wachsen einem tatsächlich Flügel!« Aber nur, hat sie hinzugefügt, um wieder auf den Boden zurückzufinden.

HDS: Einen Erfolgreichen gefragt: Welche Haltung haben Sie zum Scheitern?
— US: Alles, was wir tun, ist bloß Annäherung an ein ewig fern bleibendes Ziel. In der Art, wie ich mich einem Text nähere, einem Dichter einem Gedanken. Darin wird für mich im Kleinen die Unvollkommenheit der gesamten Schöpfung sichtbar: Die Vollkommenheit einer Idee gibt es prinzipiell nur auf dem Papier. Ich kenne keinen Schöpfungsbericht, in dem der Mensch nicht als kleiner Fehler, wenn nicht gar als die eigentliche Fehlleistung der jeweiligen Gottheit gekennzeichnet wird. Denken Sie an Zeus, der ein neues Menschengeschlecht schaffen wollte, weil das alte nicht so gelungen war; nur Prometheus hat das verhindert, weil er den dusseligen Menschen das Feuer brachte – damit konnten sie sich verteidigen und halten.

HDS: Wir wissen seit Kain und Abel: Alle Menschen sind Brüder.
— US: Und weil das so ist, bleibt jede ernsthafte Arbeit an der Vollendung ein Fragment, ein Versuch. Kleist im *Marionettentheater*: »Wir müssten wohl um die ganze Welt laufen, um irgendwo ganz hinten den Eingang des Paradieses vielleicht doch noch zu finden.«

HDS: Noch ein Zitat von Ihnen: »Als Kind, wenn ich an einem See saß, und der Wald war um mich herum, war ich mir nahe.« In der Passage wird des Weiteren auch eine Wiese auftauchen und Musik sowie das Lesen von Gedichten – das Wort Mensch kommt zunächst nicht vor.
— US: In dieser Beschreibung steckt ein Gefühl vom Glücklichsein, das eben auch eintreten kann, wenn Menschen sich gegenseitig voneinander erholen. Mann muss ja trotzdem nicht einsam sein. Auf Begegnung kommt es an, und das können der Wald und ein Vers sein. Wobei niemand weiß, was Glück wirklich bedeutet.

HDS: Ihr Lebensweg in die Kunst – war es auch eine Flucht?
— US: Es war der Wunsch des Pinguins nach dem Höhenflug.

HDS: Wovor sind Sie geflohen?
— US: Mit Sicherheit vor politischen Entscheidungen. Ich wollte zwar stets etwas bewegen, und ich halte die Veränderbarkeit der Welt, in winzigen Schritten, noch immer für möglich. Es macht aber nur Sinn und Lust, wenn man gemein-

sam kämpft; reine Selbstrettung ist bloß ein halber Wert. Aber konsequent so einen politischen Weg zu gehen, sich in eine Front zu stellen und ganz konkret zum Täter zu werden – dafür fehlte mir stets der Mut.

HDS: Sie haben den Kriegsdienst mit der Waffe verweigert.
— US: Ja, ich habe auch an Demonstrationen gegen den Vietnamkrieg teilgenommen, und noch früher sperrte ich mal einen reaktionären Lehrer im Klassenraum ein. Das war's dann aber auch.

HDS: Jetzt spielen Sie »nur noch«.
— US: Was ich tue, hat nicht wirklich Folgen. Meine Verantwortung ist die, die man im Sandkasten hat. Dafür bin ich dankbar. Ich bin bei Geschichten dabei, welche die Menschen in ein Vibrieren versetzen mögen. So, dass sie plötzlich mit den Ohren sehen und mit den Augen hören können. Dass der Beton von der Seele platzt und der Mensch sich selber ganz neu spürt. Staunend oder aufgeschreckt.

HDS: Sie wuchsen bei Trier auf, tief im Westen – studierten aber neben Philosophie auch Slawistik. Was bedeutet Ihnen der Osten?
— US: Schon als Kind hatte ich Sehnsucht danach. Es war gewissermaßen die Sehnsucht nach dem Sonnenaufgang. Es hatte auch etwas mit bestimmter Musik zu tun, mit einer ganz besonderen Bilderwelt, mit Liebe zum Alten Testament. Ich sehe auch heute den Osten als sinnlichen, existenziell bedeutsamen Raum; es ist ein geradezu religiöser, ernster, so verzweifelter wie kräftiger Gegenentwurf zum kalten, krude materialistischen Westeuropa. Den Osten mit dem alten spanischen Toledo zu verbinden, wo drei monotheistische Religionen friedlich miteinander lebten – das wäre meine Vorstellung von einem modernen, luftigen, heiteren Europa.

HDS: Osten – das war auch Sozialismus.
— US: Eine Zeit lang, als junger Mensch, habe ich die Avantgarde des Proletariats sogar für mich als kühne Utopie in Anspruch genommen.

HDS: Kein Wunder – wer bei Trier lebt, lernt Karl Marx kennen.
— US: Aber ich habe schnell begriffen, dass ich nicht zu dieser Avantgarde gehören kann, meine Großeltern hatten schließlich eine Schokoladenfabrik. Und außerdem sehe ich den Menschen doch etwas komplizierter und nicht geeignet für kollektive Beglückungsmaßnahmen.

HDS: Herr Samel, Schauspieler zu sein heißt: Überproportional über Schamlosigkeit zu verfügen.

— US: Nein, es heißt: Scham erfolgreicher zu bekämpfen als alle anderen. Was mit den Jahren nachlässt – man wird ja nicht unbedingt schöner (lacht).

HDS: Kafka bestaunt die Frechheit des Schauspielers, sich anschauen zu lassen. Wann haben Sie diese Frechheit bei sich entdeckt?
— US: Als Kind. Die Notlage, ins Bett gehen zu müssen, zögerte ich mit Kasperei vor Erwachsenen entscheidend hinaus. Später bin ich aber nicht gleich zum Schauspielstudium, weil ich dachte, man müsse in diesem Beruf lügen – ich wollte doch aber unbedingt nur immer mit meinem einen ehrlichen Gesicht durch die Welt kommen. Auf dem Gymnasium war ich ganz gut in Deutsch, und wir gaben eine ungeliebte linke Schülerzeitung heraus – was den Direktor zur Warnung veranlasste, der Samel habe zwei Gesichter. Ein serbischer Professor, bei dem ich später Russisch lernte, sagte dann listig, man müsse sogar sieben, ja zwölf Gesichter haben, und ich hätte die Fähigkeit dazu – ich solle also unbedingt Schauspieler werden.

HDS: Der Beruf ist nicht Lüge, sondern Entblößung?
— US: Er zielt darauf, das Fremde lieben zu lernen und die Zuschauer zu diesem Fremden hinzuführen. Es ist ein Beruf gegen die Fremdenfeindlichkeit.

HDS: Nennen Sie bitte eine Landschaft, die Ihnen entspricht.
— US: Vor Jahren, zur Vorbereitung einer Genet-Inszenierung, fuhr das Ensemble der Schaubühne nach Westafrika, zum Teil in Gegenden, in denen die Bewohner noch nie einen weißen Menschen gesehen hatten. Diesen Kontinent betrat ich und fühlte: Ich bin zuhause. Ich sah und roch den roten Boden und hatte einen Begriff von Muttererde. Da hat mich von weither etwas angerührt, ich war erstaunt und fühlte mich binnen kurzem sehr sicher.

HDS: Als Weintrinker lieben Sie doch auch Frankreich, oder?
— US: Ja, zudem ist dort die alte Hochkultur Europas durchgezogen. Überhaupt mag ich Gegenden, in denen die Menschen sanfter und nicht so arg ehrgeizig sind.

HDS: Sie spielten Franz Schubert, haben ein Jahr lang im Rundfunk ein fiktives Tagebuch von ihm gelesen, inszenierten in Frankfurt (Main) die *Schöne Müllerin*, die *Winterreise* und der *Schwanengesang* wird die Trilogie beschließen. Was bedeutet Ihnen Schubert? So ein Lied wie »Fremd bin ich eingezogen,/ fremd zieh ich wieder aus...«?
— US: Schubert beschreibt, speziell in der *Winterreise*, ein Endgefühl. Es sind ganz konkrete Geschichten, die in den Liedern erzählt werden, aber sie geben

Udo Samel in *Mit meinen heißen Tränen* (Regie: Fritz Lehner), Foto: Gabriela Brandenstein

eine Ahnung wieder – als habe dieser Komponist nicht nur das Mensch-Sein in einer Jahreszeit porträtiert, sondern das Vorgefühl von einem epochalen Winter in Töne gesetzt.

HDS: Der Thüringer Dichter Hanns Cibulka schreibt: Die *Winterreise* sei »wie ein Hammerschlag an den Glockenrand der Jahre – noch schwingt die Glocke mit, doch ihr Metall zeigt die ersten Risse«.
— US: Es ist nicht direkt in Schubert hineinzulesen, aber wie Botho Strauß sagt, man kann's hören, wenn man's weiß: dass das Ende der Menschheitsepoche bevorstehen könnte. Es wird uns nicht ewig auf dieser Erde geben. Wenn wir uns weiter so benehmen wie derzeit, kann alles sehr schnell gehen. Schubert schrieb in schmutziger Zeit, politisch und zivilisatorisch. Er starb an Bauchtyphus, infizierte sich an verunreinigtem Wasser. Auch gegen uns kehren die Seuchen zurück.

HDS: In einem Traumtext von Ihnen, den »Die Zeit« veröffentlichte, steht der Satz: »Steh auf und beginne, deine Zweifel zu lieben, zu achten und zu ehren.« Im Gedicht vom Zweifel spricht Brecht von der Gefahr, dieser könne ein Verzweifeln werden. Wie entgehen Sie dieser Gefahr?

Udo Samel und Dany Levy bei den Dreharbeiten von *Alles auf Zucker* – Copyright: X Verleih AG

— US: Wenn Sie schon Brecht anführen – fast täglich sage ich irgend jemandem, also auch mir, dieses Gedicht von ihm, und es ist eine Antwort auf ihre Frage:

> »Geh ich zeitig in die Leere,
> komm ich aus der Leere – voll,
> Wenn ich mit dem Nichts verkehre,
> Weiß ich wieder, was ich soll.
>
> Wenn ich liebe, wenn ich fühle,
> ist es eben auch: Verschleiß,
> Aber dann, in der Kühle
> Werd' ich wieder heiß.«

HDS: Wer über den Zustand der Welt noch heiß wird an Erregung – der ist noch nicht verzweifelt?
— US: Ja. Und da zitiere ich Ihnen gleich noch Brecht-Verse, die mir ebenfalls zutiefst aus der Seele gesprochen sind:

> »Und ich war alt und ich war jung zu Zeiten
> War alt am Morgen und am Abend jung
> Und war ein Kind, erinnernd Traurigkeiten
> Und war ein Greis ohne Erinnerung.
>
> War traurig, wann ich jung war
> Bin traurig, nun ich alt
> So wann kann ich mal lustig sein?
> Es wäre besser bald.«

Ich war ein trauriges Kind, ich bin nun ein fröhlicher Mensch – aber wirklich lustig wird's nie, wenn man einmal begriffen hat, wozu die Menschen fähig sind.

HDS: Sie kommen in Rage.
— US: Mich zum Beispiel wird mein Leben lang das Empfinden für eine schwerwiegende Zuständigkeit nicht verlassen, und da widerspreche ich jedem, der das gern anders sähe: Tausend Jahre sollte das deutsche Reich dauern, das so viel Leid über die Welt brachte – nun werden wir tausend Jahre aushalten müssen, dass die Fragen an uns nicht aufhören.

HDS: Beim Blick in die Natur, Udo Samel – woran merken Sie, dass der Gang der Dinge auch an Ihnen nicht vorübergeht?
— US: Wie gesagt: Als sehr junger Mensch mochte ich den Sonnenaufgang – jetzt mag ich eher den Sonnenuntergang.

HDS: Was ist er für Sie?
— US: Alle werden stiller, auch die Vögel. In den Häusern hämmert und klopft es nicht mehr. Man darf sich unter eine Lampe setzen und lesen. Wenn es heiß war, kommt jetzt die kühle Brise. Der Sonnenaufgang ist fordernd und arrogant: Er befiehlt uns aufzustehen. Der Sonnenuntergang ist bescheiden. Er macht ruhig.

HDS: Und natürlich ein wenig traurig.
— US: Aber sie ist doch wunderschön, diese Traurigkeit.

HDS: Gibt es eine Zeit, in der Sie lieber gelebt hätten?
— US: Das Faszinierende an meinem Beruf ist doch: Ich darf – so ich denn besetzt werde – in allen Zeiten leben.

HDS: Nietzsche sagt, ab einem bestimmten Punkt seiner Lebenskultur müsse der Mensch selbstbewusst stehen bleiben und nicht mehr alles mit- und nachvollziehen, was sich als neu geriert.
— US: Naja, in Bewegung bleiben sollte man trotzdem.

HDS: Aber Bewegung wohin? Nichts Höheres gilt mehr.
— US: Ach, Vorsicht. Man erkennt sein eigenes Volk ja an den Toilettensprüchen. Irgendwo las ein Freund von mir: »Gott ist tot. Nietzsche« Einer hatte darunter geschrieben: »Nietzsche ist tot. Gott.« Nur der letzte Satz ist beweisbar. Sie sehen, es gibt Hoffnung.

Das Gespräch fand im Februar 2004 für die Tageszeitung »Neues Deutschland« statt.

Hans-Dieter Schütt ist Theaterwissenschaftler und arbeitet als Journalist und Publizist in Berlin. Er veröffentlichte zahlreiche Interviewbücher, so mit Reinhold Messner, Gert Voss, Klaus Löwitsch, Alfred Hrdlicka, Frank Castorf, Gerhard Gundermann, Gisela Oechelhaeuser und Inge Keller.

© 2007 Herlinde Koelbl / Agentur Focus

Andrea Sawatzki wird am Kochelsee geboren. Sie studiert an der Neuen Münchner Schauspielschule und spielt zunächst Theater in Stuttgart, Wilhelmshaven und München, wo sie mit Dieter Dorn arbeitet. Den TV-Durchbruch schafft sie 1994 mit *Das Schwein – eine deutsche Karriere* (Ilse Hofmann). Es folgen 1997 die Kinofilme *Bandits* (Katja von Garnier), *Das Leben ist eine Baustelle* (Wolfgang Becker) und *Die Apothekerin* (Rainer Kaufmann). Für Helmut Dietl spielt sie 1999 in *Late Show* und 2001 in Oliver Hirschbiegels Drama *Das Experiment*.
Zu ihren TV-Produktionen gehören u.a. Hermine Huntgeburths *Das verflixte 17. Jahr*, *Falsche Liebe*, die Mehrteiler *Der König von St. Pauli* und *Die Affäre Semmeling* (beide von Dieter Wedel), *Die Manns* (Heinrich Breloer), *Helen, Fred und Ted* (Sherry Hormann – Goldene Kamera-Nominierung 2007 gemeinsam mit ihrem Partner Christian Berkel), *Das Schneckenhaus* (Florian Schwarz), *Scherbentanz* (Chris Kraus). Für ihre Mitwirkung an der Mini-Serie *Arme Millionäre* wird sie 2006 als Beste Darstellerin mit dem Deutschen Comedypreis ausgezeichnet.
Seit 2002 mimt sie die eigenwillige Frankfurter *Tatort*-Kommissarin Charlotte Sänger. Für die Folge *Herzversagen* (Thomas Freunder) wird sie 2005 mit dem Adolf-Grimme-Preis ausgezeichnet.
Andrea Sawatzki lebt in Berlin.
www.players.de
www.pr.emami.de

»Schauspieler: Ein Gespräch«

Andrea Sawatzki im Gespräch mit Andreas Lebert

AL: Sie haben mal gesagt, dass Sie eigentlich nicht über Schauspielerei reden wollen. Warum nicht?
— AS: Ich glaube, sobald man über Schauspielerei spricht, geht ein Zauber verloren.

Ich kann die Schauspielerei nicht analysieren, erklären. In meinem Fall ist Schauspielerei etwas, was mir passiert. Etwas, was ich zum Überleben brauche.

AL: Nicht finanziell, sondern psychisch?
— AS: Ja. Etwas, was sich nicht mit Worten beschreiben lässt. Eigentlich. Das hier ist nur ein Versuch.

AL: Aber man kann die Schauspielerei doch erlernen, jedenfalls bis zu einem gewissen Grad, es gibt Schulen.
— AS: Manche versuchen es. Das sieht man dann auch. – Man kann die Schauspielerei nicht erlernen. Höchstens das Gerüst. Man kann, wenn man auf der Bühne steht, lernen, mit Sprache umzugehen, man kann für bestimmte Rollen seinen Körper stählen. Man kann Äußerliches erlernen.

Aber das Eigentliche, die Fähigkeit, etwas von innen nach außen zu kehren – ohne es in dem Moment allzu sehr zu kontrollieren – und trotzdem alles unter Kontrolle zu haben – die hat man, oder man hat sie nicht.

AL: Sie haben gesagt, Sie brauchen die Schauspielerei zum Überleben. Was meinen Sie damit?
— AS: Ich denke, der Hauptgrund, warum ich diesen Beruf ergriffen habe, liegt in meiner Kindheit. Ich erzähl jetzt einfach mal...

Als ich ungefähr neun Jahre alt war, erkrankte mein Vater an Alzheimer. Das ist ja eine Krankheit, die sich langsam entwickelt. Es fängt völlig harmlos damit an, dass die Patienten manches vergessen. Irgendwann eskaliert es aber. Bei uns zu Hause war es so, dass meine Mutter das Geld verdienen musste – als Nachtschwester im Krankenhaus. Sie war nachts nicht da. Meine Mutter wachte also tagsüber über meinen Vater – ich nachts. Ich war nachts mit ihm allein. Alzheimerpatienten können nachts nicht schlafen. Mein Vater ist die ganze Nacht rumgetigert...

Da gibt es jetzt mehrere Aspekte, die mich daran interessieren: Wie spielt man jemanden, der sich an nichts mehr erinnert, der die eigene Tochter nicht mehr erkennt? Ich sehe noch heute das Gesicht meines Vaters vor mir, die kurzsichtigen blauen Augen, dieser tumbe Ausdruck – also ein Mensch, der eigentlich kein Gehirn mehr hat, oder nur noch einen Restverstand – wie der guckt, wie der sich bewegt – was der sagt – das finde ich wahnsinnig spannend. – Was so übrig bleibt.

AL: Das fanden Sie auch damals als Kind spannend?
— AS: Nein, nein. Damals fand ich's nicht spannend. Damals fand ich's entsetzlich. Aber ich habe, um diesen Mann – das hört sich jetzt blöd an – um diesen Mann dazu zu bewegen, wieder ins Bett zu gehen, weil ich sehr müde war, immer eine bestimmte Rolle gespielt – eine Krankenschwester. Ich habe meine Stimme verstellt – er hat mich ja nicht mehr gekannt, er wusste nicht, dass er eine Tochter hat. Er sah sich selbst als Kind. Dieses Spiel ging ganz leicht. Und vor der Krankenschwester hatte er Angst. Die war – in meiner Vorstellung – eine Frau mit tiefer Stimme, die immer wieder sehr streng sagt: »Herr Sawatzki, legen Sie sich ins Bett. Sie sind hier nicht der einzige Patient, Sie sind nicht allein hier. Sie stören.« Dann hat er das gemacht.

AL: Wie alt waren Sie da?
— AS: 10–13 Jahre. Das hat sehr gut funktioniert. Die Figur der Krankenschwester hat mich geschützt, hinter der konnte ich mich verbergen. Die hat mir die Angst genommen, denn er war ja auch sehr jähzornig und ging schon mal auf mich los.
Aber vor der Krankenschwester hatte er Respekt. So haben wir immer die Nächte verbracht. Im Nachhinein ist es fast lustig.

AL: Jemand anderes zu sein – jemand anderen zu spielen – war also in diesem Fall Schutz? Und es war auch zweckdienlich?
— AS: Ja. Und ich konnte sehr gut abschätzen, wie mein Verhalten auf den anderen wirkt. Ich habe Reaktionen von ihm abgenommen und er von mir. Eine Art Spiel...
Das ist bis heute so: Ich bin angewiesen auf das Spiel meines Partners. Ich kann nicht für mich allein spielen, ich muss immer schauen, wie mein Partner reagiert. Dann passiert etwas mit mir. Manche Kollegen sitzen stundenlang zu Hause und überlegen, wie sie diese oder jene Szene spielen wollen. Studieren das regelrecht ein. Das geht, wenn man körperliche Gebrechen zu spielen hat – oder ein Ein-Personen-Stück. Aber wie meine Figur in einem Moment reagiert, das hängt auch vom Partner ab. Deshalb braucht man gute Partner.

AL: Wie lange hat sich denn die Krankheit Ihres Vaters hingezogen?
— AS: Insgesamt fünf Jahre. Er starb, als ich 13 war.

AL: Wusste Ihre Mutter von den Nächten?
— AS: Klar. Aber wir sahen keine andere Möglichkeit.

Was mich an der Schauspielerei reizt, ist – ohne vorher groß zu überlegen –, sich einen anderen Menschen »überzustülpen«. Oder anders gesagt, einen Menschen, der in mir wohnt, rauszulassen. Um nicht daran zu ersticken, an den Menschen, die in mir wohnen. Die müssen ab und zu raus. Es gibt nur leider kaum Rollen, die mir die Möglichkeit dazu geben – die meisten Rollen heutzutage sind leider uninteressant. Sie sind so angelegt, dass man sich dem Publikum anzubiedern hat. Ich finde, das betrifft noch mehr Frauen als Männer. Frauen haben gut auszusehen. Auch im Schmerz. Sie müssen meistens lieben und dann leiden und manchmal sterben sie auch mit Schminke im Gesicht.

Eine meiner Lieblingsrollen ist – obwohl sehr klein – die Frau, die ich im *Scherbentanz* gespielt habe: Etwas Abgrundböses aus mir rauszuholen, was keiner versteht, und vor dem der Zuschauer vielleicht erst mal zurückschreckt. Und sogar abgestoßen wird. Einen Menschen so zeigen – ohne ihn zu erklären, ohne ihn in Schutz zu nehmen, das ist großartig. Einfach nur sagen: »So bin ich. Nimm mich, wie ich bin, oder lass es. Mach mit mir, was du willst, was du kannst.« Den Zuschauer ein bisschen ratlos und allein mit dem Erlebten lassen. Damit er sich seine eigenen Gedanken machen kann, sich seine eigene Geschichte um die Figur baut.

AL: Ich glaube, dass viele Schauspielerinnen und Schauspieler aus der Motivation heraus spielen, geliebt zu werden.
— AS: Ja.

AL: Aber hier ist ja fast die gegenteilige Motivation... ist ja auch interessant, dass es bei Ihrem Vater nicht darum ging, dass er Sie mag, sondern, dass er Ihnen gehorcht. Also das klassische Motiv des »Geliebtwerdenwollens« würden Sie nicht als...
— AS: Na ja... ich brauche natürlich solche Rollen wie Charlotte Sänger, meine *Tatort*-Kommissarin, damit das Publikum erst mal auf mich aufmerksam wird und dann vielleicht Lust bekommt, mich auch in anderen Rollen zu sehen. Charlotte war in den ersten Folgen ja auch noch ziemlich strange. Ich hatte diese Figur sehr meiner eigenen Vergangenheit angeglichen, sie hatte anfangs ihren alten, kranken Vater, ihre bettlägerige Mutter. Sie musste sich immer um ihre Eltern kümmern, das war meine Geschichte. Die Figur wurde von ihren Eltern nicht freigelassen, so wie mein Vater mich in gewisser Weise eingesperrt hat.

Tatort Oscar – Copyright: HR/Claus Setzer

Mittlerweile hat sich Charlotte ziemlich entwickelt und zwar publikumsbezogen – also ohne als Figur eine Entwicklung durchzumachen, sondern, um konsumgerechter zu werden. Mein Vorbild waren diese englischen Krimi-Serien; also die, in denen Frauen nicht schön sein müssen, sondern ungewöhnlich... die sind schon tough im letzten Moment. Aber zuerst kann man sie leicht übersehen. Charlotte hatte in der ersten Folge (»Oskar«) Krissellocken und eine große alte Baskenmütze, so eine hässliche, und einen grünen Parka, der ihr viel zu groß war und von dem ich überlegt hatte, dass sie den von ihrem Vater hat. Die kauft sich nichts Eigenes. Die spart für schlechte Zeiten. Dann hatte sie Bergstiefel an und Wollstrümpfe und immer Röcke. Überhaupt nicht figurbetont – eher ein bisschen schäbig. Und sie fuhr immer mit der U-Bahn, war immer etwas zu spät und viel spröder als jetzt. Die hat mit überhaupt niemandem geredet. Das hab ich geliebt. Und irgendwann kam der Gedanke auf, dass sie modischer, heutiger werden muss – dass sie die hässliche Mütze weglassen muss, einen schönen Mantel bekommt. Inzwischen schminkt sie sich auch. Was nicht wirklich zu ihr passt, denn sie will eh keinen Mann. Sie ist nicht mehr wirklich die ursprüngliche Figur, der Prozess war schleichend. Da hat man zunächst etwas ins Leben gerufen, in einem Format, das viele Leute gucken, was viele Zuschauer sicher verunsichert hat, vielleicht auch abgestoßen – andere hingegen fanden das spannend. Und neu fürs deutsche Fernsehen. Aber daran wurde nicht wirklich festgehalten.

Inzwischen gibt es jedoch von Seiten der Redaktion des Hessischen Rundfunks eine Idee, Charlotte wieder ein bisschen zu ihrem Ursprungscharakter zurückzuführen: Ende des Jahres werden wir einen *Tatort* nur mit Charlotte (also ohne Dellwo) drehen und wieder Abgründe zeigen. Der Regisseur Florian Schwarz und ich, wir haben schon überlegt, ob sie plötzlich zur Amokläuferin wird oder so. – Wissen Sie, wie ich mir meinen letzten *Tatort* vorstelle? Charlotte, die ja nie ihre Aggressionen rauslässt, wird mit etwas Schrecklichem konfrontiert und getroffen. Eine Wunde platzt auf, und dann dreht sie total durch.

AL: Klar, Sonntagabend ARD, viel Spaß bei der Konzeptsitzung...
— AS: Aber das wäre doch ein fulminanter Schluss, oder? Charlotte Sänger macht Frankfurt unsicher... na ja. Gut.

AL: Das ist auch etwas, worüber man reden kann: Warum vertrauen – speziell im deutschen Fernsehen – die Verantwortlichen so wenig auf starke, ungewöhnliche Figuren?
— AS: Das ist unverständlich, die gucken nach England, sagen: »Mensch, die haben große Erfolge« – eine Rolle wie »Fitz« – sie versuchen, das zu kopieren...

AL: Aber sie wären damit vermutlich nie als Erste an den Start gegangen...
— AS: Nein. Fitz ist Säufer, Fitz betrügt seine Frau. Fitz ist trotzdem sehr sympathisch.

AL: Was heißt »trotzdem«? Vielleicht ist er gerade deshalb sympathisch. Ist das Fehlen extremer Figuren auch ein Versagen der Schauspieler hierzulande?
— AS: Es gibt schon einige, die versuchen, gegen den Strom zu schwimmen. Auch gerade sehr viele Junge! Jetzt kommt ja eine ganz neue, spannende Schauspielergeneration. Tja – warum ist es bei uns so wie es ist? Was Frauen betrifft, denke ich mal, dass die Verantwortlichen glauben, attraktive Frauen bringen Quote...

AL: Der Zuschauer als Alibi für schlechte Qualität und Beliebigkeit, das hört man öfter. Dabei hat der arme Zuschauer oft ja gar keine Wahl – weil alles vergleichbar ist. Nach meiner Überzeugung wünscht er sich starke, ungewöhnliche Figuren.
— AS: Ja, das kann man nicht dem Zuschauer in die Schuhe schieben, dass man sagt, der Zuschauer will das so. Das stimmt nicht. Ich muss gerade an Romy Schneider denken. Dass diese Schauspielerin keine Rollen in Deutschland bekommen hat... dass sie nach Frankreich gehen musste – dass man nicht gesagt hat:

»Schauspieler: Ein Gespräch«

Scherbentanz – Copyright: avcommunication AG

»Die ist ein Star, die müssen wir fördern, der müssen wir Figuren auf den Leib schreiben, die eben auch Verletzungen zeigen, die auch unschön sind...« Das liegt ja schon ganz weit zurück.

AL: Kann es sein, dass man in Deutschland ein Problem hat mit Stars? Damit, jemanden aus der Masse herauszuheben und wirklich auf ein Podest zu stellen?

— AS: Na ja, es gibt ja hier auch Stars... Aber eine Isabelle Huppert würde hier gar niemand kennen... die müsste sich mit Low-Budget-Produktionen über Wasser halten.

Du wirst in Deutschland nur ein Star, wenn du immer gleich aussiehst, immer ähnliche Rollen spielst. Dann hast du natürlich diesen – was nicht schlecht ist – diesen Bonuspunkt, dass du sehr bekannt wirst und dadurch auch mehr Macht hast. Auch irgendwann in der Auswahl deiner Projekte – obwohl das ja dann auch meistens immer ein bisschen das Ähnliche ist... Das ist etwas, was ich nicht unbedingt will. Es gibt ja manchmal Zuschauer, die auf mich zukommen und sich darüber beschweren, wie ich in manchen Rollen aussehe.

AL: Auf der Straße?

— AS: Ja. Die sagen dann: »Warum machen Sie sich denn immer so hässlich?« Dann sag ich: »Ich bin Schauspielerin.« »Ja schon. Aber neee, det muss doch nich sein.«

Die sehen natürlich diesen Beruf nicht so wie wir, sondern wollen einen wiedererkennen.

AL: Ein Ausdruck wird ja oft gebraucht, besonders in Verbindung mit Schauspielerinnen, nämlich: »Mut zur Hässlichkeit«. Eigentlich merkwürdig, das Wort »Mut« an dieser Stelle.

— AS: Ja. Das ist Blödsinn. Das ist der Job. Man möchte doch eine Seele zeigen. Man möchte nicht das Äußerliche zeigen, sondern den Zuschauer in die Seele gucken lassen, ihn nicht ablenken durch Äußerlichkeiten, sondern dass es direkt reingeht. Egal, ob das gut ist oder schlecht, was da zu sehen ist. Das ist doch das Spannende: was Menschen zu erzählen haben, denen vielleicht sonst, im wirklichen Leben, niemand zuhört.

— AL: Als Schauspielerin müssen Sie auf Wirkung bedacht sein. Egal, ob positiv oder negativ, Sie wollen, dass das, was Sie darstellen, beim Publikum auch ankommt. Wie kann man dieses »Auf Wirkung bedacht Sein« im normalen Leben abschalten?

Schneckenhaus – Copyright: HR/Bettina Müller

— AS: In dem Moment, in dem man eine Figur zeigt, ist man sich im besten Fall der Wirkung nicht bewusst. Ich gucke halt, ob meine Figur sich so bewegt, wie sie sich bewegen muss, so spricht und handelt, dass es stimmig ist, und ich gucke nicht, ob mein Gesicht zu sehen ist. Die besten Schauspieler sind sowieso diejenigen, die die gleiche Präsenz haben, wenn sie mit dem Rücken zum Publikum stehen.

Die Wirkung stellt sich ein oder nicht. Ich habe das Team um mich, das wird für die Zeit eines Films zu meiner Ersatzfamilie. Drehzeit ist immer auch ein bisschen Luxus, ein Befreiungsschlag, ein bisschen Psychostudie, Urlaub von sich selbst. Zu Hause fällt es mir schon manchmal schwer, mit mir klarzukommen. Weil's ständig weiterbrodelt in mir. Und es darf nicht raus.

AL: Das Privatleben ist ja unbegrenzt. Die Rolle dagegen schon. Sie machen Urlaub von sich selbst, haben Sie gesagt. Dieser Urlaub fängt irgendwann an, ist dann aber auch wieder vorbei.
— AS: Ja.

AL: Jetzt machen Sie ein Gesicht, als ob Sie sagen wollten: »Ja, das ist das Gute daran.«
— AS: Ich bin ein ziemlich unsteter Mensch. Nicht in allen Bereichen. Aber manchmal hab ich ganz gerne ein Ende in Sicht, weil mir alles andere Angst macht.

AL: Ich habe mal gelesen, Schauspieler seien sehr unsichere Menschen. Sie leihen sich Selbstbewusstsein, und wenn sie dann mit sich allein dastehen, seien sie eher schüchtern.
— AS: Ja, merkwürdig, nicht?

AL: Man ist doch als Schauspieler auch Werkzeug des Regisseurs, Drehbuchautors, d.h., man bekommt allerhand Anweisungen... Irgendwie ein Marionettendasein. Heißt das, man ist empfänglich für Anweisungen?
— AS: Es gibt wenige Regisseure, die sich die Mühe machen, eine Figur aus einem Schauspieler herauszuschälen. Viele sind schon glücklich, wenn er den Text kann. Das hat aber mit dem ewigen Zeitproblem zu tun, den niedrigen Budgets... Ich würde mir mal einen Regisseur wünschen, der zu mir sagt: »Wir haben ein gutes Buch, eine gute Rolle, und jetzt machen wir uns auf den Weg ins Chaos. Ins Unangetastete, Unbekannte in Dir.« Er kann präzise formulieren, wohin er mich treiben will. Aber ich komme nicht ran. Versuche zu schummeln, aber er spürt jede Schummelei sofort und quält mich weiter. Das wünsche ich mir. Da ist

Andrea Sawatzki und Christian Berkel in *Helen, Fred und Ted* – Copyright: BR, Foto: Erika Hauri

eine Wand in mir. Und dahinter eine Wahrheit, und ich komme nicht ran. Vielleicht ist es ja auch der Wahnsinn, der da schläft. Dann lass ich's besser.

AL: Mit welchem Regisseur, früher oder heute, hätten Sie gerne gearbeitet oder würden es gerne tun?
— AS: Ingmar Bergman. Seine Filme sind zeitlos. *Schreie und Flüstern* zum Beispiel. Drei Schwestern und ein Hausmädchen. Eine der Schwestern stirbt, und die beiden anderen sind unfähig, mit dem Tod umzugehen. Während diese Frau stirbt, stockt mir jedes Mal der Atem. Und ich denke: Wie kann man das Sterben so spielen? Es ist nicht gespielt. Sie stirbt wirklich. Für so etwas brauchst du einen Ingmar Bergman.

AL: Liegt es an den Stoffen, dass es wirklich gute Rollen so selten gibt?
— AS: Du kannst heutzutage kaum einen Film übers Sterben machen wie *Schreie und Flüstern*. Würde heute keiner mehr finanzieren. Das wäre ein richtiges Low-Budget-Projekt.

AL: Wie ist es, mit einem Schauspieler zusammen zu leben?

— AS: Spannend. Der Vorteil liegt darin, dass wir uns nicht erklären müssen. Bei uns genügen oftmals Blicke, um dem anderen zu zeigen, wie man sich fühlt. Dass man allein sein oder unbedingt sprechen möchte. Schön ist es auch, dass die unregelmäßigen Arbeitszeiten keiner Erklärungen bedürfen. Wir vertrauen uns. Über unsere Projekte sprechen wir kaum. Wir erfahren natürlich immer nebenbei, was der andere so plant, was ihn bedrückt oder fröhlich macht.
Aber wir reden selten über unsere Arbeit. Das ist ein bisschen langweilig zu berichten, wie man seine Rollen anlegt. Das ist nicht so, wie wenn ein Architekt erzählt, wie er ein Haus baut. Obwohl, das ist vielleicht auch langweilig.

AL: Langweilig ist wahrscheinlich, wenn ein Architekt einem anderen Architekten erzählt, wie er ein Haus baut.
— AS: Ja. Schauspielerei ist ein bisschen Handwerk, viel Disziplin, Fleiß, Mut und noch mehr Talent.

AL: Und es ist Magie. Irgendetwas hat der eine, was der andere nicht hat. Da wird ein Licht angeknipst, der Vorhang geht auf, und egal was für Probleme ihn gerade privat plagen, der Schauspieler funktioniert.
Der Mut...
— AS: Das ist kein Mut.

AL: Also im Scheinwerferlicht ist er da...
— AS: Das ist Todesangst. Wissen Sie, dass mich vor Theateraufführungen oder öffentlichen Auftritten immer eine bleierne Müdigkeit überfällt? Das ist ein Schutzmechanismus. Der Körper sagt: »Mach's ned. Hau di hi.«

AL: Ist Schauspielerei nicht der Versuch, dem Leben einen Sinn abzugewinnen? Nicht vergessen zu werden? Die kleine Seele irgendwo zu verankern?
— AS: Ja. Natürlich. Wenn das klappt, ist ja auch alles aufgewogen. Und der Wahnsinn hat sich gelohnt.

AL: Wie wichtig ist die viel beschworene Beobachtungsgabe für einen guten Schauspieler?
— AS: Ich finde Schauspieler anstrengend, die zum Beispiel nicht U-Bahn fahren. Die sagen, »ich kann nicht U-Bahn fahren, weil mich jeder kennt«. Schauspieler, die nicht U-Bahn fahren, sind keine Schauspieler. Man kann sich ja verkleiden... damit einen keiner erkennt. Schauspieler, die sich aus dem Leben zurückziehen, können doch nicht mehr spielen. Du musst Eindrücke sammeln. Bewusst oder unbewusst. Ich meine, ich setze mich jetzt nicht für irgendeine Rolle in ein Café

und gucke stundenlang Leute an. Aber ich muss ständig die Augen offen halten, überall sein, alles speichern, in mir verankern; sonst kann ich nicht spielen.

AL: Man vermutet, dass ein Schauspieler genauer hinschaut als andere Menschen. Dass er ständig Rollen, Charaktere erarbeitet. Also würde man vermuten, ein Schauspieler durchschaut andere Menschen besser. Er sieht sie anders. Genauer.
— AS: Ein Schauspieler wird seine Kindheit nie völlig abstreifen. Er bleibt in gewisser Weise Kind. Kinder beobachten. Kindern bleibt nichts verborgen, sie sehen und spüren alles. Sie befinden sich in einer Bilder- und Gedankenwelt, nicht in der Welt der Wörter. Der Schauspieler ist ein guter Beobachter, weil er darauf geeicht ist zu spüren, wie Menschen auf ihn reagieren. Er nimmt die leiseste Regung seines Gegenübers wahr. Ich glaube, die Triebfeder fürs Beobachten liegt da in einer gewissen Egozentrik. Ein Schauspieler überprüft jede Situation auf Rollentauglichkeit. Er kann also nicht unbedingt besser analysieren, aber er sammelt. ... Körperhaltungen, Gesten, Blicke...

AL: Der Körper als Instrument hat eine große Bedeutung. Trainiert man das? Beweglichkeit?
— AS: Ich würde gern mal eine Frau spielen, die physisch an ihre Grenzen stößt.
Bei Charlotte Sänger (*Tatort*) ist es so...Die hat diesen Stechschritt, genauso wie sie manchmal wie aus der Pistole geschossen antwortet, wenn man's nicht mehr erwartet. Der Stechschritt bei Charlotte war eine Idee. Ein Einfall. Der war nicht antrainiert. Der kommt daher, dass Charlotte Röcke trägt. Und trotzdem ist sie unten zu. Also: Die würde nie eine Hose anziehen. Die will eine Frau sein. Aber sie hat diesen Gang, weil sie unten zu ist. Das ist Charlotte. Die Bewegungen anderer Frauen entwickle ich oft aus der Arbeit mit der Kostümbildnerin.

AL: Michael Caine hat vor kurzem in einem »Spiegel«-Interview gesagt, dass es genau dann, wenn der Schauspieler überragend gut ist, keiner merkt.
— AS: Ja. Das ist die Höchstform. Wenn man das erlangt... und trotzdem nicht die Privatperson Andrea Sawatzki, sondern – beim Betrachten – eine Fremde vor sich hat. Warum gibt es in Deutschland so wenig Filme, bei denen einem der Atem stockt? Liegt das an den Stoffen, an den Schauspielern... ? Was ist anders bei uns als in anderen Ländern? Die Deutschen gelten doch als fleißiges, diszipliniertes, hart arbeitendes Volk?

AL: Das ist vielleicht das Problem: Der Deutsche zeigt gern seine Arbeit. Seine Mühe.

— AS: Ja, aber viele deutsche Schauspieler geben sich ja wenig Mühe, genügen sich selbst, sind vor allem eitel... und langweilen zu Tode.

AL: Anstrengung muss schon sein. Man darf sie nur nicht sehen.
— AS: Was wir vorhin sagten: Die eigentliche Arbeit des Schauspielers liegt lange vor dem Beginn der Dreharbeit. Das Gerüst muss stimmen, dann kannst du dich fallen lassen. Vielleicht hast du noch das Glück, auf einen guten Regisseur und gute Partner zu treffen. Dann müsste es doch eigentlich funktionieren. Wenn man an einen Regisseur gerät, der sich schnell zufrieden gibt, bleibt man leider auf halber Strecke hängen. Das macht mich ärgerlich. So ein Hingeschlampe. Dass man abends ins Hotelzimmer kommt und erst mal 'ne Flasche Wein trinken muss, weil man denkt, das war jetzt noch nicht da, wo es hin muss.

Nicht, dass ich eine Schauspielerin wäre, die gern lang rumdiskutiert. Ich hasse ja, wie gesagt, dieses Gerede. Aber ich brauche einen Regisseur, der in gewisser Weise eine Respektsperson für mich ist. Zu dem ich aufschauen kann. Egal, wie alt oder jung er ist. Dem ich blind vertraue und gehorche, weil ich spüre: Der weiß mehr als ich. Der kennt den Weg.

AL: Man merkt Ihnen an, wie gerne Sie Schauspielerin sind, wie wichtig dieser Beruf für Sie ist. Trotzdem: Was ist Ihre größte Enttäuschung an Ihrem Beruf?
— AS: Dass er mir zwar dabei hilft, ich selbst zu sein. Dass er mich aber nicht von mir selbst erlösen kann.

Das Gespräch fand im Januar 2007 in Berlin statt.

Andreas Lebert ist Chefredakteur der »Brigitte«.

© Nadja Klier

Matthias Schweighöfer wird 1981 in Anklam (Mecklenburg-Vorpommern) in einer Schauspielerfamilie geboren und entscheidet sich als Kind schon für den Schauspielerberuf. 1997 steht er zum ersten Mal vor der Kamera für *Raus aus der Haut* (Andreas Dresen). Mit Fernsehfilmen wie *Babykram ist Männersache* (Uwe Janson), *Verbotenes Verlangen* (Zoltan Spirandelli) und *Küss mich, Frosch* (Dagmar Hirtz) etabliert er sich rasch als gefragter Schauspieler. 2000 bekommt er den Förderpreis des Deutschen Fernsehpreises. Weitere Preise folgen 2003 für *Die Freunde der Freunde* (Dominik Graf/Adolf-Grimme-Preis), *Soloalbum* (Gregor Schnitzler/Goldene Kamera für besten Nachwuchsschauspieler). Im gleichen Jahr wird er von den Lesern der BUNTE zum »Beliebtesten Nachwuchsschauspieler« gekürt und mit dem Bayerischen Filmpreis als Bester Nachwuchsdarsteller für *Kammerflimmern* ausgezeichnet.

Auf den Kinofilm *Die Klasse von '99* (Marco Petry) folgen u.a. *Kalter Frühling* (Dominik Graf), Uwe Jansons Bühnen-Adaptionen *Baal* (Brecht) und *Lulu* (Wedekind) sowie *die* TV-Filmbiografie *Schiller*. Auf der Leinwand wirkt er 2005 in Tomy Wigands *Polly Blue Eyes* mit, bevor er 2006 für *Fata Morgana* (Simon Groß) in Marokko vor der Kamera steht, als Rainer Langhans für *Das wilde Leben* (Achim Bornhack) sowie als Manfred von Richthofen für die internationale Produktion *Der Rote Baron* (Niki Müllerschön), der 2007 in die deutschen Kinos kommt.

Matthias Schweighöfer lebt in Berlin.
www.film-pr.de
www.agentur-pauly.de

»Die Seele muss etwas zu erzählen haben«

Matthias Schweighöfer
im Gespräch mit Béatrice Ottersbach

BO: Ich falle gleich mit der Tür ins Haus: In *Der Rote Baron***, der im Herbst 2007 in die Kinos kommt, spielen Sie die Titelfigur in einer aufwändigen Produktion. Ein 18 Millionen-Budget mit 60 Tagen Dreharbeiten. Das klingt nach Luxus. Haben Sie kämpfen müssen, um diese Rolle zu bekommen?**
— MS: Der Regisseur hat mich vor dreieinhalb Jahren aus Los Angeles angerufen und mir die Rolle anboten. Wir trafen uns, und er sagte mir einfach: »Du bist das, ich möchte gerne, dass du das spielst.« Ich habe nie ein Casting dafür gemacht, keinerlei Probeaufnahmen oder Ähnliches. Er hat mich einfach aus einem Gefühl des Vertrauens heraus besetzt.

Es war eine schöne Zusammenarbeit, der Regisseur bezog uns genau so ein wie alle anderen Head of Departments, man fühlte, wie willkommen man war. Der Dialogcoach Andrew Jack, mit dem wir täglich unser Englisch trainiert haben, hat zum Beispiel bei *Der Herr der Ringe* mitgewirkt. Er sagte aber immer: »Ist das schön, mal wieder zu sehen, wie Menschen so mit Herz im Film arbeiten.« Er fand, dass wir eine kleine, heimelige Gruppe waren –, dabei waren wir 280 Leute. Für die Amerikaner war das eine kleine Independant-Produktion, ein kleiner Film, während wir Deutsche tagtäglich als wir an das Set kamen, dachten: »Mensch ist das irre. Wahnsinn. Ist das groß!« Für die Prager Crew, mit der wir gedreht haben, war das auch eher ein kleiner Film. Das Tolle, wenn man Geld und Zeit für einen Film hat, ist, dass man einfach alles machen kann. Bei kleineren Produktionen kann der Aufwand vielleicht auch nachteilig sein, weil es die Intimität wegnimmt, aber für diese Art Blockbuster, ist das, glaube ich, ein absolut richtig. Du hast dann wirklich Zeit, und Zeit ist beim Drehen ein Geschenk.

BO: Zeit wofür?
— MS: Um alles auszuprobieren, man kann einfach alles probieren. Man kann einen Tag drehen und sagen: »Das, was wir heute gedreht haben, ist doof. Wir drehen das übermorgen noch mal und anders.« Das ist einfach gut, wenn Dinge möglich sind, wenn man nicht überlegen muss, ob da ein Flugzeug durchs Bild fliegt oder halt 23 Flugzeuge durchs Bild fliegen und 40 Flugzeuge auf dem Feld

Matthias Schweighöfer im Gespräch mit Regisseur und Drehbuchautor Niki Müllerschön bei den Dreharbeiten von *Der Rote Baron* – Copyright: Niama-Film GmbH / Nadja Klier

stehen. Es ist ein ganz anderes Gefühl für einen Schauspieler. Diese utopische Größe ist sehr Respekt einflößend, aber sie macht es auch rock'n roll, weil man sich denkt: »Wie geil!« Bei den Dreharbeiten habe ich z.B. Folgendes erlebt: Es gibt eine Szene, in der ein Freund mit seinem Flugzeug abgestürzt ist, er liegt in einem Krater, und ich muss ihn bergen. So. Nun lagen mein Kollege Maxim Mehmet und ich in dem Krater, und 25 Meter über uns schwebte die Kamera auf einem gigantischen Kran. Wir stellten uns vor, wie toll es wäre, wenn der Kran nun hochfliegen und die ganze Kraterlandschaft auf 1.000 Meter, 2.000 Meter erfassen könnte. Und zack! Plötzlich beugt sich der Regisseur in den Krater und sagt: »Passt auf, ihr müsst ein bisschen länger nach oben gucken, weil wir ziehen später auf zwei Kilometer Höhe, um den ganzen Krater und das ganze Kriegsfeld zu erfassen in einer Computeranimation.« Wir dachten, es sei utopisch, aber die machen das einfach!

BO: Der Film würde auf Englisch gedreht. Haben Sie das beim Spielen als Einschränkung empfunden?

— MS: Das Englisch war manchmal schon eine sehr einschränkende Form, weil man manche Dinge nicht so ausdrücken konnte, wie man sie in der eigenen Muttersprache selbstverständlich ausdrückt. An bestimmten Punkten konnte ich

Szenenbild / Setup vor der Greenscreen in Prag: *Der Rote Baron* – Copyright: Niama-Film GmbH / Nadja Klier

nicht das spielen, was ich spielen wollte, wenn ich Deutsch gesprochen hätte. Ich mag diese Sprache sehr, Englisch lässt sich viel eindeutiger als Deutsch spielen. Die Worte klingen nicht so bedeutungsschwanger, jedes Wort ist kurz und auf dem Punkt. Pathetische Dinge lassen sich klein sagen. Im Deutschen sind die Worte extremer im Klang, es schwillt so dahin und weitet sich. Dann denkst du: »Mann, das brauchst du nicht zu sagen, spiel das einfach.« Im Englischen kann man kleine, feine Akzente setzen, die eine extreme brutale Wirkung haben können. Wenn man die Sprache aber nicht wirklich beherrscht, und ein englischer Kollege improvisiert zum Beispiel, dann sieht man ganz, ganz alt aus. Man muss sich sehr auf den Rhythmus der Sprache konzentrieren, auf das, was man gelernt hat, anstatt erst mal davon frei zu sein und zu spielen. Das war für uns Deutsche manchmal ein bisschen hinderlich, aber auch gut.

BO: Warum auch gut?
— MS: Weil man sich sehr zurücknimmt. Man macht sich keinen Kopf darüber, wie gut man spielt oder ob man an dieser Stelle heulen sollte, sondern denkt nur noch: »Gott, lass mich diese Sätze jetzt richtig sprechen, und lass mich das einigermaßen richtig machen.« Das traf auch für meine deutschen Kollegen zu, auch wenn der eine besser Englisch konnte als der andere. Dadurch wird man erst mal

sehr äußerlich, man konzentriert sich auf Punkte, die nicht mit dem Schauspielerischen zu tun haben. Man versucht wie gesagt, einigermaßen durchzukommen. Dadurch spielt man gelegentlich auch nicht miteinander, man hofft nur, dass der andere durch den Satz kommt und ihn zu Ende bringt. Es ist schon erstaunlich, was die Sprache mit einem so anstellen kann. Das ganze Team in Prag hatte vorher *Casino Royal* gedreht, und mein Fahrer fuhr Johnny Depp und Daniel Craig. Alle sind so professionell und arbeiten so professionell mit dir. Da gibt es klare Strukturen, jeder hat seine Assistenten, du wirst auf diesen Beruf regelrecht trainiert. Du kommst zum Set, gehst in deinen Trailer, dann übst du Englisch, gehst zu den Proben, anschließend werden alle Szenen des Tages noch einmal dramaturgisch durchgegangen. Du wirst den ganzen Tag nur trainiert. Deshalb sind die auch so gut. Du wirst nur darauf vorbereitet zu spielen und jedes Teammitglied macht dir den Weg frei, damit du gut bist. Keiner legt dir Steine in den Weg und sagt:»Tut mir leid, wir haben das Kostüm nur einmal. Kannst du vielleicht nicht hinfallen?« Aber die Szene gibt doch vor, dass ich hinfalle! Wie soll ich denn da nicht hinfallen? Nachdem ich nach Deutschland zurückgekehrt bin, hatte ich z.B. eine Kostümprobe für eine Szene, in der mir viel Schokolade über den Kopf läuft. Ich fragte:»Wie oft habt ihr dieses Kostüm? – »Wir haben es zwei Mal.« Das heißt also, wir können die Szene bloß zwei Mal drehen. Da braucht man nicht weiter zu diskutieren.

BO: Die Dreharbeiten haben 60 Tage gedauert..
— MS: ... und ich war jeden Tag mit dabei! Wir haben vorwiegend in Prag gedreht und ein bisschen in Aalen, in Baden-Württemberg. Ich war knapp fünf Monate in Prag, das ist eine lange Zeit für einen Film. Jeden Tag, immer. Du integrierst dich dann in die Stadt, fängst an, dort zu leben – und dann musst du zurück, nach Hause. Das war wahnsinnig schwierig. Ich durfte erleben, was es heißt, die Chance zu bekommen, einen großen Film zu drehen und was das mit einem macht. Z.B mein Coach hat mir sehr viel bedeutet. Ich habe fast acht Monate in Folge nahezu täglich mit ihm verbracht. Und dann fuhr er nach London, um einen »100 Millionen Dollar-Film« mit Naomi Watts zu drehen. Joseph Fiennes fuhr nach Südafrika, um einen »130 Millionen Dollar«-Film zu drehen, Lena Headey, meine Partnerin, flog nach Los Angeles, wo auch ein große Produktion auf sie wartete – und ich fuhr nach Deutschland und bereitete mich auf einen Film für 2,5 Millionen Euros vor. Ich habe natürlich nichts gegen 2,5 Millionen-Produktionen, daraus entstehen auch tolle Filme, aber es ist etwas anderes, und wenn man diese beschrieben Erfahrung gerade gemacht hat, sieht man Dinge zunächst anders. Zunächst konnte ich keinen neuen Film anfangen. Ich brauchte eine gewisse Zeit, um mich zu ordnen. Ich drehe erst jetzt einen neuen Film, dies-

mal eine TV-Produktion. Es ist ein ganz kleiner Film, in dem ich keinen Text habe, da ich einen Stummen spiele. Das ist sehr reizvoll und natürlich ganz anders.

BO: Sie kommen aus einer Schauspielerfamilie. War es selbstverständlich, dass Sie Schauspieler werden?
— MS: Das frage ich mich selbst auch immer noch. Ich glaube, es war genauso vermeidbar wie es unvermeidbar war. Ich war halt immer gerne im Theater. Ich fand was meine Eltern machten toll. Ich hätte es auch doof finden können, aber ich fand es toll. Immer schon. Ich komme ja aus dem Osten des Landes, in der DDR gab es mehr Theater für Kinder und Kindertheater, und man ging mit der Klasse in diese Aufführungen. Das Lustige war, dass meine Klasse immer in das Theater ging, in dem meine Mutter spielte. Als stolzer Sohn konnte ich dann sagen: »So, gleich spielt meine Mutter. Setzt euch mal bitte hin, seid bitte leise und guckt euch das an.« Schon als Kind saß ich auf den Beleuchterbühnen über den Rängen und guckte bei den Proben zu. Jeden Tag. Als ich drei war, hat meine Mutter mich mit auf die Bühne bei einer Aufführung des *Kaukasischen Kreidekreises* genommen. Ich habe da zwar nur geheult, habe dann aber mit neun Jahren angefangen, im Theater zu spielen, Kindertheater und Jugendtheater. Das war aber, glaube ich, nicht das Entscheidendste, entscheidend war, dass ich als Kind täglich den Theaterbetrieb erlebt habe. Ich habe jeden Tag die Proben gesehen, den Schauspielern bei der Arbeit zugeschaut, gesehen, wie sie besser wurden.

BO: Sie konnten als Kind schon erkennen, dass ein Schauspieler Fortschritte macht?
— MS: Nein, wahrscheinlich nicht, aber ich habe durch mein Elternhaus vieles früh mitbekommen. Zu Hause wurde auch immer über Theater gesprochen. Und das war das Beste, was mir im Leben passiert ist, ein wunderbares Geschenk meiner Eltern. Meine Eltern waren schon früh geschieden, mein Vater spielte in Berlin am Deutschen Theater, meine Mutter spielte mehr in der Provinz, aber dafür immer groß und gut. Ich war immer wahnsinnig stolz, daran teilhaben zu können. Ich bin oft nach Berlin gefahren, um meinen Vater am »Welttheater« zu sehen. So konnte ich sehen, wie das Theater in der Großstadt funktioniert und habe sozusagen beide Welten erlebt. Das war großes Glück. Ich habe dann auch mit meiner Mutter zusammen gespielt. Das war lustig, man kannte ja alle Leute. Einige, die mich als Kind gebabysittet haben, habe ich später als Lehrer auf der Ernst Busch-Schule erlebt. Und wenn die einen so anschrieen, dachte ich: »Was ist denn mit dem los?«

BO: Und warum sind Sie Schauspieler geworden?

»Die Seele muss etwas zu erzählen haben«

Arbeitsfoto von *Die Freunde der Freunde* (v.l.): Regisseur Dominik Graf, Sabine Timoteo (Billie) und Matthias Schweighöfer (Gregor) – Copyright: Bavaria Film GmbH

— MS: Es war bestimmt die Folge der Kindheit, die ich gerade beschriebene habe, aber auch weil ich viel alleine war. Ich fand es spannend, mich in andere Welten zu begeben, ich habe mir das Leben und die Probleme von anderen Personen erarbeitet. Vielleicht, um mich auch besser kennen zu lernen oder auch, um eine Flucht zu haben. Es ist auch eine besondere Form von Egoismus, das, was man sagt und fühlt, durch jemanden anders, mit jemandem anderen zu erzählen.

BO: Haben Sie sich früh Gedanken darüber gemacht, was die Rolle des Schauspielers ist?

— MS: Ich habe mir lange keine Gedanken darüber gemacht. Ich habe erst angefangen darüber nachzudenken, als ich *Die Freunde der Freunde* mit Dominik Graf gedreht habe. Es war eine sehr intensive Begegnung. Dominik Graf erklärte mir, dass es nicht darum gehe, dass der Schauspieler gut, virtuos in sich zurück gekehrt oder im Gegenteil ganz groß sei, sondern dass der Schauspieler sich hinter der Geschichte zurücknehme und die Geschichte im Mittelpunkt stehen müsse. Ziel sei es, dass man sagt: »Was für eine tolle Geschichte, was für ein toller Film« und nicht als Erstes: »Was für ein toller Schauspieler, aber die Geschichte...« Da habe ich gelernt, mich ein bisschen zurückzunehmen und mir zu überlegen, was der Schauspieler eigentlich ist.

Die Rolle des Schauspielers ist, alles Mögliche dafür zu tun, um glaubwürdig zu sein. Der Zuschauer muss an der Geschichte bleiben und darf nicht über den Schauspieler die Geschichte vergessen. Um ihn geht es nicht.

BO: Es war aber nicht Ihr erster Film. Mit 16 Jahren haben Sie in *Raus aus der Haut* von Andreas Dresen erstmals vor einer Kinokamera gestanden.

— MS: Meine Mutter war damals am Theater in Chemnitz für die Studenten zuständig, die aus Leipzig kamen. Die Schauspieler-Studenten gingen zwei Jahre lang von Theater zu Theater, um den Beruf zu lernen. Eines Tages sah meine Mutter im Aushang der Schauspielschule in Leipzig, dass ein Jugendlicher für einen Film gesucht wurde. Sie schlug vor, mich für die Rolle zu bewerben. Sie machte den ganzen Papierkram und schickte Fotos. Damit wollte sie mir auch zeigen, wie schwer der Beruf ist, wie hart man kämpfen muss, um Rollen zu bekommen. Doch dann kam prompt die Anfrage von Andreas Dresen. Casting, zack. Vertrag unterschrieben, zack. Ich war drin und habe diesen Film gedreht.

Das Casting war allerdings nicht so lustig. Ich war wahnsinnig nervös, mit Achselschweißflecken und so. Beklemmend. Nein, das war anders! Das Casting war für einen *Polizeiruf*, den Daniel Brühl dann mit Katrin Sass gedreht hat. Ich habe an diesem Casting teilgenommen und Andreas Dresen hat mich dann auf Grund des Castingbands für *Raus aus der Haut* besetzt. So war das.

BO: Und wie war die Zusammenarbeit mit Andreas Dresen?

— MS: Sehr schön. Ich war anfangs wahnsinnig nervös, alles war furchtbar neu für mich. Susanne Bormann und Fabian Busch, die schon Berufserfahrung hatten, waren große Stars für mich. Ich bekam ganz enge Klamotten und eine Perücke aufgesetzt und fand mich sehr hässlich. Ich war irre steif, fühlte mich wie Falschgeld, sehr eingeengt und eingeschüchtert. Ich war ja noch so klein. Aber ich habe sehr viel beobachtet: Wie wird gedreht? Wie verhalten sich die Leute am Set? Wie arbeiten Profis? Wie spielt man vor der Kamera? Warum habe ich hier so ein Mikrofon? Es war eher eine Erkundungstour, statt schauspielerische Oberqualität. Andreas Dresen war aber toll, ganz locker, sehr herzlich, und er hat mich da durchgeleitet. Wenn ich nervös war oder Angst hatte, etwas falsch zu machen, hat er sich Zeit genommen. Mein Kollege Fabian Busch war auch wunderbar und so wurde ich in diese Form des Spielens gut integriert. Bald fand ich es auch spannend auszutesten, den Mut aufzubringen, sich in Situationen hineinzustürzen. Das entspricht mir.

BO: Haben Sie sich auf diese Rolle vorbereitet?

— MS: Ich hatte sechs Drehtage, was ja nicht viel ist, aber ich habe mich für meine Verhältnisse irre vorbereitet. Zu Hause habe ich noch ordentlich meine Sätze mit Textmarker und Lineal unterstrichen.

Ich habe mich dann auch dem Thema des Films entsprechend mit dem Land, aus dem ich komme, beschäftigt. Aber ich habe mich nicht wirklich speziell auf diesen Film vorbereitet. Das war wirklich erst mal alles Neuland.

BO: Was passierte nach diesem Film?
— MS: Ich weiß es ehrlich gesagt gar nicht mehr so genau. Ich ging wieder zur Schule, spielte ein Stück mit meiner Mutter, *Till Eulenspiegel*, und freute mich, wieder auf der Bühne zu sein. Durch Fabian Busch und Susanne Bormann traf ich die Agentin Wiebke Reed. Sie meinte: »Du hast blonde Haare, blaue Augen, mal gucken.« Ich bekam Anfragen von Serien, die ich alle abgesagt habe. Und dann traf ich Günter Meyer, der mit *Spuk unterm Riesenrad* eine unglaublich erfolgreiche Kinderserie für das DDR-Fernsehen seinerzeit inszeniert hat und die mich meine ganze Kindheit begleitet hat, und der machte dann im vereinten Deutschland mit *Spuk aus dem Reich der Schatten*, *Spuk aus der Gruft* eine Fortsetzung, – so eine Gruselserie made à la DEFA. Ich wurde gecastet und spielte dann in drei Folgen. Irgendwann war ich kaum noch in der Schule, sondern drehte nur noch. Ich flog aus München zu meinem Abitur, dann flog ich zurück nach München und wieder von München zum Abi-Ball. An diesem Abend hat meine Mutter meine Sachen gepackt, und ich bin nach Berlin gezogen. Dann war ich weg aus Chemnitz.

BO: Sie haben dann Ihre Ausbildung an der Ernst Busch-Schauspielschule begonnen – und nach einem Jahr abgebrochen. Warum?
— MS: Ich habe immer wieder überlegt, ob ich eine Ausbildung machen soll. Mit 16 habe ich mich in Leipzig an der Schauspielschule beworben. Ich fand es sehr wichtig, als Schauspieler ein Handwerk zu beherrschen. Man muss sprechen und sich bewegen können, sonst kann man Figuren keine andere Körperlichkeit verleihen. Ich bin in Leipzig aber knallhart durchgeflogen, weil ich zu jung war. Heute ist es übrigens anders, und man kann mit 16 angenommen werden. Also habe ich die Ausbildung ad acta gelegt und drehte *Verbotenes Verlangen*. Für meine Rolle bekam ich den Deutschen Fernsehpreis für den besten Nachwuchsdarsteller. Dann habe ich mich bei der Ernst Busch-Schauspielschule beworben und wurde angenommen. Ich hatte mein Ziel erreicht und war sehr glücklich. Kurz darauf rief mich Dominik Graf an, der *Die Freunde der Freunde* drehen wollte. Ich dachte: »Dominik Graf? Alles klar!« Dominic ist sehr frankophil und das traf sich außerordentlich gut, da ich gerade meine *Jules et Jim*-Phase hatte, für Rimbaud, Truffaut, seine *Amerikanische Nacht* und für Rotwein schwärmte. Wir haben uns getroffen, viel über Chabrol und was auch immer geredet und irgendwann hat es

Dominik geschafft, mich als Mensch, als Schauspieler zu verändern. Ich spielte Dinge, die ich nicht von mir kannte, die man nicht aufziehen konnte, die nicht abrufbar waren. Er hat mich sozusagen meiner eigenen Kontrolle entzogen. Meine Einstellung zu dem Beruf änderte sich wie gesagt. Ich verstand, wie wichtig es ist, einen guten Regisseur zu haben, der dich führt, der dir eine Chance gibt, anders zu sein als das Schubladenmuster, das man aufziehen könnte, wenn man älter und erfahrener wird. Dominik hat mich in diesen zwei Monaten Drehzeit regelrecht auseinander genommen. In den ersten zwei Drehwochen hat er mir nicht einmal gesagt, ob er mich gut findet oder nicht. Es war entsetzlich anstrengend, und ich habe über fünf Kilo in dieser Zeit abgenommen. Dominik Graf drehte immer mit zwei Kameras, du konntest nie Pause machen, du musstest immer dran bleiben. Er ist so intelligent, und er wurde ein Mentor für mich, unfreiwillig.

Nach dem letzten Drehtag musste ich sofort zurück nach Berlin zur Schauspielschule. Nach dieser sehr intensiven Erfahrung saß ich plötzlich in der Schule mit lauter sehr netten und begabten Menschen, die hören wollten, was der Beruf des Schauspielers ist. Ich aber wollte weiter. Ich hatte keine Lust zu warten. Und dann erfuhr ich, dass *Die Freunde der Freunde* mit dem Grimme-Preis ausgezeichnet wird. Ich hatte schon den Deutschen Fernsehpreis, bekam nun den Grimme-Preis und saß an der Schauspiel-Schule. Ich dachte: »Alter, jetzt kannst du dich mit diesen zwei Preisen gleich umbringen. Sie werden dich an der Schule alle hassen« – und das war dann auch in gewisser Weise so.

An der Ernst-Busch-Schule gab es eine großartige Sprecherzieherin; Frau Dreves war fantastisch. Sie hat dich wirklich an deine Grenzen gestoßen. Ich war anfangs wirklich begeistert, aber ich hatte durch diesen Film zu konkrete Vorstellungen, von dem, was ich machen und erzählen wollte. Ich erinnere mich an Improvisationsstunden, in denen wir ein Gespür für Sprache und Spiel entwickeln sollten. Das hatte ich aber durch die Zeit am Theater mit meinen Eltern schon 1.000 Mal erlebt. Meine Erfahrungen haben sich zu sehr von denen meiner Kommilitonen unterschieden. Mir kam das wie eine unendliche Warterei vor, ich hatte den Eindruck, immer schlechter zu werden. Es hat mich viel Überwindung gekostet, jeden Tag dort hinzufahren, obwohl die Dozenten natürlich sehr, sehr gut waren. Ich habe diesen Beruf so geliebt, und gleichzeitig hatte ich das Gefühl, das was ich so liebe, dort zu verlieren. Dann erfuhr ich durch meine Agentin, dass *Soloalbum* verfilmt werden sollte. Ich habe an sechs Castings teilgenommen und bekam schließlich die Rolle. Als wir in der Schule *Die Möwe* von Tschechow geprobt haben und diese Proben nicht aufhören wollten, habe ich beschlossen zur gehen... Vielleicht bin ich auch kein Mensch, der jeden Tag mit 25 Leuten zusammen sein kann, vielleicht bin ich da auch zu Egomane, zu eigenbrödlerisch.

BO: Ist das nicht schwierig für einen Schauspieler, wenn er nicht viele Menschen um sich herum ertragen kann?
— MS: Ja, aber es ist etwas anderes, mit Menschen zu arbeiten, die noch lernen und sich orientieren, als mit Menschen, die schon wissen, wie sie was machen wollen. Die Schule zu verlassen war eine schwere Entscheidung, und meine Eltern waren entsetzt. Es gab es eine große Versammlung mit der Klasse. Wir saßen im Kreis, und ich musste mir von jedem anhören, was er davon hält, dass ich die Schule verlasse. Ich werde nie vergessen, wie ich an dem Tag, an dem ich meinen Spind zugeschlossen habe, wieder Luft gekriegt habe. Ich habe mich wieder wohl gefühlt, wusste wieder wohin.

BO: Vielleicht noch einmal zurück zu Ihrer Arbeit mit Dominik Graf: Was macht das Besondere zwischen Schauspieler und Regisseur aus?
— MS: Ich glaube, das Besondere ist entweder, dass man in irgendeiner Art Angst vor ihm hat und dann aus einem Prinzip des gegenseitigen Respekts arbeitet, was ich sehr konstruktiv finde. Das kann einen beflügeln, weil man sich zurücknehmen muss. Oder man mag sich wirklich sehr, kennt den anderen und seine Arbeitsweise. Das sind die zwei Formen. Ich hatte vor dem ersten Dreh mit Dominik Graf furchtbare Angst. Ich hatte Angst, schlecht zu sein, zu enttäuschen, weil uns diese Geschichte von Henry James so viel bedeutet hat. Ich wusste, dass er viele Jahre an diesem Drehbuch geschrieben hatte. Es war seine Story und auch ein Teil von ihm. Wir haben erst mal viel geredet, über die Rolle, aber auch über unsere Leben. Das fand in München auf dem Bavaria-Gelände in einem Raum über der Kantine statt. Später hab ich in diesem Raum mein Casting für *Die Klasse von 99* und später für *Schiller* gemacht. Immer in dem gleichen Raum. Und irgendwann stand ich dort mit Jean-Hughes Anglade, diesem französischen Schauspieler aus *Betty Blue* für das Casting von *Fata Morgana*. Für mich ist das aber immer der Raum geblieben, in dem ich mich für *Die Freunde der Freunde* vorbereitet habe, und ich dachte: »Danke Dominik für dieses wunderbare Geschenk«.

Als ich anfing, mit ihm zu arbeiten, war ich wahnsinnig peinlich berührt, wenn ich Emotionen spielen musste. Wenn ich mich geöffnet – oder beziehungsweise nicht geöffnet habe – habe ich immer angefangen zu grinsen. Mir war dieses »Sich-wirklich-Zeigen« peinlich, ich wollte ausweichen. Aber genau das hat Dominik konsequent eingefordert. Er hat mir meine Mundwinkel akribisch runtertrainiert. Er hat von dieser Gesichtsmimik nicht locker gelassen und hat mich immer wieder in Situationen gebracht, in denen ich improvisieren musste, damit ich endlich die Kontrolle über mich verliere, damit ich endlich loslasse. Er hat mich zum ersten Mal »aufgeknipst«.

Er hat mich zugleich ans Denken gebracht und mich durch Improvisieren meiner Kontrolle entzogen.

BO: Wie bereiten Sie sich heute auf Rollen vor?
— MS: Ich beobachte Menschen, ich schaue viele Filme an und suche dort Inspiration, Momente. Wenn ich zum Beispiel einen Film über einsame Leute drehe, sehe ich mir Filme über einsame Menschen an. Dann versuche ich, mir dieses Gefühl zu erhalten. Wie ging es mir in diesem Moment, als ich diese einsamen Leute sah? Ich versuche, dem, den ich spiele, das Gefühl zu geben, dass er einsam ist, nicht dass er traurig ist, das Traurige müssen die Zuschauer empfinden. Ich lese viel und beschäftige mich mit der Figur – und lasse sie dann andererseits auch bewusst wieder beiseite. Ich gehe dann einfach ans Set und sehe, was an dem Tag passiert. Ob ich Magen- oder Kopfschmerzen habe, ob mir schlecht ist, ob ich zuviel gegessen habe. Ob es jemand anderem nicht gut geht. Was passiert? So hoffe ich, wach zu bleiben und der Figur etwas Geheimnisvolles zu entlocken. Ich finde es sehr wichtig, beides zu machen. Wenn man übervorbereitet ist, entsteht Kontrolle, das Buch wird auf den Punkt durchgearbeitet. Es besteht die Gefahr, dass du nur noch nach Verabredungen spielst und wartest, was als Nächstes zu passieren hat. Ich mag es auch, frei in eine Szene zu gehen und zu sehen, was passieren kann. Aber immer mit der Figur.

Ich finde es auch entscheidend, dass eine Figur immer einen kleinen Punkt von dir hat, etwas, was man aus sich schöpft, um ihr Glaubwürdigkeit zu verleihen. Das andere ist projiziertes Spielen. Das ist bestimmt auch eine interessante Form, aber im Moment bin ich erst mal ein großer Anhänger des persönlichen Zugangs. Was ist in mir? Was sind die Emotionen? Wie müssen sie erzählt werden? Über Filme, Musiken, Bücher baue ich mir ein Gehäuse für meine Figur. Stück für Stück.

BO: Was ist Ihrer Meinung nach wichtiger für einen guten Schauspieler: seine Beobachtungsgabe, seine Neugierde oder sein Narzissmus?
— MS: Der Narzissmus ist Teil des Berufs, er ist aber auch das Verhängnis eines Schauspielers. Eitelkeit und Narzissmus nehmen überhand, wenn man äußerlicher wird. Man wird aber auch von der Öffentlichkeit äußerlich gemacht. Deswegen ist es sehr schwer, zu sich zu stehen. Für diesen Beruf muss man gelegentlich seine Rollen auskotzen, hässlich werden, den Körper, die Seele und sich selbst schinden. Es gibt ja diese Formulierung »Mut zur Hässlichkeit«, die ich eigentlich hasse, sie klingt ja schon furchtbar, aber so ganz falsch ist sie ja nicht. Und das kann verhängnisvoll werden, wenn man bekannter wird und immer mehr Druck von der Öffentlichkeit verspürt, und sich von dem Bild, das sie von einem hat, verleiten lässt. Es ist eine heikle Gradwanderung. Al Pacino, den ich über alles liebe, sagt sinngemäß in der Interview-Biografie über ihn: »Vor 30 Jahren habe ich einen Film gemacht und dann lief der Film im Kino. Die Leute gingen ins Kino und redeten über mich als Schauspieler, der in diesem Film gespielt hat.

Jetzt mach ich einen Film und verbringe fünf Monate damit, Interviews zu geben für Zeitschriften, für Fernsehmagazine, für Musiksender, für Tralala und promote meinen Film. Das heisst: Ich promote mehr mich und diesen Film, als dass ich der Schauspieler bin, der in diesem Film spielt«

Jeder Schauspieler, der Narzissmus von sich weist, lügt, denn darum geht es ja bei diesem Beruf. Wenn ich mir vier Kilo anfresse, weil ich eine andere Körperlichkeit, eine andere Figur von mir sehen möchte, eine andere Äußerlichkeit, dann fängt der Narzismus an. Und mit method-acting wird es noch krasser. Ich glaube, man braucht ausreichend Selbstbewusstsein, eine Portion Respekt und Angst vor sich selbst, eine Portion Selbstschutz und eine gute Beobachtungsgabe, ein Gefühl für Momente. Man braucht ein unheimlich gutes Timing, das ist wirklich wichtig. Die Seele muss etwas zu erzählen haben, wenn die Seele nichts zu erzählen hat, ist das alles nur Quatsch.

BO: Was meinen Sie genau mit Timing?
— MS: Es gibt Schauspieler, die nie etwas auf den Punkt spielen können: Du wartest, bis sie endlich fertig sind und denkst: »Was du gerade gespielt hast, hättest du auch in zwei Sekunden spielen können«, in bestimmten Momenten. Den eigenen Mut und die Kraft finde ich wahnsinnig wichtig.

BO: Sie sprechen jetzt zum zweiten Mal von Mut!
— MS: Mut ist sehr wichtig, weil dieser Beruf so komplex ist. Man kann so viel machen. Du kannst Komödien spielen, dann kann es dir passieren, dass du auf Komödie festgelegt wirst, verdienst pro Film im besten Falle so viel wie ein mittelständischer Angestellter im Jahr. Du kannst deine Miete bezahlen, du machst gute Komödien, und du bist vielleicht glücklich. Alles ist gut, aber du spielst halt immer dieses Genre, weil du dich irgendwann festgelegt hast oder Dich in Schubladen stecken ließest. Und dann fehlt dir eines Tages der Mut zu sagen: »Das zählt alles nicht.« Oder du gehst regelmäßig ins Fitnessstudio, siehst gut aus und spielst Actionsachen. Auch das ist o.k. Du bist glücklich, aber irgendwann verlässt dich der Mut, dieses Leben zu gefährden, und du wirst behäbig. Diese Behäbigkeit erstickt den Mut. Das Selbstverständnis gegenüber materiellen Vorzügen und Geld ist gefährlich. Leute wie wir bekommen Autos geschenkt, Anzüge etc., wenn man sich nichts mehr kaufen muss, verliert man den Bezug zu den Werten, die man spielen muss. Alle jungen Schauspieler, die sich hocharbeiten, haben ein großes Glück, weil sie vor Mut strotzen, auf ein Ziel hinarbeiten. Sie preschen voraus. Hannah Herzsprung ist zum Beispiel hässlich gemacht worden ohne Ende in *Vier Minuten*. Wahnsinn! Sie ist hässlich, weil sie eine hässliche Figur spielt. Das ist einfach mutig, weil es ein ausgerichtetes Ziel hat, die Geschichte dieses Films.

Wenn dieser Blick für die Kleinigkeiten auf dieser Welt verloren geht, wird man irgendwann langweilig, weil das Leben dich so einlullt, es wird ja auch alles für einen gemacht. Man braucht sich nicht mehr anzustrengen.

BO: Ein Schauspieler sollte also kein allzu geschütztes Umfeld haben?
— MS: Ich glaube, man muss in einem normalen Umfeld sein, auch in einem Umfeld, das einen beschützt. Ich finde Schutz ganz wichtig als Schauspieler, ab einem bestimmten Punkt kann man das aber nicht mehr sagen, weil die Leute einem antworten: «Du bist ja so egoistisch!» Aber ich glaube, dass Schauspieler ebenso lernen müssen, sich selbst zu schützen. Gestern las ich ein Interview mit Leonardo di Caprio, in dem er sagte, man müsse lernen, dass es nicht immer wichtig sei, was andere Leute von einem denken, dass es einem egal sein müsse. Er hat Recht. Sonst macht man sich kirre. Dann wirst du wieder äußerlich, überlässt dich dem Narzissmus. Das ist so ein Kreislauf.

BO: Macht Ihnen das an Ihrem Beruf Angst?
— MS: Nicht nur Angst, es macht auch Spaß, damit umzugehen. Aber man darf von den Geschichten, die man erzählen möchte, nicht abkommen und die Sensibilität für die kleinen Dinge des Lebens nicht verlieren. Man muss sich über seine Werte im Klaren sein. Ein Schauspieler in Amerika, der vielleicht gut ist und dessen Marktwert ob des Erfolges der Filme, in denen er spielt, schnell groß geworden ist, verdient in meinem Alter vielleicht schon zig Millionen Dollar für einen Film. Dieser Mann kann sich alles kaufen, was es zu kaufen gibt. Er kann sich aber auch Zeit für seine künstlerische Freiheit kaufen – und das ist großartig. Wenn ich mir Zeit kaufen kann für eine künstlerische Freiheit, ist das ein Riesenschatz. Ich muss nicht jeden Scheiß machen, der mir angeboten wird. »Mein 600 Quadratmeter großes Haus« ist dann längst abbezahlt. Das ist etwas anderes, wenn du diesen Status erreicht hast, weil du dir über bestimmte Dinge keinen Kopf mehr machen brauchst. Aber du vergisst auch an bestimmten Momenten, wenn du eine Flasche für 250 Euro kaufst, kostet ein Glas knappe 50 Euro. In Frankreich bekommst du einen Vin de Pays für einen Spottpreis und der schmeckt auch gut.

BO: Gibt es andere Aspekte des Berufs, die Ihnen Angst machen?
— MS: Ja, natürlich. Nicht mehr zu gefallen. Nicht mehr akzeptiert zu werden. Irgendwann langweilig zu werden. Ich glaube, langweilig zu werden ist das Schlimmste, was einem passieren kann. Natürlich auch nicht mehr besetzt zu werden, abhängig zu sein. Abhängigkeit ist fatal.

BO: Von wem?

— MS: Von Produzenten, Redakteuren, Drehbüchern, Financiers oder Gesellschaftern. Davor habe ich Angst. Ich habe auch wahnsinnige Angst, nicht zu überzeugen und lapidar zu sein, so nichtig. Die Preise, mit denen man ausgezeichnet wird, sind bestimmt toll, aber sie nehmen einem diese Ängste nicht. Man hat ja immer Angst, nicht akzeptiert zu werden, sein Ziel nicht zu erreichen. Bei den Kollegen ist das nicht so wichtig, die müssen einem nicht immer sagen, dass sie einen toll finden. Der eine findet dich Top, und der andere findet dich Scheiße, so ist das nun mal. Aber wenn der 16-jährige Türke aus Kreuzberg sagt: »Alter, geile Performance!« dann finde ich das großartig. Wenn man nichts mehr zu erzählen hat, das wäre glaube ich das Schlimmste, was einem passieren kann. Man ist dann angekommen.

BO: Ist Angekommensein so schlimm?
— MS: Ja. Man muss immer suchen, das hält einen lebendig. Das hält auch deine Charaktere lebendig, wenn du etwas suchst. Ängste sind zwar nicht immer produktiv, wenn sie einen zu sehr einschüchtern, aber sie können genauso produktiv sein, weil man sich aus den Ängsten hinausarbeitet. Angst lässt dich auf der Suche, hält dich lebendig und wach. Und man muss wach bleiben. Unbedingt!

BO: Sie sind 25 Jahre alt und haben ca. 30 Filme gedreht. Sie bezeichnen sich selbst in der Presse als workoholic. Sind Sie es von Natur aus oder ist es eine Folge des Berufes?
— MS: Wahnsinn! Ich kann mich nicht erinnern, 30 Filme gedreht zu haben. Unfassbar! Aber im Ernst, workoholic ist relativ. Ich mag es zu arbeiten. Stillstand ist Scheiße! Ich versuche aber auch, nicht fünf Filme im Jahr zu drehen, das wäre unproduktiv. Da käme nichts Richtiges bei raus, man würde nur noch Filme machen, um in Filmen zu spielen. Ich bin kein workoholic, aber ich will in Bewegung bleiben und nicht nur warten.

BO: Sie sind inzwischen an einer Filmproduktionsfirma beteiligt. Reicht Ihnen der Beruf des Schauspielers nicht aus? Oder warum sind Sie unter die Produzenten gegangen?
— MS: Damit ich auf lange Sicht besser steuern kann, was ich wann drehe. Wenn ich weiß, dass ich in drei Jahren einen bestimmten Film machen werde, der erst noch geschrieben und betreut werden muss, dann kann ich zum Beispiel die »nächste Komödie für ProSieben« ablehnen. Ich arbeite hier im Berliner Büro mit drei wunderbaren Menschen. Wir sind eine kleine Brainstorminggruppe, ein kreatives Department, und wir brüten über Geschichten, die wir erzählen wollen. Ich bin sehr glücklich, diesen Schritt gemacht zu haben. Ich finde es gut, sich

so jung zu orientieren und ein Netzwerk zu schaffen. Ich mache das, um meine künstlerische Freiheit zu schützen oder aufzubauen. Ich schreibe nicht, aber ich arbeite mit Autoren. Dabei schaue ich nach Stoffen, die für mich als Schauspieler interessant wären, aber auch nach Stoffen für andere Kollegen. Ich bin nicht in den Finanz- und Geschäftsführer-Angelegenheiten involviert, aber der Blick des Produzenten interessiert mich auch. Irgendwann möchte ich meinen eigenen Film machen und auch als Regisseur hinter der Kamera stehen. Es würde mir gefallen, meinen eigenen Film im Griff zu haben, im Schnitt zu sitzen, mir von niemandem reinreden zu lassen und sagen: »Das wird jetzt so geschnitten. Das und das bleibt drin.«

BO: Würden Sie mitspielen?
— MS: Nein. Vielleicht würde ich eine kleine Cameo-Rolle einbauen. Mehr nicht. Diese Idee ist entstanden, nachdem ich 14 Monate arbeitslos war, mit 23 und 24.

BO: Sie hatten keine Filmangebote?
— MS: Nein, keine Angebote, niemand hat mir geholfen. Diese 14 Monate ohne Arbeiten waren für mich eine schlimme Zeit. In dieser Zeit bekam ich den Bayerischen Filmpreis, den Deutschen Videopreis, die »Diva« für den besten Schauspieler und wurde zum »Mann des Jahres« von GQ gekürt. Aber ich habe nicht einen Film gedreht. Das war absurd. Ab da habe ich aber gemerkt, dass dir in diesem Beruf niemand etwas schenkt, dass ich unabhängig werden muss. Das möchte ich in den nächsten zehn Jahren erreichen.

BO: Wissen Sie, warum Sie keine Angebote bekommen haben?
— MS: Ich habe keine Ahnung, ich hätte es gerne gewusst. Vielleicht haben die Leute auch zuviel Respekt vor einem. Die denken vielleicht »der hat so viele Preise, der ist bestimmt ausgebucht.« Ich kenne auch andere, die viele Preise gekriegt haben oder schöne Filme gemacht haben und nicht angefragt wurden. Ob die Produzenten denken: »Den fragen wir erst gar nicht«?

BO: Was haben Sie in diesen Monaten gemacht?
— MS: Ich habe – das macht ja jeder – mit zwei Leuten eine Band gegründet. Musik ist gut und wichtig, weil das ein anderer Ausgleich ist. Das macht Spaß. Ich habe einen Freund, der sein erstes Album rausbringt, und wir wollen zusammen ein Video für MTV drehen, mal gucken, ob die Leute das mögen oder nicht. Und wenn es nicht gefällt, machen wir gleich eins hinterher, nur um zu testen, was alles möglich ist. Musik machen wir aber nur anonym. Niemand soll wissen, wer in dieser Band spielt, dafür haben wir viel zu viel Respekt vor den Menschen, die

professionell seit Jahren im Musikgeschäft hart arbeiten. So etwas macht man halt, wenn man 14 Monate nicht arbeitet. Jedenfalls war es eine Scheißzeit. Und man fragt sich, warum man Schauspieler des Jahres ist!

BO: Aber nicht, warum man Schauspieler ist?
— MS: Nein, aber man fühlt sich sehr alleine. Man fragt sich:»Warum? Warum sitzt du jetzt hier zu Hause und hast kein Geld und machst Schulden?« Aber es war auch gut, mal so richtig eins auf die Fresse zu kriegen und zu erfahren, dass es nicht nur bergauf geht.

BO: Wenn wir jetzt nach vorn schauen, was reizt Sie an der Regiearbeit?
— MS: Vielleicht zu erfahren, wie man als Regisseur Schauspieler leitet. Ich habe an der Schauspielschule für einen Freund die Regie für seine Monologe übernommen. Ich fand es spannend, dass man Situationen genau benennen muss, damit der andere versteht, was er machen soll.

Es gibt Filme, die ich als Schauspieler nicht spielen kann, weil sie mir nicht entsprechen, ich kann ja schlecht z.B. eine Frauenrolle übernehmen. Wenn ich aber Regisseur bin, kann ich alles, was ich erzählen möchte, in diese Figuren stecken. Ich kann jeden Schauspieler so einsetzen, wie ich es möchte. Es ist ja meine Geschichte, die ich da erzähle. Ich kann sie in die Richtung leiten, die mir gefällt. Das kann ich als Schauspieler nicht. Ich kann ja nicht zu meinen Kollegen gehen und ihnen sagen, wie sie zu spielen haben. Dadurch ist man nur ein Teil.

BO: Der Schauspieler ist nur eingeschränkt ein Geschichtenerzähler?
— MS: Als Schauspieler ist man ein Teil der Geschichte und dadurch auch ein Geschichtenerzähler, aber als Regisseur bist du der Macher. Es ist deine Geschichte, und das ist der Unterschied, der aber auch einen anderen Druck bedeutet. Deswegen würde ich auch nicht mitspielen, wenn man mitspielt, ist man nicht mehr objektiv. Dann ist man auf einmal beides und muss sich selbst ansehen und beurteilen. Darüber können wir reden, wenn ich 50 bin, dann ist das vielleicht etwas anderes, aber ich bin jetzt 26.

BO: Das Repertoire Ihrer Rollen ist breit gefächert – von *Soloalbum*, zu *Schiller* über *Baal* und *Kammerflimmern*. Nach welchen Kriterien entscheiden Sie sich für Ihre Rollen?
— MS: Erstens: Wer macht Regie? Ich lese natürlich das Drehbuch vorher und muss die Geschichte toll finden. Aber dann kommt es stark darauf an, wer der Regisseur ist. Kann er diesen Stoff erzählen, ist er der Richtige für diese Geschichte? Die Figur, die ich spielen soll, muss natürlich etwas in mir auslösen, was ich gerne erzählen möchte. Wenn das nicht zutrifft, sage ich sofort ab – auch wenn

Matthias Schweighöfer als *Schiller* – Copyright: SWR/Rolf v.d. Heydt

der Regisseur gut ist. Ich muss in Rollen einen kleinen Funken finden, der mich sagen lässt: »Geil, das kenne ich an mir nicht, das würde ich gerne machen, mal gucken, ob ich das kann.« Ich muss den Mut verspüren zu sagen »Wenn du auf die Fresse fällst, dann hast du es wenigstens versucht.« Oder zu sagen: »Gut das ist eine Sache, die kannst du, aber mal gucken – der Regisseur ist ja echt ein harter Brocken – vielleicht trimmt der dich ganz woanders hin, was du gar nicht kennst.« Dann würde ich es auch machen, weil ich das interessant finde.

BO: Was macht eine Geschichte für Sie »gut«?
— MS: Mich interessiert sowohl das Fremde als auch das Vertraute, genaue Beobachtungsmomente, nicht nur Fiktives. Es kann ein großer Märchenstoff sein oder ein »Sonntagnachmittag mit der Familie im Kino und Popcorn«-Stoff. Dann muss es knallen und rumsen. Gesellschaftliche Geschichten, Dramen und komische Sachen sprechen mich genauso an. Ich liebe komische Filme. Das ist ein sehr schwieriges Genre, aber großartig. Wenn mich ein Drehbuch in den ersten 30 Seiten packt, es gute Sätze und gute Dialoge hat, ich mir diese Geschichte selbst anschauen wollte, dann bin ich dabei. Dann bin ich für jeden Spaß zu ha-

ben. Wenn ich aber beim Drehbuchlesen nicht so genau weiß, dann ist das keine gute Geschichte für mich.

BO: Sie spielen auch noch Theater?
— MS: Ja, und jetzt bald wieder. *Norden* von Séllin an der Volksbühne mit Frank Castorf. Ich freue mich darauf. Wir fangen in vier Wochen an. Wir haben aber noch keine Theaterfassung bekommen, ich weiß also nicht, was es wird. Ich spiele mit meinem lieben Freund Milan Peschel, mit dem ich *Das wilde Leben* über Uschi Obermaier gedreht habe. Wir machen das Stück zunächst als Probezeit und dann gucken wir weiter. Ich muss mal wieder auf die Bühne. Danach kann ich auch wieder einen Film machen und sagen: »Gut ich bin wieder fit.«

BO: Was gibt Ihnen die Bühne, was der Film Ihnen nicht gibt?
— MS: Jeden Abend die Angst, nicht zu bestehen. Das ist so radikal, man muss so konzentriert sein. Man hat nur diese Chance an diesem einen Abend seine Figur wieder neu zu erfinden. Das kann man immer wieder machen, das ist irre spannend. Genau jetzt da zu sein. Jetzt. Du hast nur diesen einen Versuch, das war's. Morgen kannst du wieder etwas anderes machen, aber was du heute Abend gespielt hast, kannst du morgen schon nicht mehr angucken. Nur jetzt da sein, nicht an gestern oder an morgen denken.

BO: Spielt das Publikum dabei eine große Rolle?
— MS: Ja natürlich. Wie reagiert es? Geht es mit? Ist es gelangweilt? Folgt es, versteht es einen? Die Volksbühne war früher mein Mekka. Meine Eltern waren im Ensemble von Frank Castorf in Anklam, als ich geboren wurde. Jetzt gehe ich als Sohn zu ihm, es ist ein bisschen wie nach Hause kommen, und ich bin dort sehr herzlich von Kollegen empfangen worden, die ich seit meiner Kindheit kenne. Das bedeutet mir viel auch im Hinblick auf unsere Schauspieler-Familiendynastie. Ich führe etwas fort, und das ist wichtig. Ich habe überlegt: Wenn ich ein Kind kriege und mein Sohn oder meine Tochter sagt: »Ich werde Friseur.« Was mache ich dann? Also muss ich ganz viele Kinder bekommen, damit wenigstens einer davon Schauspieler wird, damit diese Familientradition aufrecht erhalten wird.

BO: Waren Ihre Großeltern auch Schauspieler?
— MS: Ja, alle. Tante, Opa, Onkel, alle. Ich bin das einzige Kind aus dieser Familie, das noch diesen Beruf ausübt. Man hatte keine spezifische Erwartung an mich, aber diese Erwartung habe ich jetzt, weil es in dieser Familie nach mir niemanden mehr gibt.

Baal – Copyright: ZDF

BO: Im Film scheinen Sie eine Affinität zu Theater-Filminszenierungen zu haben *Baal, Lulu.* **Worin liegt der Reiz, Theaterstoffe ins Filmmedium zu transportieren?**

— MS: *Baal* war ein Experiment. Ich fand das Stück schon immer toll, allein schon deshalb, weil es hieß, es sei so schwer zu spielen. Ich musste es machen. Theater ist eine andere Form von Kunst als Film, viel mehr durch Sprache und Text bedingt. Ich finde es wichtig, dass solche Stoffe auch in so einem lapidaren System wie das Fernsehen laufen. Und ich glaube, dass es Uwe Jansons rockiger Ansatz ermöglicht, junge Menschen zu erreichen, die nie ins Theater gehen würden. Das Gleiche gilt für den Grusel-Ansatz von *Lulu*, auch wenn es vielleicht ein Blutgemetzel war. Es ist der Versuch, dieser verdummten Fernsehkultur etwas entgegen zu halten.

Auch wenn es kleine Happen sind, kann man stolz sein, so etwas zu liefern. Danach wurden *Kabale und Liebe* von Leander Haussmann und *Peer Gynt* mit Robert Stadlober realisiert. Wir haben mit unseren beiden Produktionen einen Auslöser gegeben, wir haben es geschafft, dem Publikum einen Ansatz zu liefern.

BO: Und was bringt es für Sie als Schauspieler?

— MS: Es ist eine weitere Ebene, die man ausloten kann. Wie kann ich einen sehr extremen, sprachgewaltigen Stoff mit einem Minimalismus im Film vereinbaren. Wie minimal kann meine Ausdrucksform sein, und welche filmischen Mittel kann ich dafür verwenden, anstatt nur auf der Bühne zu stehen und zu versuchen, dem Sprachgefüge hinterherzukommen. Als wir gedreht haben, hatte ich gerade meine minimalistische Phase, in der ich bemüht war, bis ins kleinste Detail minimalistisch zu sein, um dann wieder absolut ins Maximum auszubrechen. Mit dieser Fernsehinszenierung konnte ich die Limits ausloten. Wir haben keine Gagen für die Produktion bekommen. Das war wirklich nur für den eigenen Impuls und vielleicht auch für ein interessiertes Publikum. Man spielt auch ganz anders, wenn man weiß, dass man da kein Geld bekommt.

BO: Tut man das?
— MS: Na ja man spielt nicht anders – ich bin auch sehr froh, in der Regel Geld für meine Drehtage zu bekommen und meine Miete bezahlen zu können. Aber bei einem solchen Experiment spielt man die existenziellen Rollen existenzieller, so komisch es auch klingen mag. Weil es gar nicht anders geht. Dadurch entsteht noch ein kleiner anderer Funke. Wir haben *Baal* in 17 oder 18 Tage gedreht.

BO. Sie haben mehrmals mit Uwe Janson gedreht.
— MS: Uwe Janson sucht immer noch seinen Weg als Regisseur, und das interessiert mich. Mit ihm spiele ich immer wieder diese übermäßigen Kraftrollen, diese explodierenden Rollen, dieses Animalische. Das ist ein Ansatz, der uns beiden entspricht. Immer mit dem Kopf durch die Wand! Ganz anders als bei Dominik Graf, mit dem ich nächstes Jahr einen Film über Kurt Weill drehen werde. Er ist der Intellektuelle, der dich in die speziellen kleinen Räume deines Seins leitet. Ich glaube, beides ist wichtig.

Inzwischen habe ich schon länger nicht mehr mit Uwe Janson gearbeitet. Manchmal funktioniert eine solche Zusammenarbeit nicht. Alles zu seiner Zeit. Man muss sich auch mal anders orientieren.

BO: Sie haben bereits drei Mal mit Ihrer Kollegin Jessica Schwarz vor der Kamera gestanden. Ist es beruhigend oder herausfordernd, mit vertrauten Kollegen zu arbeiten?
— MS: Ich sollte jetzt wieder einen Film mit Jessie machen, aber es hat sich anders ergeben. Sie ist eine wunderbare Freundin, Kollegin und eine tolle Frau. Ich bin, glaube ich, etwas kontrollierter im Spiel, sie ist immer sehr ursprünglich, sehr kraftvoll. Sie ist ein Lebemensch, und ich bin eher schüchterner. Nicht, dass ich nicht gerne im Mittelpunkt wäre, aber ich bin auch immer ein bisschen außen vor. Aber wir können wunderbar zusammen arbeiten. *Kammerflimmern* war der

Höhepunkt. Wir sind uns auf der emotionalen Schiene begegnet, sie hatte eine schwierige Zeit, und ich war sehr einsam. Mit Jessica würde ich jeden Film drehen: Im nächsten Film müssten wir ein »mittelständiges verheiratetes Paar spielen«, das wäre schön. Wenn man mit vertrauten Kollegen arbeitet, kann man sich natürlich mehr fallen lassen. Man lässt die Masken fallen. Man muss sich nicht in der Drehzeit kennen lernen, muss nicht wieder über Hürden springen. Man kennt sich, man weiß, wo es zwickt und kann gleich einen Schritt weitergehen.

BO: Sie haben vorhin den Begriff »einsam« verwendet. Ist Schauspieler ein einsamer Beruf?
— MS: Ich glaube, es kommt darauf an, wie man sich entscheidet; ob man einsam sein möchte. Schauspielersein ist eigentlich kein einsamer Beruf, aber ich glaube, ein großer Künstler zu sein, das ist ein einsamer Beruf. Als Schauspieler lebt man in einem Teamgefüge, man ist integriert und im ständigen Gedankenaustausch. Man ist Teil der Gesellschaft. Aber die Genies, die richtig Guten, die immer weiter vorwärts marschieren, die etwas zu erzählen haben und nie damit aufhören, die werden irgendwann einsam, weil das überhand nimmt, auch im Privaten. Irgendwann kann man nicht mehr abstrahieren. Ab einem bestimmten Punkt gibt es auch kein Zurück mehr. Der Beruf ist ja nicht nur Beruf, sondern Berufung – und eine Entscheidung. Es gibt Momente, in denen man sich für das Private oder für den Beruf entscheiden muss. Der Beruf kommt dann meistens an erster Stelle. Es gibt Leute, die das ein Leben lang machen, und sie können nicht mehr zurück, irgendwann sind sie sehr einsam. Die großen kommerziellen Schauspieler, die Riesenerfolge feiern und Riesenstars werden, sind, glaube ich, auch sehr einsam, weil sie nicht mehr auf die Straße können. Also hat der Beruf schon viel mit Einsamkeit zu tun.

Die Tatsache, dass man immer etwas aus sich herausholen muss, macht einen nicht unbedingt einsam, aber es sorgt dafür, dass man sich viel mit sich beschäftigt. Es öffnet schon das Tor zum Egoismus, der auch sehr bereichernd ist. Man spielt zum Beispiel Beziehungsfilme und kann die ganze Scheiße austesten, ohne dass es die Konsequenzen aus dem richtigen Leben hätte. Man kann ja mit diesem Beruf fast immer alles entschuldigen, das ist ja das Schlimme und auch das Schöne. Ich finde, dass es eher der Erfolg ist, der einen einsamer macht.

BO: Haben Sie Angst vor dem Erfolg?
— MS: Ich versuche, hier bodenständig zu bleiben. Erfolg ist etwas, womit man rechnen muss, wenn man diesen Beruf ausübt. Man muss auch damit rechnen, keinen Erfolg zu haben. Ich habe beides erlebt. Ich finde, man muss Dinge in seinem Leben tun, die einen davor beschützen. Der Erfolg darf einen nicht angreifen. Ich habe nicht wirklich Angst vor Erfolg, ich finde Erfolg auch toll. Ich freue

mich auch drauf. Es tut ja auch gut, es ist auch ein Geschenk. Man muss aber damit umzugehen wissen. Wie man den Erfolg in sich integriert, ist allerdings noch mal eine andere Sache.

BO: Können Sie sich gut sehen auf der Leinwand?
— MS: Ich sehe mir die Filme meistens einmal an und dann war es das. Ich beobachte mich ungern dabei, ich kenne mich zu gut und nerve mich selbst. Ich gucke mich an und denke: »Das musst du nicht unbedingt von dir sehen.« Ich habe dann Angst davor, schlecht zu sein und warte lieber auf das, was die Leute oder Freunde, die den Film gesehen haben, sagen. Ich mache die Filme auch nicht, damit ich sie mir angucken muss, sondern dafür, dass andere Leute sie sehen. Ich mache auch Filme, damit meine Kinder sie später sehen oder ich auch irgendwann mal in 30 Jahren. Aber ich freue mich immer, wenn die Filme, in denen ich mitspiele, gut sind.

BO: Es gibt aber Schauspieler, die sich ganz neutral anschauen können.
— MS: Das kann ich nicht. Ich habe überhaupt keine objektive Meinung. Da bin ich zu nahe dran. Wenn ich z. B. Ausschnitte aus dem *Roten Baron* sehe, weiß ich genau, wie es da gerochen hat, und ich bin dann sofort wieder drin.

BO: Gibt es einen Film, der eine besondere Bedeutung für Sie hat?
— MS: Nein, ich habe keine Rankinglist meiner Filme. Jeder Film hat seine Zeit, aber es gibt Filme, die einen begleitet haben, die etwas hinterlassen haben. Dazu zählt bestimmt *Die Freunde der Freunde*. Dann *Baal* im Bezug auf die schauspielerische Kraft. Hier wurde mir klar, was es heißt, so ein Tier zu werden, dass die Menschen Angst vor dir als Schauspieler bekommen. *Kammerflimmern* mag ich für die minimalistische Arbeit mit dem Regissseur Hendrik Hölzemann, den ich sehr schätze. Er hat ähnlich wie Dominik Graf so akribisch und kompromisslos auf ein Ziel hinzugearbeitet. Das war eine intensive Zeit, auch weil ich mich mit dem Tod auseinander setzen musste. Bei *Fata Morgana* mit Jean-Hughes Anglades trafen zwei Sprachen aufeinander, und die Dreharbeiten in Marokko waren extrem. Kein Geld für die Produktion, die Hitze in der Wüste, das schlechte Essen. Ab wann wird man zickig? Ist man eine Zicke in dem Beruf oder doch eine Diva? Und natürlich *Der Rote Baron* – ein großer Blockbuster, der auf der ganzen Welt laufen wird. Einfach mal vor einem 40 Meter langen Greenscreen mit 280 Leuten zu stehen, alles ballert und schießt, und du siehst auf einem kleinen LCD-Fernseher, was du gerade drehst. Die Filme, die mir am meisten bedeuten, sind die, die ich mit bestimmten Situationen verbinde und wehmütig werde. Wie der vorhin beschriebene Casting-Raum auf dem Bavaria-Gelände, den ich immer mit *Die Freunde der Freunde* verbinden werde.

Kammerflimmern – Copyright: Bavaria Film GmbH

BO: Es klingt so, als würde Ihnen das, was Sie mit diesem Film erlebt haben, mehr bedeuten als die Rolle?
— MS: Nein, das hat schon immer mit der Rolle zu tun. Ich denke an die Zeit zurück, die diese Figur da mit mir erlebt hat. Ich sehe mich für *Die Freunde der Freunde* morgens früh joggen, spüre, wie die Auseinandersetzungen mit dem Tod in *Kammerflimmern* wieder wach werden, höre mich als Manfred von Richthofen vor 100 Leuten sagen: »Wir werden jetzt vielleicht alle krepieren«. Und wenn ich an diese Zeit denke, denke ich an diese vielen Menschen, die da mitgegangen sind. Das bedeutet mir viel.

BO: Und zum Schluss: Was erwarten Sie von dem Beruf?
— MS: Ich erwarte von dem Beruf gar nichts mehr. Wenn man etwas erwartet, kann man auch enttäuscht werden, das will ich nicht. Ich erwarte, dass man sich Mühe gibt.

BO: Aber ich denke, Sie sind mutig!?
— MS: Ja, bin ich auch. Ich habe großes Interesse an diesem Beruf. Mein Interesse führt mich zu Geschichten, Formaten, die ich erzählen kann. Welche Filme kommen noch auf einen zu? Welche Theaterstücke? Wie wird es sein, wenn ich

älter werde? Wie werden die Zuschauer auf mich reagieren? Ich freue mich auf Filme, in denen ich einen Familienvater spiele. Ich habe großes Interesse, dass gute neue Leute nachkommen, dass der Beruf glaubwürdig bleibt. Dass auch Kollegen folgen, die nicht nur nach dem Kommerz streben, sondern auch nach den Kleinigkeiten, nach dem Herz dieses Berufes. Das zu sehen interessiert mich. Aber ich möchte nicht erwarten, dass gute Leute nachkommen, weil, sollte es nicht passieren, wäre ich wahnsinnig enttäuscht – ich würde traurig sein, weil ich zu viel erwartet habe. Aber ich bin interessiert, und ich versuche, mich zu schützen.

BO: Lieber Matthias Schweighöfer, ich danke Ihnen sehr für dieses Gespräch.

Das Gespräch fand im Februar 2007 in Berlin statt.

© Christian Schoppe / defd

Edgar Selge wird in Brilon geboren. Nach seinem Studium der Philosophie und Germanistik besucht er die Münchner »Otto Falckenberg« Schauspielschule. Von 1975 bis 1979 ist er Ensemblemitglied am Schillertheater Berlin, im Anschluss bis 1996 an den Kammerspielen München. Er gastiert am Burgtheater Wien, am Schauspielhaus Zürich, am Schauspielhaus Hamburg und am Deutschen Theater Berlin und arbeitet mit zahlreichen namhaften Regisseuren wie Dieter Dorn, Thomas Langhoff, Bob Wilson, Franz Xaver Kroetz, George Tabori, Jens-Daniel Herzog und Jan Bosse. Darüber hinaus ist Edgar Selge ein viel beschäftigter Film- und Fernsehschauspieler. Für das Kino dreht er u.a. *Drei Chinesen mit dem Kontrabass* von Klaus Krämer und erhält dafür 2000 den Deutschen Filmpreis. Weitere Produktionen sind *Das Experiment* von Oliver Hirschbiegel, *Suck my dick* von Oskar Roehler, *Im Schwitzkasten* von Eoin Moore, *Reine Geschmacksache* von Ingo Rasper oder die internationale Produktion *The Dept* (Assaf Berenstein).

Große Fernsehauftritte hat Selge in *Kir Royal* (Helmut Dietl), *Der König von St. Pauli* (Dieter Wedel) und im Vierteiler *Jahrestage* (Margarethe von Trotta). Seit neun Jahren spielt Edgar Selge den Kriminalhauptkommissar Jürgen Tauber im BR-*Polizeiruf 110* und wird für diese Rolle 2003 mit dem Deutschen Fernsehpreis als »Bester Deutscher Schauspieler« ausgezeichnet. Der Polizeiruf 110 erhält 2005 den Deutschen Fernsehpreis für die Beste Krimireihe. 2006 bekommt Selge zusammen mit Michaela May für den *Polizeiruf 110: Der scharlachrote Engel* den Adolf Grimme Preis mit Gold. Ein weiterer Grimme Preis wird ihm für den *Polizeiruf 110: Er sollte tot* 2007 verliehen, im gleichen Jahr erhält er die Goldene Kamera als Bester Deutscher Schauspieler. Zu aktuelleren Dreharbeiten zählen die Titelrolle in *Der Panikmacher* (Franziska Buch) sowie die Komödie *Väter, denn sie wissen nicht, was sich tut* unter der Regie von Hermine Huntgeburth.

Seit 1985 ist Edgar Selge mit der Schauspielerin Franziska Walser verheiratet. Beide arbeiteten mehrfach gemeinsam vor der Kamera, etwa in Diethard Klantes Ehedrama *Im Chaos der Gefühle* oder auf der Bühne (u.a. *Der Drang*, Regie: Franz Xaver Kroetz). Zudem engagiert sich das Paar im Verein des »Bündnisses für psychisch erkrankte Menschen BASTA«, einer Anti-Stigma-Kampagne gegen die Diskriminierung psychisch Kranker.

Edgar Selge lebt in München.
www.studlar.de

»Spielen ist Glück«

Edgar Selge im Gespräch mit Nina Haun

NH: Du hast gestern, als wir nach der Vorstellung des *Faust* am Deutschen Schauspielhaus in Hamburg mit Kollegen von dir zusammen saßen, angesprochen, wie schwierig dieser Spagat zwischen Film-, Fernseh- und Theaterschauspieler ist. Kannst Du das als in beiden Bereichen sehr präsenter und ebenso erfolgreicher und engagierter Schauspieler genauer beschreiben – was macht diesen Spagat aus?

— **ES:** Sich in zwei Welten zu Hause zu fühlen, zehrt immer an den Kräften. Arbeitsweisen, Räume, Menschen in diesen beiden Medien sind nun mal verschieden. Ganz simpel hängt das zunächst mal damit zusammen, dass man beim Theater über einen langen Zeitraum – sagen wir mal acht Wochen – etwas entwickelt. Möglichst unbedenklich in alle Richtungen hin ausprobiert. Durch die tickende Uhr eines Premieren-Termins bündeln sich langsam die Kräfte, es werden plötzlich Auswahlkriterien aufgestellt, das passiert aber fast unbewusst. Man merkt dann auch als Schauspieler, wie dicht der Premieren-Termin kommt. Dieses Ausprobieren auch dessen, was man schlussendlich nicht braucht, gehört ganz zentral dazu.

Die Filmarbeit ist vom ersten Tag an das Gegenteil. Da hast du jeden Tag – sagen wir mal 20 – kleine Mini-Premieren. Die musst du nie wiederholen. Die sind dann vorbei. Die gleiche Struktur hat man beim Gedächtnis: Du brauchst beim Theater eher ein Langzeitgedächtnis, beim Film dagegen ein Kurzzeitgedächtnis. Dieser Wechsel ist im Körper nicht so leicht unterzubringen. Dazu kommt, dass dieser Rhythmus auch die Menschen prägt.

Theaterleute versuchen, das Umfeld eines Stückes so groß wie möglich zu halten. Aus unterschiedlichsten Bereichen – der Literatur, Soziologe, der Bildenden Kunst – viele Elemente einzubringen, die zunächst einmal gar nichts mit dem Stück zu tun haben. Einfach als Anregung, als Versuch, einen gemeinsamen geistigen Raum zu entwickeln.

Filmleute müssen viel bezogener auf die Geschichte und auf das konkrete Set reagieren. Die Arbeit muss immer sehr speziell sein, was bedeutet, dass für den Assoziationsraum nur beispielhafte Geschichten zu gebrauchen sind. Zu entlegene Dinge, wie etwa die letzte Kunstausstellung in Köln, bringen einem wenig, wenn man gerade versucht, einen kleinen, sehr genauen Familienfilm zu drehen. Bei einer Theaterarbeit ist das anders.

Auch die Räume, wie sie Bühne oder Kamera vorgeben, könnten unterschiedlicher nicht sein. Kamera bedeutet immer noch Großaufnahme, das heißt, die Kamera liest Gefühle und Gedanken bereits im Entstehen, bevor sie ins Bewusstsein dringen. Da ist nichts zu spielen, es gibt nur persönliches Einlassen auf die vorgegebene Situation, unmittelbarstes Reagieren auf Partner und Umgebung, wobei eine Blickveränderung der Augen bereits das Eröffnen eines neuen Raums sein kann.

Dagegen eine Bühne: dreißig Meter und mehr Raumüberwindung, um bis zum letzten Zuschauer Überzeugungsarbeit zu leisten. Wie viel Form, wie viel verzweifelte Übertreibung sind hier notwendig, um Intimität mitzuteilen. Bühne ist immer ein gesellschaftspolitisches öffentliches Ereignis. Eine ganze Geschichte wird »live« und am Stück erzählt, jeden Abend anders, durchaus abhängig von der Reaktion der Zuschauer.

Das heißt, komme ich vom Drehen zur Bühne oder umgekehrt, finde ich meine Ausdrucksmittel zunächst grob, noch nicht angepasst ans jeweilige Medium.

NH: Vermisst Du beim Filmen diesen Vorlauf, wie es ihn am Theater gibt? Beim Film kommt es relativ selten vor, dass es Proben gibt und man sich so langsam an die Figur herantasten kann.

— ES: Nein. Die Drehbuchentwicklungen sind bereits Vorarbeiten. In dieser Phase kommt das Umfeld eines Films am stärksten zur Sprache, und hier kann man als Schauspieler oft mitarbeiten. Die Redakteurin Dr. Cornelia Ackers und ich haben uns für die *Polizeirufe* unzählige Male getroffen, um über Stoffe zu sprechen. Bei den *Polizeirufen*, die Klaus Krämer geschrieben und gedreht hat, etwa *Taubers Angst*, haben wir uns schon während der Stoffentwicklung intensiv über Angsterfahrungen in unserer Kindheit ausgetauscht.

Fast allen Filmen gehen heute Leseproben voraus. Das ist bei den kürzer werdenden Drehzeiten auch notwendig. Aber all diese Vorarbeiten ändern nichts an dem grundsätzlichen Unterschied zwischen Theater und Film.

NH: Heute wird auch in der Schauspielausbildung zunehmend Wert auf die Arbeit vor der Kamera gelegt, was zu Deiner Zeit noch eher unüblich war. Hast Du – als Theaterschauspieler, dessen Karriere am Theater begonnen hat – das Gefühl gehabt, dass Du gerüstet warst für den Moment, als Du zum ersten Mal vor der Kamera gestanden hast?

— ES: In einer Kleinstadt groß geworden, waren Kinobesuche für mich genauso attraktiv wie Theaterbesuche. »Schauspieler-Sein« habe ich als Kind mit der Sehnsucht nach Geschichten verbunden, die sich auf Gesichtern abspielen, also

Geschichte als Großaufnahme. So wie ich als Kind in den Gesichtern anderer immer nach der inneren Situation gesucht habe, um mich selbst sicherer zu fühlen, so habe ich gierig die Großaufnahmen von Schauspielern studiert, lange bevor ich daran dachte, diesen Beruf zu machen.

NH: Ich möchte nochmals auf das beeindruckende Interview in der taz (23.12.2006) zurückkommen, in dem Du bezüglich des *Polizeirufs Taubers Angst* gesagt hast: »Die unangenehmsten Erfahrungen kapseln sich ganz schnell ab. Man glaubt, sie überwunden zu haben, und plötzlich, in einer bestimmten Situation als Erwachsener, brechen sie wieder auf. Das Interessante daran finde ich, dass die schmerzhaften Erfahrungen der Kindheit, und da gehört Angst sehr stark dazu, nicht so verfügbar sind, wie ich es gerne hätte. Ich kann nicht wie in einem Buch in meiner Erinnerung spazieren gehen und sagen: Zeig dich doch noch mal, du Situation. Die zeigen sich nicht, die krümmen sich weg. Oder ich krümme mich weg. Das ist das Gleiche.«
Du beschreibst, wie Du versuchst, schmerzhafte Erinnerungen mobil zu machen und sie für Dein Spiel zu nutzen. Gibt es etwas, was Dir hilft, Dich doch in diese Situationen zurückzubegeben?
— ES: Durch die Jahre habe ich begriffen: Was mir wirklich zu schaffen macht, was mir nah und wesentlich erscheint, kann ich im Beruf nicht so abrufen, wie ich möchte. Es handelt sich letztlich um Schattenseiten meines Charakters. Und die sind es, die mir Geschichten dramatisch und interessant erscheinen lassen. Unsere Gesellschaft ist aber auf Verdrängung hin angelegt, und der Mensch ist vielleicht auch als Individuum überhaupt auf Verdrängung angelegt, weil er sonst gar nicht überleben könnte. Also konzentriere ich mich im Alltag auf die Augenblicke, und das sind viele, bei denen mein Bewusstsein »weggucken« will, zum Beispiel aus Scham. Tagtäglich erfahre ich Übergriffe, in der Familie, unter Freunden, auf dem Postamt, im Beruf, mit Intendanten, Produzenten, Regisseuren etc. Statt mich zu wehren, schäme ich mich und tue so, als wäre nichts passiert. Oder ich reagiere selbst übergriffig. Lauter kleine Verletzungen, bei denen ich mich unsicher fühle, ohne dies vor mir zuzugeben. Im Gegenteil. Meine Fantasie will mich im Nachhinein stärker und schlagfertiger aussehen lassen als ich war. In diese Momente der Schwäche hineinzuschauen, scheint mir wichtig, um mich kennen zu lernen, und die Erinnerung an diese Momente möchte ich mitnehmen in meine Arbeit. Ich suche Menschen, die wie ich an Schwächen interessiert sind, an Peinlichkeiten, die ein Gefühl für das Sich-Schämen haben, und die aus diesem Grunde andere und sich selbst lieben.

In der Arbeit stellt sich die Erinnerung an Verletzungen nur in einer Atmosphäre von Vertrauen ein, von Offenheit und großem Respekt. Plötzlich weiß dann das Gesicht wieder, wie blöd es geschaut hat, als man das letzte Mal über den Tisch gezogen wurde.

NH: Ich glaube, Du wählst sehr gründlich aus, mit wem Du arbeitest. Und zwar nicht nur auf den Regisseur bezogen, sondern auf den ganzen Kontext. Du merkst Dir auch die Namen von set-runnern, bringst ungeachtet vermeintlicher Hierarchien allen Respekt entgegen. Es gibt auch immer wieder Projekte mit denselben Regisseuren, was ja auch ein Zeichen dafür ist, dass man sich kennt und vertraut und zusammen eine künstlerische Vision verfolgt?
— ES: Soweit möglich versuche ich, die ersten Tage dazu zu benutzen, die Vornamen zu lernen. Es macht mir Spaß, Vornamen mit Gesichtern zu verbinden. Dann kann ich leichter spontan sein.

Zu der Frage, warum ich immer wieder gerne mit denselben Regisseuren arbeite:

Die wichtigsten Grundlagen in unserem Beruf sind Interaktion und Kommunikation. Das funktioniert nicht nach dem Motto »Hoppla, hier komm ich«, das lässt sich nicht mit Schwung erledigen – leider, obwohl ich gerne schwungvoll bin –, nein, das lässt sich nur mit Sensibilität herausfinden. Man entwickelt eine gemeinsame Sprache, und die möchte man eben wieder und wieder benutzen.

NH: Wie wichtig sind Deine Partner für Dich?
— ES: Das ist das A und O. Das A und O. Wie im Leben hängt die Liebesgeschichte davon ab, mit wem man zusammentrifft. Im Falle »Angsthasen«, einer romantischen Komödie, war das Nina Kunzendorf, und das war aufregend und schön. Dass man dieses erotische Feld miteinander »beackert«, sage ich jetzt mal, was sich merkwürdig anhört, ohne das privat werden zu lassen. Es gehört zu den schönen Seiten unseres Berufes, dass man mit der Liebe spielen kann, ohne die Wirklichkeit zu stören.

Auch Meyerhoff, der gestern den Mephisto gespielt hat, ist durch seine extreme Körperlichkeit im Spiel für mich wie eine Erlösung. Wie ein Retter. Nicht nur, dass Faust eine verkopfte Figur ist, auch Edgar Selge ist verkopft. Und unglaublich froh, wenn jemand so körperlich mit ihm umgeht wie Joachim in der Paktszene. Der nimmt mich wie ein Tiger ein Stück Fleisch. Das befreit mich natürlich. Das wäre alles so nicht zu spielen mit einem anderen Partner.

NH: Jetzt direkt gefragt: Hast Du Einfluss darauf, mit wem Du spielst?
— ES: Ein guter Regisseur spürt, welche Konstellationen an Menschen zusammenkommen müssen, damit es sprüht. Ein Casting Director genauso. Wenn's beide nicht wissen, kann man schon mal einen der Beteiligten fragen.

Edgar Selge im *Faust I*, Hamburger Schauspielhaus – Foto: Arno Declair

Edgar Selge und Joachim Meyerfoff im *Faust I* – Foto: Arno Declair

NH: Mit Deiner Ehefrau Franziska Walser hast Du schon diverse Male zusammen gespielt, sogar als Ehepaar?
— ES: Ja, *Chaos der Gefühle* war eigentlich der tollste Film, den wir miteinander gemacht haben. Wir haben auch schon auf der Bühne zusammen gestanden, in *Der Drang* (Regie: Franz Xaver Kroetz), bei dem wir ein Friedhofsgärtner-Ehepaar waren, und Sibylle Canonica war angestellt bei uns und ich habe praktisch meine Frau mit der Sibylle Canonica beschissen. Sie ist dann draufgekommen und so weiter. Je größer die Konflikte sind, die wir miteinander spielen können, desto besser. Es ist befreiend, wenn man spielend seine Konflikte ausleben kann.

NH: Gibt es da manchmal einen Gesichtsausdruck an Deiner Frau, den Du noch nie gesehen hast?
— ES: Ja.

NH: Aber noch mal zurück zu dem, was Du Joachim Meyerhoff gestern geraten hast, diese Anempfehlung von Aktivität. Wie ist das bei Dir? Es werden ja viele Projekte an Dich herangetragen – im Prinzip könntest Du zu Hause sitzen und warten, bis Dich jemand anruft, weil es ohnehin immer klingelt. Was würdest Du einem im Bereich Film / Fernsehen noch unbekannten Kollegen raten?
— ES: Das ist schwer, wirklich schwer. Erstens: Raten kann man nur, sich auf Thomas Langhoffs oft zitierten Brechtsatz zu besinnen: »Interesse ist mindestens so wichtig wie Begabung. Interesse schafft sogar Begabung.« Und für das Interesse an einem Projekt muss sich niemand schämen. Zweitens: Für die Teilnahme an Hochschulfilmen kann man sich jederzeit bewerben, schriftlich und mit persönlichen Videos. Drittens: Allgemein muss man feststellen: Es gibt Menschen, die können sich prima verkaufen – vom Anfang ihrer Karriere bis zum Ende – und solche, die das nicht können und das auch nie lernen, weil ihnen Hemmungen im Weg stehen. Keineswegs erzählt dieser Unterschied etwas über die Qualität ihrer schauspielerischen Präsenz. Also sind Schauspielagenten und Casting Directors gefragt, um Menschen zu entdecken. Ein derartiges Netzwerk von Menschenentdeckern und -begleitern war vor 1933 in Deutschland mal beispielhaft und ist als wesentlicher Kulturteil weggebrochen. Ich habe den Eindruck, dass sich das in den letzten Jahren verbessert hat. Ich denke an Dich, An Dorthe Braker, Risa Kes und viele andere.

Auch Quereinsteiger aus anderen Berufen sollten leichter Aufnahme in unsere Theater- und Filmarbeiten finden. Jan Lauwers, Xavier Le Roi, Jérôme Bel haben wegweisende Produktionen gemacht, mit Tänzern, Sängern, Schauspielern, Taubstummen, Menschen sozialer Randgruppen – in lebendiger Erinnerung ist den meisten vielleicht Alain Plates Mozartproduktion *Wolf*.

NH: Ist es Dein Bedürfnis, auch mehr in internationalen Projekten zu arbeiten? Du sprichst ja sehr gut englisch.
— ES: Wer hat das Bedürfnis nicht, kann ich nur dazu sagen. Das Bedürfnis hat sicher jeder. Überhaupt ist für mich ein Grund, aus dem Theater herauszugehen und auch Fernsehen und Film zu machen, die Unabhängigkeit des Schauspielers. Gerade am deutschen Theater werden die Schauspieler in extremer Abhängigkeit gehalten. Intendanten, Regisseure verwirklichen sich in erster Linie selbst und spielen Papa. »Schauspieler« – ich zitiere einen berühmten deutschen Intendanten – » haben zu spielen nach Ansage«. Auch, was die Gestaltung betrifft.

Für mich ist das das Ende, das Ende meines Berufes und beschreibt, warum das deutsche Theater sich in einer solchen Einbahnstraße befindet. Weil die Schauspieler ihre Freiheit gegenüber ihrer eigenen Urteilskraft und -fähigkeit gegenüber Intendanten und Regisseuren aufgegeben haben, was ganz leicht passieren kann, eben in der abhängigen Position. Die werden als Letzte gefragt, meistens gar nicht, wenn irgendein Projekt gemacht wird. Alle Weichen sind gestellt, aber sie sollen das auf der Bühne total authentisch vertreten. Eine geradezu schizophrene Überbelastung.

Umso wichtiger ist es, dass Schauspieler immer wieder erst mal ihre demokratischen Rechte am Theater einklagen: Dass sie ihre Selbstständigkeit behalten, soweit möglich die Priorität über ihre Zeit; dass sie ihre Projekte selbst mitentwickeln; dass sie viel öfter »nein« sagen. Man sieht ganz schnell, dass ein Schauspieler etwas macht, was ihm gesagt wurde und das virtuos macht. Aber ein selbstständig denkender Mensch, der seine Kompliziertheit immer mit sich herumträgt, interessiert oft viel mehr, auch wenn er technisch gesehen vielleicht der schlechtere Schauspieler ist. Wahrscheinlich habe ich erst gelernt, Verantwortung für mich und eine Produktion zu übernehmen seit ich mit jüngeren Regisseuren zusammen arbeite.

NH: Wenn Du jetzt Deinen familiären Background beschreibst – Du kommst ja nicht aus einer Schauspielerfamilie...
— ES: Aber aus einer theater- und musikbegeisterten.

NH: So hast Du zunächst andere Wege eingeschlagen, dennoch war der Beruf des Schauspielers das klare Ziel, oder?
— ES: Ja, ich hab mich lange dagegen gewehrt, weil mein Vater immer gesagt hat: «Das ist unser kleiner Schauspieler.« Das bezog sich aber meistens auf mein Verhalten im Alltag. Aber er hätte NIE etwas dagegen gehabt, sondern vielmehr gedacht, dass das für mich der richtige Beruf ist. Deshalb hab ich sicher so lange gezögert. Ein Grund. Ein anderer ist der, dass ich mich immer für Philosophie und Literatur interessiert habe und eine Weile gebraucht habe, um zu merken, dass mir

die Kommunikation als Literatur- oder Philosophiestudent lange nicht das gibt, wie mit anderen zusammen eine Theatergruppe zu haben oder eben zu spielen.

NH: Wäre das für Dich auch mal ein Thema, selbst zu inszenieren?
— ES: So habe ich angefangen. Mit Gründung einer studentischen Theatergruppe Theater in der Marktlücke in München 1968. Titel des selbst entwickelten Stückes über die Geschichte der SPD: *Revue roter Schummel*. Teilnahme an vielen studentischen Theaterfestivals. Dann Regie in Dublin am Trinity College von *Faust 1*, *Leonce und Lena*, einem Stück von Stoppard und Martin Walsers *Ein Kinderspiel*, alles in Englisch. Später Bad Hersfeld: *Antigone* (Franziska Walser). Aber mir fehlen Ruhe und Gelassenheit, anderen Schauspielern zuzuschauen, ohne zu denken, wie ich das selbst spielen würde. Keine guten Voraussetzungen für einen Regisseur.

NH: Und zu schreiben?
— ES: Das ist noch eine offene Flanke. Vor einiger Zeit bin ich morgens um fünf Uhr aufgestanden, um zu schreiben. Stand in der Küche unterm Glaslampenschirm und wartete aufs Kaffeewasser. Dabei zog ich einen schwarzen Pulli über den Kopf. Während meine Hände die Armlöcher suchten, rissen sie den Lampenschirm runter. Der Aufprall auf dem Kachelboden war ein Schock, Ich dachte, die ganze Welt ist erwacht. Tausend Splitter in jeder Ecke. Vorsichtig habe ich ins Haus gelauscht, während ich die Scherben zusammenkehrte. Niemand rührte sich. Ich bin dann wieder ins Bett gegangen. Diese Situation würde ich lieber spielen als beschreiben.

NH: Hast du denn den Eindruck, dass durch diese ganzen technischen Dinge, die an der Schauspielschule gelehrt werden, Schaden angerichtet wird? Etwa an der renommierten Ernst-Busch-Schule, die sehr viel Wert auf Handwerk legt, und der man ja gelegentlich den Vorwurf macht, dass sie die Schüler erstmal in eine Uniformität, ein Funktionieren zwingen?
— ES: Schauspielschüler sind heute sehr gut ausgebildet. Bewunderungswürdig gut. Aber ihre Ausbildung antizipiert schon den späteren Druck. Die Gefahr ist doch, dass man seine Fähigkeiten dazu benutzt, überall funktionieren zu können. Es muss aber auch Menschen auf der Bühne und vor der Kamera geben, die gar nicht funktionieren wollen. Sondern überall einen Freiraum für Selbstversuche sehen. Die sich fragen: Was mache ich hier eigentlich? Was unterstütze ich hier? Ist das überhaupt mein Interesse? Was wäre mein Interesse? Wie ändere ich Bedingungen, damit ich so arbeiten kann, wie ich möchte?

Jede Generation darf den Sinn unserer Medien neu bestimmen. Zu dieser Verantwortung sollten Schauspielschulen auch hinführen.

NH: Du bist von »Theater heute« sechs mal zum Schauspieler des Jahres gewählt worden.
— ES: Nein, das bin ich noch nie gewesen. In den Jahren bin ich mit mehreren Stücken unter den Schauspielern gewesen, die zum Schauspieler des Jahres vorgeschlagen wurden. Gewählt wurde ich noch nie.

NH: Das kann man im Internet über Dich nachlesen.
— ES: Ich weiß nicht, wie ich das löschen soll.

NH: Wir werden es in diesem Buch korrigieren.
— ES: Versuche, das zu korrigieren! Das fände ich gut.

NH: Aber Du hast ja trotzdem schon viele Auszeichnungen für Theater-, Film- und Fernsehrollen gewonnen, kürzlich erst die Goldene Kamera. Abgesehen davon, dass man sich sicherlich darüber freut – was löst das aus?
— ES: (überlegt)

NH: Macht es zum Beispiel etwas leichter?
— ES: Hoffentlich. Dass man mit einer Figur, die man für eine Reihe wie den *Polizeiruf* entwickelt, mit so einem Polizisten, in den Kategorien wie Deutscher Fernsehpreis, Grimme Preis, Goldene Kamera überhaupt etwas gewinnen kann, macht Mut, nach Individualität, nach Eigenständigkeit in diesem Genre zu suchen. Wie ein Polizist wirklich ist, kann ich nicht erzählen. Ich habe von Polizeiarbeit keine Ahnung. Ich weiß nicht, was ein Kommissar ist. Ich kann mit realen Polizisten so oft sprechen, wie ich will, das bringt mir überhaupt nichts. Aber ich kann etwas über mich erzählen. Ich finde es spannend, dass in einem Beruf, der sicher ganz, ganz anders ist als mein Tauber zum Beispiel, dass ich so viel Individuelles von mir unterbringen kann. In diesem Sinne sind Preise unterstützend. Aber die Redaktion wird hier ebenso mit jedem Preis gestärkt. Auch Frau Dr. Ackers benutzt unsere Filme als Trojanische Pferde, um Stoffe, die ihr wichtig sind, zu verfilmen. Ihr persönlicher humanistischer Anspruch prägt alle 110-Filme des BR. Ihre akribische Buchentwicklung, ihre sorgfältige Wahl der Regisseure und Produktionsfirmen, ihre Einbindung meiner Person in diese Arbeit, schärfen die Grundlage für das Niveau dieser Filme. »Nischenproduktionen« heißt das abfällig in der großen ARD-Runde der *Polizeirufe* und *Tatorte*. Ohne die Preise gäbe es uns nicht mehr – trotz guter Quote, starker Presse.

NH: Obwohl es ja für den Zuschauer ungemein wohltuend ist, wenn man einen Menschen vor sich hat und nicht Stereotypen. Wenn man sich überraschen lässt von seiner Fragilität und der Nicht-Vorhersehbarkeit seines Han-

delns und Erlebens. Weil er situativ ja auch immer anders reagiert. Weil sich in Deinem Gesicht – das kann ich nun auch zurückgeben – so vieles abspielt an Denken, Fühlen. Welche Bedeutung hat in diesem Zusammenhang die körperliche Versehrtheit Taubers für Dich?

— ES: Das macht die Figur körperlicher. Man muss dieses Fehlen ersetzen durch eine körperliche Aktivität des Übriggebliebenen. Das habe ich auch so erlebt bei Einarmigen, etwa bei einem Lehrer von mir, der später Psychologe geworden ist und mit dem ich sehr gut befreundet war, ein sehr temperamentvoller Mann. Auf der anderen Seite ist da immer eine ungeschützte Seite. Ich kann spüren, dass das eine Wunde, eine offene Stelle ist, die man schützen muss, auch durch Zynismus, durch den man alle Sentimentalität abwehrt.

NH: Du hast auch einmal gesagt, dass Du nicht akzeptierst, dass das Leben Dir Leid abverlangt?

— ES: Ja, ich glaube, das ist gar nicht so etwas Besonderes. Wenn man im Leben Leid erfährt, Schmerz, denkt niemand von uns, dass das richtig ist.

NH: Aber das »Nicht akzeptieren« hat ja mehr etwas von einer Revolte. Das heißt, Du gehst auch wieder in die aktive Position – Du sagst, das lasse ich nicht geschehen, sondern daraus entwickle ich etwas?

— ES: Ja, natürlich. Ich meine, was ist denn bei *Faust* anders? Jemand, der gegen den Schmerz der Vergeblichkeit seiner Lebensanstrengungen revoltiert. Nichts macht ihn glücklich. Der hat einen unendlichen Glücksanspruch, den er so hoch schraubt, dass er sagt: »Könnt ich zum Augenblicke sagen: Verweile doch, du bist so schön«, dann mag ich gar nicht mehr leben. So überzeugt ist er davon, dass das gar nicht geht. Trotzdem probiert er es. Im Grunde genommen, um seine eigene Grundbehauptung zu beweisen. Ich glaube, das ist etwas Urmenschliches, dass man Schmerz nicht akzeptieren will.

NH: Du steckst gerade in den Endproben für den Claudius im *Hamlet* am Züricher Schauspielhaus und arbeitest wieder an einer komplexen Rolle. Kannst Du beschreiben, mit welchen Fragen Du gerade umgehst?

— ES: Ja, schwierige Rolle. Der größte Teil des Textes sind rhetorische, politisch gefärbte Sätze, in denen ein Mörder sein persönliches Schicksal verbirgt. Alles, was ich als Claudius sage, wirkt falsch, verlogen. Das tut mir auch als Schauspieler weh. Dabei vertritt Claudius eigentlich die neue Zeit, fortschrittliches Denken, Wie ich mich in dem tennisfeldartigen Raum behaupten werde, gegen Meyerhoffs Hamlet, der hier auch ein großer Alleinunterhalter ist, weiß ich noch gar nicht. Vielleicht muss ich letztendlich nur eine ungeliebte, problematische Position vertreten.

NH: Ich habe im Programmheft zu Eurem *Faust* einen spannenden Text von Ortega Y Gasset gelesen, der gut dazu passt:
»Leben heißt, aus sich herausgreifen – sich verwirklichen. ... Ich bin ein gewisser äußerst individueller Druck auf die Welt: Die Welt ist der nicht weniger bestimmte und individuelle Widerstand gegen diesen Druck. Der Mensch – das heißt seine Seele, seine Gaben, sein Charakter, sein Körper – ist der Inbegriff der Mittel, mit denen er lebt, er gleicht darum einem Schauspieler: Seine Aufgabe besteht in der Darstellung jener Person, die sein wahrhaftes Ich ist.« (Ortega Y Gasset, »Um einen Goethe von innen bittend«, aus: Gesammelte Werke, Bd. 3, Stuttgart 1978)
Der Mensch hat demnach die Aufgabe, sein wahres Ich darzustellen. Zu versuchen, dieses in dieser Welt zu etablieren. Was du jetzt gerade beschreibst, ist ja auch diese Suche nach etwas Wahrem, aus dem heraus die Figur agiert?

— ES: Begrenzung und Möglichkeit eines Schauspielers bestehen darin, dass er fremde Texte braucht, um sich auszudrücken, jedenfalls bei mir ist das so. Das Gefühl, authentisch zu sein, das Gefühl, etwas von mir zu erzählen, entsteht für mich nur in der Interaktion mit jemand anderem auf der Grundlage von fremden Texten.

Man redet über das so genannte Authentische, als müsste man bei sich selbst in einen Keller hinunter steigen und im Halbdunkel von irgendwelchen Regalen päckchenweise das so genannte Wahre herausfummeln. Das gibt es nicht. Da ist nichts. Authentizität entsteht als vitaler Vorgang im Miteinander. Es ist freudige Selbstvergewisserung in der Interaktion. Ich bin da, weil Du auf mich reagierst. Sonst gäbe es mich nicht. Ein dialektischer Vorgang, dass aus Widersprüchen, aus gegensätzlichen Positionen etwas entsteht, was vorher gar nicht da war.

Dass das auf der Bühne oder vor der Kamera passiert, auf der Grundlage fremder Texte und durch ein Bekenntnis zu fremden Texten, ist unser Beruf.

NH: Auf der einen Seite gibt es auch im Leben eines Schauspielers den Alterungsprozess, das Weniger-Werden etwa im physischen Bereich, auf der anderen den Zugewinn, ein Wachsen und Sich-neu-finden im konkreten Umgang mit vorliegenden Stücken oder Drehbüchern?

— ES: Das geht mir nicht so. Ich fühle das Alter noch nicht als physisch begrenzend. Eher habe ich in jüngeren Jahren oft gegen mich selbst gearbeitet und dadurch viel Kraft unnötig verbraucht.

NH: Wie schaffst Du es, Dir Phasen zu ermöglichen, in denen Du wieder locker lässt, wieder auftanken kannst? Du hättest heute Morgen vielleicht so eine Gelegenheit gehabt, wenn ich nicht da gewesen wäre?

— ES: Ich versuche, mich jetzt auch mit Dir zu entspannen. Aber irgendwann müssen die Werkzeuge ruhen, und dann muss ich zum Beispiel meditieren. Ich habe mir zu meinem 50. Geburtstag einen Crash-Kurs geschenkt, transzendentale Meditation. Das habe ich schnell gelernt, es ging viel flotter, als ich dachte. Ich meinte immer, man müsse da nichts denken, und das konnte ich nicht. Aber es ist anders: Du sollst alles zulassen, was du denkst. Du sollst dich nur nicht draufsetzen. Auf Durchzug schalten. Zwei Fenster im Kopf aufmachen, und wenn ein Gefühl oder ein Gedanke kommt, darf alles hinein, aber darf auch gleich wieder hinaus. Und das geht an jedem Ort der Welt, sogar mitten im Straßenverkehr. Unser Beruf ist eigentlich nicht von der Art, dass man sich von ihm durch Ferien erholen muss, jedenfalls bin ich beim Spielen auf der Suche nach dem Glück. Die Erfahrung der Unmittelbarkeit mit meinem Partner auf der Bühne oder vor der Kamera, kann erholsamer sein als alle Ferien.

NH: Da gehört auch Mut dazu, das zuzulassen und zu sagen, dass man dies für sich einfordern kann? Zu sagen, ich will was davon haben, ich will auch glücklich sein?
— ES: Habe ich auch gelernt in meinem Leben. Am meisten von meiner Frau, Franziska Walser. Aber auch von ihrem Vater, der wie kaum ein anderer Schriftsteller seinen Beruf reflektiert, zum Beispiel in seinem Buch *Liebeserklärungen*. Das sind gesammelte Aufsätze über seine Leseerfahrungen. Er beschreibt darin vor allem seinen Anspruch ans Glück im Umgang mit Literatur. Das hat mich sehr beeindruckt.

NH: Eigentlich hört sich das einfach an, aber wenn man sein Leben überprüft oder seine Arbeit, dann ertappt man sich doch immer wieder dabei, dass einen so viele Gründe zu etwas bringen, aber dass es nicht unbedingt der Grund ist, glücklich zu sein. Komischerweise. Obwohl wir ja alle sagen, wir wollen glücklich sein. Aber du musst ja erstmal herausfinden, was denn dein Glück ist?
— ES: Wie fühlt sich das an?

NH: Ist es ein Glück, auf dem roten Teppich zu stehen? Oder ist es vielleicht ein größeres Glück, in der gleichen Zeit mit jemand anderem in einem stillen Café irgendwo zu sitzen und sich zu begegnen?
— ES: Beides kann anstrengend sein, und beides kann glücklich machen. Das hat weder was mit dem roten Teppich noch mit dem Café zu tun. Ich habe einmal an einer Selbsterfahrungsgruppe teilgenommen, einem Tantra-Seminar. Da sitzen sechzig Leute im Kreis und am ersten Tag dachte ich: Hast du eine Meise? Hier herzukommen! Lauter Menschen, die du in deinem Leben nicht treffen würdest,

auch nicht treffen wolltest. Und nach zehn Tagen, wenn du noch einmal mit ihnen zusammensitzt und jeder in einem Satz formuliert, was in diesem Seminar sein stärkster Eindruck war, kommen dir die Tränen, weil du erfährst, dass alles, was dir wirklich wichtig, kostbar, existenziell im Leben ist, das teilst du mit jedem dieser Menschen. Da kann ich weinen vor Glück.

Spätestens seitdem weiß ich: Meine Sehnsucht, mit anderen Menschen glücklich zu sein, steht gleichwertig neben meinem Beruf und ist auch nicht an Schauspielerei gebunden.

Das Gespräch fand im Februar 2007 in Hamburg statt.

© Claudia Lehmann

Robert Stadlober wird 1982 in Friesach/Kärnten geboren und zieht als Kind nach Berlin. Seine Schauspielerkarriere beginnt er mit Synchronarbeit. Mit 12 Jahren gibt er sein TV-Debüt in *Ausweglos* (Sigi Rothemund), seit seiner Darstellung des »Wuschel« in Leander Haussmanns Kinoerfolg *Sonnenallee* ist er im Bewusstsein des Publikums. Seine erste Kino-Hauptrolle spielt er als Benni im Film *Crazy* (Hans-Christian Schmidt), für den er gemeinsam mit Tom Schilling den Bayerischen Filmpreis erhält, gefolgt von Engel in *Engel & Joe* (Vanessa Jopp, 2001). Seine einprägsame Leistung wurde mit dem Preis als bester Hauptdarsteller auf dem Internationalen Filmfestival Montreal geehrt. In *Verschwende deine Jugend* (Benjamin Quabeks, 2003), und in *Sommersturm* (Marco Kreuzpaintner, 2004) spielte er eine Hauptrolle. Für den ORF/ARD-Tatort *Der Teufel vom Berg* steht er anschießend mit Ulrich Tukur vor der Kamera (Thomas Roth) und für das Kino spielt er unter der Regie von Uwe Janson die Bühnenstück-Adaption *Peer Gynt* von Hendrik Ibsen. Derzeit dreht er erneut mit Marco Kreuzpaintner als Lyschko in der Otfried-Preußler-Verfilmung *Krabat* und für die Ödön von Horvath-Verfilmung *Freigesprochen* mit Frank Giering in Österreich und Luxemburg.

Stadlober fühlt sich auch auf der Theaterbühne zu Hause, zum Beispiel in der Titelrolle in Shakespeares *Romeo und Julia* oder *Trainspotting* (Regie: Nils Daniel Finckh), beides am Hamburger Schauspielhaus. Neben seiner schauspielerischen Arbeit ist sein musikalisches Schaffen für ihn gleichbedeutend. Die Musik ist für ihn lebensbestimmend, mit einem Partner hat er SILUH RECORDS, ein Independant Label, gegründet. Seine Band GARY hat den Longplayer THE LONELEY CNORVE MACHINE herausgebracht und er hat mit ESCORIAL GRUEN ein weiteres Musikprojekt ins Leben gerufen.

Robert Stadlober lebt in Wien und Berlin.
www.film-pr.de
www.hoestermann.de

»Ich folge meinem Instinkt«

Robert Stadlober im Gespräch mit Béatrice Ottersbach

»Die Schönheit wird konvulsiv sein, oder sie wird nicht sein«,
aus: »Nadja« (Roman von André Breton)

BO: Sie haben letzte Woche zwei Dreharbeiten abgeschlossen *Krabat* und *Freigesprochen* – und haben quasi zwei Filme parallel gedreht. Wie geht das?
— RS: Das frage ich mich auch! Es war sogar noch extremer, weil ich am Anfang dieser beiden Produktionen noch den Film *Spielverderber* in Berlin gedreht habe. Und da war es wirklich sehr anstrengend, weil ich die ganze Woche, also Montag bis Freitag in Berlin gedreht habe, die Woche meistens mit Nachdrehs abgeschlossen habe und dann samstagmorgens mit dem ersten Flugzeug nach Luxemburg geflogen bin, um dort um zehn Uhr wieder am Set zu stehen. Ich habe also nicht schlafen können. Es war das Härteste, was ich jemals gemacht habe. Komischerweise bin ich mit den Rollen nicht durcheinander gekommen. Ich hatte allerdings nichts anderes als Film im Kopf. Mein ganzes Denken war durch diese Rollen bestimmt. Mein Denkvermögen war durch den Schlafmangel zwar eingeengt, aber ich konnte doch noch ziemlich einfach umschalten.

Bei *Krabat* und *Freigesprochen* war es verhältnismäßig einfach, weil es zwei völlig unterschiedliche Arbeitsweisen waren. *Freigesprochen* ist ein klassischer Schauspielerfilm mit viel Dialog, in dem über die Figuren erzählt wird; bei *Krabat* wird viel mit Technik und Special Effects gearbeitet. Es ist ein Fantasy-Ensemblefilm mit wahnsinnig vielen Einstellungen. Man steht tagelang einfach im Hintergrund und muss eher technisch als schauspielerisch funktionieren. Es konnte also keine große Verwirrung zwischen den Rollen entstehen – zudem der eine Stoff im 30-jährigen Krieg angesiedelt ist und der andere in der heutigen Zeit. Sobald ich den Regisseur und die Kollegen von *Krabat* gesehen habe, die Perücke und das Kostüm anhatte, hat sich meine Haltung wie von selbst geändert.

BO: Das Kostüm hat geholfen?
— RS: Absolut, ja. Das Kostüm bei *Krabat* war sehr hilfreich, weil ich kaum Anhaltspunkte hatte, mit denen ich mich identifizieren konnte. Eine Figur, die in einem Märchenkontext funktionieren muss, fühlt sich emotional ganz anders an als die Rollen, die ich normalerweise spiele. Rollen, für die ich aus meinem

»Ich folge meinem Instinkt«

Robert Stadlober als »Lyschko« in *Krabat* – Copyright: Claussen+Wöbke+Putz Filmproduktion im Verleih der 20th Century Fox of Germany, Foto: Marco Nagel

eigenen Erinnerungs- oder Emotionsfundus schöpfen kann. Die langen Haare, der lange Mantel, die Waffe in der Hand haben eine körperliche Auswirkung, die sich auch auf das Mentale auswirkt.

BO: Und wie fühlen Sie sich jetzt?
— RS: Jetzt im Moment? Ich weiß es noch gar nicht. Es ist erst vier Tage her und ich erlebe eine emotionale Achterbahnfahrt. Es gibt Momente, in denen es mir sehr gut geht, weil ich endlich frei habe, und dann gibt es Momente, in denen ich diese ganze Zeit zu verarbeiten versuche. Dann geht es mir von hier auf jetzt miserabel. Es ist so vieles in dieser Zeit passiert, und ich hatte einfach keine Zeit, mir Gedanken darüber zu machen. Plötzlich frage ich mich: »Warum habe ich mich in der Situation so komisch verhalten?«, »Warum habe ich das so getan?«, »Warum hat sich der zu mir so verhalten?« und »Warum habe ich so reagiert? – Ich hätte doch gleich sagen müssen, dass es nicht in Ordnung ist« oder andersrum: »Warum habe ich mich in der Situation so aufgeregt?« Das überfällt mich also immer wieder und ich versuche, das in Bahnen zu lenken. Obwohl ich es wiederum auch vermeiden möchte, weil ich mich erholen will. Es ist also gerade ein riesiger Wollknäuel an Emotionen, Gedanken, die ich erst in den nächsten Wochen entwirren werde.

BO: Nach dem Dreh hadern Sie also eher mit der Arbeit am Set als mit Ihren Rollen?
— RS: Ja. Die Rollenarbeit ist halbwegs abgeschlossen. Aber alles, was nebenher gelaufen ist, beschäftigt mich noch. Wenn man nur einen Film dreht, hat man mehr Zeit sich zurückzuziehen und zu überlegen: »Was passiert hier mit mir gerade? Wie geht man mit mir um? Wie gehe ich mit anderen um?« Dafür fehlte jedoch die Zeit. Ich war sehr impulsiv und sehr angespannt und habe auch Leuten Unrecht getan. Mir wurde aber auch Unrecht getan – wie es halt so ist bei kreativen Prozessen. Normalerweise kann ich anders damit umgehen. Jetzt im Nachhinein merke ich, dass ich ein paar Sachen hätte benennen sollen, oder auch anders herum, mir hätten auch Leute sagen sollen,: »Robert, wir nehmen jetzt nicht mehr so viel Rücksicht auf dich, das ist nicht in Ordnung, wie du dich gerade verhalten hast.« Wie gesagt, es ist noch nicht abgeschlossen.

BO: Hat es wirklich spezifisch mit dieser Doppelung der Dreharbeiten zu tun?
— RS: Ja es liegt schon an dieser ungewohnten Ballung. Ich lege sonst sehr viel Wert darauf, dass ich nur an einem Projekt arbeite und mich dann auch wirklich darauf konzentriere. Bei einem Filmdreh spielt so viel Zwischenmenschliches auch eine entscheidende Rolle. Man ist über Wochen oder Monate mit wildfremden Menschen zusammen und lebt quasi 24 Stunden am Tag mit ihnen zusammen. Das ist anstrengend. Deshalb ist es mir so wichtig, mich mit meinen Kollegen gut zu verstehen oder zumindest meinen Platz in der Gruppe zu finden. Bei diesen Arbeiten fehlte mir die Kraft, und ich habe mich dann oft einfach in mein Hotelzimmer zurückgezogen und mit niemandem geredet. Das ist bei einem Ensemblefilm wie *Krabat* natürlich heikel. Also frage ich mich, ob ich das Ensemble mehr hätte unterstützen müssen oder auch einfach zum Go-Kart oder zum Bowling hätte mitfahren sollen. Statt abends mit den anderen in der Hotelbar zu sitzen, habe ich Erdnussbutterbrote auf meinem Zimmer gegessen. Aber ich war nicht zu mehr in der Lage! Ich wollte nur noch die Tür hinter mir schließen, um am nächsten Morgen wieder ans Set zu gehen und meine Arbeit zu machen.

BO: Sie drehen Filme, spielen Theater, haben eine eigene Band, mit der Sie auf Tournee gehen und haben ein Plattenlabel gegründet – sind Sie ein Arbeitstier?
— RS: Nee, überhaupt nicht. Ich bin eigentlich total faul. Also ich bin wirklich sehr, sehr gerne sehr faul. Ich brauche immer jemanden, der mich ein bisschen dazu bringt, etwas zu machen. Und dann mache ich es aber auch, und wenn ich etwas anfange, habe ich dann komischerweise so preußische Züge und will es auch ordentlich machen. Das mit den Labels ist so ein Beispiel: Alleine hätte ich

das nie gemacht. Aber wir sind zu zweit, und wir puschen uns gegenseitig. Mein Partner studiert, und ich mache ihm hin und wieder auch Druck. Er lässt dann seine Uni ein bisschen ruhen, und dann arbeiten wir beide. Beim Film bekommt man ein Angebot. Ich lese es und rede anschließend mit dem Regisseur und habe dann irgendwann das Gefühl, dass ich das unbedingt machen will, auch wenn ich mir eigentlich vorher geschworen habe, drei Monate nichts zu tun. So kommt immer eins zum anderen. Es überrollt mich eigentlich eher. Das ist dann auch schön, aber es ist nicht so, dass ich dasitze und sage: »Ich muss jetzt unbedingt arbeiten, sonst bin ich nicht glücklich.« Ich bin auch sehr glücklich, wenn ich wochenlang »gar nichts tue«.

Ich beschäftige mich dann mit vielen Sachen, denke auch viel nach und lese wahnsinnig viel, was auch nicht unbedingt entspannend ist. Wenn ich mal zwei Monate frei habe, fahre ich auch nicht an einen Strand und lege mich hin, sondern ich muss dann gleich durch zehn Länder reisen, und am besten jeden Tag woanders hin. Das ist auch nicht wirklich Erholung, aber darauf läuft es immer hinaus. Irgendetwas treibt mich doch immer an.

BO: Sie stehen also auf Theater- und Konzertbühnen und vor der Kamera. Das lässt einen unbändigen Darstellungsdrang vermuten. Oder wie würden Sie das beschreiben?

— RS: Ja wahrscheinlich. Ich glaube, ich wollte immer schon auf Leute wirken, auch wenn ich es mir teilweise selbst nicht zugestehen will. Und auch wenn ich oft meine Probleme damit habe, wie ich auf Leute wirke. Ich wollte schon als kleines Kind immer im Mittelpunkt stehen. In der Schulzeit ist es mir nicht wirklich gelungen; ich war immer viel zu laut, dann teilweise auch wieder zu verträumt, um mich als Klassenclown zu etablieren. Ich war eher Teil des »unteren Mittelfelds«. Bestätigung habe ich zum ersten Mal erfahren beim Spielen. Es war das erste Mal, dass ich das Gefühl hatte, ich kann etwas besser als andere Menschen. Das war eine schöne Befriedigung.

Bei Musik ist es komischerweise wieder was anderes. Ich spiele schon gerne Konzerte, aber ich bin nicht der Typ, der am Lagerfeuer immer die Gitarre rausholt und sofort anfängt zu spielen. Meine Musik ist eine sehr emotionale Angelegenheit. Ich brauche also wirklich eine Bühne, die mir einen Rahmen bietet, in dem die Leute hingehen, um das zu hören. Ich tue mich wahnsinnig schwer damit, Menschen unfreiwillig dazu zu bringen, irgendwas von mir zu hören. Ich bin auch nicht der Schauspieler, der abends nach drei Gläsern Rotwein anfängt, Monologe zu zitieren. Ich möchte nicht so aufdringlich sein. Ich will dann schon, dass die Leute selbst entscheiden, im Publikum zu sitzen. Wenn sie das aber tun, macht mich das sehr glücklich.

BO: Was ist wichtiger: das Publikum oder das Darstellen?

— RS: Ich glaube, das Darstellen. Na ja, das ist so eine seltsame Sache. Sagen wir mal so: Am Anfang war mir das Publikum sehr wichtig. Als ich angefangen habe zu spielen, war ich mir nicht darüber im Klaren, was das für ein Beruf ist und was ich da eigentlich mache. Ich habe mich auch nicht wirklich damit auseinander gesetzt, was das für eine Kunst ist. Ich war nie ein Theaterkind, das schon mit zwölf Jahren in große Theateraufführungen gerannt ist, das war mir ziemlich egal. Das Spielen an sich hat mir Spaß gemacht. Die Anerkennung war das Ziel. Mittlerweile hat es sich aber gedreht: Jetzt ist mir die Arbeit an einem Film wichtiger als das, was danach dabei herauskommt. Das hört sich wahrscheinlich komisch an, dass mir als Schauspieler das Endergebnis jetzt nicht brennend wichtig ist, aber mittlerweile ist mir die Zeit, die ich da verbringe, und die Energie, die ich investiere, und das »Sich in die Hände eines Regisseurs zu Legen« wichtiger als das, was der Regisseur dann damit macht. Beim Spielen kann ich mich von etwas befreien, Sachen rausnehmen, die ich sonst vielleicht so in meinem normalen Leben nicht rausnehme. Das Gleiche gilt für die Musik. Bei Musik geht es aber vielleicht schon ein bisschen mehr um das Publikum. Es ist natürlich der Traum eines jeden Anfangzwanzigjährigen, mit einer Gitarre auf der Bühne zu stehen. Das ist ja ein tolles Gefühl. Aber auf einer Theaterbühne macht es mir ehrlich gesagt mehr Spaß, in einem intimeren Rahmen, vor 100 Leuten zu spielen, als z.B. *Romeo und Julia* im Hamburger Schauspielhaus. Das mag vielleicht auch an der Inszenierung gelegen haben, trotzdem hatte ich dort das Gefühl, dass ich weniger funktionieren kann, wenn da so viele Leute sind. Da habe ich es lieber kleiner.

BO: Warum machen Sie das alles? Wonach streben Sie?

— RS: Das frage ich mich auch selbst sehr, sehr oft. Und es fällt mir schwer, es zu beantworten, weil ich diesen Beruf nicht wirklich erwählt habe, sondern er mich quasi erwählt hat – auch wenn sich das jetzt hochgestochen anhört. Schauspieler war nie mein Traumberuf. Ich habe nicht als Sechsjähriger gesagt: »Ich will Schauspieler werden.« Ich hatte unzählige Berufswünsche als ich zwölf war: Ich wollte Förster werden, dann wollte ich Musiker werden, dann Schriftsteller… alles Mögliche. Dann ist aber das passiert, was passiert ist, und jetzt mache ich es, weil es mir Spaß macht, weil ich vielleicht das Gefühl habe, damit, auch wenn es nach einem Klischee klingt, die Leute berühren zu können. Dieser Austausch zwischen Menschen bedeutet mir viel. Ich merke ja selbst, wie es mich berührt, wenn ich jemanden spielen sehe. Ich glaube natürlich nicht, dass man damit die Welt verändert, aber im Kino, im Theater oder im Konzertsaal kann man Momente erleben, die ganz besonders sind. Das ist für eine kurze Zeit einfach schön, perfekt und von mir aus auch wichtig, obwohl es keine wirklich große Relevanz hat. Aber alleine diese kleinen Momente zu erleben, das Leben durch jemand anderes zu spüren, das ist der große Traum, den man als Schauspieler hat – oder ich zumindest habe. Wenn ich Frank Giering zum Beispiel sehe, da passiert etwas. Ich sehe diesem Menschen auf der Leinwand in die Augen und für mich macht es den Moment schön. Und das zu erreichen, ist vielleicht der Grund, warum ich immer noch gerne Filme mache oder Theater spiele.

BO: Sie haben bereits als Kind viel synchronisiert und mit 13 Jahren Ihr Filmdebüt mit *Nach uns die Sintflut* gegeben. Wann haben Sie beschlossen, Schauspieler zu werden?

— RS: Davor gab es noch einen anderen Film, *Ausweglos*, ich glaube, da war ich noch zwölf. Mit zehn habe angefangen, Filme zu synchronisieren, weil eine meiner Cousine das in München gemacht hat und ich sie mal begleitet habe. Daraufhin habe ich meiner Mutter gesagt, dass ich auch gerne so etwas machen möchte. Damals dachte ich, es ist so etwas wie ein Fußballverein, man meldet sich an und kann dann mitmachen. Meine Mutter meinte aber, »Nein das ist ein Beruf und tralala...« und hat mir das Branchenbuch mit Synchronfirmen in die Hand gedrückt. Sie meinte, wenn ich das wirklich wollte, sollte ich selbst dort anrufen. So habe ich angefangen, Filme zu synchronisieren. Es waren Zeichentrickserien, in denen Kinder im Hintergrund irgendwie rumschreien, oder Krankenhausserien. Darüber bin ich an eine Kinderagentur geraten, habe meine Fotos hingeschickt und bin zu Castings eingeladen worden. Nach einem halben Jahr wurde ich für *Ausweglos* ausgesucht. Der Regisseur Sigi Rothemund hat mich dann für sein Folgeprojekt engagiert. Daraufhin kamen weitere Angebote, und ich habe viel für das Fernsehen gedreht: *Hallo Onkel Doc, Für alle Fälle Stefanie, Alphateam, Die Lebensretter im OP*. Die brauchten immer wieder so ein kleines Kind mit gebrochenem Bein oder Ähnliches. So ging es immer weiter, und irgendwann habe ich begriffen, dass es mir etwas bedeutet und dass es nicht nur ein Taschengeldaufbessern ist.

BO: War der Spieltrieb entscheidend?

— RS: Es war gar nicht so das Spielen selbst, sondern der Umstand, dass ich obwohl ich ein Kind war, als Erwachsener wahrgenommen wurde. Das war mir schon als kleines Kind wahnsinnig wichtig. Ich wollte nie von anderen etwas lernen. Ich wollte immer alles selbst herausfinden und wollte als vollwertiger Erwachsener wahrgenommen werden. Mit zehn war ich ein unglaublicher Klugscheißer.

Zwischen zehn und zwölf war ich, glaube ich, ein sehr anstrengender Mensch, weil mir natürlich beim Film genau das gegeben wurde. Ich wurde wie jeder andere Schauspieler behandelt. Und das fand ich am Anfang das Tollste. Bis ich dann eines Tages darauf gekommen bin, dass das eigentliche Arbeiten vor der Kamera auch Spaß machen kann und dass man in einem Hotel wohnen darf, mit einem Auto abgeholt wird, man angezogen wird und einem das Frühstück nachgetragen wird, nicht alles ist. Das ist bei einem *Polizeiruf* passiert, den ich mit Matti Geschonneck gemacht habe. Er war der Erste, der mich wirklich auch ein bisschen unter Druck gesetzt hat, damit ich mehr aus mir heraushole, mir bewusst mache, was ich in mir habe und mein Talent auch benutze. Also nicht nur den einfachen Weg zu gehen und zu sagen: »Na ja, Texte kann ich super schnell auswendig lernen, und ich sehe auch ganz lustig aus und kann halbwegs deutlich sprechen, also stell ich mich einfach mal vor die Kamera, eigentlich ist mir der Rest von dem Film egal.« Da habe ich zum ersten Mal Verantwortung für eine Rolle übernommen und aktiv darüber nachgedacht, was ich jetzt mit dieser Figur in dieser Geschichte darstellen möchte. Ich habe einen 15-jährigen Mörder gespielt, der in einem brandenburgischen Dorf aus Eifersucht ein Mädchen mit einem Stein erschlägt. Das Dorf und seine Eltern nehmen ihn erst in Schutz, bis die Kommissarin ihn dazu bringt, alles zu gestehen. Dann wird er vom ganzen Dorf geächtet. Das war meine erste komplette Rolle, in der es um etwas ging. Hier wurde eine Geschichte erzählt, in der die Figur von einem Punkt zum Nächsten geht und nicht nur da ist. Und ich musste mir als Schauspieler erstmals Gedanken darüber machen, wo bin ich jetzt, wenn wir an diesem Punkt in der Geschichte sind, wo ist die Figur jetzt emotional.

BO: Wie alt waren Sie?
— RS: 15

BO: Und Sie haben nie eine Schauspielausbildung gemacht, weil Sie nicht wollten, dass Ihnen jemand etwas beibringt?
— RS: Ja, ich denke, es ist einer der Hauptgründe dafür. Bis heute möchte ich nicht wirklich aktiv etwas beigebracht bekommen. Ich gucke mir gerne Sachen ab. Das habe ich schon immer gemacht. Es hat mich schon immer furchtbar aufgeregt, wenn jemand mir sagt: »Probier´s mal so.« Ich wollte immer selbst erst mal gegen die Wand fahren, um zu merken, dass es falsch ist. Weil ich auch immer der Meinung war – das ist sehr naiv, aber ich kann es nicht ablegen –, dass ich am Besten weiß, was falsch ist, und dass mir da niemand reinreden kann, weil für den einen vielleicht falsch sein kann, für mich ist es aber richtig.

BO: Wie geht das dann mit Regisseuren? Dürfen die Ihnen auch nichts sagen?
— RS: Das kommt auf die Beziehung mit dem Regisseur an, wenn ich mich mit dem nicht verstehe, mache ich ganz schnell zu und fahre einfach meinen eigenen Stiefel. Leider merkt man das dann auch im Film. Das ist dann einfach schlecht. Wenn ich aber einen emotionalen Zugang zu dem Regisseur habe, dann

entsteht eine freundschaftliche Arbeit miteinander. Dann lege ich auch viel Wert auf Diskussionen. Denn teilweise renne ich in die falsche Richtung, ich streite mich auch richtig mit Regisseuren, ich kann aber auch zugeben, dass ich falsch lag. Ich habe trotzdem das Gefühl, an dem Ergebnis mitgearbeitet zu haben, auch wenn ich vorher in die völlig falsche Richtung losgerannt bin. Und ich lege auch sehr viel Wert darauf, dass ein Regisseur es auch honoriert, denn es gibt auch Situationen, in der der Schauspieler besser weiß, wo die Figur jetzt sein müsste. Ich kann kein reines Arbeitsverhältnis haben, es muss enger sein. Wir müssen auch abends zusammen essen gehen können und über ganz andere Dinge reden können, und ich muss mich aufmachen können. Aber ich möchte auch, dass der Regisseur sich öffnet.

Es gibt Regisseure, die jede Menge Informationen über das Leben der Schauspieler einfordern, aber selbst gar nichts erzählen. Da mache ich ziemlich schnell zu, dann spule ich Standardsätze ab, wie mein Leben so verlaufen ist und denk mir: »Wenn Du nichts sagst, dann sag´ ich auch nichts, dann sehen wir uns morgen wieder am Set.« Aber es gibt auch Regisseure, wie zum Beispiel Marco Kreutzpaintner, mit dem ich gerade den zweiten Film gedreht habe, die gute Gesprächspartner sind. Wir besprechen einfach viele Sachen auch außerhalb der Arbeit untereinander. Wir sind sehr unterschiedlich und können auch richtig gut streiten, wir wollen uns aber trotzdem immer wieder einander produktiv mitteilen. Das hilft dann auch in der Arbeit.

BO: Sie haben sehr früh in sehr beachteten Produktionen gespielt. Sind Sie ein »Glückskind«?
— RS: Ja. Total. *Sonnenallee* ist mein Lotto-Sechser gewesen. Ich habe viele Freunde und Kollegen, die den gleichen Weg gegangen sind wie ich und die es viel, viel schwerer haben. Das liegt nicht daran, dass sie schlechtere Schauspieler sind, oder dass ich ein besserer Schauspieler bin. Es liegt daran, dass ich zwei Filme gemacht habe, die in ziemlich kurzem Zeitabstand aufeinander gefolgt sind, in denen ich meine Arbeit zwar sehr gut gemacht habe, die andere aber genauso gut hätten machen können. Weil ich mir damals meiner Kunst nicht bewusst war. Tom Schilling hätte damals *Crazy* und *Sonnenallee* genauso gut machen können, Matthias Schweighöfer oder Daniel Brühl wahrscheinlich auch. Da bin ich mir sicher. Nur habe ich aber diese beiden Rollen bekommen und bin relativ früh sehr bekannt geworden und habe viele weitere Projekten angeboten bekommen. Ich musste eine Zeit lang eigentlich gar nichts machen, um arbeiten zu können. Ich bekomme heute noch viele Angebote, weil ich damals diese Filme gemacht habe. Das ist ein großes Glück, immer noch. *Crazy* hallt auf jeden Fall noch nach.

BO: Sie haben durch diese Entwicklung den größten Teil Ihrer Kindheit mit Erwachsenen zugebracht. Das war also Ihr Wunsch?
— BO: Ja! Mittlerweile habe ich auch ein paar gleichaltrige Freunde, aber bis ich ca. 22 war, hatte ich niemanden, der in meinem Alter war. Ich wollte immer ältere Freunde, mindestens sechs oder sieben Jahre älter. Mein Presseagent Peter Schulze ist das beste Beispiel dafür. Er ist 50 und das ist einer meiner allerbesten Freunde, wahrscheinlich der Mensch, der mich am besten kennt. Ich habe ja, wie gesagt, auch stets danach gestrebt, schon früher erwachsen zu sein. Ich habe mich auch nach Gesprächen gesehnt, die andere sind als die, die man mit 15 führt.

BO: Sie haben aber trotzdem hauptsächlich Coming of age-Geschichten gedreht!
— RS: Ja, das stimmt. Ich habe noch nie darüber nachgedacht. Ich habe auch viele Sachen, die eigentlich zwischen 14/15/16 passieren, gar nicht so erlebt wie andere. Manches habe ich vor der Kamera früher erlebt als im echten Leben. Deswegen musste ich immer so demonstrativ zeigen, wie abgeklärt ich bin, was ich natürlich nicht war. Natürlich hat mich alles wahnsinnig aufgeregt, und der erste Kuss, den ich dann irgendwann mal im realen Leben erlebte, hat mich völlig aus der Bahn geworfen, genauso wie jeden anderen 15-Jährigen auch. Ich habe aber natürlich so getan, als ob ich das alles schon lange hinter mir habe. Vielleicht hat es mir geholfen, gerade bei Coming of age-Geschichten den Abstand zu haben, den man so nicht hat, wenn man diese Zeit wirklich bewusst lebt. Ich habe mir selbst einen »Draufblick« vorgelogen, als hätte ich alles schon erlebt, was ich nicht erlebt hatte. So konnte ich viel kühler rangehen – und habe das deshalb vielleicht auch anders spielen können, als wenn ich komplett die Pubertät mit all ihren Auswirkungen genossen hätte. Ich habe das wirklich so ein bisschen übersprungen und vieles mit mir selbst verhandelt. Ich habe nicht mit Freunden unendliche Gespräche über Mädchen oder über Veränderungen, die ich gerade durchmachte, geführt. Ältere Freunde haben mir dann gesagt, was mit mir los ist, und da dachte ich schnell zu wissen: »O.k., alles klar, ich weiß, worum es hier geht.«

BO: Sie arbeiten seit Jahren immer wieder mit der Produktionsfirma Claussen + Wöbke. Zusammen haben Sie *Crazy, Verschwende deine Jugend, Sommersturm* und *Krabat* gedreht. Wie kommt das? Ist das Gefühl, einer »Film«-Familie anzugehören, wichtig?
— RS: Weil diese Firma eine ganz besondere Konstellation von Menschen ist, und weil während der Dreharbeiten zu *Crazy* Thomas Wöbke für Tom Schilling und mich eine Art Ersatzvater geworden ist. Ich habe einen sehr engen Kontakt zu Thomas, immer noch. Wenn ich in München bin, wohne ich immer bei

ihm. Als es mir eine Zeit lang mental nicht so gut ging, war seine Wohnung in München mein Refugium, in das ich mich einfach zurückgezogen habe. Darüber ist der Kontakt zu Claussen + Wöbke sehr eng geworden. Von deren Seite war wahrscheinlich die Option relativ eng gesteckt, wenn es Rollen zu besetzen gab in diesem Alter: entweder Tom Schilling oder ich. Tom hat ja auch schon viel mit ihnen gearbeitet. Darüber ist es ein bisschen eine Familie geworden, und ist auch immer noch so. Familiengefühl ist mir am Set wichtig. Claussen + Wöbke arbeiten immer wieder mit den gleichen Teammitgliedern, ob es Beleuchter sind, Ausstatter oder Kostümbildner. Ich kenne sie schon seitdem ich 16 bin. Das ist ein tolles Gefühl. Man braucht vieles nicht mehr zu sagen, das ist schon vor zehn Jahren passiert.

BO: Haben Sie denn nicht Lust, auch mit anderen Menschen zu arbeiten?
— RS: Ja, das mache ich auch zwischendurch. Und dann kann man immer wieder nach Hause kommen.

BO: Was erwarten Sie von Dreharbeiten?
— RS: Ich habe meistens vorher ziemlich viel Angst und baue einen enormes Gerüst an Vorbereitung auf, das oft überflüssig ist, das ich aber für mich selbst brauche. Ich lese unglaublich viel Sekundärliteratur und suche Bücher, die vielleicht überhaupt nichts mit meiner Rolle zu tun haben. Ich denke aber, das gehört auf jeden Fall dazu, und das muss ich noch vorher gelesen haben. Dann arbeite ich ganz viel mit Musik, ich überlege mir für jede Szene irgendwelche Songs, mittlerweile gibt es ja den Ipod, aber früher habe ich kistenweise CDs an den Drehort geschleppt. Meistens bin ich die erste Woche sehr für mich alleine und kann mit niemandem wirklich reden oder traue mich auch nicht, weil so viele Leute auf ein Mal da sind, und man erst seinen Platz finden muss. Ich sitze meistens erst mal so in der Ecke rum, und irgendwann ändert sich das dann. Leider merke ich meistens zu spät, dass das Team sehr nett ist, und dass wir eigentlich schon drei Wochen lang eine Superzeit hätten haben können, wenn ich mich mal ein bisschen geöffnet hätte. Aber das gehört, glaube ich, bei mir so dazu. Ich stolpere am Anfang autistisch am Set rum, bis ich herausgefunden habe, wem ich vertrauen kann, und wem ich etwas erzählen kann. Und das erhoffe ich mir dann von so Dreharbeiten, dass es irgendwie schön wird. Albern oder?

BO: Ist auch beim Drehen die Zeit am Set wichtiger als die Rolle?
— RS: Sagen wir es mal so: Die Rolle kann ich nicht gut spielen, wenn die Zeit, die ich da verlebe, schlecht ist. Dann wird die Rolle schlecht. Ich kann das nicht trennen, einfach am Set erscheinen, meine Arbeit machen und wieder nach Hause gehen. Das muss alles zusammenpassen. Am liebsten drehe ich irgendwo in

der Pampa, mit dem ganzen Team im gleichen Hotel, abends geht man zusammen essen, am Wochenende macht man zusammen irgendwelchen Quatsch. Ich mag es zum Beispiel überhaupt nicht, wenn man in Berlin dreht, und alle fahren um 18 Uhr nach Hause. Dann steht man da und denkt: »Was mache ich jetzt?« Mir fällt es dann in der Situation auch schwer, mich mit Leuten zu treffen, die mit dem Projekt nichts zu tun haben. Das ist schon so ein »24-Stunden-Ding«. Ich muss da immer irgendwie so drin sein, auch wenn ich dazu neige, mich zurückzuziehen. Ich muss aber das Gefühl haben, dass alle da sind.

Ich war z.B. ein halbes Jahr lang Engel und zwar 24 Stunden am Tag. Die Dreharbeiten von *Engel & Joe* haben knapp zwei Monate gedauert. Ich bin davor schon wochenlang in den Klamotten von Engel rumgerannt und habe in Köln auf der Domplatte Leute kennen gelernt und mit ihnen Korn-Kakao getrunken. Für mich gab es nur noch Punkkonzerte, und ich habe mir eingebildet, so zu sein wie sie. Das war meine intensivste Verstrickung mit einer Rolle, auch weil es mir Spaß gemacht hat. Ich bin 24 Stunden am Tag in Springerstiefeln und Punkerlederjacke rumgelaufen.

BO: Und Sie haben sich vor diesem Angebot nicht für die Punkerszene interessiert?

— RS: Doch. Ich habe schon eine Affinität zu dieser Kultur gehabt und mich viel in diesen Kreisen bewegt, aber ich war nicht der Straßenpunker. Das Filmangebot kam nur zu einer Zeit in meinem Leben, als es gerade richtig gepasst hat. Mir war gerade sehr nach Rebellion. Es war meine erste richtig große Rolle nach *Crazy*. Ich hatte furchtbare Angst davor. Ich dachte, bei den Vorschusslorbeeren muss ich ganz viel machen, und jetzt ziehe ich mal den Robert de Niro aus der Tasche und versuche mal meine Version von Method-acting, die mir niemand beigebracht hat, die ich mir selbst ausgedacht habe. Und die war einfach: eins mit meiner Rolle zu werden. Das habe ich danach noch ein paar Mal gemacht, nie wieder so intensiv, aber das mache ich schon immer noch ganz gerne.

Allerdings verschmelze ich nicht komplett mit der Rolle, das Privatleben geht weiter, ich habe Freunde, mit denen ich in Kontakt bleibe. Ich hatte auch immer eine feste Beziehung, das gehört dazu. Aber man merkt mir schon an, dass ich mich stark verändere, wenn ich eine größere Rolle spiele. Es färbt auf meine Persönlichkeit ab, was meine Mitmenschen gelegentlich auch nervt. Bei *Verschwende deine Jugend* bin ich zum Beispiel vielen Leuten ziemlich auf den Senkel gegangen. Das wurde dann auf meinen Erfolg und meine Starallüren projiziert. Aber das war definitiv die Rolle: Dieser Vince hat mich da einfach hingetrieben, arrogant, überheblich und kalt zu sein. Das hält dann nach dem Dreh noch zwei bis drei Wochen an und geht dann langsam wieder weg, weil man wieder in seinen eigenen Trott gerät. Man wäscht dann wieder selbst ab, tut teilweise tagelang

»Ich folge meinem Instinkt«

Verschwende deine Jugend – Copyright: Claussen+Wöbke+Putz Filmproduktion GmbH

nichts, trifft sich einfach nur mit Freunden, und irgendwann wird man wieder normal. Aber etwas bleibt bestimmt übrig. Ich bin kein Psychologe, aber ich kann mir nicht vorstellen, dass dann alles weggeht, es bleibt von jeder Rolle ein Splitter irgendwo hängen.

BO: Marco Kreuzpaintner, der Regisseur von *Krabat*, ist Jahrgang 1977, Benjamin Quabeck, der Regisseur von *Verschwende deine Jugend*, ist Jahrgang 76. Arbeiten Sie gern mit Kollegen aus »ihrer Generation« oder sogar lieber?
— RS: Das macht es gerade bei Projekten wie *Sommersturm*, die sich vor allem mit der Zeit der Pubertät auseinander setzen, einfacher, wenn der Regisseur, der das erzählt, ähnlich nah an dieser Zeit dran ist wie ich. Wenn Lebensanschauungen ähnlich sind. Ich tue mich da schon leichter, mit jüngeren Leuten zu arbeiten, weil die Hemmschwelle, an sie heranzukommen, für mich niedriger ist, als wenn ich mit einem 70-jährigen Regisseur arbeite. Die Beziehung zu Leander Haußmann ist eine völlig andere gewesen als zu Marco, aber das liegt, glaube ich, nicht nur am Alter oder vielleicht auch gar nicht am Alter, sondern an der Art und Weise ,wie jemand ist, oder wie jemand sozialisiert wurde. Zwischen Marco und mir gibt es viele Parallelen: Er kommt auch vom Land aus relativ normalen bis einfachen Verhältnissen, es gibt keine großen künstlerischen Ambitionen in seiner Familie bis auf seine eigenen. Das geht mir genauso, meine Eltern haben auch

Robert Stadlober im Gespräch mit Béatrice Ottersbach

Sommersturm – Copyright: X-Verleih AG

nichts damit zu tun. Vielleicht verbindet uns das. Ob das aber wirklich etwas mit dem Alter zu tun hat? Ich habe gerade mit Uwe Janson gedreht, der nun wirklich ein Stück älter ist als ich. Mit ihm hatte ich ähnliche Anknüpfungspunkte. Als wir *Crazy* gedreht haben, war Hans-Christian Schmid auch noch nicht so alt. Wie bei *Sommersturm* wird es dem Film schon geholfen haben, dass die Regisseure relativ jung waren und die ganze Zeit noch nicht so verklärt haben, wie man sie vielleicht mit 40/50 verklärt hätte.

BO: Was schätzen Sie an Ihren Kollegen am Set?
— RS: Ich schätze bei Schauspielern sehr, wenn sie nicht Schauspieler sind! Es ist schwer zu definieren: Es gibt Schauspieler, die ähnlich wie ich locker und eigen an ihre Rollen rangehen, und es gibt Leute, die da einen heiligen Beruf verteidigen. Damit komme ich ganz schwer klar. Ich schätze es sehr, wenn jeder sein eigenes Ding machen kann, und wenn man aber miteinander im Team etwas erarbeitet, etwas, was man aber in dem Moment findet – und nicht schon vorher gelernt hat, oder weiß, wie man das machen müsste, weil man »das ja so macht«. Ich schätze es am Set, wenn der Kameramann, die Beleuchter, einfach alle Teammitglieder bereit sind, sich in das Projekt rein zu schmeißen und keiner mit vorgefertigten Rezepten rangeht. Das ist, was ich am liebsten mag. Einfach

ein Experiment, im weitesten Sinn, damit meine ich nicht Experimentalfilm, sondern das »Sich immer wieder neu Erarbeiten«. Die Vorbereitung zählt dann nicht. Ich bereite mich zwar auf meine Rolle, aber nicht auf die Szene vor, in dem Sinne, dass ich weiß, wie am Ende des Tages die Szene für mich aussehen muss. Ich möchte improvisieren und den Text umschmeißen können. Je nachdem muss auch gestrichen oder etwas neu mit aufgenommen werden. Man muss rumspielen und herausfinden können, wie es sich echt anfühlt. Das geht aber manchmal nicht. Wenn man ein Drehbuch liest und sagt: »Das ist so und so und wenn der jetzt das sagt, muss ich das sagen«, funktioniert das für mich gar nicht. Schauspieler müssen sich gegenseitig zuhören, dann kann man auch mal drei Sätze weglassen und das Gegenüber weiß trotzdem, wie er oder sie zu reagieren hat. Dann darf der Regisseur allerdings nicht ankommen und sagen: »Im Drehbuch stand so und so, du musst das jetzt soundso machen.« Wenn mein Gegenüber und ich das Gefühl haben, dass es sich jetzt für uns echt anfühlt, dann ist es so wahrscheinlich richtig. Das eigene Gefühl ist manchmal was völlig anderes als das, was im Drehbuch stand. Natürlich irrt man sich auch, ich glaube aber, dass Sachen eher am Set, im Dialog entstehen. Am Theater ist es etwas anderes, da muss man sich schon an etwas halten, aber im Film bietet nun mal die Kamera eine enorme Flexibilität. Man kann Szenen 1.000 Mal aufnehmen und sie dann im Schneideraum wieder zusammenbauen.

BO: Es gibt aber auch Kollegen, die keine Diskussionen mögen, oder?
— RS: Ich finde sie aber extrem wichtig. Diese Form von Arbeit kann nur im Moment entstehen: Hier geht es um Gefühle und um Situationen zwischen Menschen, die kann man sich nicht im Hotelzimmer vorher ausgedacht haben und dann einfach hingehen und dem andern vor den Latz knallen. Ich weiß nicht, wie der andere seinen Text sprechen wird und er weiß nicht, wie ich meinen Text spreche. Und wenn er ihn spricht, kann innerhalb von Sekunden mein ganzes Konstrukt zusammenfallen. Dann merke ich vielleicht: »Verdammt! Eigentlich wollte ich diese Szene jetzt lachend spielen, aber die ist überhaupt nicht lustig. Die ist total ernst.« Oder: »Eigentlich wollte ich jetzt heulen, aber das ist albern, wenn ich jetzt heule. Das ist eine völlig ruhige Emotion, die da jetzt in mir hochkommt, der muss ich jetzt nachgehen.« Diese Momente sorgen dafür, dass Film etwas Besonderes ist. Improvisation im weitesten Sinne, d.h. nicht, dass man jetzt einen kompletten Film durchimprovisiert, sondern Anhaltspunkte, an denen man sich festhält, sind wichtig. Aber man muss zulassen, dass drum herum Leben entsteht, und Leben kann, glaube ich, auch nicht entstehen, indem man es sich vorher ausdenkt.

Der Regisseur muss es in Bahnen lenken. Der muss diese Energie, die zwischen uns Schauspielern passiert, inszenieren können oder die Zügel in der Hand halten und sagen: »O.k., da geht Ihr jetzt zu weit, geht bitte wieder eher in diese Richtung.« Aber nicht, indem er sagt: »Es ist falsch, Ihr müsst das jetzt so und so machen.« Regisseure wie Hans-Christian Schmid oder Marco Kreuzpaintner haben genug psychologisches Gespür, um dem Schauspieler das Gefühl zu geben, man sei selbst auf die Idee gekommen, man sei selbst auf diesem Weg dahin gekommen. Aber eigentlich hat der Regisseur einen leicht dahin geschoben. Das ist für mich die schönste Art von Regie. Ich kann es gar nicht ab, wenn jemand sagt: »Du musst jetzt von links nach rechts« – und wenn ich frage warum, ich mir anhören muss: »Weil es im Drehbuch steht.« So extrem ist es aber meistens nicht.

BO: Und was erwarten Sie von sich am Set?
— RS: Wenn ich abends nach Hause gehe, muss ich das Gefühl haben, dass alles echt war, was ich da gemacht habe. Es ist schwer zu beschreiben: Es gibt einfach ein Gefühl, wenn ich spiele und einen Satz spreche, dann weiß ich, wann ich »mein Rezept« benutze, das ich ziemlich perfektioniert habe. Ich spüre es in mir selbst. Und ich erwarte, dass ich mich selbst überrasche. Es muss etwas passieren, etwas, was ich vorher nicht geplant habe. In mir. Wenn das nicht von alleine passiert, wenn ich nicht von alleine anfange zu weinen, wenn die Szene es erfordert und ich Tränenstift ins Auge geschmiert bekomme, oder nur Schluchzgeräusche nachmache, die ich von meiner Synchronarbeit her gut beherrsche, die aber nicht echt sind, dann gehe ich unzufrieden nach Hause. Wenn ich aber auf einmal zitternd und heulend in der Ecke liege und wirklich weinen muss und gar nicht mal genau sagen kann warum, dann hat die Szene für mich funktioniert. Oder wenn ich einen Dialog spreche, der sich für mich so anhört, als hätte ich es das erste Mal gesprochen und die Antwort meines Gegenübers auch so klingt, als würde ich sie zum ersten Mal hören, dann war es richtig. Wenn ich aber anfange, während der andere spricht, darüber nachzudenken, dass ich noch Käse kaufen muss, dann bin ich sehr unzufrieden mit mir. Es passiert leider nicht so selten.

BO: Was meinen Sie mit »ich benutze mein Rezept«?
— RS: Damit meine ich einen gewissen Rollenunterbau. Viele Schauspieler suchen bestimmte Charakterzüge in sich selbst, stöbern in Erinnerungen, die der Situation ähneln, in der die Figur sich befindet und flechten diese dann in ihrer Darstellung ein. Ich beschäftige mich z.B. mit Musik, Literatur oder Filmen, von denen ich mir vorstellen kann, die Figur würde ähnliche Bücher lesen, ähnliche Platten hören, ähnliche Filme gucken. Ich lese dann diese Bücher, höre diese Platten und sehe mir diese Filme an und versuche, mir darüber einen Zugang zu dieser Person zu schaffen und ein bisschen diese Person zu werden. Ich kann nicht jemanden völlig anderes spielen. Es gibt Schauspieler, die können das, aber ich kann es zum Beispiel nicht. Die Figur muss irgendetwas von mir haben, was

ich dann verstärke. Manche Schauspieler können von Film zu Film völlig anders sein, aber ich weiß nicht, wie das geht. Das kann ich nicht.

BO: Was würden Sie sich nicht verzeihen?
— RS: Ich verzeihe mir viele Sachen nicht. Ich verzeih mir oft nicht, nicht früher schlafen gegangen zu sein oder mich nicht ausreichend vorbereitet zu haben. Vor allem verzeih ich mir nicht, wenn ich zumache, das passiert mir aber oft, wie ich vorhin beschrieben habe. Es kann an einem Kollegen liegen, mit dem ich mich nicht verstehe, an einem Regisseur, und dann falle ich auf einen Automatismus zurück und sondere nur noch Texte ab. Außenstehenden fällt das nicht unbedingt auf, aber ich sehe es dann im Film. Das war nicht empfunden, das war einfach gespielt. Eigentlich will ich nicht spielen.

BO: Sie wollen nicht spielen?
— RS: Ich spiele mich gerne an eine Szene heran. Ich mag es nicht, gerade bei emotionalen Szenen, die Proben schon sehr ernsthaft zu machen. Ich albere gerne rum und mach mich über den Text lustig, der eigentlich ernst ist. So versuche ich ein Gefühl dafür zu bekommen, wo die Szene hingehen könnte. Ich übernehme auch viel von anderen: Wenn meine Kollegen schlecht sind, bin ich auch unglaublich schlecht. Wenn ich gute Kollegen habe, passieren Sachen von alleine. Der Film *Engel & Joe* ist kein Meisterwerk geworden, aber mit Jana Pallaske, musste ich nicht viel machen, weil bei ihr auch alles so echt war. Vieles ist in dem Moment wirklich passiert. Es war eine unglaubliche Magie. Sie hat mir in die Augen geschaut, und es sind Sachen mit uns passiert, ich weiß nicht, ob man das Spielen nennen kann. Natürlich ist es doch ein Spiel. Mein Gegenüber ist auf jeden Fall sehr wichtig für mich. Ich kann keine Liebesgeschichte mit jemandem spielen, mit dem ich nicht klarkomme, ich muss mich nicht sofort in den Menschen verlieben, aber es muss zumindest die Möglichkeit bestehen, dass ich mich in ihn verlieben könnte.

BO: Schauen Sie sich Ihre Filme an?
— RS: Nein. Ich schaue sie mir natürlich auf der Premiere an, aber danach nicht mehr. Ich habe *Crazy* nie wieder gesehen, *Engel & Joe* habe ich auch nie wieder gesehen.

BO: Warum?
— RS: Meistens liegen die Dreharbeiten bereits ein Jahr zurück, wenn man den Film zum ersten Mal sieht, und dann gehen mir schon tierisch viele Sachen auf die Nerven, weil ich in der Zeit viel dazu gelernt habe, und der Meinung bin, dass ich dies und das jetzt viel besser und ganz anders machen könnte. Und das wird

mit einem Rückblick von drei oder vier Jahren noch viel schlimmer. Vielleicht sollte ich es mal versuchen, aber ich habe es wirklich nie mehr gemacht. Ich kann auch nicht, wie es viele meiner Kollegen tun, mir jeden Take auf der Videocombo angucken. Das verbietet mir meine eigene Eitelkeit. Würde ich mir die Takes anschauen, wüsste ich, wie ich in die Kamera blicken muss, damit ich aussehe, wie ich gerne aussehen möchte. Selbstwahrnehmung und Außenwahrnehmung müssen aber vom Regisseur gesteuert werden. Er muss wissen, ob ich gut oder schlecht aussehen soll. Mir selbst beim Spielen zuzugucken macht mich total fertig. Ich kann wahnsinnig stolz sein, eine Szene so hingekriegt zu haben, aber zwei Szenen später denke ich schon wieder: »Was hast Du denn da gemacht? Das könnte ich jetzt so viel besser! Warum bin ich in dieser Situation nicht darauf gekommen?« Da ich beim Spielen so viel aus mir selbst heraushole, fürchte ich, irgendwann zu gut zu wissen, wie ich auf einer Leinwand funktioniere. Ich könnte technisch werden, Sachen so machen, wie sie meiner Selbstwahrnehmung nach richtig wären, aber wahrscheinlich dann doch nicht richtig wären. Sonst würde der Regisseur es ja nicht so machen, wie er es gemacht hat.

BO: Sie schaffen also keine Distanz zu sich?
— RS: Nein.

BO: Liegt es an Ihrer Eitelkeit?
— RS: Wenn ich ehrlich bin, bin ich gerade was wirklich Oberflächliches wie Kleidung, Aussehen und Auftreten betrifft, sehr eitel. Das gehört aber zu meinem Privatleben, das möchte ich nicht mit in die Rolle nehmen. Für eine Rolle kann ich meine Eitelkeit ablegen. Ich sitze ungern in der Maske, ich sehe ungern in den Spiegel, während man mich schminkt, weil mich das verrückt macht. Ich kann nicht nachvollziehen, dass man sich am Set von Maskenbildnern einen Spiegel geben lassen kann. Ich möchte mich in der Zeit nicht sehen, ich möchte einfach nur da sein, weil ich sonst in Robert zurückfallen würde. Und Robert ist, wie gesagt, nun wirklich ziemlich eitel und hat ein sehr klares Bild davon, wie er wirken möchte. Ich will mir nicht am Set sagen: »Wie siehst du denn aus? Warum hast du diese komische Frisur? Und die Klamotten! Das geht ja überhaupt nicht, wie du da stehst und wie du da läufst...« Sonst könnte ich einen anderen Beruf machen – und Model werden.

BO: Haben Sie Angst vor sich selbst?
— RS: Ich hab nicht Angst vor meinem Darstellungsdrang, der ist ja nun mal Teil von mir. Es ist ja eine Genugtuung zu hören, »du sahst ja völlig anders aus als du eigentlich bist«. Aber dafür muss ich Robert soweit wie möglich von mir wegschieben. Da kann eine Haarsträhne falsch liegen, und der Blick im Spiegel ist

fatal. Es gibt Schauspieler, die immer wieder ihre Frisur im Spiegel checken, aber dann geht es nur noch darum, gut auszusehen. Natürlich möchte ich auch gut aussehen, und ich find mich in kaum einem Film wirklich gutaussehend. Aber genau das ist wichtig und richtig. Deshalb sind die Rollen wie sie sind. In *Crazy* sehe ich definitiv nicht gut aus, das muss aber auch so sein.

BO: Sie haben sich vor kurzem *Peer Gynt* anschauen müssen.
— RS: Ja, hier lagen mir allerdings die Dreharbeiten und die Premiere ein bisschen zu eng hintereinander. Ich habe den Film auch nur auf dieser Premiere gesehen. Ich saß aber in der ersten Reihe rechts vorne und habe alles verzogen gesehen, und dann war das auch noch während der Dreharbeiten zu *Krabat*. Ich bin mittags aus Bottrop da hingeflogen, habe Interviews gegeben, habe den Film gesehen und bin wieder weggeflogen. Den muss ich mir jetzt noch mal in Ruhe angucken. Es ging alles zu schnell. Ich habe nur die Kritiken gelesen. Ich mache das immer, auch wenn man das nicht machen sollte – da sind wir wieder bei dem Darstellungsdrang und der Bestätigung, die man sich dann holen will. Ein paar Kritiken waren nicht so gut, und da alles noch sehr frisch war, hat es auch zum ersten Mal wirklich wehgetan. Ich war auf diese Arbeit sehr stolz und hatte auch das Gefühl, sehr gut gewesen zu sein. Da ich den Film also noch nicht wirklich gesehen habe, kann ich das nicht beurteilen, ob nur das Gefühl gut war während der Zeit, oder ob der Film gut ist. Wir haben ihn in 18 Drehtagen gedreht, niemand im Team hat Geld für diese Arbeit bekommen. Das war wahnsinnig intensiv, und ich hatte seit langem wieder das Gefühl, mich als Schauspieler zu fordern. Die letzte schauspielerische Herausforderung war bei *Sommersturm*, dazwischen habe ich ja eh nicht viel gedreht. Ich habe in *Kronprinz Rudolf* oder in einem *Tatort* mitgewirkt, aber das war schon so ein bisschen, na ja, »Malen nach Zahlen«. Ich habe da ohne große Ambitionen gespielt. Bei *Peer Gynt* dachte ich seit langem wieder: »Das ist ein Riesenbrocken, und ich habe keine Ahnung, wie ich das machen soll!« Ich habe mich da reingeschmissen. Es war sehr anstrengend, nach den Dreharbeiten dachte ich aber, dass Spielen doch wieder Spaß macht, dass es großartig ist.

BO: Warum war das eine gute Arbeit?
— RS: Die Rolle steht auf jeden Fall für sich, aber auch die Produktionsbedingungen auf der Insel Usedom waren alles andere als einfach. Wir hatten Drehtage von 18 bis 20 Stunden. Wir waren unterbesetzt, und alle mussten eng zusammenarbeiten. Das war so eine Kollektiverfahrung, jedes kleinste Departement, jeder Ausstattungspraktikant wollte unbedingt, dass dieser Film gut wird. Ich habe zwar die Hauptrolle gespielt, war aber nicht wichtiger als die Ausstattung oder der dritte Beleuchter. Die Arbeit mit Uwe Janson war anders als die Arbeit mit

anderen Regisseuren. Es war eine viel poetischere Arbeit. Die Arbeit an dem klassischen Text und die ziemlich surreale Ästhetik, die wenig Halt bot, haben zum einen dafür gesorgt, dass wir »verkopft« vorgegangen sind, anderseits haben wir es mit ganz viel Herz unterfüttert und haben uns auch im Kitsch ergangen. Ich kann mich nicht mehr konkret an einzelne Drehtage erinnern, vielmehr erinnere ich mich an einen großen Block an Emotionen und Intensität. Es war anders als alles, was ich bis dahin bei Dreharbeiten erlebt habe und sehr, sehr spannend.

BO: Wie ist der Kontakt zu Uwe Janson entstanden?
— RS: Uwe Janson hat mir das Drehbuch geschickt. Ich wollte schon immer *Peer Gynt* spielen. Ich dachte immer, wenn ich jemals an der Schauspielschule vorspreche, dann mit *Peer Gynt*. Mit 16 habe ich am Hamburger Schauspielhaus eine drei- bis vierstündige Inszenierung gesehen, in der Michi Mertens Peer Gynt gespielt hat. Normalerweise schlafe ich im Theater nach einer halben Stunde ein, ich bin wirklich kein Theatergänger, obwohl ich sehr gern Theater spiele. Mir fehlt die Aufmerksamkeitsspanne, um ein Stück so lange durchzustehen. Bei dieser Aufführung war es aber ganz anders, ich bin dreieinhalb Stunden am Sitz gefesselt geblieben. Ich war von der Energie dieses Schauspielers so beeindruckt, dass ich zum ersten Mal darüber nachgedacht habe, nicht nur Schauspieler zu sein, um Geld zu verdienen oder ein tolles Leben zu haben und viel rumreisen zu können, sondern dass das wirklich etwas mit einem machen kann, wenn man das gut macht. Und darum wollte ich immer *Peer Gynt* spielen. Nun war ich Anfang letzten Jahres an einem ziemlichen Tiefpunkt angelangt, weil ich seit zweieinhalb Jahren kaum gedreht hatte oder zumindest keine Rolle gespielt hatte, die ich spannend fand. Ich habe nur noch gedreht, um Geld zu verdienen. Und dann landete auf einmal ohne Vorankündigung dieses Drehbuch von *Peer Gynt* in meinem Briefkasten. Ich dachte: »Das kann nicht wahr sein, das Schicksal verarscht mich gerade!« Dann habe ich das Drehbuch gelesen und habe am gleichen Abend noch Uwe Janson auf die Mailbox gesprochen, dass ich diese Rolle unbedingt spielen will und muss. Ja, und er wollte das dann auch.

BO: Wie haben Sie sich darauf vorbereitet?
— RS: Ich habe mich auf eine konkrete Figur konzentriert und zwar auf Neal Cassady; er ist das Vorbild für Dean Moriarty für »On the road« von Jack Kerouac. Er ist mir beim Lesen des Drehbuchs sofort in den Sinn gekommen. Obwohl ich mich schon lange mit *Peer Gynt* beschäftigt hatte, war ich vorher nicht auf die Idee gekommen. Doch plötzlich wusste ich, dass er es ist: Jemand, der sich selbst in seinen Emotionen ständig überholt, ständig reflektiert, aber zu spät handelt und sich von seiner eigenen Energie überraschen lässt. Neal Cassady wollte mit »The First Third« eine Autobiografie schreiben, aber er ist relativ früh gestorben

und hat quasi nur seine Jugend aufgeschrieben. Das war dann mein Rollenunterbau. Und dann gibt es »Visions of Cody« von Jack Kerouac. Es ist ein relativ experimentelles Buch, in dem es zum größten Teil um seine Begegnungen mit Neal Cassady geht. Die Beiden sitzen nächtelang rum und lassen den Tape Recorder laufen. Jack Kerouac hat diese Aufnahmen dann nur abgetippt und teilweise in Stream-of-conscious-Passagen über ihre Beziehung reflektiert. Das war dann die Rolle. Das ging Schlag auf Schlag. Uwe Janson hatte immer von einem Schelm, einem Eulenspiegel gesprochen, und dann habe ich ihm von Neal Cassady erzählt, und er war sofort einverstanden. Cassady war ein riesengroßer Mann, ein Macho und Peer Gynt – der Peer Gynt, den ich gespielt habe – ist es natürlich überhaupt nicht, aber ich brauchte genau diese Figur, um Peer Gynt zu formen und ihn darzustellen.

BO: Wie entscheiden Sie sich für Stoffe?
— RS: Aus dem Bauch heraus. Meistens merke ich nach 15 Drehbuchseiten, ob das zu 99% der Film ist, den ich machen will. Dann lese ich es zu Ende und weiß, dass ich es spielen möchte. Der Regisseur und die Drehbedingungen sind natürlich auch wichtige Entscheidungskriterien. Wenn ich das Gefühl habe, dass wir nicht zusammenpassen, sage ich ab. Das war zum Beispiel der Fall bei diesem Falco-Projekt.

BO: Sie haben diese Woche die Titelrolle des verstorbenen österreichischen Musikers *Falco* abgelehnt. Warum?
— RS: Das Buch ist nicht schlecht. Ich kann aber meine Entscheidung einfach erklären: Ich denke nicht, dass ich mit meinen 24 Jahren einen 40-jährigen Mann spielen kann, egal wie gut die Maske ist. Das würde schon allein von der Körperlichkeit nicht funktionieren. Zudem hatte ich auch das ungute Gefühl, dass es den Produzenten eher um einen Film ging, den man als DVD gut zum zehnten Todestag von Falco unter den Weihnachtsbaum legen kann. Das finde ich dem Menschen Falco gegenüber nicht angebracht. Er hat meines Erachtens ein anderes filmisches Denkmal verdient. Man kann einem Mann, der sich so viel mit Außenwirkung und Ästhetik beschäftigt hat, nicht einfach so einen Blockbuster hinschneidern und davon ausgehen, dass es bei *Walk the line* auch so funktioniert hat. Das glaube ich nicht. Der Komplexität von einer Figur wie Falco muss man anders gerecht werden als mit einem klassisch erzählten Biopic. Da sähe ich eher so etwas wie *The Last Days* von Gus van Sant, vielleicht nicht so extrem. Ich hätte mir eher gewünscht, man nimmt eine Episode aus seinem Leben, ca. fünf Jahre und versucht, daraus einen Film zu machen, einen Menschen festzuhalten, ohne chronologische Fakten von vorne bis hinten durchzuexerzieren.

BO: Das haben Sie mit den Produzenten besprochen?

— RS: Wir haben eine ganz andere Vorstellung. Ich wollte kein großes Popspektakel machen, und sie wollten einen Blockbuster mit Singleveröffentlichung, Fernsehauftritten – Popcornkino halt. Das möchte ich nicht mehr unbedingt machen. Durch *Crazy* habe ich eine Popularität erfahren, die mir zwar am Anfang gefallen hat, mit der ich aber nicht gut umgehen konnte. Ich bin mit meiner momentanen Situation sehr zufrieden: Ich kann Filme drehen, ich bekomme auch ein Feed-back dafür, werde aber nicht mehr in jedem Supermarkt angesprochen und muss nicht an jeder Kasse erklären, warum ich etwas so und so gemacht habe. Oder warum ich den Film gemacht habe und nicht den. Warum ich dies und das in einer Talkshow gesagt habe. Das hat mein Leben belastet, und deswegen möchte ich das nicht mehr in diesem Maße. Wenn ein Film nicht gut geworden ist, muss der Schauspieler oft dafür gerade stehen, zumindest dem »normalen« Publikum gegenüber. Damit kann ich wahnsinnig schwer umgehen. Ich war ja nicht im Schneideraum und habe den Film nicht so geschnitten, wie er geworden ist. Es ist natürlich etwas anderes, wenn man mich konkret auf meine Rolle anspricht. Auf der Straße höre ich aber eher: »Eh, der Film war doch totaler Müll! Warum hast du den gemacht?«

BO: Das hören Sie auf der Straße?

— RS: Ja, das ist schon sehr oft vorgekommen. Leider meine ich, mich dafür rechtfertigen zu müssen und diskutiere dann stundenlang, obwohl die Meinung dieser Person meistens nicht zu ändern ist. Sie fand den Film doof, und das ist ja auch o.k. Wenn mir jemand sagt, er findet *Crazy* doof, lasse ich mich gerne auf Diskussionen ein. Da kann ich auch wirklich meine Meinung vertreten, weil ich den Film großartig finde. Bei *Verschwende deine Jugend* ist das ein bisschen anders, da ich selbst meine Probleme mit dem fertigen Film habe. In diese Situation wollte ich gerade mit Falco und dann auch noch als in Wien lebender Österreicher auch nicht geraten. Das Risiko war mir zu hoch.

BO: Welche Rolle spielt Intuition in diesem Auswahlverfahren?

— RS: Es gibt bestimmte Konstellationen oder Kooperationen mit Fernsehsendern oder Produktionsfirmen, die darauf hindeuten, dass man unterschiedliche Wege gehen möchte. *Peer Gynt* als Telenovela, um ein ganz blödes Beispiel zu nehmen. Wollte man andererseits *Peer Gynt* in Anlehnung an Baz Luhrmanns *Romeo und Julia* inszenieren, würde mich das interessieren. Wollte man aber *Peer Gynt* à la *Sieben Zwerge* inszenieren, würde ich abwinken, dafür ist mir das nun auch wieder zu wichtig. Man merkt relativ schnell, ob Geld und Anerkennung die treibende Kraft ist, oder ob ein wirkliches, authentisches Interesse an dem Stoff besteht und etwas Eigenes erzählt werden soll. Wenn ich merke, dass der Regisseur eigentlich nichts erzählen möchte, sondern nur Regisseur sein will, dann möchte ich auch nicht spielen. Ich möchte nicht einfach nur Schauspieler sein, um des Schauspielerseins wegen.

BO: Viele Projekte, in denen Sie vor der Kamera oder auf der Bühne mitwirken, basieren auf literarischen Stoffen: *Peer Gynt, Romeo und Julia, Krabat.* **Kommt es Ihrem Interesse für Literatur entgegen?**
— RS: Ja, obwohl meine Außenwirkung nicht die eines belesenen Schauspielers ist. Ich bin nicht der Vorzeige-Intellektuelle der jungen deutschsprachigen Schauspieler. Mir kommen diese Stoffe sehr entgegen, weil man einfach mehr hat als ein Drehbuch. Man hat konkretere Anhaltspunkte. Bei einem Roman kann man sich viel tiefer mit dem Stoff beschäftigen.

Das Buch liefert viel mehr Informationen. *Crazy* ist mein Paradebeispiel: Auch wenn das Drehbuch großartig war, haben mir der Roman und die Möglichkeit mit Benjamin Lebert über seine Erfahrungen zu sprechen, sehr geholfen. Dadurch konnte ich in die Rolle eintauchen, statt sie mir auszudenken. Anderseits war es auch eine schwierige Situation, jemanden zu spielen, der gerade mal ein Jahr älter war als ich und eine Behinderung hat. Auch wenn ich damals mit 16 weniger darüber nachgedacht habe, als ich es heute tun würde. Ich bin relativ nonchalant da herangegangen und habe einfach Zeit mit Benjamin verbracht. Wir sind zusammen ins Kino gegangen und sind sogar gemeinsam nach Italien in Urlaub gefahren. Ich musste meiner Rolle diese besondere Körperlichkeit verleihen, und es war nicht einfach, mit Benjamin darüber zu sprechen. Ich musste ihn bitten, eine Flasche aufzumachen oder einen Pullover anzuziehen, um das nachmachen zu können. Und dann fragte er mich: «Sehe ich wirklich so spastisch aus?» Da wusste ich nicht, wie ich damit umgehen soll. Dann haben sich alle gefragt, ob ich diese Behinderung spielen kann. Bei meinem ersten Drehtag von *Crazy* musste ich eine Szene spielen, in der Benjamin auf einen Sprungturm hochklettert und ins Wasser springt. Das halbseitig gelähmte Hochklettern war rein physisch ziemlich schwierig darzustellen. Dann haben wir die Muster im Schneideraum gesehen, und Benjamin hat geweint und gesagt, genauso sehe es aus. Ich glaube aber, dass mich Hans-Christian vor dem Dreh am liebsten rausgeschmissen hätte. Ich wollte mit niemandem proben, sondern die Rolle alleine erarbeiten. Und ich wollte auch keine Ergebnisse zeigen. Ich wollte nicht vor Hans-Christian die Münchener Leopoldstraße wie Benjamin runterlaufen, das ging nicht. Das konnte ich nur vor der Kamera machen. Dabei verstehe ich, dass das für ein Regisseur nicht einfach zu akzeptieren ist, gerade wenn es um so etwas Konkretes geht, wenn ein 16-Jähriger sagt: »Nein, ich kann dir das nicht zeigen. Vertraue mir, ich weiß, wie es geht.« Ich hätte ihm vieles erzählen können.

Crazy – Copyright: Claussen+Wöbke+Putz Filmproduktion GmbH

BO: Wie haben Sie ihn überzeugt?
— RS: Gar nicht. Ich habe mich einfach geweigert, es ihm zu zeigen. Ihm blieb nichts anderes übrig, als es zu akzeptieren. Wir haben zwei Wochen vor dem Dreh geprobt. Gruppenszenen, Szenen zwischen Janosch und Benjamin, zwischen Marlene und Benjamin – aber ich habe nie mit Behinderung gespielt. Thomas Wöbke war mir eine große Hilfe, er hat mir getraut und meinte, dass ich das schaffe. Hans-Christian war sich aber gar nicht sicher... Heute nach fast zehn Jahren weiß ich, dass es damals große Diskussionen gab, mich nach Hause zu schicken.

BO: Sie haben in *Klaustrophobie* Klaus Kinski, das Enfant Terrible des Kinos der 50er-/60er-Jahre, verkörpert. Zufall?
— RS: Nein, das war kein Zufall. Inzwischen spreche ich aber kaum noch über Klaus Kinski, weil ich nicht lesen möchte, ich sei der neue Kinski. Die Boulevardmedien springen ja sehr schnell auf solche Vergleiche an. Klaus Kinski gibt da natürlich auch viel her, und man hat Parallelen gesehen, weil ich mich zwischen 17 und 20, sagen wir mal teilweise seltsam benommen habe. Er hat mich immer beeindruckt, nicht nur als Schauspieler. Bevor ich ihn auf dem Bildschirm gesehen habe, hatte ich mit 16 seine Biografie gelesen. Es waren nicht unbedingt die sexuellen Passagen, die für einen 16-Jährigen natürlich aufregend sind, sondern

vor allem diese Urgewalt von Leben, die er da beschreibt, die mich fasziniert hat. Dann kam dieser Regisseur auf mich zu und fragte, ob ich Klaus Kinski spielen würde. Ich dachte:»Sag mal Carlos, sonst ist aber schon noch alles klar...?« Dann haben wir uns auf eine Art von Hommage geeinigt, ich wollte keine Szenen aus Klaus Kinskis Leben nachspielen. Viele Leute finden den Film sehr affektiert. Ich finde ihn immer noch sehr schön, auch wenn ich heute, mit ein paar Jahren Abstand, einiges anders machen würde. Ich habe für diesen 50-Minuten-Film drei Monate lang Boris Vian-Texte vor mich hin geschrien und wirklich jeden Schund gesehen, den Klaus Kinski gespielt hat. Die Krönung war der unglaublich grauenhafte 40-Minüter *Die Schöne und das Biest* mit Meryl Streep, eine Disneyproduktion von 1983. Klaus Kinski trägt eine riesige Plastikmaske, und man sieht nur seine Augen, aber allein das ist großartig. Er hatte ein ganz eigene, Art Schauspieler zu sein. Ich weiß auch gar nicht, ob man das »Schauspielern« nennen kann. Vielleicht ist das Performance-Art. Mich berührt es, weil es völlig aus der Zeit fällt. So etwas gibt es einfach nicht mehr.

BO: Man meint oft, eine starke Wut in Ihnen zu spüren. Ist das tatsächlich Wut oder etwas anderes?

— RS: Da muss man wieder über sich selbst nachdenken, und es ist schwierig, das in Worte zu fassen. Wahrscheinlich ist es schon Wut. Ich bin oft mit vielem unzufrieden, und ich bin auch sehr wehleidig. Ich bin schnell verletzt und fresse alles in mich hinein. Durch das Spielen kann ich aber auch einiges wieder rauslassen. Ich bin konfliktscheu, aber cholerisch. Ich schreie selten Leute an, ich schreie eine Wand an oder schmeiße Sachen gegen die Wand, oder ich schreie halt vor einer Kamera. Diese Form von Energie hilft mir auf jeden Fall beim Spielen. Ob es aufgestaute Unzufriedenheiten oder Verletzungen oder Wut ist.

BO: Können Sie das dann so steuern?

— RS: Steuern nicht. Ich kann es aber einschalten. Ich habe kürzlich mit einer Schauspielerin genau darüber geredet, inwiefern man die Kontrolle in Szenen behalten sollte. Sie sagte, sie wolle alles kontrollieren, was sie macht. Ich wiederum kann und möchte es nicht kontrollieren. Ich fange an und sehe, wo die Szene hingeht. Das muss ich vielleicht fünf oder sechs Mal machen, weil es zuviel oder zuwenig war. Ich möchte aber nicht meine Emotionen kontrollieren können. Das soll der Regisseur machen. Der soll mich in meine Schranken weisen.

Ich folge meinem Instinkt. Ich beherrsche auch keinen rhythmischen Szenenaufbau. Wenn es um Wut oder starke Emotionen geht, kann ich nicht im Vorfeld entscheiden, bei dem Satz werde ich lauter, und da werde ich noch lauter und dann wieder leiser. Ich lerne den Text halbwegs und spiele los. Manchmal funktioniert es nicht, und manchmal funktioniert es. Es gibt bei *Crazy* eine Szene, in der Tom Schilling und ich in der Küche streiten müssen. Und wir sind tatsächlich beide sehr, sehr wütend aufeinander geworden, weil wir uns in dieser Zeit nicht sehr gut verstanden haben. Tom hat mir eine runtergehauen und ich ihm auch. Dann ist er in die eine Seite vom Set geflüchtet und ich in die andere. Wir haben geheult und mussten getröstet werden, weil wir uns damals noch nicht so gut selbst auffangen konnten. Wir waren ja noch sehr jung.

BO: Können Sie sich heute besser auffangen?
— RS: Das kann ich mittlerweile besser. Ich kriege mich wieder ein, verlasse kurz das Set, schaue ein paar Minuten in die Landschaft und dann geht es auch wieder. Das hat aber auch wieder viel mit Regisseuren zu tun. Regisseure müssen mich schon noch auffangen können. Das ist, glaube ich, ein Hauptanliegen, das ich an einen Regisseur habe: Ich möchte mich festhalten können. Er kann mich bis zum Zusammenbruch fordern, er muss mich aber dann auch wieder zusammenbauen und mich nicht einfach damit liegen lassen.

BO: Haben Sie viel Möglichkeit, sich mit Kollegen auszutauschen?
— RS: Kaum. Ich habe auch wenige Freunde, die Schauspieler sind. Ich beschäftige mich in meiner Freizeit wenig mit meinem Beruf. Das Gespräch, das ich vorhin erwähnt habe, fand während eines Abschlussfestes statt. Es hat sich so ergeben, aber ich würde das auch gerne öfters machen. Früher habe ich mit Tom Schilling über den Beruf geredet. Mit Hanno Koffler habe ich manchmal spannende Diskussionen, weil Hanno gerade Schauspiel studiert, und ich es halt nicht studiert habe. Es ist spannend zu vergleichen, wie jeder auf seine Art dazulernt, sich verändert.

BO. Was ist ein guter Schauspieler?
— RS: Das weiß ich nicht. Das kann ich wirklich nicht beantworten. Es steht mir auch nicht zu, so etwas zu beantworten. Ich weiß auch nicht, wie Schauspieler, die mich beeindrucken, arbeiten. Vielleicht machen die das genau anders als ich denke, dass ich es machen sollte, um das zu erreichen, was sie erreicht haben. Ich denke mal, dass jeder sein eigenes Rezept hat. Ein guter Schauspieler ist er dann halt, wenn es im Endergebnis für den Zuschauer stimmt. Wie man da hinkommt, bleibt jedem selbst überlassen. Ich habe nichts Grundsätzliches gegen Schauspielschulen. Ich glaube, dass sie vielen Leuten sehr helfen, mir, glaube ich, aber eher nicht. Ich würde aber trotzdem nicht sagen, dass ein Schauspieler, der studiert hat, schlechter oder besser ist als ich.

BO: Sie haben in einen Interview der SZ gesagt, dass Sie kein Komödiant sind. Würde es Sie nicht reizen, Ihr Publikum mit einer Komödie zu überraschen?

— RS: Doch, aber bis jetzt habe ich kein entsprechendes Angebot bekommen. Außerdem tue ich mich auch sehr schwer mit Komödien. Ich finde selten Sachen wirklich lustig, die lustig gemeint sind. Ich hätte auch Angst davor, nicht lustig sein zu können. Als ich am Theater *Trainspotting* gespielt habe, das durchaus seine komischen Momente hat, ist es mir sehr schwer gefallen, lustig zu sein. Anderen Schauspielern fällt das viel leichter. Tillbert Strahl-Schäfer ist ein großartiger ernsthafter Schauspieler, er hat aber auch ein unglaublich komödiantisches Talent. Er kriegt jeden Abend seine Lacher. Bei mir gibt es auch Abende ohne Lacher, weil ich die Pointe falsch gesetzt habe. Lustig sein geht nicht mehr über Intuition oder Instinkt. Das erfordert ein festes Timing. Da kann man sich nicht einfach fallen lassen und erst mal gucken, wo die Szene hingeht. Das ist dann nicht lustig, sondern einfach nur verwurschtelt. Deswegen macht es mir auch ein bisschen Angst. Versuchen würde ich es natürlich gerne mal. Da müsste das Drehbuch schon so sein, dass ich denke, das ist wirklich lustig. Ich habe zwei oder drei Fernsehdrehbücher bekommen, die als Komödie gedacht waren, die ich aber nicht lustig fand. Ich dachte, wenn ich sie selbst nicht lustig finde, werde ich wahrscheinlich auch nicht lustig sein.

BO: Sie machen sowieso wenig Fernsehen.
— RS: Ja, weil mir die Arbeitszeit da einfach zu kurz ist. Ein Fernsehfilm wird in einer schnellen Zeit abgedreht, mit einem ganz anderen Druck. Beim Kino hat man viel mehr Zeit und Ruhe, um zu arbeiten. Für mich ist Fernsehen auch eher ein Informationsmedium als ein Kunstmedium. Ich gucke mir im Fernsehen keine Filme an. Filme gucke ich mir im Kino an.

Es gibt auch schöne Fernsehfilme, aber die sind eher eine Seltenheit. Der *Pirat* mit Jürgen Vogel hat mir zum Beispiel sehr gefallen.

BO: Soweit ich weiß, haben Sie – abgesehen von der Serien-Rolle Ihrer Kindheit – noch nie für private Sender gedreht. Warum?
— RS: Ich habe einmal einen Film für einen privaten Sender gemacht: *Die Todesgruppe von Köln – mein Mann ist unschuldig*«. So wie sich der Titel anhört war der Film dann auch. Der einzige Film, der mir im Privatfernsehen gefallen hat ist *Das Phantom*. Aber sonst? Ich finde, dass man diesen ganzen Event-Movies anmerkt, dass sie für das Fernsehen gemacht werden.

BO: Und werden Sie für solche Projekte mal angefragt?
— RS: Nicht mehr so wirklich. Es kommt schon ab und zu ein Angebot, aber selten. Es ist ja auch ein Luxus, den ich mir gönne. Das geht auch nur, weil ich keine finanziellen Verpflichtungen habe. Ich habe kein Auto, keine Familie, kein Haus. Ich bin da relativ unabhängig. Das möchte ich mir auch so lange wie mög-

lich bewahren. Man kann immer schnell über diese Filme schimpfen, aber sie haben natürlich auch ihre Rechtfertigung, und es gibt viele Zuschauer, die Event-Movies toll finden. Das ist völlig in Ordnung. Es gibt viel schlimmere Sachen als gute Fernsehfilme. Ich selbst versuche, Filme zu machen, die ich gerne sehen würde, die mich persönlich interessieren. Das Einzige, was ich im Fernsehen immer gucke, ist der *Tatort*. *Tatort* mag ich sehr gerne. Da habe ich auch schon drei gemacht. Es ist aber auch etwas anderes als der »Große ZDF Freitagsfilm«.

BO: Sie haben Ihre eigene Musikband gegründet. Was gibt Ihnen die Musik, was die Schauspielerei Ihnen nicht gibt?
— RS: Das ist das, womit ich mich größtenteils beschäftige, wenn ich keinen Film drehe. Das ist die Kunstform, die mich am meisten berührt, mehr noch als Film und Theater. Selbst als Konsument oder Zuschauer oder Zuhörer. Auf einem Konzert geht es mir ganz anders als im Theater, weil die Zwischenstation Gehirn wegfällt. Musik ist viel direkter, eine Melodie muss man nicht reflektieren, um sie zu verstehen. Musik macht etwas mit einem, ohne dass man darüber nachdenken muss. Ich glaube, das ist der Hauptgrund, warum ich so in Musik verliebt bin. Mich fasziniert Popkultur, die klassische englische Popkultur, die damit einhergehende Mode, die gesellschaftliche Veränderung in der Jugendkultur.

BO: Und warum konzentrieren Sie sich nicht ganz auf die Musik?
— RS: Na ja, weil mich alles, was ich vorher beschrieben habe, auch bewegt. Weil mich die Arbeit an Filmen und beim Theater erfüllt. Und vielleicht auch, weil die Chance, wirklich Musik zu machen, sich nie wirklich geboten hat. Die Musik, die mir etwas bedeutet, funktioniert nicht mehr, wie sie mal funktioniert hat. Es ist eher ein kleines Traumkonstrukt, das ich mir dann selbst baue, wenn ich mit meiner Band auf Tour bin. Ich tue so, als würde ich 1968 durch England touren – aber es ist Braunschweig, Kassel und Hannover, die Zuschauer kommen größtenteils, weil sie *Crazy* gesehen haben. Ich kann mir aber trotzdem dieses Gefühl erhalten.

BO: Also spielen Sie auch hier wieder...
— RS: Ja, für mich selbst. Das habe ich schon immer gemacht. Oder ich erträume mir eine Welt, die so gar nicht ist. Als ich als kleines Kind zum Briefkasten gehen musste, habe ich mir vorgespielt, ich sei ein Geheimagent. Meine Mutter erzählt bis heute noch gerne, dass ich so sehr Indianer sein wollte, dass ich wirklich Indianer wurde und mit Kriegsbemalung in den Kindergarten gegangen bin. Den anderen Kindern habe ich erzählt, dass ich zu einem ganz seltenen Indianerstamm gehöre, der blaue Augen und blonde Haare hat. Das war für mich wahnsinnig wichtig. Vielleicht liegt es daran, dass ich als Kind nicht Fernsehen

gucken durfte, das durfte ich erst mit 15. Bis dahin habe ich nur gelesen und mir meine Fantasie-Universen gebastelt. Ich bin wochenlang durch den Wald gerannt und habe Geschichten gespielt – für mich alleine.

BO: Sie haben mit 13 in Fernsehfilmen spielen dürfen, durften aber nicht fernsehen?
— RS: Ja. Wir sind immer zu unserer Nachbarin gegangen, wenn etwas im Fernsehen mit mir lief. Dann habe ich mir meinen ersten Fernseher mit 15 gekauft. Meine Mutter hat ihn mir erstmal weggenommen und ihn bei sich in den Schrank gestellt. Dann bin ich relativ schnell ausgezogen und habe ein Jahr lang intensiv ferngesehen. Fast nur eigentlich.

BO: Welche Filmrollen hätten Sie spielen wollen?
— RS: Ach, da gibt es Einiges, z.B. die Rolle von River Phoenix in *My private Idaho*. Das sind aber Rollen, die ich so großartig finde, dass ich mir nicht anmaßen würde, so etwas spielen zu können. Mein Lieblingsfilm, der komischerweise nichts mit den 50er- und 60er-Jahren zu tun hat, ist *Before Sunrise*. Die Rolle von Ethan Hawke ist für mich die Traumrolle schlechthin – obwohl ich die Rolle anders als Ethan Hawke gespielt hätte. Das ist für mich der perfekte Film. Das hat ganz viel mit meinem Leben zu tun. Eine Frau und ein Mann treffen sich nach zehn Jahren im Zug auf dem Weg nach Wien und beschließen, eine Nacht zusammen in Wien zu verbringen. Da wird sehr viel geredet, über Belangloses und über die ganz großen philosophischen Themen...

BO: Welche Rollen möchten Sie spielen?
— RS: Jetzt gerade wird ja dieser Joy Divisionfilm über Ian Curtis Leben gedreht. Da bin ich schon ein bisschen sauer: Ich sehe nicht aus wie Ian Curtis, aber warum darf ich ihn nicht spielen? Und Alexandra Maria Lara darf mitspielen. Über Brian Jones wird auch gerade ein Film gemacht, hätte ich auch gern gespielt, obwohl ich eigentlich keine Musiker mehr spielen wollte. Es ist aber sehr schwierig zu sagen, welche Rollen man gern spielen würde. Bis vor kurzem konnte ich immer *Peer Gynt* antworten. Aber das ist ja jetzt erledigt. Da muss ich mir etwas Neues überlegen. Generell interessieren mich natürlich Rollen, in denen Menschen sich verändern, aber es muss nicht immer der Außenseiter sein.

BO: Also auch mal ein Spießer, der mit seinem Leben zufrieden ist?
— RS: Das würde ich schon spielen, aber darüber gibt es keine Filme. Ich kenne keinen Film, zumindest nicht seitdem ich Filme mache, in denen ich einen Spießer hätte spielen können, der mit seinem Leben zufrieden ist, außer vielleicht *Good-bye Lenin!* Das ist ein relativ normaler Junge. Kinohauptrollen drehen sich

immer um relativ schwierige Charaktere. Das ist auch interessanter. Obwohl ich in *Freigesprochen* einen sehr normalen Fleischer spiele. Er ist ein normaler Junge vom Land, etwas naiv. Er fährt ein aufgemotztes Billigauto und ist total verliebt. Er träumt vom Hausbau und von der eigenen Fleischerei – und irgendwann geht alles kaputt. Aber nicht wegen mir, sondern wegen Frank Giering. Der spielt ja auch immer die schwierigen Rollen.

Ich glaube, dass ich immer noch in einem Findungsprozess stecke. Dabei habe ich diesen Beruf mein halbes Leben lang gemacht. Ich bin jetzt 24 und habe mit 12 angefangen. Ich habe mich mit diesem Beruf verändert, und es wird sich weiter verändern. Es ist ein Teil meines Lebens. Aber ich kann bis heute noch nicht wirklich sagen, was ich da genau mache. Dafür verändert es sich auch noch zu sehr und das wird sich wahrscheinlich in den nächsten Jahren noch stark verändern. Sylvester Groth wird wahrscheinlich nicht mehr so viele Veränderungen in seiner Arbeit haben, wie ich jetzt zum Beispiel. So ist das nun mal mit Findungsprozessen... Meine Berufserfahrung ist immer eine andere gewesen. Ich habe den Beruf auch immer anders erfahren und zwar Jahr für Jahr, indem ich gewachsen bin und erwachsener wurde. Und so erfahre ich mich selbst auch immer noch ständig anders.

In den letzten zwei Jahren, in denen ich fast keine Angebote bekommen habe, habe ich auch teilweise daran gezweifelt, ob ich das überhaupt noch machen soll. Ich habe wie gesagt einen *Tatort* und den *Kronzprinz Rudolf* gedreht – weil ich Geld brauchte. Mal sehen, ob es, wie dieses Jahr, viele Angebote gibt oder wieder zwei Jahre Flaute kommen.

BO: Diese Sorge um Angebote, die auf sich warten lassen, ist eine neue Erfahrung für Sie?

— RS: Ja, das habe ich zum ersten Mal erlebt. Das hängt aber damit zusammen, dass ich in einer seltsamen Zwischenposition bin. Ich bin nicht mehr 17, aber auch noch kein erwachsener Mann. Da gibt es nicht so viele Rollen. Ich kann nicht spielen, was August Diehl spielen kann, der ist einfach älter als ich. Ich kann aber auch nicht mehr spielen, was Tino Mewes spielt. Mal sehen, wie es weitergeht.

BO: Lieber Robert Stadlober, vielen Dank für das Gespräch.

Das Gespräch fand im Januar 2007 in Berlin statt.

© Nadja Klier

Katharina Wackernagel wird 1978 in Freiburg im Breisgau in einer Schauspielerfamilie geboren. Sie macht als Kind erste Bühnenerfahrungen und wird 1997 durch die Hauptrolle in der Fernsehserie *Tanja* bekannt. Für diese Rolle wird sie mit dem »Goldenen Löwen« ausgezeichnet. In Folge dreht sie viel für das Fernsehen, u.a. steht sie als Fernsehtochter von Dieter Pfaff in verschiedenen Folgen der Krimireihe *Bloch* vor der Kamera sowie für *Plätze in Städten* (Angela Schanelecs), *Das Wunder von Lengede* (Kaspar Heidelbach), *Die letzte Schlacht* (Hans-Christoph Blumenberg) oder *Die Luftbrücke* (Dror Zahavi).
Sönke Wortmann besetzt sie für seinen Kinofilm *Das Wunder von Bern* (2003) als Sportreporterin-Gattin, unter der Regie von Catharina Deus spielte sie 2005 *Die Boxerin* Joe.
Katharina Wackernagel führt ebenfalls Regie und produziert Kurzfilme. 1999 gibt sie ihr Debüt mit *Think Positive* und erhält dafür den Zuschauerpreis für Regie beim Filmfest Dresden.
Katharina Wackernagel lebt in Berlin.
www.agentur-pauly.de
www.katharinawackernagel.de

»Der Murmel Beulen geben«

Von Katharina Wackernagel

> Der Künstler geht auf dünnem Eis.
> Erschafft er Kunst? Baut er nur Scheiß?
>
> Der Künstler läuft auf dunkler Bahn.
> Trägt sie zu Ruhm? Führt sie zum Wahn?
>
> Der Künstler fällt in freiem Fall.
> Als Stein ins Nichts? Als Stern ins All?
>
> (Robert Gernhardt)

Meine erste theaterähnliche Aufführung fand an einem Samstagvormittag im Foyer des Opernhauses statt. Es war ein sonniger Oktobertag kurz nach meinem neunten Geburtstag. Meine Mutter war damals noch fest am Theater engagiert. Innerhalb des Ensembles hatten die Schauspieler zusätzlich zu den abendlichen Vorstellungen Auftritte im Nachtcafé oder wie an diesem Sonntag Lesungen morgens im Foyer. Da meine Mutter während der Schulzeit jeden Morgen mit uns Kindern aufstand, um uns Kakao zu machen, war sie froh, wenn sie nicht allzu viele Nachtprogramme spielen musste. An diesem Vormittag las sie »Märchen aus aller Welt« und kündigte an, dass sie den Beitrag aus Deutschland, das Rapunzel, nicht l e s e n würde, sondern die Zuschauer eine Aufführung ihrer Tochter Katharina gemeinsam mit ihrer Freundin zu sehen bekämen. Die Inszenierung war damals tatsächlich von mir. Das bedeutete aber eigentlich nur, dass ich mir alle Rollen zu spielen gab, die mich interessierten, und meine Freundin nur die Männerrollen übernehmen durfte. Sie spielte also den Prinzen, der sich an Rapunzels Haaren hochzog und ihren Vater, der immer über die Mauer klettern musste, um seiner schwangeren Frau im Nachbargarten die ersehnten Rapunzeln zu pflücken. Als Mauer hatten wir eine alte Wolldecke, die furchtbar nach Benzin roch. Sie war braun-grün-kariert, und ich erklärte den Zuschauern, das sei Moos, welches zwischen den Steinen gewachsen wäre. Die Rollen der Mutter, der bösen Hexe und selbstverständlich Rapunzel durfte ich spielen.

Warum ich gerade dieses Märchen ausgewählt hatte, weiß ich nicht mehr genau. Die Geschichte um das eingesperrte Mädchen im Turm hatte mich nie besonders bewegt. Sehr wahrscheinlich hatte es etwas mit meinem eigenen Haar zu tun; ich hatte mir zu dieser Zeit gerade meinen langen Zopf abschneiden lassen und suchte wohl Verwendung für den Pferdeschwanz, den ich mir aufbewahrt hatte. Wenn ich nicht vorher schon immer gesagt hätte, dass ich Schauspielerin sein möchte, wäre es nach diesem improvisierten, aber doch vorzeigbaren Debüt beschlossene Sache gewesen.

Mein zweites Stück war »Balle, Malle, Hupe und Artur« vom Gripstheater. Auch hier übernahm ich die schauspielerische Leitung, indem ich den Text von der Langspielplatte abhörte und aufschrieb, die Lieder mit meinen beiden Freunden und meinem kleinen Bruder einstudierte, das Bühnenbild aus alter Pappe baute und natürlich mir meine Lieblingsfigur zu spielen gab. Der Ort der Premiere war »Das offene Wohnzimmer«, ein kleines Off-Theater in Kassel. Dank unserer Plakate »Theatergruppe Roter Handschuh spielt am Sonntag«, die wir in jedes Schaufenster, an jede Bushaltestelle und jeden Papierkorb im näheren Umkreis geklebt hatten, und natürlich der Mundpropaganda (schreiend durch die Straßen zu laufen), bekamen wir das »Wohnzimmer« voll.

Später kamen dann zu meiner eigenen Theatergruppe auch eine weitere in der Schule und der Jugendclub, der vom Staatstheater Kassel angeboten wurde. Ein Grund, warum mich die Schule so ärgerte, war, dass sie so viel Zeit kostete, die mir immer mehr als verschwendet vorkam, weil man sie doch zum Proben und Spielen hätte nutzen können. Leute, die nicht zu den Proben erschienen, zu spät kamen oder ihren Text nicht konnten, verstand ich nicht. Theaterspielen war in meinen Augen das Wichtigste überhaupt.

Darum beschloss ich, nach der zehnten Klasse die Schule zu verlassen, um an die Schauspielschule zu gehen. Meine Eltern, die mich immer in dem Wunsch ans Theater zu gehen, unterstützt hatten, waren aber nun konsequent dagegen. Da ich so früh eingeschult worden war, beendete ich die zehnte Klasse mit fünfzehn. Sie behaupteten einfach, keine Schauspielschule würde mich nehmen, und ich solle unbedingt die Oberstufe beenden, mit achtzehn hätte ich viel bessere Chancen. Nach vielen zornigen Diskussionen gab ich nach. Und obwohl ich in der elften Klasse ziemlich viel aufzuholen hatte, schaffte ich es, neben der Jugendclub-Inszenierung vom »Sommernachtstraum«, in der ich die Hermia spielte, und der Schultheatergruppe, in der wir den »Zusammenstoß« von Kurt Schwitters spielten, noch zwei kleine Rollen am Schauspielhaus anzunehmen und den ersten Kurzfilm zu drehen. So war die Schule dann auszuhalten!

Wirklich schwer ist mir nur der »Sommernachtstraum« gefallen. Da ich nicht, wie im Stück vorgesehen, in Lysander verliebt war, sondern mich in den jungen Demetrius verliebt hatte. Zum ersten Mal genierte ich mich beim Spielen, wur-

Von Katharina Wackernagel

Katharina Wackernagel in *Breitenauer Wände* (Staatstheater Karlsruhe, Regie: Bernd Gieseking), Quelle: Privatarchiv Katharina Wackernagel / Foto: Thomas Huther

de verlegen und war viel aufgeregter als sonst. Allen Gefühlsverwirrungen zum Trotz, oder gerade wegen dieser, passend zum Sommernachtstraum, wurde es ein schöner Erfolg. Und ein Freund unserer Regisseurin, Herstellungsleiter bei einer Produktionsfirma, schlug mich seinem Regisseur vor, der gerade dabei war, eine neue Fernsehserie zu besetzen. Er suchte ein siebzehnjähriges Mädchen mit Schauspielerfahrung. So wurde ich zum Casting für *Tanja* eingeladen.

Das Casting fand auf einer Nebenbühne des Theaters von Peter Sodann in Halle statt und ging über zwei Tage. Manchmal denke ich, ich würde gerne noch einmal so entspannt zu einem Casting gehen. Das lag aber daran, dass mich Fernsehen oder Film zu dieser Zeit überhaupt nicht interessierten. Ich wollte zum Theater, und das stand fest. Da mir aber dieser Ausflug wie einer der Theaterworkshops vorkam, von denen ich schon so viele gemacht hatte, und ich sowieso keine Gelegenheit ausgelassen hätte zu spielen, machte es mir großen Spaß.

Kurz vor der Rückfahrt fragte der Regisseur und Produzent mich dann, wie es bei mir mit der Schule sei. Ich war zu dieser Zeit in der zwölften Klasse, und ob ich denn auf jeden Fall die Dreizehnte machen wolle? Auf diese Frage konnte ich nun besten Gewissens erwidern, dass mir überhaupt nichts am Abitur läge, aber

»Der Murmel Beulen geben«

Katharina Wackernagel in der ARD-Serie *Tanja*,
Quelle: Privatarchiv Katharina Wackernagel

meine Eltern in diesem Punkt anderer Meinung seien. Ja, die Eltern, die würden sie sowieso gerne mal kennen lernen!

Ein paar Wochen später kam es dann dazu. Wir saßen nun bei uns in der Küche, und ich war inzwischen doch ziemlich aufgeregt. Die Vorstellung nach den nächsten großen Ferien nicht mehr zurück in die Schule zu gehen, sondern nach Rostock zu fahren und dort die nächsten zwei Jahre fast jeden Tag von morgens bis abends spielen zu dürfen, machte mich kribbelig. Mein Vater nahm mir das Versprechen ab, das Abitur nachzuholen und als ich nickte, wussten wir beide, dass es nicht dazu kommen würde, und wir sagten zu.

Über drei Jahre hinweg drehte ich nun in Viermonatsblöcken 39 Geschichten, in denen das zu Beginn siebzehnjährige Mädchen Tanja erwachsen wurde. Im Rückblick denke ich, dass ich selbst nicht so viel Zeit zur Verfügung hatte, er-

Von Katharina Wackernagel

wachsen zu werden. Die Dreharbeiten waren zwar eine Art Schule, eine wirklich gute Einführung in den Beruf »Schauspielerin vor der Kamera« zu sein. Aber ich spürte auch den Druck, der auf mir lag, von nun an funktionieren zu müssen. Immer jeden Tag von 5:30 Uhr an. Die treibende Kraft zu spielen, war nicht mehr ich allein, sondern auch der Drehplan, das Geld, das alles kostete, das Wetter und im Hintergrund vorbeifahrende Schiffe (die große Leidenschaft unseres Regisseurs). Trotzdem machte es mir wahnsinnig Spaß, ich lernte viel, das Team um mich herum nahm mich gut auf. Sie erklärten mir alles, was ich wissen wollte, und weil ich ja eigentlich noch nie gedreht hatte, wollte ich alles wissen. Auch die Kollegen, von denen ich die Jüngste war, gaben mir nicht das Gefühl, die Anfängerin zu sein. Trotzdem drehte sich plötzlich alles nur noch um diese kleine Drehalltags-Welt, und ich verlor ein bisschen den Kontakt zu mir selbst, weil ich einfach überhaupt keine Zeit mehr für mich hatte.

An den Wochenenden fuhr ich die ersten Monate noch regelmäßig nach Hause, um meine Freunde zu sehen. Es war aber nicht mehr möglich, einfach so zurück nach Hause zu kommen. Viele Leute hatten sich schon ein Bild gemacht, wie ich mich verändern würde durch die Arbeit fürs Fernsehen, und ich war außen vor. Als wir den ersten Block fertig gedreht hatten, fuhr ich zurück, und obwohl ich wusste, dass es in ein paar Monaten weiter geht, hatte ich erst mal das Gefühl, alles verloren zu haben. Zudem konnte ich ja nicht mal zeigen, was ich die ganze Zeit gemacht hatte, weil die ersten sieben Folgen noch nicht ausgestrahlt wurden.

Ich zog nach Berlin, um mein »Erwachsensein« zu besiegeln. Jetzt hatte ich meine erste kleine Wohnung, hatte einen Beruf, war in der Stadt, in die ich, seit ich mit zehn zum ersten Mal das Musical »Linie 1« (vom Gripstheater) gesehen hatte, auf jeden Fall wollte, »wenn ich groß bin«, und wusste doch nicht so recht, was ich damit anfangen sollte. Ich machte einige Workshops und entschied aufs Neue, dass ich nach dem nächsten viermonatigen Dreh unbedingt an die Schauspielschule gehen musste. Ein halbes Jahr später aber wurde die erste fertige Staffel ausgestrahlt, ich erhielt einen Preis, bekam zum ersten Mal andere Angebote und meine Versuche, an einer Schauspielschule genommen zu werden, wurden meist schon im Voraus abgewiesen. Wenn mich ein Professor erkannte, begann das Vorsprechen mit einer Standpauke, dass Fernsehen überhaupt nichts mit Theater zu tun hätte, und dass ich nicht glauben solle, ich könne die Ausbildung so einfach nebenher machen. Mein Argument, dass ich das wüsste und deshalb hier war, galt nicht. Als ich abgelehnt wurde, hieß es, dass ich schon irgendwie »zu fertig« sei. Die Schule suche Leute, die noch keine eigene Richtung gefunden hätten. Ich verstand überhaupt nichts mehr. Ich kam mir doch so unfertig vor und hatte auch nicht das Gefühl, dass die Auswahl der Rollen (Hilde Wrangel in »Baumeister Solness«, Helena in »Sommernachtstraum«, ein Gedicht von Stefan Politicy und ein Lied von Georg Kreisler) schon so richtungweisend gewesen wäre.

Mein letztes Vorsprechen hatte ich in Leipzig. Dort, nach der bestandenen zweiten Runde, nahm mich einer der Professoren beiseite und sagte, dass er mich am Montag im Fernsehen gesehen habe, seine Frau schaue das ja immer... Warum ich das denn nicht in meinem Aufnahmebogen geschrieben habe? Ob ich mich davon vielleicht distanzieren wolle? Ich sagte, ich habe nicht die Absicht, mich davon zu distanzieren. Ich wisse aber schon, dass Fernsehen nichts mit Theater zu tun habe. Er sagte darauf, ja, es habe in der Tat gar nichts miteinander zu tun, und die Tatsache, dass ich hier gute Chancen hätte, aufgenommen zu werden, erst recht nicht. Er habe aber gehört, dass die Serie ganz erfolgreich liefe, und diese Fernsehleute doch bestimmt interessiert daran seien, weiter zu produzieren. Er möchte mir nur sagen, dass ich mir einfach ganz sicher sein müsse, was ich will. Es sei eben eine Grundentscheidung.

Nun hatte ich die Nase voll. Einerseits solle man auf der Suche sein, noch keine Richtung haben, andererseits solle man sich über alles sicher sein und die große Entscheidung treffen, ob man nun »Kunst« oder »Kommerz« machen will. Ich wollte einfach nur spielen. Wo und wie und um welche Kunstrichtung es sich handelte, war mir eigentlich wurscht. Einfach machen, ausprobieren, andere Ausdrucksformen, Figuren und Charaktere kennen lernen. Dieses ganze Benennen und Bekennen von und zu irgendwas empfand ich als destruktiv. Filme zu drehen hatte nicht unbedingt etwas mit Kommerz zu tun und Theater nicht unbedingt mit Kunst. In dem einen wie dem anderen lag mein Interesse ohnehin nur darin, Figuren zu erfinden. So zu tun, als fühle man wie sie, so zu denken, zu reden und zu handeln, wie es eine Szene vorgibt, und es dabei echtes Leben werden zu lassen. Auch wenn Shakespeares Hermia eine andere Sprache benutzte als die Figur, die ich drei Jahre lang erwachsen werden ließ, waren doch die Gefühle, Gedanken und Verwirrungen immer die Gleichen. Und ähnlich wie meine eigenen. Verliebtsein, Eifersucht, Unsicherheit, Wut und Neid, und es machte mir einfach Spaß, hinein zu schlüpfen und das alles aus der Figur heraus in meiner Fantasie zu erleben.

Natürlich will ich mich mit meiner Interpretation dieser Gefühlszustände nicht immer wiederholen und suche seitdem die Regisseure bzw. Lehrer, die mit mir gemeinsam neue Richtungen erfinden, sich also nicht mit dem Naheliegenden zufrieden geben. Was davon im Nachhinein den Stempel »Kunst« als eine Auszeichnung bekommt, ist spekulativ und hat mit dem konkreten Spiel nichts zu tun.

Ich drehte also weiterhin Filme. Obwohl ich das Glück hatte, viel zu arbeiten, war ich doch immer wieder unzufrieden. Ich hatte das Gefühl, die Figuren ähnelten

Von Katharina Wackernagel

zu sehr der Rolle, die ich in der Serie gespielt hatte. Für meine »Spiel-Angebote«, die in eine andere Richtung gegangen wären, war kein Raum, keine Zeit oder Interesse. Manchmal dachte ich auch, ich würde mehr Zeit in der Maske und im Kostüm verbringen als zu spielen. Ich fühlte mich nicht wohl in meiner Haut, ging es doch meistens nur darum »gut« auszusehen und nicht wirklich darum, eine Figur durch Kleidung und Schminke zu charakterisieren. Das lähmte meine Freude am Drehen zeitweise, und ich hatte Sehnsucht nach dem Theater. In meiner Erinnerung wurde dort sehr viel mehr Zeit auf das Erfinden eines Charakters verwendet und weit mehr Experimente hinsichtlich des Typs gemacht. Beim Drehen wurde ich so besetzt, wie man mich ohnehin schon kannte.

Meine Mutter, die immer in drei Theaterproduktionen gleichzeitig steckte, warnte mich aber immer wieder davor, es zu idealisieren. Zwar wurde mehr Zeit verwendet, um die Rollen zu entwickeln, in ihrer laufenden Produktion hätte sie aber in der ersten Probenwoche keinen Fuß auf die Bühne gesetzt, da von morgens um zehn bis nachts um eins diskutiert wurde. Das sagte sie absichtlich, da sie wusste, wie sehr ich es hasse, wenn stundenlang nur geredet wird, man aber nicht zum Ausprobieren kommt. Auch am Theater sei die Inszenierung eben das Gerüst, und wenn die Konstruktion schief sei oder wackele, müsse man trotzdem jeden Abend raus und so tun als stünde sie felsenfest. Sie rief mir aber vor allem immer das Positive, das Entscheidende in Erinnerung, nämlich dass ich beim Spielen vor der Kamera so viele Möglichkeiten entdeckt hatte und so eine Leidenschaft für die minimalistischere Spielweise entwickelt hatte.

Das stimmte tatsächlich, meine Freude an dem »falschen Echt-Sein« hatte meine Begeisterung für die eher künstliche Wirklichkeit im Theater mehr und mehr verdrängt. Ich ging nun öfter ins Kino als ins Theater und mochte vor allem die französischen, englischen und skandinavischen Filme, also jene, die näher am Leben waren und selten mit großen Effekten arbeiteten.

Ich begann, eigene Kurzfilme zu drehen. Mein Freund war Kameramann, und wir drehten zusammen unseren ersten gemeinsamen Kurzfilm *Leonoras song*, zu dem ich das Drehbuch geschrieben hatte. Ein fünfminütiger Stummfilm, in dem meine Mutter und ich die Hauptrollen spielten. Zwei Frauen, die vom Tangotanzen besessen waren und die Liebhaber der Tochter ermordeten, um dann in einem festlichen Ritual das Begräbnis zu zelebrieren.

Mein jüngerer Bruder, heute Drehbuchautor, war damals fünfzehn, und begann zu dieser Zeit, Drehbücher für Kurzfilme zu schreiben. So machten wir noch vier weitere Projekte. Den nächsten Kurzfilm produzierte ich selbst, da wir keine Lust hatten, auf Fördergelder zu warten, und ich führte zum ersten Mal bei einem Film Regie, diesmal ohne mir eine Rolle darin zu geben. *Think positive* war aber ohnehin ein reiner Männerfilm. Nicht nur hinsichtlich der Schauspieler, sondern auch innerhalb des Teams war ich die einzige Frau. Zu Beginn der Dreharbeiten

»Der Murmel Beulen geben«

Katharina Wackernagel bei Dreharbeiten zu *Think Positive*,
Quelle: Privatarchiv Katharina Wackernagel

lief ziemlich viel schief: Wir bekamen keine Drehgenehmigungen für die Motive, und bei der ersten Probe für eine Rangelei biss der Hauptdarsteller versehentlich dem Partner so heftig in die Stirn, dass dieser ins Krankenhaus musste, »voll bewaffnet« und blutüberströmt. Trotzdem war es eine tolle Erfahrung, einmal hinter der Kamera zu stehen. Und nicht nur den Dreh selbst, sondern auch die Fertigstellung fand ich sehr spannend. Wir hatten auf Super 8 gedreht und das Material auf Super 16 kopieren lassen. Dann saßen wir gemeinsam mit dem Cutter sieben Nächte lang am Schneidetisch. Er kurbelte mit einer Handspule die Szenen auf einem kleinen Monitor immer wieder hin und her, und ich brauchte einige Zeit, um mich daran zu gewöhnen, dass diese zwei Figuren, die dort aussahen, als seien sie Teil eines Zeichentricks, tatsächlich meine beiden Schauspielerkollegen waren. Er schnitt und klebte alles von Hand. Ich war schwer beeindruckt.

Mein Bruder schickte immer wieder neue Drehbücher, und auch als er selbst Regie zu führen begann, spielte ich immer mit und half sonst, wo ich konnte: Catering, Kostüm und Maske. Die Unabhängigkeit und Freiheit, alles ausprobieren zu können, hat mich motiviert, und ich hatte etwas gefunden, was mich aus den »Zeitlöchern« holte. Die mich vor allem wenn ich intensivere Produktionen beendete, etwas ziellos durch mein normales Leben stolpern ließen. Denn, wenn dieser extrem strukturierte Tagesablauf endet und auch die durch die vielen Stun-

Von Katharina Wackernagel

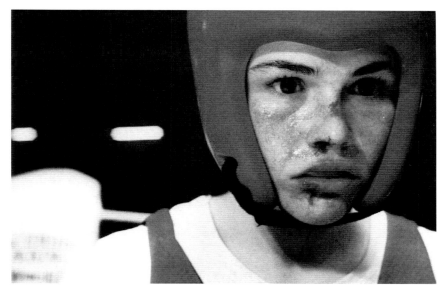

Katharina Wackernagel in *Die Boxerin* (Regie: Catharina Deus), Copyright: credo:film

den der Zusammenarbeit entstandene Intensität mit dem Team und dem Thema des Films, wusste ich plötzlich nicht mehr, was ich mit mir anfangen sollte. Ein Gefühl von Leere trat dann ein.

Nicht wie ich anfangs dachte, ausgelöst durch die Vernachlässigung der Freunde, diesen Fehler machte ich nicht mehr. Es war auch nicht mein Leben, das plötzlich leer gewesen wäre, sondern ich selbst fühlte mich hohl. Man soll nun nicht denken, ich hätte dieses Gefühl für immer überlistet. Jedes schöne Projekt endet in diesem »Loch«. Und es erfordert manchmal sehr viel mehr Disziplin, damit umzugehen als die eigentliche Arbeit.

Vor zwei Jahren drehte ich einen Film, in dem ich ein junges Mädchen spielte, die unbedingt Boxerin werden wollte. Es war eine ganz besondere Rolle für mich. Die Figur, eher zurückgezogen, in ihrer eigenen Welt lebend, hatte wenig gemein mit den Rollen, die ich vorher häufig gespielt hatte: eher offenherzige, selbstbewusste Frauen, die sich ihrer Ausstrahlung und ihres Tuns bewusst sind. Ich mochte aber die Figur von der ersten Seite des Drehbuchs an und war überglücklich, als ich nach dem ersten Treffen mit der Regisseurin Catharina Deus sicher war, dass sie wirklich *mich* für die Rolle haben wollte. Wir hatten schon bei den ersten Gesprächen ähnliche Vorstellungen von der Spielweise der Figur, und es entstand eine ganz wundervolle Zusammenarbeit. Ich begann nun, boxen zu lernen und hatte zum ersten Mal sehr viel Zeit, mich auf die Rolle vorzubereiten. Da die Zeit bei vielen Fernsehproduktionen eher knapp ist, genoss ich das sehr. Ich nahm keine anderen Projekte mehr an, ging alle zwei Tage zum Boxtraining, die anderen Tage ins Fitnessstudio, was mich anfänglich mehr Überwindung kostete als zu kämpfen. Ich stellte mich mit den Geräten ungeschickt an, schwitzte und keuchte auf dem Laufband, während die Leute um mich herum modische »Sportswear«-Kollektionen präsentierten und, im Gegensatz zu mir, immer wie aus dem Ei gepellt aussahen. Auch mit dem Boxtraining fremdelte ich anfangs. Da aber die Außenseiterposition, die ich dort als einzige Frau und dann noch als »irgendsone Filmtussi« automatisch hatte, unmittelbar mit der Rolle zu tun hatte, fiel es mir leichter. Als mich mein Trainer zum ersten Mal mit einem echten Kinnhaken traf, war ich so erschrocken über den wuchtigen Schlag, dass mir Tränen in die Augen traten. Dann schrie er: »Wat heulste denn jetze? Wir sin hier doch nich inner Kirche.« Rot-weiß gefleckt vor Anstrengung versuchte ich, von nun an die Fäuste oben zu halten und »versteckte« mich in der Welt der »Joe«.

Im Nachhinein überraschte mich, dass viele Leute, die *Die Boxerin* gesehen hatten, der Ansicht waren, das sei sicher meine schwierigste Rolle gewesen, weil sie gar nichts mit mir gemein habe. Ich habe das nicht so empfunden, da mir ihre Gefühlswelt in dem Arbeitsprozess immer vertrauter wurde, ich mich oft in ihr wiederfand. So kam es vielleicht auch, dass ich nach Drehende nicht nur in das übliche »Loch« fiel, also Arbeit und Leute vermisste, sondern auch ein bisschen das Gefühl hatte, eine Freundin verloren zu haben. Die »Andere«, die in den letzten fünf Monaten entstanden war, fehlte mir, und ich gab das Boxen auf. Als Katharina war es wieder sehr unangenehm, auf die Nase zu bekommen. Ein tolles Erlebnis jedoch, wie nah man einer Fantasiefigur kommen kann, wenn man die Freiheit dazu hat.

Die Freiheit war nicht nur die lange Vorbereitung und die außergewöhnlich intensive Arbeit mit der Regisseurin. Ich habe mich frei von der Rolle, »Schauspielerin zu sein« gefühlt und mich damit wirklich in den zu spielenden Charakter fallen lassen können. Zuweilen versuche ich, mich aus den Augen des Casters, Regisseurs oder Kollegen zu sehen. Aus einer Unsicherheit heraus versuche ich mich selbst zu überprüfen. Das ist ein Schutzmechanismus aus Angst, sonst falsch beurteilt zu werden. Oft werde ich viel selbstbewusster eingeschätzt, als ich mich eigentlich fühle. Da ich mich aber nicht so leicht frei machen kann, von dieser geglaubten Erwartung, stehe ich mir im Weg bei der Reflektion der Rolle. Obwohl ich mir dessen bewusst bin, brauche ich diese Art von »Versteck«, um mir selbst Kraft zu geben. In der *Boxerin* spürte ich, wie viel transparenter ich spielen kann, wenn ich mich zwar angreifbarer fühle, aber dieses Gefühl zulassen und benutzen kann.

Bei den Dreharbeiten zum *Wunder von Bern* war es umgekehrt. Zu dieser Zeit ging es mir persönlich schlecht. Meine Rolle »Frau Ackermann« sprühte aber vor Lebensfreude. Als Ehefrau eines Fußballreporters stellte sie völlig selbstbewusst ihre Naivität und ihr Unverständnis über die Arbeit ihres Mannes zur Schau. Wäre ich morgens meinem Gefühl entsprechend wie ein nasser Sack ans Set gekommen, wäre der Weg in die Rolle viel zu weit gewesen. Also **spielte** ich eine selbstbewusstere Katharina Wackernagel um mich der Rolle der Frau Ackermann anzunähern.

Dieses Spannungsfeld zwischen der »Rolle Schauspielerin« und der Figur macht den Beruf für mich aus, aber verlangt mir immer wieder neue Wege ab, offen und durchlässig zu bleiben. Es ist eine Herausforderung, nur sich selbst zur Verfügung zu haben als »Präsentationsmaterial« und dabei abhängig zu sein von der Meinung anderer, die entscheiden, ob man arbeiten darf oder nicht. Gleichzeitig muss man im ständigen Dialog mit sich selbst sein, dieses Außenbild mit sich zu vereinen, um unabhängig zu bleiben in der eigenen Reflektion.

Bei Kollegen oder Regisseuren, die den Ruf hatten, »schwierig« zu sein, glaubte ich, während der Arbeit zu erkennen, dass sie entweder auf diese »Schutzrolle« verzichtet hatten, darum sensibel, aber auch angreifbarer und extremer in ihren Reaktionen waren. Oder andere, die aus dieser Rolle sich selbst gemacht haben, die immer eine »Figur« sind, die gut funktioniert und beschützt. Dadurch aber auch einen Teil ihrer Persönlichkeit eingebüßt haben und undurchlässig geworden sind. Ich glaube, dass Angst wie andere Gefühle auch ein Grundstoff ist, auf den man beim Spielen nicht verzichten kann.

Doch am Besten gelingt mir eine Szene, wenn ich ein Gefühl empfinden kann, ohne es aber in diesem Augenblick wirklich zu verspüren. Spiele ich beispielsweise Angst und fürchte ich mich tatsächlich vor irgendetwas, brauche ich so viel Energie, um das zu unterdrücken, und die zu spielende Empfindung »rutscht« mir weg, wie ein Gedanke, der »einem auf der Zunge liegt«, und den man vergeblich versucht zu schnappen.

Manchmal versuche ich mich daran zu erinnern, wie es mir als Kind gelungen ist, all diese Gedanken auszuschalten. Wie selbstverständlich ich losgespielt habe.

Häufig werde ich gefragt, welche Rolle ich gerne einmal spielen würde. Eigentlich weiß ich nie, was ich darauf antworten soll. Wenn man beim Film nicht historische Persönlichkeiten darstellt, hat man ja selten mit Figuren zu tun, die schon einmal existiert haben. Ähnlich also als würde man mich fragen, welchen ganz neuen Geschmack ich gerne mal schmecken würde.

Welche Charaktere mich grundsätzlich interessieren, ist nicht schwer. Je widersprüchlicher oder zerrissener eine Figur in ihrer Gefühlswelt ist, umso mehr

Katharina Wackernagel im Kurzfilm *Asian Love Syndicate* (Regie: Christian Thede), Quelle: Privatarchiv Katharina Wackernagel / Foto: Christian Coers

Spaß macht es mir, sie zu spielen. Oder eine Figur, die in sich selbst auf eine Reise geht, einen Prozess durchmacht.

Bei einem Drehbuch, das ich im Hinblick auf eine Rolle lese, muss mir vor allem die Geschichte gefallen. Egal, welches Thema die Geschichte behandelt, eine Figur ist ein bisschen wie eine Murmel, die in einer Murmelbahn ihren Weg macht. Hin und her rollt, ihr Tempo durch die »Statik« der Bahn, also die Dramaturgie, verlangsamt oder beschleunigt, aber doch als dieselbe Murmel unten wieder ankommt. Dass die Bahn spannend ist und nicht in irgendwelchen Sackgassen landet, ist das Wichtigste. Der Kugel dann den eigenen »Schliff« zu geben, kleine Beulen und Unebenheiten einzuarbeiten, die sie an bestimmten Stellen anecken lässt, den »Einwurf« zu bestimmen, das ist meine Interpretation.

Bei *Bloch* drehte ich zwölf Filme einer Reihe. Ich spielte die Tochter eines Psychologen, die selbst auch Psychologie studiert und ihm bei der Lösung der Fälle assistiert. Hier hatte ich immer dieselbe »Murmel« zur Verfügung. Der Schliff war in dem ersten Film gemacht worden, und nur der Einwurf und der Verlauf der Bahn variierten. Da jeder Film von einem anderen Regisseur inszeniert wurde, war es interessant für mich zu sehen, wie unterschiedlich die Figur gesehen werden konnte. Einerseits fand ich es gut, mich auf die unterschiedlichen Interpretationen der »Leonie« einzulassen, andererseits wusste ich schon zu genau, wo sie anecken würde, und wie sie dann reagiert. Es macht Spaß, eine Figur, die man schon kennt, auf immer neue Wege zu schicken, aber das Beste, und zwar sie neu zu erfinden, fällt weg. Der neue Blick des Regisseurs hilft nur bedingt. Zudem gehört es zu dem Konzept einer Reihe, dass die Hauptfiguren ihren Charakterzügen treu bleiben. Als ich merkte, dass ich neidisch wurde auf die Episodenrollen, die Patienten, die herrliche ausgefallene Krankheitsbilder spielen durften, hörte ich auf. Ich hatte das Gefühl, meine Figur ausgeschöpft zu haben und fürchtete mich, mich in meiner Ausdrucksweise nur wiederholen zu können.

Trotzdem war es eine gute Gelegenheit, in ein und derselben Figur steckend, so viele Arbeitsweisen von Regisseuren kennen zu lernen.

Interessant fand ich zum Beispiel die Arbeit mit Kilian Riedhof, dem Regisseur des Films *Der Freund meiner Tochter*. Eine Geschichte, in der Leonie selbst zum Patienten ihres Vaters wird, da sie sich in einen psychisch stark gestörten Mann verliebt, ihn sogar heiraten möchte und über die Liebe in eine Art Abhängigkeit gerät. Es entsteht ein Kampf zwischen Vater und Tochter. Er versucht ihr zu beweisen, dass ihr Mann krank ist. Sie fühlt sich verraten und wirft ihm Eifersucht und Egoismus vor, ihr diese Liebe nicht zu gönnen. Dieser Stoff bot so viel Neues für meine Figur, und ich war gierig darauf loszuspielen. Der Regisseur jedoch hatte jede Szene so durchstrukturiert, alle Positionen, alle Gänge und Aktionen waren vorgegeben. Nach den ersten Drehtagen rief ich empört meine Mutter an und sagte, es mache überhaupt keinen Spaß, ich habe das Gefühl, ich sei beim Ballett. Wir hatten an diesem Tag einen langen Dialog gedreht, der im Drehbuch in der gemeinsamen Küche von Vater und Tochter, am Tisch sitzend und leise und intim miteinander redend beschrieben war. In der Inszenierung war ich zweimal zum Kühlschrank gelaufen, hatte Wein nachgeschenkt, eine Gurke gegessen, mich auf den Schoß des Vaters gesetzt, ihn dann mit Eiswürfeln beworfen und war brüllend durch den Flur gelaufen. Das alles war von der ersten Stellprobe an entschieden. Ich befürchtete, die Szene hätte aufgrund der vielen Aktionen ihre Schärfe, ihre Direktheit verloren. Das Gegenteil war der Fall. Im Verlauf der Dreharbeiten sah ich, wie der Regisseur die Atmosphäre der Szenen baute. Wie viel die Figuren neben dem, was sie sagten, über ihr Inneres verrieten, indem er sie ständig beschäftigte. Mit dem fertigen Film bin ich sehr glücklich und denke im Nachhinein, es war Eitelkeit, die es mir anfangs schwer machte, mich auf diese Arbeit einzulassen, da ich mich in der Entwicklung übergangen gefühlt hatte. Ich habe auf jeden Fall bei dieser Arbeit viel gelernt und mag die eigene Handschrift, die der Regisseur diesem Film gegeben hat.

Bei der Arbeit mit Adolf Winkelmann, bei dem Film *Eine einzige Tablette* (ein Film über den Contergan-Prozess in den 60er-Jahren, in dem ich die Mutter eines Contergan-geschädigten Kindes spielte), mochte ich es sehr, dass er immer ganz nah an den Figuren blieb. Ich hatte nie das Gefühl, dass eine Szene einen zusätzlichen Aufbau, eine Überschrift oder einen von außen bestimmten Rhythmus bekam. Er selbst wirkte dabei so gelassen, inszenierte wie nebenher, entlarvte aber sofort Momente, die nicht genau genug, nicht glaubwürdig gespielt waren. Dabei zweifelte er nie uns als Schauspieler an. Als würde er jede Figur so genau kennen, dass er instinktiv wusste, wann dieser Mensch falsch wiedergeben wird. Die Entwicklung einer Szene ließ er aber im Probenprozess entstehen. Das gab mir so viel Vertrauen, dass ich schon vor Beginn der Dreharbeiten ein Fundament für die Figur gefunden hatte und mir der Zugang zu der Rolle nicht schwer fiel. Eine Rolle, die man morgens anziehen kann wie ein Kostüm, um den Tag über in ihr zu »sein«, macht mir das größte Glücksgefühl beim Spielen. Vergleichbar mit einem Kinobesuch, bei dem man nach dem Abspann noch sitzen bleiben möchte, um noch länger an der Geschichte teilzuhaben.

Habe ich die Figur während der Dreharbeiten gefunden, dann bin ich überzeugt von dem, was geschieht und kann eintauchen in die Geschichte. Dadurch gewinne ich Abstand zu meiner Arbeit. Wenn ich schon durch den Dreh gestolpert bin, in dem Gefühl, jeden Tag einen neuen Anzug anzuprobieren, bleibe ich auch als Zuschauer außen vor und verspüre nicht den Sog, den ein Film haben kann.

Für einen solchen Film die Promotion zu machen, ist schwer. Weder möchte ich mit meinen kritischen Urteil den Zuschauer schon im Voraus beeinflussen, noch kann ich den Film positiv anpreisen, weil ich dann nicht ehrlich wäre Eigentlich kann ich dann nur zu dem zurückkehren, was ich in der Geschichte gesehen habe und was mich an dem Charakter interessiert hat. Zu sagen, dass ich mir alles ganz anders vorgestellt habe, bringt mir und dem Film gar nichts, außer wenn ich mich von einer inhaltlichen Aussage, hinter der ich nicht mehr stehe, distanzieren will. Als ich mit siebzehn zum ersten Mal Interviews gab, um Werbung für die Serie zu machen, bin ich in jedes Fettnäpfchen getreten. Der Grund war meine Offenheit. Das Problem war nicht meine Ehrlichkeit, ich habe auch keine Geheimnisse verraten oder jemanden vorgeführt. Ich habe einfach ganz offen gesagt, was ich denke, was ich mir anders vorgestellt hätte, was mir nicht gefällt usw. Da aber meist nicht meine subjektive Meinung als solches gedruckt wurde, sondern die Interpretation dessen, Zitate in völlig anderen Zusammenhängen gebracht wurden, war der Sinn verdreht, und es hat zu Missverständnissen geführt. Ich weiß, dass es oft als unglaublich langweilig gilt, so objektiv wie möglich zu bleiben, aber in dieser Hinsicht ist es ein Schutz. Ich bin seitdem ziemlich skeptisch geworden und möchte vorher alles über den Interviewpartner wissen, und das nicht aus Angst vor meiner Meinung, sondern aus Sorge, ob es die dann auch bleibt.

Die wichtigste und konstruktivste Kritik bekomme ich von meiner Familie, meiner Agentin Katharina Pauly und anderen sehr engen Freunden. Von meinem Vater bekomme ich nach jedem ausgestrahlten Film einen detaillierten Bericht, schon seit der ersten *Tanja*- Folge. Und meine Mutter, die meistens selbst spielt, ruft mich an, sobald sie ein Video gesehen hat. Mit meinen Brüdern und Freunden verbinde ich die Vorführung am liebsten mit einer Einladung zum Abendessen. Nicht um sie damit milde zu stimmen, sondern weil ich selbst am liebsten beim Essen diskutiere.

Während der Dreharbeiten kann ich gut damit umgehen, kritisiert zu werden. Beim fertigen Film muss ich mich manchmal ganz schön zusammenreißen, nicht verletzt oder trotzig zu reagieren. Man fühlt sich ein bisschen hilflos, wenn man es nicht noch mal anders machen kann und gerät in eine Verteidigungsposition. Wenn es aber meine Freunde sind, will ich wissen, was sie denken und nehme die Kritik an. Und auch wenn es für einen Moment unangenehm ist, bei einem Film nicht mehr eingreifen zu können, gibt es Kraft, immer weiter zu machen, besser zu werden, Neues, anderes auszuprobieren.

Wenn mich meine Ungeduld nicht über den Haufen rennt und mir nicht beim Warten auf ein schönes Projekt das Gefühl gibt, Stubenarrest zu haben, bin ich mir sicher, dass da noch viel kommen wird.

© Rosa-Frank.com

Felicitas Woll wird 1980 im hessischen Harbshausen geboren. Mit 18 Jahren beginnt sie eine Ausbildung zur Krankenschwester, als sie von ihrem zukünftigen Agenten entdeckt wird. Kurz darauf beginnt sie ihre Schauspielerkarriere als Tanja Ewermann in der RTL-Sitcom *Die Camper*. Als Lolle in der ARD-Serie *Berlin, Berlin!* schafft sie den Durchbruch. Für diese Rolle wird sie vielfach ausgezeichnet und erhält u.a. 2003 den Adolf Grimme-Preis, 2004 den Emmy. Im Kino startet sie in Dennis Gansels *Mädchen, Mädchen*, 2004 dreht sie mit *Abgefahren – Mit Vollgas in die Liebe* einen weiteren Kinofilm.
Zu ihren weiteren Fernsehrollen gehören u.a. die Hauptrolle in der chinesisch-deutschen TV-Serie *True Love Is Invisible* von Alexander Lau Kok Ho, das TV-Melodram *Club der Träume* (Benno Kürten, 2002) oder Hartmut Griesmayr *Tatort - Bienzle und der Tod im Teig*. 2006 spielt sie in Roland Suso Richters erfolgreichem Zweiteiler *Dresden* die weibliche Hauptrolle und erhält dafür u.a. den Bayerischen Filmpreis 2006 und die DIVA 2007. 2007 geht sie mit zahlreichen Rollen an den Start: von *Zwei Wochen Chef* (Annette Ernst) über *Kindersuche* (Sherry Hormann) bis zum Mauerdrama.
Felicitas Woll lebt in der Nähe von Kassel.
www.frank-oliver-schulz.de

»Zufall oder Schicksal…«

Von Felicitas Woll

Ich war eigentlich ein ganz normales Mädchen – eines, das immer gerne den Spiegel in seinem Zimmer in Zuschauer verwandelte und zum Beispiel »Die Zauberflöte« vorgespielt und gesungen hat. Auch in der Grundschule haben wir, leider viel zu selten, Theater gespielt: So spielte ich mal den Kaiser in »Des Kaisers neue Kleider« oder einen Zirkusdirektor. Meine damalige Grundschullehrerin hatte mir in mein erstes Zeugnis geschrieben: »Im Deutschunterricht kommt Felicitas schauspielerisches Talent zum Ausdruck!« Was hätte es mich glücklich gemacht, mit Spielen meine Schulzeit zu verbringen! Als ich 14 Jahre alt war, erzählte mir meine Mutter, dass Caterina Valente eine Schauspielschule eröffnen wollte und wir beschlossen, eine Bewerbung hinzuschicken. Da diese Schule aber nie eröffnet wurde, vergaß ich auch den Gedanken ans Spielen. Die Schulzeit ging zu Ende und ich musste mir Gedanken machen, was ich denn beruflich machen möchte: Ich begann eine Ausbildung zur Krankenschwester.

Trotz allem lenkte mich das Glück in eine andere Richtung und mein Leben änderte sich an einem Dezemberabend! Ich stand mit meiner Schwester am Rande der Tanzfläche in einer Diskothek, als mich eine Frau ansprach und mich fragte, ob ich nicht Lust hätte, Schauspielerin zu werden. Meine Reaktion darauf war verhalten, denn ich habe das gar nicht richtig ernst genommen. Sie gab mir eine Karte und… ging. Da stand ich nun mit dieser Visitenkarte, auf der der Name »Frank Oliver Schulz« stand. Er war es, der mich hatte tanzen sehen und um Mitternacht seine Sekretärin anrief, damit sie mir seine Karte übergab. Und er ist somit auch ein ganz großer Teil dieses Glücks, das mein Leben ab diesem Moment komplett änderte. Das konnte ich zu dem Zeitpunkt aber noch nicht ahnen. Ich war 17 und noch sehr kindlich. Aber ich war zugleich auch neugierig, und so machten wir ein Treffen mit »Frank Oliver Schulz« aus.

Schon kurz nach dem ersten Treffen mit meinem neuen Agenten bekam ich auch meine erste Rolle! Der Dreh fand in Düsseldorf statt und ich konnte bei einer Schauspielerin übernachten, die auch in dem Film mitspielte. Für mich war das alles schrecklich aufregend und ich steigerte mich immer mehr in das Gefühl hinein: »Hiiilfe, ich kann das doch gar nicht, ich will nach Hause!« Ich wurde prompt noch vor dem Dreh krank und bekam eine Magendarmgrippe. Am nächsten Morgen saß ich aber dennoch zum ersten Mal in meinem Leben »in der Maske«. Meine ersten Dreharbeiten verliefen erstaunlich gut und waren nach einer Woche beendet. Der Film war ein Werbefilm für Berufsschulen, in dem anhand einer Jugendclique, die ihre Wohnung renoviert, gezeigt wurde, wie man richtig mit Steckdosen und anderen elektrischen Geräten umgeht...

Ich erinnere mich, wie ich für eine andere Rolle das erste Mal alleine nach Köln fahren musste. Bereits am Bahnhof bekam ich Angstzustände und Bauchschmerzen, weil ich fürchtete, mich alleine in so einer »riesigen« Stadt nicht zurechtzufinden. Ich glaube, ich hatte schon damals ein großes Talent, mich in Dinge so hineinzusteigern, dass ich Schwierigkeiten magisch anziehe. Ich laufe also durch den Kölner Hauptbahnhof und suche nach dem Taxistand. Dabei versuche ich, krampfhaft meine Tasche an mich zu drücken, damit mir bloß keiner etwas klauen kann, aber... mein Geld ist schon weg! In diesem Moment stürzte mein ohnehin schon so wackliges Gerüst vollkommen in sich zusammen: Ich fühlte mich so hilflos und alleine. Alles Mögliche ging mir durch den Kopf... aber am meisten übermannte mich der Gedanke, dass ich nun nicht mehr nach Hause fahren und für immer im Kölner Bahnhof bleiben müsste! Die Geschichte ging gut aus – allerdings erschien ich mit verheulten Augen zu meinem Termin! Solch ähnliche Geschichten passierten mir noch viele Male. So setzte ich mich z.B. einmal auch in den falschen Zug und merkte es erst nach einer Stunde. Ich war einfach die ersten zwei Jahre jedes Mal so aufgeregt, wenn ich alleine irgendwohin reisen musste, dass mir so etwas immer wieder passierte.

Ich war 19, als mein Agent Frank Oliver Schulz mich anrief und mir sagte, dass für eine chinesische Serie eine deutsche Hauptdarstellerin gesucht werde. Er hatte mein Bild bereits hingeschickt und ich wurde daraufhin... besetzt. »Was hatte er gesagt?«...»Chinesische Serie?«...»Sechs Wochen in China drehen?« Nun gut. Ich habe also mein Koffer gepackt und bin nach Zußmarshausen in die Nähe von München gefahren. Dort wurde ich dann von den chinesischen Teammitgliedern begrüßt. Unser Kameramann allerdings war ein Deutscher sowie zwei Aufnahmeleiter und ein paar Schauspieler. Gott sei Dank, denn viele Teammitglieder sprachen nur Chinesisch. Kurz zur Geschichte: Es ging um eine deutsche Kunststudentin, deren Vater im Zweiten Weltkrieg nach China geflohen war und die sich durch die Erzählungen ihres Vaters stark mit China verbunden fühlt .Ihr Vater hat ihr Chinesisch beigebracht und sie beschließt, nach China zu reisen. Auf einem Flug nach China begegnet sie ihrer Liebe »Lin Ziwen«. Die Geschichte erzählt, wie sie sich kennen und lieben lernen, wie sie durch Intrigen wieder getrennt werden. Aber alles hat ein Happy End und die Beiden heiraten ganz romantisch in Füssem! Die erste Woche war unglaublich chaotisch. Es gab kein wirkliches Drehbuch, sondern eine Geschichte in altertümlicher Sprache, die ich mir dann selbst umschreiben musste. Oder unser Regisseur, der aus Hongkong kam und schon Filme mit Jackie Chan gedreht hatte, schrieb noch die ganze Nacht an einer neuen Version des Buches. Somit musste ich auch sehr viel improvisieren. Wir drehten viel in und um München und Umgebung. Das war der verrückteste Dreh, den ich je erlebt habe. Einmal drehten wir in einem kleinen Städtchen in einem Cafe. Es gab in diesem Cafe große Fenster, sodass die Leute, die draußen vorbeigingen, schnell sahen, dass wir drinnen filmten. Ich habe erst als ich mir die fertige Folge anschaute, gemerkt, dass die Menschen vor dem Fenster nicht einfach vorbeigingen, sondern vergnügt in die Kamera winkten. Ich bin mir sicher, dass unser Kameramann das gesehen hat, aber wir hatten keine Leute, die draußen absperren konnten. Dafür fehlte einfach das Geld. Das Gleiche passierte uns in einer S-Bahn – alle, die hinter mir saßen, freuten sich, endlich mal ins Fernsehen zu kommen. Ich weiß noch, wie ich einen vom Team auf Englisch sagen hörte: »Wir haben nicht die Zeit, die Szene zu wiederholen!« Später erfuhr ich auch warum... wir hatten gar keine Drehgenehmigung. Das Team war eine Mischung aus Hongkong- und Festlandchinesen, somit entstanden hin und wieder Konflikte. Ich fühlte, dass ich nicht alleine in dieser Situation sein wollte und konnte und rief meine Mutter an. Sie entschied sich, an meiner Seite zu sein um mich seelisch zu unterstützen. Am selben Abend noch kam sie zu mir und daraufhin begann für uns die spannende Reise ins »Land der Mitte!«

Die Dreharbeiten in Deutschland waren beendet und Anfang Dezember 1999 flogen wir nach Peking. Wir kamen in unserem Hotelzimmer an und versuchten, uns es erstmal heimisch zu machen und zu realisieren, dass wir wirklich in China waren. Ich erinnere mich noch so gut an den ersten Morgen, wie ich aus unserem Hotelzimmer sah und die Sonne versuchte, den Smog, der über der Stadt lag, zu durchdringen. Jeder Tag brachte unzählige Eindrücke mit sich, obwohl ich heute sagen muss, dass ich mich an Vieles nicht mehr gut erinnern kann, weil ich ja jeden Tag drehte. Und in China wurde nicht wie in Deutschland gedreht, sondern manchmal drehten wir fast 20 Stunden am Stück. Manchmal drehten wir so lange, dass wir uns um fünf Uhr morgens in ein kleines Nudelrestaurant setzten und heiße Nudelsuppe aßen... natürlich mit Stäbchen! Es gab noch einige andere kuriose Dinge zu essen, die wir in den Mittagspausen an Straßenständen aßen. Irgendwann konnte ich das Essen allerdings nicht mehr sehen, und wir ernährten uns zwei Wochen von einer großen Fast Food-Kette, was aber dann auch nicht mehr ging, weil ich davon dicker wurde.

Alles war sehr anstrengend, aber dieses Team hat mich wirklich auf Händen getragen und versucht, uns jeden Wunsch zu erfüllen. Meine Kollegen hatten z.B. eine Weihnachtsfeier arrangiert in einem schönen Restaurant. Es war ein netter Abend, an dem natürlich auch Karaoke gesungen wurde – das ganze Team sang,

»Zufall oder Schicksal...«

Setfoto *Magic Love* – Copyright: Simon Hu

Von Felicitas Woll

auch ich. Ich sang in chinesischem Kauderwelsch ein Liebeslied und alle fanden das anscheinend sehr schön und vor allem lustig, denn anscheinend hatte ich irgendwas von »Schweinestall« gesungen, natürlich unwissend. Wir drehten auch in vielen alten Straßen, in wunderschönen Gärten und an einem Platz, von dem aus man den Kaiserlichen Palast sehen konnte. Ich musste während meiner Zeit dort oft an »Jim Knopf und Lukas den Lokomotivführer« denken. Da gab es eine Folge, in der sie in China, im Palast beim Kaiser und seiner Tochter Lilli, sind. Diese Folge hatte ich als Kind immer am liebsten gehört. Denn sie hatte eine ganz besondere Stimmung, und genau die Stimmung empfang ich wieder, als ich den Palast sah.

Wenn wir Außendrehs hatten, bildeten sich immer ziemlich schnell Menschentrauben um uns herum. In den Drehpausen kamen die Passanten zu mir, fühlten an meinen roten Haaren oder bestaunten meine »große« Nase. Auch die chinesische Presse hatte Interesse an uns, und ich gab viele Interviews für das Fernsehen und für Zeitungen. Ich fühlte mich wie eine Botschafterin für Deutschland, indem ich versuchte zu vermitteln, wie wir leben, arbeiten und wie bei uns Filme gedreht werden – Letzteres eigentlich genauso wie in China, nur mit dem Unterschied, dass bei uns ganze Straßen gesperrt werden, wenn wir drehen.

Als wir dann für eine Woche nach Shanghai flogen, erlebten wir einen Kulturschock. Shanghai erschien uns riesig, modern – so zwischen fantastisch und unheimlich. Als wir unser Hotel sahen, strahlten unsere Augen, vor allem meine, weil ich mich schon auf die lang ersehnte Badewanne freute. In der Lobby gab es Marmorboden und goldene Säulen. Mein Kameramann meinte laut: »Ach, endlich ein Hotel, das uns zusteht!« Mit diesem Satz im Ohr kamen wir in den Flur zu den Zimmern und... da war kein Marmorboden mehr. Es sah schlimm aus, nicht ganz so schlimm wie unser Hotel in Peking, aber auch schlimm. Ich habe dort wirklich gelernt, nicht anspruchsvoll zu sein. Ich habe aber auch schöne Erinnerungen an Shanghai. Es gab zum Beispiel ein Abendessen in dem ältesten Hochhaus Shanghais, mit Blick auf die Skyline. Dort habe ich den besten Fisch meines Lebens gegessen. Ich glaube, ich aß eine Stunde am Stück. Dann kam die Jahrtausendwende. Es war wirklich einmalig, mit diesen vielen Menschen in ein neues Zeitalter zu gehen. Auch wenn ich zwischendurch keine Lust mehr hatte und nach Hause wollte, bin ich heute dankbar, dass ich diese Erfahrung machen durfte.

Diese ersten so aufregenden Jahre vergingen, und ich wurde sicherer. Die lehrreichsten Jahre für mich waren meine vier Jahre in *Berlin-Berlin!* Wir Schauspieler hatten wohl – und da spreche ich nicht nur in meinem Namen –, eine ganz besondere Zeit. Weil wir nie das Gefühl hatten, miteinander zu spielen, sondern die Geschichten wirklich zu leben. Ich merkte, dass ich immer mehr mit der Rolle

»Zufall oder Schicksal…«

Berlin, Berlin – Copyright: ARD / Thorsten Jander

verschmolz, und durch die viele Zeit, die wir drehten, lebte ich eigentlich mehr das Leben von Lolle als mein eigenes. Es war auch eine so besondere Rolle, die so viel spannende Situationen hatte. Ich konnte in so viele Kostüme schlüpfen, die die Kostümgestalter mit Hingabe bastelten und zusammenstellten. Ich habe durch Lolle schon so viele verrückte Sachen gemacht, die man eigentlich im richtigen Leben nie erlebt. Zum Beispiel, nur mit einem Handtuch bekleidet durch Berlin zu laufen oder bei Minustemperaturen in die Spree zu springen. Unser Autor David Safier hat es geschafft, eine Geschichte zu schreiben, die die Zuschauer mitten ins Herz getroffen hat. Es war für mich die größte Freude, dort mitzuspielen! Vor allem habe ich dort viel über den Schauspielerberuf gelernt. Dazu kam natürlich auch der große Erfolg von *Berlin-Berlin*! Die Serie wurde Kult und wir gleich mit! Nach Ausstrahlung der ersten Staffel war es vorbei mit der Anonymität, und wir wurden überall erkannt. Eine Situation, an die man sich auch erstmal gewöhnen musste. Aber egal, wer einen auf der Straße ansprach, alle waren begeistert und absolute Fans. Wir bekamen für *Berlin-Berlin* so viele Preise, ungewöhnlich viele Preise für eine Vorabendserie. Sogar den Oscar des Fernsehens, den »Emmy«, bekamen wir. Es erschien mir alles so unrealistisch und ich konnte lange gar nicht glauben, was um mich herum geschah.

Ich wurde mit der Rolle erwachsener und hatte das Gefühl, irgendwann wirklich alles mit Lolle erfahren zu haben: sie in- und auswendig zu kennen, mich mit ihr in alle Männer Berlins verliebt und wieder von ihnen getrennt zu haben. Alle Höhen und Tiefen des Lebens mit ihr geteilt und kiloweise Kakao getrunken zu haben. Ich war so reich an purer Lolle, dass irgendwann das Bedürfnis kam, mich davon wieder frei zu machen und wieder zu entdecken, wer ich selber bin. Ich hatte Lust, nach vier Jahren und viel Arbeit eine Pause zu machen, um mich mal nur mit mir zu beschäftigen: morgens auszuschlafen, mich mit meinen Freunden zu treffen und einfach nur zu Hause zu sein. Der Abschied nach der vierten Staffel war sehr traurig, weil wir alle stark zusammengewachsen waren. Die »WG« wurde also aufgelöst, und wir gingen in alle Himmelsrichtungen. Aber die Zeit in Berlin hat uns auf ewig verbunden, wir sind alle heute auch nach fast zwei Jahren immer noch befreundet.

Nach der *Berlin-Berlin*-Zeit wollte ich, wie gesagt, eigentlich eine Drehpause machen... aber alles kam anders. Ich wurde zum Casting für den Film Dresden eingeladen. Ich bekam die Hauptrolle »Anna Mauth«! Und kaum hatte ich die Zusage, wurde mir bewusst, dass es eine enorme Verantwortung war, diese Rolle zu spielen. Ich hatte ein wenig Angst, dem nicht gewachsen zu sein. Aber als die Dreharbeiten begannen, merkte ich schnell, dass ich der ganzen Geschichte gar nicht so fern war wie ich dachte. Meine Großmutter hatte als 10-jähriges Mädchen die Dresdner Bombennächte miterlebt, und es hat sie bis heute nicht losgelassen. Ich habe oft an sie gedacht, wie es für sie gewesen sein musste.
Ich habe in diesen fast vier Monaten Drehzeit in gewisser Hinsicht wirklich den Krieg erlebt, habe die Angst gespürt, die Dich packt und nicht mehr loslässt, wenn Du durch die Straßen läufst und nicht weißt, wohin die nächste Bombe fällt. Unser Regisseur Roland Suso Richter hat uns ganz bewusst in die Szenen reingehen lassen, ohne uns wirklich genaue Angaben zu machen. Uns hätte natürlich nichts passieren können, aber erschien es sehr real. Viele Komparsen konnten ihre Gefühle nicht bändigen und weinten, weil sie sich plötzlich als Kinder im brennenden Dresden wiedersahen. Sie hatten die Nächte damals persönlich erlebt, und plötzlich kam alles wieder hoch. Aber auch ich, obwohl ich es Gott sei Dank nicht miterleben musste, fand mich in Situationen wieder, die mich zum Weinen brachten. Am meisten bewegt hatte mich die Szene, in der Anna an die Wand gestellt wird und erschossen werden soll. Ich blickte diesem Mann in Uniform in die Augen und wusste, dass er mich jetzt erschießen wird! Das war einfach zu viel für mich in diesem Moment. Und hat mich auch lange nicht losgelassen. Diese Kälte, die damals über dem Land und den Menschen lag, war so stark zu spüren. Ich hätte nie gedacht, dass das möglich ist, nochmals aufleben zu lassen. Da spürte ich wieder, dass Filme machen nicht einfach nur ein technischer Vorgang ist, sondern, wenn man es wirklich schafft, es zuzulassen, Magie sein kann.

Während dieses Drehs waren unsere Tage und Nächte sehr lang, vor allem als wir in den Kellern drehten. Um uns deutlicher zu machen, wie heiß es in den Kellern gewesen sein muss, wurden riesige Schläuche mit heißer Luft in die Keller geblasen. Ziemlich schnell wurde jedem Einzelnen klar, wie er in so einer Situation reagieren würde und ließ seinem Instinkt einfach freien Lauf. Einige weinten, schluchzten und andere wurden ganz still. Gerade die Kinder waren sehr leise. Es waren wirklich anstrengende Tage da unten drin. Um uns noch mehr in dieses Gefühl zu bringen, wurden fünf große Audio-Boxen um die Keller aufgestellt, über die das Hinabfallen und Explodieren der Bomben abgespielt wurde. Es war furchtbar, weil es sich so echt anhörte und fühlte. Denn jeder, der nur mal zu nah an einer Discobox gestanden hat, weiß, dass der Bass Dein Herz aus dem Takt bringt. Und so war es dort auch. Im Juni 2005 waren die Dreharbeiten beendet. Ich habe in diesen Monaten so viel erlebt, gelernt, geweint und geschwitzt vor Anstrengung – ich glaube, so eine Arbeit ist einmalig. Ein besonderes Erlebnis am Schluss der Arbeit war die Weihe der Frauenkirche. Dass ich das nach dieser harten seelischen Arbeit erleben konnte, war für mich ein guter Abschnitt.

Nach *Dresden* war für mich nun klar, endlich mal freizumachen! Und das passierte auch – ich wurde schwanger. Genau wie Anna, die am Ende erzählt, dass sie eine Tochter geboren hat, bekam auch ich am 14. Februar 2006 meine Tochter. Sie kam an dem Tag auf die Welt, an dem vor genau 61 Jahren die Bomben auf Dresden fielen. Da fragt man sich nicht mehr, ob es Zufall oder Schicksal gibt!

Nach einem knappen Jahr Babypause hat es mich wieder vor die Kamera und ins Ausland, dieses Mal nach Prag, gezogen. Dort habe ich das Jahr 2007 »langsam« mit der Rolle des *Schneewittchens* in der Pro7-Reihe »Märchen Stunde« angefangen. Für die Wiedemann & Berg-Produktion bin ich anschließend im komödiantischen Fach geblieben und durfte in der Hauptrolle *Zwei Wochen Chef* sein. Dann hat sich das Jahr mit einer weiteren Hauptrolle gewendet. Nach einer kurzen Sommerpause habe ich in der Eventproduktion *Die Mauer* von Olga Film mitgewirkt. Die Produzentin Viola Jäger, die immer ihre Projekte wie eine Löwin verteidigt, hat gekämpft, damit ich die wunderbare Rolle der Mandy bekomme.

Ob Komödie oder ein ernster, dramatischer Stoff, entscheiden ist für mich immer die Rolle und nicht das Format. Ich würde jederzeit wieder in einer guten Fernsehserie mitwirken und ich drehe sehr gern für das Fernsehen. Ich muss mir allerdings bereits beim ersten Lesen des Drehbuches deutlich vorstellen können, die Rolle, die mir angeboten wird, mit Leben zu füllen. Ich muss diese Person vor meinem geistigen Auge sehen. Ich muss sie sprechen hören, ich muss spüren können, wie sie sich bewegt, wie sie sich freut, warum sie übermütig ist oder sich aufregt, wie sie hofft, ihr Herz verliert, den Kampf annimmt, warum sie glücklich ist oder Angst hat... wie auch immer. Ich muss bereits beim Lesen Gänsehaut bekommt.

I

© Ruth Kappus

Rosel Zech wird 1940 in Berlin geboren. Mit 18 Jahren beschließt sie, Schauspielerin zu werden. Nach Besuch der Max-Reinhardt-Schauspielschule und Privatunterricht bei Margot Stein spielt sie in der Provinz, wo sie von Peter Zadek entdeckt wird. Er holt sie ans Bochumer Schauspielhaus. Von da an spielt sie auf den großen Bühnen in Deutschland, Österreich und der Schweiz u.a. unter der Regie von Luc Bondy, Klaus Michael Grüber, Alexander Lang, Hans Neuenfels, Jérôme Savary und Peter Stein. Für ihre Darstellung von *Hedda Gabler* wird sie 1976 zur Schauspielerin des Jahres gekürt.

Neben ihrer Arbeit für das Theater wird sie häufig für Film- und Femsehproduktionen verpflichtet. Mit Rainer-Werner Fassbinder dreht sie *Lola* und *Die Sehnsucht der Veronika Voss* und erhält für die Titelrolle 1982 den Goldenen Bär der Internationalen Filmfestspiele Berlin. 1992 erhält sie den Bayerischen Filmpreis für *Salmonberries* von Percy Adlon. Dem Fernsehpublikum wird sie durch die Fernseh-Serie *Die Knapp-Familie* (1981) bekannt. 1983 bekommt sie den Darstellerpreis der deutschen Film- und Fernsehregisseure für *Mascha* (Hans Eberhard Quelle). Es folgen u.a. *Die Bertinis*, zahlreiche *Tatort*-Folgen sowie der Vierteiler *Die Indische Ärztin* (Jo Baier). Mit Ulrich Stark dreht sie *Bei mir liegen Sie richtig* (1990), mit Sönke Wortmann die Kriminalkomödie *Mr. Bluesman* (1992). Herbert Achternbusch besetzt sie in *Hades* (1994), Wolfgang Mühlbauer für das Melodram *Das Baby der schwangeren Toten* (1994) und Horst Königstein für seine Politsatire *Dicke Freunde* (1995). Mit Andreas Kleinert dreht sie das Liebesdrama *Neben der Zeit* (1995). Unter der Regie von Erwin Keusch spielt sie die Komödien *Das Schneeparadies* (2001) und *Zwei Affären und eine Hochzeit* (2002).

Seit 2001 ist sie in der erfolgreichen ARD-Serie *Um Himmels Willen* als Schwester Oberin zu sehen

Rosel Zech lebt in München und ist Trägerin des Bayerischen Verdienstordens.
www.studlar.de

»Man muss wissen, dass man nicht vollendet ist«

Rosel Zech im Gespräch mit Katharina Blum

KB: Als wir Sie gefragt haben, ob Sie bei diesem Buch mitmachen haben Sie uns mit Ihrer Zusage einige Zeilen geschickt, in denen unter anderem Stand: »Beruf Schauspielerin steht in meinem Pass und um es gleich zu sagen, ich habe diesen Beruf immer geliebt.« Was lieben Sie an dem Beruf Schauspielerin?

— RZ: Ich liebe die Vorstellungen, das auf der Bühne sein, die Proben, die Drehtage, das »on the road« sein und die Figuren, die ich spiele.

Ich mag es, auf ein Ziel hinzuarbeiten, ich mag die Künstlichkeit der Verabredungen, die eine fiktive Geschichte nun mal mit sich bringt, und ich mag die Zeit des Probierens, ob sie intensiv und interessant ist oder verspielt, manchmal sogar albern, das mag ich wirklich. Das ist diese Phase, in der alles noch möglich ist, man sucht, man improvisiert und findet im Laufe der Proben heraus, was man weglassen kann, um dann schlussendlich »ohne Fett« zu spielen. Man muss einfach werden und trotzdem kompliziert, man darf sich nicht in die Karten gucken lassen und muss trotzdem verstanden werden, man soll wenig wie möglich heraus lassen und trotzdem berühren, sich nicht ranschmeißen und trotzdem erobern. Das ist anstrengend, das erfordert gute Nerven und eine große Opferbereitschaft, eine Hingabe und eine große Liebe zu dem Beruf.

KB: Und es erfordert eine große Vorbereitung, wenn man erst alles kennen lernt, versteht, um dann nur das zu spielen, was der Charakter wirklich braucht, um verstanden zu werden. Wie machen Sie das mit der Vorbereitung auf eine Rolle?

— RZ: Ich bin neugierig, ich interessiere mich für die Figur, die ich spiele, frage nach, was ist das für ein Mensch, wo kommt der her, was hat der gemacht. Ich mag Geschichten, ich mag einfach noch viel mehr wissen von den Menschen und der Welt. Als Schauspieler muss man mehr wissen als nur den Text, das ist wichtig für das eigene Gefühl, die anderen kriegen das gar nicht so mit, was man getan oder gelesen hat, welche Bilder man im Kopf hat, welche Musik. Aber man braucht das alles, um die Figur ganz zu erfassen, ihre Psyche auch. Das macht

Rosel Zech in *Die große Zenobia* (Schauspielhaus Bochum, Regie: Augusto Fernandes, 1975), Quelle: Deutsches Theatermuseum / Foto: Roswitha Hecke

mir Spaß, weil ich bei jeder Sache, die ich mache, neugierig bin, auch wenn es etwas ist, was ich vielleicht in erster Linie mache, weil ich leben muss. Ich denke immer, dass ich überall etwas entdecken kann, wenn ich gar nichts mehr entdecke, dann ist es wirklich langweilig.

Das klingt vielleicht ein bisschen eitel, wenn ich das sage und vielleicht sagt auch ein anderer, das haben wir aber nie gesehen, wenn sie spielt, dass sie sich so umfassend vorbereitet. (Wir lachen.) Es gibt ja auch Rollen, die mir nicht so gelungen sind, da habe ich mich wahnsinnig vorbereitet und dann ist das nicht heraus gekommen, das gibt es leider. Aber auf der anderen Seite liebe ich die schlechten Kinder, weil ich von denen gelernt habe, dass man Rollen mit mehr Humor und Distanz begegnen muss, als ich das am Anfang meiner Laufbahn getan habe.

Zum Beispiel habe ich mal in dem Stück *Der Menschenfeind* von Hans Magnus Enzensberger in einer Peter Zadek inszenierung gespielt, zusammen mit Uli Wildgruber, Hermann Lause und Ilse Ritter. Obwohl ich viele Leute getroffen habe, die mir gesagt haben, Mensch, das war aber eine tolle Aufführung, hatte ich immer das Gefühl, dass ich das Stück irgendwie nicht gepackt habe. Ich habe viel darüber nachgedacht und irgendwann habe ich verstanden, dass wir das Theaterstück psychologisch viel zu sehr aufgedröselt haben. Es war einfach nicht mehr interessant. Wir haben den *Menschenfeind* als tiefen Tschechow gespielt, dramatisch und schwer, aber selbst Tschechow hätte nicht gewollt, dass man bei seinen Stücken so psychologisiert. Heute denke ich, man sollte auch Tschechow spielen wie eine Operette, denn dann erst entdecken die Zuschauer die Tragik der Geschichten. Sie sitzen dann im Zuschauerraum und denken, diese armen Menschen, die wissen ja gar nicht, wie schrecklich das ist, was ihnen passiert, diese Frau da verliert ihr Gut (im *Kirschgarten*), wenn man diese Schicksalsschläge dann aber selber noch so tiefgründig spielt, dann kommt das nicht raus.

Aber diese Sachen habe ich erst im Laufe meines Lebens gelernt. Wir können ja auch im Leben nicht immer weinen, aber auf der Bühne weinen die Schauspieler immer, sind tränenreich und tiefgründig. Im Leben könnten sie nicht so herum laufen, weil sie so nicht überleben könnten. Aber auf der Bühne oder im Film, da will jeder zeigen, was für ein tiefes Innenleben er hat. Dabei wäre es viel spannender, wenn man es hin kriegen würde, nicht so viel heraus zu lassen.

KB: Das heißt, man sollte sich als sich als Schauspieler in einer Rolle mehr zurückzuhalten?

— RZ: Ja, aber trotzdem ganz präsent sein. Ich habe zum Beispiel den Film *Winterreise* gesehen. Da spielt Josef Bierbichler die Hauptrolle und der geht mit dem Thema Tod ganz offensiv und unsentimental um, so offensiv, dass er einem manchmal auf die Nerven geht und man denkt, »jetzt hör schon auf, du wirst mir jetzt unsympathisch.« Und das nimmt er in Kauf und im Laufe des Films kommt er einem näher, dann mag man ihn. Er ist ganz präsent, aber ohne ständig seine ganze Seele offen zu legen. Wenn ein Schauspieler immer zeigen will, wie tief er denkt und wie tief er fühlt, dann erreicht er die Menschen unter Umständen gar nicht. Dann sehen da Leute zu, die sich denken, »mein Gott wir haben es auch schwer, wir verkaufen auch unsere Seele jeden Tag und jetzt kommt dieser Mensch da oben und will uns zeigen, dass er ein noch viel besserer Mensch ist«. Da würde ich als Zuschauer sauer sein.

Früher habe ich das gar nicht so gewusst, da habe ich gedacht, wenn ich tief fühle, dann bin ich auch überzeugend. Das ist auch sehr oft der Fall gewesen, dann kam meine Unbekümmertheit und die Vitalität und Kraft und alles, was ich so hatte, hinzu und das war dann auch erfolgreich. Aber ich erinnere mich zum Beispiel als ich die *Pentesilea* gespielt habe, haben wir mit einer unglaublichen Kraft gespielt, aber manchmal haben Leute gelacht. Ich habe erst viel später verstanden, warum die Leute gelacht haben, als ich in Hamburg z.B. ein psychologisches Kriminalstück gespielt habe, *Ein Haufen Lügen* und da habe ich auch ganz ernsthaft mit tiefem Gefühl und ehrlich gespielt, das war auch gut, aber irgendetwas fehlte. Und dann haben die Leute an Stellen gelacht, wo ich dachte, da hätte man doch gar nicht lachen dürfen. Da fing ich an zu überlegen, warum haben die jetzt gelacht? Obwohl ich das doch ganz ernst gemeint habe? Und damals habe ich verstanden, ich habe meine Rolle ohne Humor gespielt, ohne Selbstdistanz.

KB: Ich würde jetzt gerne mal zurückgehen in Ihrer Geschichte. Sie haben ja sehr früh entschieden Schauspielerin zu werden und haben dieses Ziel dann mit einer unglaublichen Konsequenz verfolgt.
— RZ: Ich wohnte in dem kleinen Ort Hoya an der Weser, und da gab es ein Kino, den Weser Filmhof. Meine Mutter, eine Berlinerin, ging sehr viel ins Kino und hat mich immer mitgenommen. Später bin ich dann auch alleine in die Nachmittagsvorstellung gegangen, mein Vater gab mir 50 Pfennig, das war damals der Preis, und ich habe mir dann alle möglichen Filme angesehen, *Dick und Doof* und was es da alles gab. Und dann gab es bei uns noch die Verdener Landesbühne, da habe ich auch immer die Vorstellungen gesehen und ich habe mich ehrlich gesagt in das Leben dieser Helden und Heldinnen verguckt. Dann hat man mir gesagt: »das gibt es auch als Beruf, da kannst du Schauspielerin werden.« Ich wurde hellhörig und wenig später habe ich erfahren, dass man in Berlin auf eine Schauspielschule gehen kann, also bin ich nach Berlin, habe eine Aufnahmeprüfung an der Max-Reinhardt-Schule gemacht und wurde angenommen. Doch nach einem Jahr bin ich dort wieder abgegangen, weil ich dachte, ich lerne nichts. Ich hatte damals so einen komischen *s*-Fehler und den hat man mir dort nicht abge-

wöhnen können. Irgendjemand erzählte mir, dass es eine Frau Margot Stein am Theaterwissenschaftlichen Institut der FU gibt, eine sprechtechnische Lehrerin, die manchmal auch Schauspielunterricht gab. Ihr habe ich vorgesprochen und sie hat mich dann unterrichtet. Von dieser Frau habe ich wirklich viel gelernt.

Am Ende der Ausbildung war es allerdings nicht so einfach, denn Frau Stein hatte natürlich keinen großen Bekanntheitsgrad. Bei einer Schauspielschule ist es ja so, dass am Ende eines Jahrgangs die Intendanten und Regisseure kommen und wenn man Glück hat, wird man engagiert. Bei Frau Stein war das natürlich nicht möglich. Also habe ich mir ein Rundreiseticket gekauft und bin durch Deutschland und habe überall an den Theatern vorgesprochen. Das war schrecklich, überall wurde ich abgelehnt, bis ich dann nach Landshut kam, die haben mich genommen.

KB: Die Sache mit dem Rundreiseticket klingt sehr mutig...
— RZ: Damals habe ich das nicht als mutig empfunden. Jetzt würde ich das nicht mehr machen. Damals habe ich aber nur daran gedacht, dass ich das jetzt machen muss. Ich musste ja an irgendein Theater kommen.

KB: Am Landshuter Theater waren Sie fünf, sechs Jahre und sind im wahrsten Sinne durch die Provinz getingelt. Danach waren Sie in der Schweiz am Theater, auch dort sind Sie viel herum gekommen, wie haben Sie den Theateralltag damals empfunden?
— RZ: Man muss einen langen Atem haben und den Beruf wirklich sehr mögen, um das durchzuhalten, denn der Alltag ist hart: Morgens aufstehen, dann Probe bis drei, danach in den Bus, um sechs Uhr in Passau, sich vorbereiten, dann Vorstellung, am nächsten Tag wieder in den Bus, zurück nach Landshut, wieder Probe, wieder in den Bus und wieder Aufführung. Wir sind durch den ganzen bayrischen Wald getingelt, haben manchmal in Turnhallen gespielt oder in Stadthallen. Manchmal am Nachmittag um drei Uhr vor Schülern, *Die Wildente* von Ibsen mit einer Klasse, die sich langweilt und das scheußlich findet und immer Zwischenrufe macht. Da muss man das spielen sehr lieben, um sich zu sagen: »ihr werdet schon ruhig sein, ich werde euch dahin bringen.«

Doch irgendwann wurde ich am Landshuter Theater rausgeschmissen, weil ich eine Vorstellung versäumt hatte, da musste ich Strafe zahlen und musste gehen. Dann kam eine wirklich harte Zeit, ich ging nach Winterthur in die Schweiz, dort spielte man einen Schwank nach dem anderen. Es gab jede Woche eine Premiere. Danach kam ich nach Solothurn, da war dann alle 14 Tage eine Premiere, das war dann schon eine Verbesserung. Aber man hat alle 14 Tage etwas Neues gespielt, Don Carlos, *Was ihr wollt* usw. Das bedeutete für uns Schauspieler, lernen, lernen, lernen. Und dann auch wieder über die Dörfer ziehen.

Um das zu machen, muss man das Spielen lieben und man muss wissen, dass man nicht vollendet ist. Man muss jede Vorstellung mit allem Herzblut spielen, aber man muss nicht denken, man hat jetzt schon alles erreicht, sondern muss wissen, dass man es immer noch besser oder anders machen kann.

Und ich habe mir immer gesagt, dass ich da schon noch raus kommen würde. Ich habe Briefe geschrieben und mich beworben. Einer hat mir schließlich geantwortet, Arno Wüstenhöfer, Intendant am Lübecker Theater. Er sagte mir: »kommen Sie in einem Jahr vorsprechen«, weil er dann Intendant in Wuppertal wurde. Und ich habe auch tatsächlich ein Engagement in Wuppertal bekommen.

KB: Sie haben am Theater im Laufe Ihrer Karriere mit vielen Regisseuren zusammen gearbeitet, mit Hans Neuenfels, Peter Stein, Alexander Lang, Luc Bondy und Jérôme Savary. Aber mit einem haben Sie ganz besonders lange zusammen gearbeitet, mit Peter Zadek. Was hat die Beziehung zu ihm geprägt? Warum haben Sie so kontinuierlich mit ihm gearbeitet?
— RZ: Peter Zadek habe ich getroffen als er in Wuppertal eine Inszenierung machte. Er war einfach großartig, seine Art zu arbeiten, mit den Schauspielern umzugehen, **er war neugierig, so wie ich.** Ich habe mir gesagt, wenn ich mit dem Mann nicht kann, dann bin ich selber schuld, weil mit dem will ich können. Und als er von Wuppertal nach Stuttgart ging, wo er ein Stück inszenierte, bin ich ihm gefolgt.

Bei Zadek habe ich Sachen entdeckt, von denen ich gar nicht wusste, dass ich die konnte. Er hat nicht viel gesagt, wie man etwas machen soll, er hat aber sehr genau zugesehen und dann irgendwann gesagt: »weißt du bei der dritten Probe hast du diese Szene so und so gespielt, mach es doch wieder so wie auf der dritten Probe. Da bist du am nächsten an der Rolle gewesen, danach hast du dich immer weiter von ihr entfernt.« Er hat einen in der ganzen Zeit, in der er nichts gesagt hat, trotzdem beobachtet. Er hat nicht viel vorgegeben, sondern hat Dinge und Spielweisen zugelassen, hat animiert, alles aus sich raus zu holen.

Ich erinnere mich noch gut an eine Probe zur *Möwe*, da hat er zu uns Schauspielern gesagt: »Nun offenbart doch nicht immer euer ganzes Inneres, das ist langweilig, Schauspieler, die sich so exhibitionieren sind nicht spannend, ich will sehen, dass da Widerstände sind. Der Kampf und die Angst davor sich zu offenbaren sind für mich viel spannender und sicherlich auch für die Zuschauer.«

Allerdings ist man nach so einer Arbeit ziemlich verdorben für Regisseure, die formaler arbeiten. Es gibt ja Regisseure, die sagen »du kommst jetzt von rechts, dann gehst du nach schräg links und sagst ›Oh‹, machst eine Pause und dann fängst du den Monolog an, dann setzt du dich noch mal hin, stehst wieder auf und gehst an die Rampe.« So ein Regisseur hat eine genaue Form, das ist sehr formal, da hat man als Schauspieler viel damit zu tun an das Innere einer Figur heran zu kommen, damit es nicht zu formal ist.

Ich habe zum Beispiel mal mit Hans Neuenfels *Die Zofen* gemacht. Neuenfels hat eine ganz genaue Form und die war auch faszinierend, aber ich habe dann immer sagen müssen: »Hans ich brauche die Proben um zu dieser Form zu kommen, du hast dir das ausgedacht, du weißt genau wie das aussehen soll, aber ich bin noch nicht so weit, ich brauche die Proben, um dort hin zu kommen.« Und dann haben wir uns angenähert, das war ehr spannend.

Ein anderes Beispiel ist Alexander Lang, mit ihm habe ich in München an den Kammerspielen gearbeitet und er hat einen immer mitten im Satz unterbrochen. Er hat sogar die Melodie des Satzes vorgegeben, das hat mich wahnsinnig gemacht. Ich habe gesagt, dass ich einfach meinen Monolog machen will ohne unterbrochen zu werden. Das hat er auch geschehen lassen, ist aber dann im Zuschauerraum immer hin und her gelaufen. Ich habe also tapfer meinen Monolog zu Ende gebracht und habe ihm dann gesagt, dass ich mich total getrieben fühle, wenn er immer hin und herläuft. Er hat dann gemeint, dass wir aber zusammen kommen müssen. Und das meinte ich auch. Letztendlich haben wir es dann so gemacht, dass ich ihm seine Unterbrechungen gelassen habe, er hat seine Form vorgegeben und ich habe zuhause die Rolle immer wieder gelesen, um in das Innenleben meiner Figur hinein zu kommen, das war am Ende eine sehr spannende Sache.

Diese Kraft und Geduld für ein Stück und für eine Rolle erlernt man eigentlich nur, wenn man schon sehr lange Theater gespielt hat. Dafür war diese ganze Provinzzeit gut, man lernt dort, nicht gleich zu verzweifeln, wenn etwas nicht hinhaut. Man lernt, dass man Geduld haben muss. Manchmal muss man sich sagen: »okay, das haut heute nicht hin, vielleicht sogar die nächsten Tage nicht, aber es wird irgendwann funktionieren.« Aber diese Gewissheit und dieses lange hinarbeiten auf ein Ziel, das lernt man nur mit viel Erfahrung und durch Zulassen.

KB: Beim Film arbeitet man anders als am Theater, hat zum Beispiel nicht die lange Probezeit. Fehlt das? Inwiefern ist es für Sie anders?

— RZ: Das ist unterschiedlich, aber im Allgemeinen gilt, dass man sich im Vorfeld einfach sehr gut vorbereiten muss auf die zu spielende Rolle. Und beim Dreh ist es ja auch unterschiedlich, ob es z.B. eine Serie, ein Fernsehspiel oder Film ist.

Bei einer Serie, wie *Um Himmels Willen* gibt es keine Zeit zum Proben und wenn, dann nur eine ganz geringe. Aber man hat die Vorbereitung auf die Rolle und wenn man sich dann später im Team schon gut kennt, dann braucht man die Proben nicht unbedingt, man spricht dann Details ab und das geht gut.

Wenn man ein Fernsehspiel dreht, hat man schon mal mehr Zeit zu proben, aber ich stelle häufig fest, dass es wenige Regisseure gibt, die proben können

»Man muss wissen, dass man nicht vollendet ist«

Rosel Zech und Rainer Werner Fassbinder, Quelle: Privatarchiv Rosel Zech

Rosel Zech in *Die Sehnsucht der Veronika Voss* (Regie: Rainer Werner Fassbinder),
Quelle: Privatarchiv Rosel Zech

und Betonung liegt auf können, die die Geduld für Proben haben. Das ist sehr seltsam.

Bei anderen ist es so, dass sie nicht proben, aber dennoch alles perfekt vorbereitet ist. Bei Fassbinder musste man sich zum Beispiel vorher sehr gut vorbereiten, um dann immer Premiere zu spielen. Er drehte schnell, machte nicht viele Takes.

KB: War das ein Reiz für Sie nach der Theaterarbeit? Mit jemandem zu drehen, der nicht probt, der schnell filmt? Immerhin haben Sie zwei großartige Filme mit Rainer Werner Fassbinder gemacht, *Die Sehnsucht der Veronika Voss* und *Lola*. Was war für Sie in der Arbeit mit Fassbinder prägend?

— RZ: Ja, es war ein Reiz, aber dass er nicht geprobt hat, war kein Manko, im Gegenteil, er und alle anderen, waren immer großartig vorbereitet, so habe ich das zumindest empfunden. Man hat mit ihm nicht über die Rollen sprechen können. Rainer wollte nicht, dass die Schauspieler zu lange über eine Rolle oder über einen Take nachdenken, der wollte auch nicht, dass man vorher kommt und ihn fragt, ob man zum Beispiel die nächste Szene so und so spielen soll. Er wollte eigentlich überhaupt nicht mit dem Schauspieler über die Rolle reden. Er wollte den ersten, unschuldigen, ursprünglichen und wahrhaftigsten Augenblick finden und festhalten.

Er hat sich auch am Set von uns überraschen lassen, der hat sich hingesetzt wie ein Zuschauer und hat die Schauspieler machen lassen. Wenn ihm dann etwas besonders gefallen hat, dann hat er sich gefreut wie ein Kind. Er war ein sehr liebevoller Zuschauer. Fassbinder hat wirklich zugesehen, das war sehr inspirierend.. Rainer wollte das Unmittelbarste, Ursprünglichste haben und nicht dass man noch zu lange darüber nachdenkt. Das ist übrigens auch oft bei Regisseuren, die viele Takes drehen, ähnlich, denn meistens nehmen sie den ersten oder zweiten Take und nicht den 25-sten.

KB: Mögen Sie das Drehen?

— RZ: Ja und was ich besonders mag ist das »on the road sein«, eine Szene machen, dann die nächste, dann wieder Abbruch, ein anderes Set, wieder was anderes machen und dann manchmal steht man da und sagt sich, man hätte das noch anders oder noch besser machen können und hofft, dass der Regisseur den Film so schneidet, dass man die Patzer nicht merkt. Aber manchmal ist man auch zu streng mit sich und bestrafen nützt auch nichts. Man kann sich dann auch einfach sagen, dass der nächste Drehtag besser wird.

Bei einer Theatervorstellung ist das ähnlich, da muss man auch so eine Haltung entwickeln, wenn eine Vorstellung schlecht gelaufen ist. Das habe ich bei Peter Zadek gelernt. Er hat immer zu uns gesagt: »wenn der erste Akt nicht gut läuft, dann vertraut auf den zweiten Akt oder auf den dritten. Setzt euch nicht unter Druck, macht jetzt nicht mit unglaublicher Kraft den nächsten Akt, sondern lasst los, dann seid ihr jetzt vielleicht etwas weniger interessant, aber durch das Loslassen öffnet sich eine neue Tür oder öffnet sich überhaupt eine Tür. Dann kriegt ihr die Rolle wieder, wenn ihr euch aber verfestigt, dann kriegt ihr nichts, dann schließt ihr die Türen um euch herum, dann wird der Abend eher mau.« So etwas habe ich noch nie sonst von einem Regisseur gehört und das kann man auch auf das Drehen übertragen und auf das Leben.

KB: Eine letzte Sache interessiert mich noch, wenn man so oft auf der Bühne gestanden hat wie Sie, wenn man so viel Erfahrung hat, hat man doch Lampenfieber? Hört das auf?

— RZ: Es ist an manchen Tagen weniger schlimm, aber es hört nie auf, es gibt immer den Tag vor *Hamlet* und den Tag nach *Hamlet*, den Tag vor *Hedda Gabler* und den Tag nach *Hedda Gabler*.

Rosel Zech im Gespräch mit Katharina Blum

Hedda Gabler - Programmheft des Schauspielhaus Bochum (Regie: Peter Zadek, 1977), Foto: Stefan Moses

Was ich meine ist, vor einer großen Rolle hat man immer Angst. Aber Angst turnt einen ja auch an. Angst kann einen auffressen, dann ist es schrecklich, aber Angst kann einem auch Mut machen. So ist es bei mir, ich kann dann sehr mutig sein und dann spiele ich einfach.

Es gibt natürlich verschiedene Methoden wie man gegen die Angst, gegen das Lampenfieber angeht. Wenn man zum Beispiel ein Stück nicht en suite spielt, sondern hin und wieder eine Aufführung hat, dann mache ich es so, dass ich die Rolle ein um den anderen Tag wiederhole. So wie der Tänzer seine Pliés übt oder der Pianist seine Fingerübungen macht, so wiederhole ich die Rolle. Ich nehme sie immer wieder durch.

Vor Premieren bin ich früher viel gelaufen, so dass ich hinterher völlig fertig war und nur noch die Kraft hatte, die Vorstellung zu spielen, dann hatte ich weniger Angst. Für mich war in der Tat das Laufen viel unangenehmer als eine Vorstellung.

Mit den Jahren habe ich das dann nicht mehr so intensiv gemacht. Jetzt bevorzuge ich Yoga. Es beruhigt mich und öffnet mich, so dass ich wieder eine Spannung herstellen kann. Am Tag nach einer großen Vorstellung ist meistens nicht besonders viel los mit mir. Zum Thema Lampenfieber wäre noch zu sagen, dass ich es sehr oft genossen habe, zwischen den Vorstellungen zu drehen oder eine andere intensive Arbeit zu machen. Ich kam dann gar nicht mehr dazu Angst haben. Ich habe zum Beispiel mal *Die Zofen* in München gespielt, die Aufführung war am Dienstag und ich dachte, die wäre am Mittwoch. Und dann habe ich am Dienstag eine Freundin besucht und ich bin erst am Abend von ihr weg, weil ich zu Hause ein Fußballspiel ansehen wollte. Als ich in meine Wohnung kam, klingelte das Telefon, der Chef vom Vertriebsbüro des Theaters war dran und fragte aufgeregt, wo ich denn bliebe. Ich war vollkommen verwirrt und sagte, dass wir doch erst am Mittwoch wieder *Die Zofen* spielen würden, doch ich hatte mich vertan, die Vorstellung war in wenigen Minuten. Ich bin also ins Theater und habe gespielt. Wenn ich da nicht so gut vorbereitet gewesen wäre und jeden Tag das Stück für mich durchgegangen wäre, dann wäre ich sicher viel nervöser gewesen. So habe ich mir wirklich relativ cool ein Taxi genommen, bin zum Theater und dort haben die mich schon mit dem Kostüm erwartet und ich bin direkt auf die Bühne. Ich hatte also keine Zeit mehr Angst zu haben.

Ich habe gelesen, dass Robert Schuhmann gesagt hat, es ging da um den Kontrapunkt, eine ziemlich komplizierte, wenngleich wichtige Sache wohl in der Musik, er hat also gesagt: »Wenn ich dem Kontrapunkt freundlich entgegen komme, dann kommt er mir auch freundlich entgegen.« Und das habe ich mir zu Herzen genommen seitdem und ich sage mir oft: »Warum hast du so viel Angst, freu dich doch. Du hast den Beruf gerne, du liebst den Beruf, freu dich auf die Bühne zu

gehen, freu dich, einen Drehtag zu haben, warum machst du das nicht einfach.«
Und das hat mir dann geholfen.

Ich sage mir: »du liebst doch den Beruf, warum gehst du nicht hin und spielst das einfach. Und diese ganzen Zweifel und Ängste, die du dir auflädst sind überflüssig.«

Aber sie sind eben auch da, die Zweifel und die Ängste und dann muss man sie zulassen. So eine Rolle ist ja auch oft ein wirklicher Brocken, das lässt einen nicht los. Wenn man in einer Spielzeit zum Beispiel mehrere große Partien hat, dann verschlingt einen das mit Haut und Haaren. Also mich hat es immer verschlungen, aber man muss auch dazu sagen, dass ich dieses Verschlungen sein geliebt habe und liebe. Wenn man dann noch im Laufe des Lebens Humor dazu bekommt, dann hat man ja schon einiges getan.

Das Gespräch fand im Februar 2007 in Berlin statt.

Katharina Blum hat als Journalistin Schauspielbiografien über Juliette Binoche, Til Schweiger u.a. verfasst. Seit einigen Jahren ist sie bei der Filmstiftung NRW u.a. für internationale Kongresse zuständig sowie in der Redaktion des Newsletters tätig.

Eine kleine Bibliografie

Zusammengestellt von
Schauspiel-Coach Frank Betzelt

Über Schauspielerei, mit praktischem Nutzen durchs Lesen:

MOSS, Larry: The Intent to Live. Achieving your true potential as an actor. New York 2005.
HAGEN, Uta: A Challenge for the Actor. New York 1991.
HABER, Margie: How to get the part…without falling apart! Hollywood 1999.
MAMET, Richard: Richtig und Falsch. Kleines Ketzerbrevier samt Common sense für Schauspieler. Berlin 1997

Über spezielle Schauspielmethoden, bei denen man die praktische Erfahrung braucht:

MEISNER, Sanford: On Acting. 1987
ČECHOV, Michael A.: Die Kunst des Schauspielers. Moskauer Ausgabe. Stuttgart 1998
JOHNSTONE, Keith: Improvisation und Theater. Mit einem Vorwort von Irving Wardle und einem Nachwort von George Tabori. Berlin 1995

Über andere Bereiche, aber sehr hilfreich für Schauspieler:

WESTON, Judith: Schauspielerführung in Film und Fernsehen. Frankfurt am Main 1998
VOGLER; Christopher: Die Odyssee des Drehbuchschreibers. Über die mythologischen Grundmuster des amerikanischen Erfolgskinos. Frankfurt am Main 1999
RISO, Don Richard, HUDSON, Russ: Die Weisheit des Enneagramms. Mit ausführlichem Testteil. München 2000
PALMER, Helen: Das Enneagramm. Sich selbst und andere verstehen lernen. München 2000

Dank

Unser großer Dank gebührt an erster Stelle den Schauspielerinnen und Schauspielern, die uns ihre Gedanken, ihre Emotionen, ihre Zeit und ihr Vertrauen geschenkt haben.

Den Schauspielagenturen, die uns mit Rat und Tat unterstützt haben – Above the line, Beyond Communication, Contract, Die Agenten, Hannelore Dietrich, Fitz & Skoglund, Girke Management, Hoestermann, Lux, Pauly, Players, Rietz, Frank Oliver Schulz, Studlar, ZBF Köln – danken wir ebenso wie den Interview-Partnern Nora Binder, Katharina Blum, Andreas Lebert, Gunnar Leue, Hans-Dieter Schütt und Oliver Schütte. Frank Betzelt danken wir für die Kurzbibliografie.

Für ihre besondere Unterstützung danken wir Peter Schulze von Schulze & Heyn PR, der sich in dieses Projekt verliebt und zahlreiche Kontakte möglich gemacht hat, sowie Anne Wilke für die Zeit, die sie uns geschenkt hat.

Unsere Lektorin Sonja Rothländer schließlich hat uns mit Energie, Begeisterung und Geduld begleitet – vielen lieben Dank!

Béatrice Ottersbach   Nina Haun   Prof. Thomas Schadt

UVK:Weiterlesen

»Wie wir wurden, was wir sind«

Béatrice Ottersbach, Thomas Schadt (Hg.)
Regiebekenntnisse
2006, 342 Seiten, 52 s/w Abb. broschiert
ISBN 978-3-89669-673-1
Praxis Film Band 31

Béatrice Ottersbach,
Thomas Schadt, Nina Haun (Hg.)
Schauspieler-Bekenntnisse
2007, 350 Seiten, 74 s/w Abb., broschiert
ISBN 978-3-89669-685-4
Praxis Film Band 34

Béatrice Ottersbach, Thomas Schadt (Hg.)
Drehbuchautoren-Bekenntnisse
2007, 182 Seiten, 15 s/w Abb., broschiert
ISBN 978-3-89669-649-6
Praxis Film Band 39

Béatrice Ottersbach, Thomas Schadt (Hg.)
Kamerabekenntnisse
2008, 332 Seiten, 24 s/w Abb., broschiert
ISBN 978-3-86764-055-8
Praxis Film Band 41

Béatrice Ottersbach, Thomas Schadt (Hg.)
Filmschnitt-Bekenntnisse
2009, 294 Seiten, 24 s/w Abb., broschiert
ISBN 978-3-86764-138-8
Praxis Film Band 49

Béatrice Ottersbach, Thomas Schadt (Hg.)
Filmmusik-Bekenntnisse
2009, 234 Seiten, 23 s/w Abb., broschiert
ISBN 978-3-86764-193-7
Praxis Film Band 55

Béatrice Ottersbach, Thomas Schadt (Hg.)
Filmproduzenten-Bekenntnisse
2010, 296 Seiten, broschiert
ISBN 978-3-86764-214-9
Praxis Film Band 59

Klicken + Blättern

Leseprobe und Inhaltsverzeichnis unter

www.uvk.de

Erhältlich auch in Ihrer Buchhandlung.

UVK:Weiterlesen

Thomas Schadt
Das Gefühl des Augenblicks
Zur Dramaturgie des Dokumentarfilms
3., überarbeitete Auflage
2012, 276 Seiten, broschiert
ISBN 978-3-86764-216-3
Praxis Film Band 60

Der erfahrene Dokumentarfilmer Thomas Schadt teilt auf lebendige und unterhaltsame Weise seine Leidenschaft für den Beruf des Dokumentarfilmers mit dem Leser.
Nach einer Reise durch die Theorie des Dokumentarfilms, bei der er auch Kollegen zu Wort kommen lässt, weiht er uns in die Praxis und Realität des Berufs ein: von der Idee, Recherche, dem Exposé, der Finanzierung, des Teams, der Dreharbeiten, dem Schnitt ... bis hin zur Filmpremiere. Dabei lässt er mit großer Offenheit und Ehrlichkeit den Leser unmittelbar an seinem reichen Erfahrungsschatz teilhaben – auch mal emotional oder mit einer erfrischenden (Selbst-)Ironie, aber stets informativ, engagiert und von seinem nicht immer einfachen Beruf begeistert.

Thomas Schadt ist Professor an der Filmakademie Baden-Württemberg (Regiefach Dokumentarfilm) und seit 2005 auch deren künstlerischer Direktor. Er arbeitet seit 1983 als Fotograf, Kameramann, Buchautor und freier Dokumentarfilmer. Mit 50 Filmen gehört er zu den bedeutendsten Regisseuren und Dokumentarfilmern Deutschlands.

Klicken + Blättern

Leseprobe und Inhaltsverzeichnis unter
www.uvk.de
Erhältlich auch in Ihrer Buchhandlung.

... AUCH DIE REGISSEURE BEKENNEN SICH:

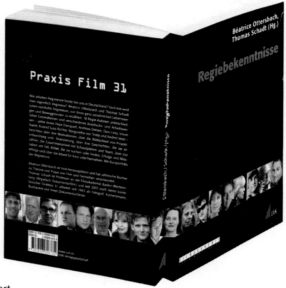

Béatrice Ottersbach,
Thomas Schadt (Hg.)
Regiebekenntnisse
2006, 342 Seiten, broschiert
ISBN 978-3-89669-673-1

Wie wird man Regisseur? Warum wird man Regisseur? Béatrice Ottersbach und Thomas Schadt baten namhafte Regisseure unterschiedlicher Generationen, über Lebenswege und Beweggründe zu berichten und zu erklären, warum sie diesen Beruf gewählt haben und ihn auch heute noch ausüben.

Pepe Danquart, Andreas Dresen, Dennis Gansel, Sherry Hormann, Dani Levy, Vivian Naefe, Claudia Prietzel, Roland Suso Richter, Hartmut Schoen, Niki Stein, Hannes Stöhr, Oliver Storz, Tom Toelle, Margarethe von Trotta, Andres Veiel, Christian Wagner und Wim Wenders berichten über ihre Motivationen, über die Wirklichkeit von Projektentwicklung und -finanzierung, über Geschichten, die sie erzählen, die Zusammenarbeit mit Schauspielern und Team, über das Leben am Set, Bilder, die sie suchen oder finden, Erfolge und Misserfolge und über die Arbeit für Kino oder Fernsehen.

www.uvk.de/film